U0869056

新世纪全国高等医学院校创新教材

卫生法学教程

（供医药类相关专业用）

主　编　徐玉芳　赵保海

副主编　张会萍　李　艳　王　晨

　　　　周会蕾

编　委　(以姓氏笔画为序)

　　　　王　晨　李　艳　张会萍

　　　　周会蕾　赵保海　徐玉芳

中国中医药出版社

·北　京·

图书在版编目(CIP)数据

卫生法学教程/徐玉芳，赵保海主编.—北京：中国中医药出版社，2014.1（2014.5重印）
新世纪全国高等医学院校创新教材
ISBN 978-7-5132-1767-5

Ⅰ.①卫… Ⅱ.①徐… ②赵… Ⅲ.①卫生法-法的理论-中国-医学院校-教材
Ⅳ.①D922.161

中国版本图书馆 CIP 数据核字（2013）第292459号

中国中医药出版社出版
北京市朝阳区北三环东路28号易亨大厦16层
邮政编码 100013
传真 010 64405750
天津市蓟县宏图印务有限公司印刷
各地新华书店经销
*
开本 787×1092 1/16 印张 16.25 字数 360 千字
2014年1月第1版 2014年5月第2次印刷
书 号 ISBN 978-7-5132-1767-5
*
定价:26.50元
网址 www.cptcm.com

社长热线 010 64405720
购书热线 010 64065415 010 64065413
书店网址 csln.net/qksd/
官方微博 http://e.weibo.com/cptcm

编写说明

“加强教材建设，保证高质量教材进课堂”“对发展迅速和应用性强的课程，要不断更新教材内容，积极开发新教材，并使高质量的新版教材成为教材选用的主体”，这是教育部在《关于进一步深化教学改革　全面提高教学质量的若干意见》中明确提出的。《卫生法学教程》便是依据这一指示精神，组织长期从事卫生法研究并在教学第一线的专家，在以往教材使用过程中学生和教师的反馈意见基础上编写的。

当今社会，随着社会－心理－生物医学模式的实施，医学的人文性日益得到重视，人们日益深刻地认识到，医学宗旨和目标的实现离不开包括卫生法学在内的交叉科学。而且当今法治观念渐入人心，人们的权利意识普遍增强，国家法治、依法办事见诸行动。正是在此背景下，社会主义法律体系的组成部分——卫生法学得到重视并且不断得到发展，国家将卫生法学作为执业医师、药师等医疗专业技术人员的必考科目，医学院校也将卫生法学作为必选修的课程。《卫生法学教程》就是依据现实需要而编写的。

本教材在编写过程中，紧紧围绕培养应用型人才的培养目标，与用人单位实际需要接轨，与国家对临床医学从业人员的执业资格考试衔接，力求推陈出新，为学生的全面发展创造条件。在此思想指导下，本教材具有以下特点：①在教材的时代性和实效性方面，力求涵盖最新的卫生法学的内容和研究成果，如“第十一章精神卫生法律制度”，对医学发展过程中遇到的法律问题及最新成果予以概括。②在编写体例上，引入典型特别是最新的典型案例，以培养学生的法律意识和运用法律手段解决实际问题的能力，用典型案例帮助学生理解卫生法学知识。

在突出以上特点的同时，做到：①不求全：有关卫生法律、法规、规章和规范性的文件很多，不能面面俱到。②有特色：有关卫生法的教材很多，不模仿。③重实用：突出卫生立法的重点，兼顾高等医学院校大学生及医药工作人员应知应遵守的法律规范。

本教材由赵保海拟定大纲，徐玉芳通阅全稿，具体分工如下：第一、二、三章由赵保海编写，第四、五、六、七章由王晨编写，第八章由徐玉芳编写，第九章由张会萍编写，第十、十一、十三章由周会蕾编写，第十二章由李艳编写。

本教材在编写过程中得到了中国中医药出版社和河南中医学院领导的大力支持，吸收了国内外专家、学者的学术成果，参阅引用了近些年来专家、学者的有关卫生法学的论著，在此一并表示诚挚的谢意，同时力求达到高校对教材通俗易懂、创新、规范、实效的要求。由于水平有限，不足之处在所难免，敬请专家、同行和广大读者提出宝贵意见，以便再版时修订提高。

《卫生法学教程》编委会
2014 年 1 月

目录

第一章 卫生法学基础理论

第一节 卫生法学概述

一、卫生法学的概念及研究对象

1. 卫生法学的概念 卫生法学是以卫生法及其发展规律为研究对象的学科，是法学的一门分支学科。

卫生法学有狭义与广义之分。狭义的卫生法学是指以实质意义上的卫生法作为研究对象，既包括研究以“卫生法”或者“卫生法典”等形式表现出来的卫生法规范，也包括以单行法律、行政法规、部门规章、司法解释等形式表现出来的卫生法规范；广义的卫生法学，除包括狭义的卫生法学概念以外，还包括卫生法哲学、卫生法社会学、卫生法史学、卫生法伦理学和比较卫生法学等内容。

在我国，卫生法学作为一门独立学科的孕育和初步发展是在20世纪80年代中期。卫生法学无论在我国的医学发展史中，还是在我国的法学体系中，都是一门正在发展中的交叉学科。

2. 卫生法学的研究对象 一般认为，卫生法学的研究对象是卫生法及其发展规律。具体而言，卫生法学的研究对象主要包括：卫生法的产生、发展及其规律，卫生法的内容、形式与本质，卫生法律关系，卫生法学与相关学科的关系，相关卫生法律法规，卫生司法实践等内容。

二、卫生法学的性质

1. 阶级性 卫生作为一种知识体系，其本身并不具有阶级性。但法作为上层建筑，它的本质属性即阶级性。它受经济基础的制约，同时又反映着统治阶级的意志。法律的政治职能和社会职能主要是维护和发展有利于统治阶级的社会关系和社会秩序。在有阶级的社会里，卫生法学作为法律的一门学科，它体现统治阶级的意志，受一定的政治因素影响，具有阶级性。

2. 科学性和技术规范性 卫生法是依据生物学、医学、卫生学、药物学等自然科学的基本原理和研究成果制定的。卫生法与现代科学技术紧密结合，体现了其科学性。同时，卫生法保护的是人体健康这一特定的对象，这就必然要将大量的技术规范法律化，即卫生法将直接关系到公民生命健康安全的科学工作方法、程序、操作规范、卫生标准等确定成技术法规，使公民的健康权得到保障。

3. 交叉性和实践性 卫生法学将自然科学与社会科学知识相交融，其根本目的是将医学领域知识与法律知识综合运用于卫生事业的实践，以便用法律的手段来解决卫生事业发展中存在的问题，以促进卫生事业的发展，保护公民的生命与健康。因此，卫生法学具有交叉性和实践性。

4. 综合性和多样性 此处主要指卫生法带有诸法合体、多种调节手段并用的特征。首先，卫生法的表现形式具有综合性和多样性。其次，卫生法的调节手段具有综合性和多样性，既采用纵向的行政手段调整卫生行政管理活动中产生的社会关系，又采用横向的民事手段调整卫生服务活动中的权利义务关系。此外，还采用刑法等调节手段，以有效地保护公民的健康权。

5. 社会共同性 随着社会的发展，人类的健康受到越来越多的关注，卫生问题已成为当今人类所面临的共同问题。全世界都在探求解决人人享有卫生保健，为人们营造一个清洁、卫生、适宜的环境，预防和消灭疾病，增强人体健康，促进社会经济发展等问题的办法，各国卫生法中都反映了这些具有共性的问题。而且，各国在卫生立法方面不断加强国际间的合作和交流，以便能更好地互相借鉴，使卫生法不断完善，从而推动了国际卫生法的发展。这些都体现了卫生法社会共同性的性质。

三、卫生法学与相关学科的关系

（一）卫生法学与行政法学

行政法学是以行政法律制度为研究对象的一门法学学科。它主要研究行政法律的基本理论、制度、规范及其运用等问题。

卫生法学与行政法学是有密切联系的：两者在研究对象上有交叉、渗透甚至重叠的部分。如作为卫生法学研究对象的卫生法律法规，实际上也同样是行政法律法规。

卫生法学与行政法学又是有区别的：两者的主要区别在于研究对象的范围不同。前者以卫生法为主要研究对象，后者则以包括卫生法在内的行政法为主要研究对象。

（二）卫生法学与卫生管理学

卫生管理学是研究卫生管理工作中普遍应用的基本管理理论、知识和方法的一门科学。

卫生法学与卫生管理学有着密切的联系：两者都以社会卫生保健事业作为研究目标，两者的研究成果均能从不同方面促进社会卫生事业的发展。

卫生法学与卫生管理学又有明显的区别：前者以卫生法为主要研究对象，后者以卫生行政管理为研究对象；前者的研究目的在于阐明卫生法的原理和原则、健全和发展卫生法制，保证国家卫生行政权力的行使、加强国家对卫生事业的管理，后者的研究目的则在于阐明卫生管理的理论和方法、改进卫生管理方法、提高卫生管理效率等；前者的研究范围远远小于后者的研究范围。

（三）卫生法学与法医学

法医学是应用医学、生物学、化学及其他自然科学的理论和技术，研究并解决司法实践中有关人身伤亡和涉及法律的各种医学问题的学科。

卫生法学与法医学都与医学密切相关，且都与法律不可分割。

卫生法学与法医学的区别主要在于：前者以卫生法为主要研究对象，后者则以司法实践中有关人身伤亡和涉及法律的各种医学问题为研究对象；前者的任务是运用法律促进卫生事业的发展、维护人们的身心健康，后者的任务则是运用自然科学解决司法实践中的医学问题。

第二节 卫生法概述

一、卫生法的概念、特征及渊源

（一）卫生法的概念

1. 卫生的概念 在古代，人们认为“卫生”主要有“养生”及“护卫生命”的意思。如郭象就将“卫生”解释为“防为其生，令合道也”。

现代，人们对“卫生”有了更进一步的理解。它可以分为三个基本环节：一是使人在出生前后便有一个比较强健的体质；二是促使人们在生活和劳动过程中增强体质，能够避免和抵御外部环境对人体的不良影响，并保持完满的精神状态和良好的社会适应能力；三是对业已患病的人体进行治疗，使之恢复健康。而随着社会的发展和自然科学的进步，“卫生”已成为一项重要的社会事业和具有科学内涵的知识体系。《辞海》对“卫生”的解释是：“为增进人体健康，预防疾病，改善和创造合乎生理要求的生态环境、生活条件所采取的个人和社会的措施。”其中，“个人行为措施”主要是指个人应该有良好的卫生习惯和卫生行为；“社会措施”则是指国家采取的有利人体健康、防治疾病、提高人们生命质量和精神健康的社会行为。

简言之，卫生是指为维护和保障人体健康而进行的个人和社会活动的总和。

2. 法的概念 法是体现统治阶级意志的、受一定物质生活条件决定的、由国家制定或认可并由国家强制力保证实施的行为规范体系。

首先，法是调整人们行为或社会关系的规范，具有规范性。法不是一般的社会规范，它所调整的是人们之间的相互关系（社会关系）或交互行为。法的调整对象是社会关系，即调整社会利益资源在各社会主体间的分配，当人们的活动和行为符合法律规范的要求，就会得到法律的肯定；反之，则会受到法律的禁止或制裁。

其次，法是由国家制定或认可的，具有国家意志性。法的“制定”通常是指特定的国家机关通过一定的程序创制规范性文件的活动；而法的“认可”是指国家通过一定的方式承认已经存在的其他社会规范，使其具有法律上的效力。法由国家制定或认可，这就使法有了“国家意志”的形式。这一特征明显地表明了法与其他社会规范（例如道德、宗教、政党或其他社会组织的规章及习惯礼仪等）的差别。

再次，法由国家强制力保证实施，具有国家强制性。法之所以要由国家强制力保证实施，取决于以下两个原因：其一，法不能始终为人们自愿地遵守，需要通过国家强制力强迫遵守；其二，法不能自行实施，需要国家专门机关予以使用。

最后，法以权利和义务为主要内容。权利和义务是法的重要内容。法对人们的调整主要是通过权利和义务的设定和运行来实现的。

3. 卫生法的概念 卫生法是由国家制定或认可，并由国家强制力保证实施的，旨在调整和保护人体生命健康活动形成的各种社会关系的法律规范的总称。

（二）卫生法的特征

1. 以保护公民健康权为根本宗旨 这是卫生法最主要、最基本的特征。

卫生法的主旨和根本目的是保护人体生命健康权益，这也是我国卫生事业的根本宗旨，同时也是《中华人民共和国宪法》（简称《宪法》）关于保障人权原则规定的具体体现和基本要求。生命健康权是指人的机体组织和生理功能的安全受到法律保护的权利。公民健康权是公民人身权中一项最基本的权利。《宪法》第33条规定有“国家尊重和保障人权”，第21条规定有“保护人民健康”等内容；《药品管理法》《食品安全法》《国境卫生检疫法》《传染病防治法》《职业病防治法》都把保护人体健康列入其中。一切与人体生命健康相关的活动和行为如卫生立法、执法、司法、守法、法制宣传、法制监督等，都应当以保护人体生命健康权益为根本的出发点和归宿。

2. 调整内容的广泛性与调节手段的多样性 我国卫生保健事业的范围十分广泛，国家对社会卫生事业的管理内容众多，因此卫生法调整的内容也非常广泛，几乎涉及了社会生活的各个领域和方面，它几乎关系到社会中的每个人。

卫生法调整内容的广泛性和调整社会关系的多样性，决定了其调节手段的多样性。它既采用纵向的行政手段调整卫生行政管理活动中产生的社会关系，又采用横向的民事手段调整卫生服务活动中的权利义务关系。最后，卫生法除采用自己独有的法律措施外，还需要刑法、劳动法、诉讼法等法的调整手段，以有效地保护公民的健康权。

3. 科学性和技术规范性 医药卫生工作是一项科学技术性很强的工作，科技发展使医学诊断和治疗过程日益复杂，这就要求将直接关系到公民健康的医疗方法、程序、操作规范、卫生标准等大量的技术规范法律化，把遵守技术法规确定为法律义务，确保公民健康权的实现。卫生法的内容具有明显的科技性和技术规范性特点。

在众多卫生法律中都包含着大量的操作规程、技术常规和卫生标准，如我国《药品管理法》规定：“药品必须符合国家药品标准……国务院卫生行政部门颁布的《中华人民共和国药典》和药品标准为国家药品标准。”这里所说的《中华人民共和国药典》和药品标准即属于技术规范，决定着药品的名称、成分、制作工艺等。

4. 国际性和社会共同性 卫生法的根本任务是预防和消灭疾病、改善人们劳动和生活环境的卫生条件、保护人体健康，这是全人类的根本利益和长远利益所在。毕竟疾病的流行并没有地域、国界和人群的限制，疾病防治的措施、方法和手段也不会因国家及社会制度的不同而不能互相学习。因此卫生法所涉及的问题不仅仅是卫生行业内部的问题，而是具有社会方方面面的事情，这就需要社会的参与。在全球积极探索解决人人享有卫生保健的今天，各国政府都很重视卫生立法工作，把一些具有共同性的卫生要求、卫生标准载入本国法律，并注意借鉴和吸收各国通行的卫生规则，使卫生法具有明显的国际性和社会共同性。

（三）卫生法的渊源

卫生法的渊源是指卫生法律规范的各种具体表现形式，即一定的国家机关依照法定职权和程序制定或认可的具有不同法律效力和地位的卫生法的不同形式。

1. 《宪法》 《宪法》是国家根本大法，规定了我国的根本制度，具有最高法律效力，是所有立法的依据。

《宪法》第21条规定：“国家发展医疗卫生事业，发展现代医药和我国传统医药，鼓励和支持农村集体经济组织、国家企业事业组织和街道组织举办各种医疗卫生设施，开展群众性的卫生活动，保护人民健康。”第25条规定：“国家推行计划生育，使人口的增长同经济和社会发展计划相适应。”第33条规定：“国家尊重和保障人权。”第45条规定：“中华人民共和国公民在年老、疾病或者丧失劳动能力的情况下，有从国家和社会获得物质帮助的权利。国家发展为公民享受这些权利所需要的社会保险、社会救济和医疗卫生事业。”

2. 法律　法律作为卫生法的渊源，包括由全国人民代表大会制定的基本法律和全国人民代表大会常务委员会制定的非基本法律。我国现有的卫生法律基本上都是由全国人民代表大会常务委员会制定的，主要有《中华人民共和国精神卫生法》《中华人民共和国食品安全法》《中华人民共和国药品管理法》《中华人民共和国国境卫生检疫法》《中华人民共和国传染病防治法》《中华人民共和国红十字会法》《中华人民共和国母婴保健法》《中华人民共和国献血法》《中华人民共和国执业医师法》《中华人民共和国人口与计划生育法》《中华人民共和国职业病防治法》等。这些卫生法律被称为单行法。此外，刑法、民法、劳动法、婚姻法等法律中有关卫生的条款也是卫生法的渊源。

3. 行政法规　行政法规是国务院依宪法授权制定的规范性法律文件，其法律效力低于法律而高于地方性法规。《医疗事故处理条例》《医疗机构管理条例》《护士条例》《人体器官移植条例》等均属于行政法规。

4. 地方性法规　根据《宪法》的规定，省、自治区、直辖市的人民代表大会及常务委员会，在不与宪法、法律、行政法规相抵触的前提下，可以制定地方性法规，报全国人民代表大会常务委员会备案。较大的市的人民代表大会及常务委员会根据本市的具体情况和实际需要，在不同宪法、法律、行政法规和本省、自治区的地方性法规相抵触的前提下，可以制定地方性法规，报省、自治区的人民代表大会常务委员会批准后施行。这里“较大的市”是指省、自治区的人民政府所在地的市、经济特区所在地的市和经国务院批准的较大的市。

5. 自治条例、单行条例　民族自治条例与单行条例是指民族自治地方（含自治区、自治州、自治县）的人民代表大会依法在其职权范围内根据当地民族的政治、经济、文化的特点，制定发布的有关本地区的规范性法律文件。

6. 规章　规章分为部门规章和地方政府规章。卫生部门规章是国务院卫生行政部门单独或与国务院有关部门联合制定的规范性法律文件。如国家卫生和计划生育委员会（简称卫计委）、国家食品药品监督管理总局、国家中医药管理局等机关制定、发布的规范性法律文件。如卫计委颁布的《处方管理办法》《单采血浆站管理办法》等。地方政府卫生规章则是指由省、自治区、直辖市人民政府，以及省、自治区人民政府所在地的市和经国务院批准的较大的市的人民政府依照法定程序制定的卫生方面的规范性法律文件。规章不得与宪法、法律、行政法规相抵触，地方政府规章还不得与地方性法规相抵触。

7. 卫生标准、卫生技术性规范和操作规程　由于卫生法具有技术控制和法律控制的双重性质，因此卫生标准、卫生技术性法规和操作规程就成为卫生法渊源的一个重要组成部分。其主要是指在卫生事业的各个环节中所规定的技术性标准、准则和操作规程，包括医疗技术规范、操作规程和卫生标准等。以卫生标准为例，国家根据卫生保健要求，对生产、生活环境中化学性、物理性及生物性有害因素所确定的卫生学允许的限度。卫生标准一经批准发布，就是卫生技术法规，具有法律约束力。如《生活饮用水卫生标准》《医疗事故分级标准》等。

8. 卫生国际条约　卫生国际条约可以由我国全国人民代表大会常务委员会决定同外国缔结，或者由国务院按职权范围同外国缔结。卫生国际条约虽然不属于我国国内法的范畴，但其一旦生效，除我国声明保留的条款外，对我国均产生法律效力。

9. 法律解释　有关机关对卫生法律、行政法规、规章所作的解释，通常也视为卫生法的法律渊源。

二、卫生法的基本原则

卫生法的基本原则是指反映卫生法立法精神、适用于卫生法律关系的基本原则。卫生法的基本原则是为卫生立法的指导思想和基本依据，是卫生法所确认的卫生社会关系主体及其卫生活动必须遵循的基本准则，在卫生司法活动中起指导和制约作用。

（一）卫生保护原则

健康是一项基本人权。卫生保护是实现人的健康权利的保证，也是卫生制度的重要基础。我国的各类卫生法律法规均将保护公民生命健康权作为根本立法目的，在卫生法的实施、适用等各个环节也都从广大人民群众的健康利益出发，在国家所确立的各种卫生制度和卫生机构的设置上也都把维护人体健康作为卫生法的最高宗旨，使每个公民都依法享有改善卫生条件、获得基本医疗保健的权利。

（二）预防为主、防治结合原则

预防为主、防治结合是我国卫生工作的根本方针，也是卫生立法及执法必须遵循的一条重要原则。《传染病防治法》《职业病防治法》等立法中均规定的基本原则都是“预防为主、防治结合”。其基本要求就是做到无病防病、有病治病、防治结合、立足于防。在卫生立法及执法中“预防为主”尤能显示其保障健康的根本目的。

（三）公平原则

公平原则是法律的基本原则和核心原则。其体现在卫生法中则是指以利益均衡作为价值判断标准来配置卫生资源，协调卫生保健活动，以使每个社会成员普遍能得到卫生保健。其基本要求是合理配置可使用的卫生资源，任何人在法律上都享有平等的使用卫生资源的权利。但是个人可以使用的卫生资源的范围和水平，客观上要受到卫生资源分布和分配的影响。所以这里的公平不是指人人获得相同水平的卫生服务，而是指人人达到最高可能的健康水平。从这个意义上说，公平是一个逐步改善的过程。

（四）患者自主原则

保护患者权利的观念是卫生法的基础，而患者的自主原则是患者权利的核心。患者自主原则是指患者经过深思熟虑就有关自己疾病的医疗问题作出合理的、理智的并表示负责的自我决定权。其内容主要包括：①有权自主选择医疗机构、医生及其医疗服务的范式；②除法律、法规另有规定外，有权自主决定接受或者不接受某一项医疗服务；③有权拒绝非医疗性服务等。

（五）依靠科技进步原则

卫生事业是科技含量很高的一个领域。它是以研究生命科学为主要内容的事业，尤其生命科学是当今世界科技发展较活跃、较重要的领域之一。它不断给医学发展以巨大的动力，使人类对自身生命现象和疾病本质的认识不断进入新的阶段。实践证明，卫生事业的发展、健康目标的实现，归根到底有赖于科学技术的发展。因此，以维护人的生命和健康为宗旨的卫生法，必然把依靠科技进步作为自己的原则之一。

（六）中西医协调发展原则

中医学有着数千年的历史，是各族人民在长期同疾病作斗争中总结出来的丰富经验；西医学是随着现代科学技术发展起来的，是现代科学的重要组成部分。在医疗卫生事业中要正确处理中医学和西医学的关系，我们不仅要认真学习和运用西医学，努力发展和提高现代医学科技水平，也要继承和发展祖国传统的医学遗产。中西医协调发展作为一项基本原则从立法上予以规范，适用上予以保障，使中医学和西医学在对疾病的诊疗护理中协调发展，共同造福人类。

（七）国家卫生监督与全民卫生监督相结合原则

卫生监督包括医政监督、药政监督、卫生防疫监督和其他相关的卫生监督。国家卫生监督是指卫生行政机关、司法机关及法律法规授权组织，对管辖范围内的社会组织和个人贯彻执行国家卫生法律、法规、规章的情况进行的检查督导。卫生法对各级各类卫生监督机构的设置、任务、职责、管理、监督程序，以及对违法者的处罚种类、裁量标准、处罚程序及执法文书等一系列问题作了明确规定，要求卫生监督人员准确适用法律，严格依法办事。实行国家卫生监督原则必须把专业性监督与社会监督、群众监督紧密结合起来，实行全民卫生监督。全社会都有责任对涉及人的生命健康权益保护事项进行监督。

（八）动员全社会参与原则

动员全社会参与原则是指卫生工作必须做到政府领导、部门配合、社会支持、群众参与，使卫生事业成为全民的事业。动员全社会参与原则首先要求各级政府领导卫生工作，中央和各地方政府都要把发展卫生事业列入国家和地方的经济和社会发展总体规划；其次卫生行政部门要认真组织实施卫生工作；最后各社会团体要积极参与卫生工作，每个公民能参与到卫生事业中来，使卫生事业成为全民的事业。

三、卫生法的作用

法的作用就是法对人们行为和社会生活的影响。按照法作用于人们的行为和社会关系的形式与内容之间的差别将其分为法的规范作用和社会作用。因此，卫生法的作用同样分为规范作用和社会作用。

卫生法的规范作用同法的规范作用一样，包括指引作用、预测作用、评价作用、教育作用、强制作用。卫生法的社会作用包括卫生法实现阶级统治的作用和实现社会卫生事务管理的作用。该作用具体来说，体现在贯彻党的卫生政策，保证国家对卫生工作的领导，促进卫生事业发展；保障公民生命健康；规范卫生行政行为；促进经济发展，推动医学科学的进步；促进国际卫生交流与合作等方面。

第三节　卫生法律关系

一、卫生法律关系概述

（一）卫生法律关系的概念

法律关系是指法律规范调整的人们在社会活动中所形成的各种权利和义务关系。卫生法律关系是指卫生法律规范调整的人们在卫生活动中所形成的各种权利和义务关系。

卫生法律关系是一种纵横交错的法律关系。其中纵向卫生法律关系是指国家机关在实施卫生管理中，与企事业单位、社会组织和公民之间发生的计划、组织、指挥、协调和监督等的隶属关系。而横向卫生法律关系是指医药卫生预防保健机构同国家机关、企事业单位、社会组织和公民之间，在医疗卫生、药品经营等服务过程中所形成的权利义务关系。在这种服务关系中，双方当事人的地位是完全平等的。

（二）卫生法律关系的特征

卫生法律关系除了具备一般法律关系的共同特征外，还具有其自身的特征：

1. 卫生法律关系是由卫生法调整和确认的具有特定范围的法律关系 卫生法律关系必须以相应的卫生法律规范的存在为前提。国家为了确保公共卫生安全和人体健康，通过卫生立法，对那些直接关系人体健康的卫生关系加以具体规定，保护其不受非法行为的侵害。在实践中，当这些卫生关系为卫生法所确认和保护时，就上升为卫生法律关系，具有了卫生法律的形式。卫生法律关系是卫生法调整的健康利益的实质内容和卫生法律形式的统一，因此，卫生法律关系的范围取决于卫生法调整对象的范围。

2. 卫生法律关系是基于保障和维护人体健康而结成的法律关系 卫生法律关系是以保障和维护人体健康为目的的。从卫生法律关系形成的过程看，卫生法律关系是在卫生管理和医药卫生预防保健服务过程中形成的各种关系，但无论是在卫生行政管理中形成的卫生法律关系，或者是在卫生服务中形成的卫生法律关系，还是在生产经营过程中形成的卫生法律关系，其内容都体现了个人和社会的健康利益，其目的都是为了保障人类健康。没有健康问题，也就没有卫生法律关系。其他法律关系均不以保障健康为其特定目的，也不是在卫生管理和医药卫生预防服务这一特定活动中形成的，这是卫生法律关系与其他法律关系的根本差异。

3. 卫生法律关系是一种纵横交错的法律关系 所谓纵横交错是指卫生法律关系是一种既存在于平等主体之间，又存在于不平等主体之间的法律关系。其中既有国家管理活动中的领导和从属关系，又有各个法律关系主体之间的平等的权利义务关系。卫生法律关系的这一特点，是由医药卫生法所调整的卫生行政部门与卫生机构、其他行政相对人的不平等性和医疗卫生机构等在提供卫生服务或保证卫生服务的过程中与接受服务者之间关系的平等性所决定的。其中，纵向的卫生法律关系是指国家有关机关在卫生管理监督过程中，与企事业单位、社会组织和公民之间发生的行政法律关系；横向的卫生法律关系是指医药卫生预防保健单位及医药企业同国家机关、企事业单位、社会组织和公民之间，在提供医药卫生服务与商品的过程中所发生的民事权利义务关系。

4. 卫生法律关系的主体具有特殊性 卫生法是一门专业性很强的部门法，这就决定了卫生法律关系主体的特殊身份，即通常是从事卫生工作的组织和个人。在纵向的卫生法律关系中，必定有一方当事人是卫生管理机关如卫生行政部门、卫生监督机构等；在横向的卫生法律关系中，必定有一方当事人是医药预防保健机构或个人。

二、卫生法律关系的构成要素

卫生法律关系是由卫生法律关系主体、卫生法律关系内容和卫生法律关系客体三个要素构成的。在任何一种卫生法律关系中，缺少任何一个构成要素卫生法律关系都无法产生和继续存在。

（一）卫生法律关系的主体

卫生法律关系的主体是指卫生法律关系的参加者，即在卫生法律关系中享有权利并承担义务的自然人和法人。其中享有权利的人是权利主体，承担义务的人是义务主体。我国的卫生法律关系的主体包括法人主体和自然人主体。

1. 法人主体　包括各级医药卫生主管部门、各级各类公共卫生防疫机构、各级各类医药卫生机构；与健康相关的一切企事业单位、社会团体和其他社会组织，如卫生行政部门，医疗机构、预防机构、保健机构、医院、疾病预防控制中心、药检所、妇幼保健院等，以及食品、药品、化妆品等生产、经营企业及医药研究单位和中国红十字会、各种卫生专业人员组成的学术性团体（学会）、协会等。

2. 自然人主体　包括中国公民、外国人、无国籍人。公民是指具有某国国籍的自然人。自然人包括本国公民、外国人和无国籍人。公民作为卫生法律关系的主体主要有两种情况：其一是医疗机构内部工作人员；其二是以普通公民身份参加卫生法律关系的主体，即享受医疗卫生服务的受益者。居住在我国的外国人和无国籍人，也可以成为我国卫生法律关系的主体。

（二）卫生法律关系的客体

卫生法律关系的客体是指卫生法律关系主体的权利和义务所共同指向的对象（标的）。它是联系卫生法律关系主体间权利和义务的纽带。它包括以下内容：

1. 人身利益　如公民的生命健康权、隐私权、身份权、器官与尸体的归属权、求偿权等。以人身利益形式出现的客体即公民生命健康权，是卫生法律关系中最首要保护的客体。因为保护公民的生命健康权是我国卫生立法的宗旨。因此，公民的生命健康权也是卫生法律关系中最高层次的客体。

2. 行为　行为是指卫生法律关系中的主体行使卫生权利和履行卫生义务的活动。如卫生审批、申请许可等。行为包括合法行为和非法行为。

3. 物　物是指现实存在的，能够被人所支配、利用，具有一定价值和使用价值的物质财富。物主要包括进行各种医疗和卫生管理工作过程中所需的物品，如医疗器具、食品、药品、化妆品、保健品等。

4. 智力成果　智力成果是指人们脑力劳动所创造的成果，属于精神财富，如学术著作、专利、发明等。智力成果可以转换成一定形式的物质财富。

（三）卫生法律关系的内容

卫生法律关系的内容是指卫生法律关系的主体依法所享有的权利和应承担的义务的总和。

1. 卫生权利　卫生权利是卫生法律对主体能够做出或者不做出一定行为，以及要求他人相应做出或不做出一定行为的许可和保障。卫生法律关系双方的权利均受到法律的保护。

2. 卫生义务　卫生义务是卫生法律规定的主体必须做出一定行为或不做出一定行为的约束。卫生法律关系双方的义务也必须依法履行。

三、卫生法律关系的产生、变更和消灭

卫生法律关系的产生、变更和消灭，均以相应的卫生法律规范的存在为前提，以一定的卫生法律事实的产生为直接原因。

1. 卫生法律关系的产生　卫生法律关系的产生是指在卫生活动中，因某种事实的存在，使人们之间为一定权益的实现而形成了权利和义务关系。如患者的就医行为引起医患诊疗法

律关系的产生。

2. 卫生法律关系的变更 卫生法律关系的变更是指某种事实的存在而使原有的卫生法律关系发生变动。卫生法律关系的主体、内容、客体三者中的任何一项或几项要素发生变化，即为卫生法律关系的变更。

3. 卫生法律关系的消灭 卫生法律关系的消灭是指因某种事实的存在使原有卫生法律关系中的权利和义务消失和终止。如遇有下列情形之一的，卫生法律关系归于消灭：义务全部履行完毕；权利主体放弃全部该权利；权利或义务主体消灭，且无该权利或义务的承受者；权利主体丧失主张该权利的时效。

4. 卫生法律事实 所谓卫生法律事实是指由卫生法律规范规定的，能够引起法律关系产生、变更和消灭的事件和行为。卫生法律事实必须是卫生法律规范规定的法定情形。卫生法律事实的出现和卫生法律规范规定的法定情形两者缺一不可。

（1）法律行为 法律行为是指能够直接引起法律关系产生、变更和消灭，当事人有意识有目的的某种活动，可以是作为或不作为，可以是合法行为或违法行为。行为是卫生法律关系产生、变更和消灭的最普遍的法律事实。

法律行为包括合法行为和违法行为。合法行为是指卫生法律关系主体实施符合卫生法律规范，能够产生行为人预期后果的行为。合法行为必然受到我国法律的保护。违法行为是指卫生法律关系主体实施卫生法律规范所禁止的行为。违法行为产生的法律后果是必须要承担相应的法律责任。

（2）法律事件 法律事件是指法律规定的能够引起法律关系发生、变更和消灭而又不以法律关系当事人的主观意志为转移的客观现象。

法律事件包括自然事件和社会事件：前者是不以人的意志为转移而出现的客观现象，如人的死亡、地震、洪水等；后者是指当事人以外的其他人的活动造成的事件，如战争、卫生法律的修改、卫生行政措施的颁布等。

第四节 卫生法的制定与实施

一、卫生法的制定

（一）卫生法制定的概念

卫生法的制定是指有权的国家机关依照法定的权限和程序，制定、认可、修改、补充或废止规范性卫生法律文件的活动，又称为卫生立法活动。

卫生法的制定有广义和狭义之分。狭义的卫生法的制定专指全国人民代表大会及常务委员会制定卫生法律这种特定的规范性文件的活动。广义的卫生法的制定，不仅包括狭义的卫生法的制定，还包括国务院制定卫生行政法规、国务院有关部门制定卫生部门规章、地方人民代表大会及常务委员会制定地方性卫生法规、地方人民政府制定地方政府卫生规章、民族自治地方的自治机关制定卫生自治条例和单行条例、特别行政区的立法机关制定规范性卫生法律文件等活动。

（二）卫生法制定的依据

1. 《宪法》是卫生立法的法律依据 《宪法》是国家根本大法，规定了我国的根本制度，具有最高法律效力，是所有立法的依据。

《宪法》第21条规定："国家发展医疗卫生事业，发展现代医药和我国传统医药，鼓励和支持农村集体经济组织、国家企业事业组织和街道组织举办各种医疗卫生设施，开展群众性的卫生活动，保护人民健康。"第25条规定："国家推行计划生育，使人口的增长同经济和社会发展计划相适应。"第33条规定："国家尊重和保障人权。"第45条规定："中华人民共和国公民在年老、疾病或者丧失劳动能力的情况下，有从国家和社会获得物质帮助的权利。国家发展为公民享受这些权利所需要的社会保险、社会救济和医疗卫生事业。"

卫生立法必须以《宪法》的上述规定为法律依据，同时卫生立法也是对《宪法》规定的具体落实。

2. 保护人体健康是卫生立法的思想依据 健康是人类生存与发展的基本条件，是人全面发展的基础，人民健康状况和卫生发展水平是衡量一个国家或地区的发展水平和文明程度的重要标志。增进人民健康、提高全民族的健康素质，是社会经济发展和精神文明建设的重要目标，是人民生活达到小康水平的重要标志，也是促进经济发展和社会可持续发展的重要保障。以卫生关系为调整对象的卫生法必然要把保护人体健康作为其立法的思想依据、立法工作的出发点和落脚点。

生命健康权是公民最根本的权益，是行使其他权利的前提和基础。失去了生命和健康，一切权利都将成为空谈。

3. 医药卫生科学是卫生立法的自然科学依据 卫生工作是以生命科学为核心的科技密集型行业，现代卫生事业是在现代自然科学及其应用工程技术高度发展的基础上展开的。以卫生关系为调整对象的卫生法，必然要涉及与人的生命、健康相关的自然科学。因此卫生立法工作在遵循法律的基础上，还必须遵循卫生工作的客观规律，即把医学、卫生学、药物学、生物学等自然科学的基本规律作为卫生法制定的科学依据，使法学和医药卫生科学紧密联系在一起，科学立法，促进医学科学进步和卫生事业发展。

4. 社会经济条件是卫生立法的物质依据 如前所述，法的内容是由统治阶级的物质生活条件所决定的。因此，卫生立法也必然会受到社会经济条件的制约。我国的卫生立法也必须着眼于我国的实际，正确处理好卫生立法与现实条件、经济发展之间的关系，以适应社会主义市场经济和卫生事业改革的需要，达到满足人民群众不断增长的多层次的卫生需求，保护人体健康、保障经济和社会可持续发展的目的。

5. 卫生政策是卫生立法的政策依据 政策是国家或政党为完成一定时期的任务而规定的活动准则。卫生政策是党领导国家卫生工作的基本方法和手段。党的"十八大"报告指出：健康是促进人的全面发展的必然要求。要坚持为人民健康服务的方向，坚持预防为主、以农村为重点、中西医并重，按照保基本、强基层、建机制的要求，重点推进医疗保障、医疗服务、公共卫生、药品供应、监管体制综合改革，完善国民健康政策，为群众提供安全有效方便价廉的公共卫生和基本医疗服务。健全全民医保体系，建立重特大疾病保障和救助机制，完善突发公共卫生事件应急和重大疾病防控机制。巩固基本药物制度。健全农村三级医疗卫生服务网络和城市社区卫生服务体系，深化公立医院改革，鼓励社会办医。扶持中医药和民族医药事业的发展。提高医疗卫生队伍服务能力，加强医德医风建设。改革和完善食品药品安全监管体制机制。开展爱国卫生运动，促进人民身心健康。坚持计划生育的基本国策，提高出生人口素质，逐步完善政策，促进人口长期均衡发展。

卫生立法以上述卫生政策为指导，有助于卫生法反映客观规律和社会发展要求，充分体现人民意志，使卫生法律规范能够在现实生活中得到普遍遵守和贯彻，最终形成良好的卫生法律秩序，保障人民群众卫生权益的实现。

（三）卫生法制定的原则

卫生法制定的原则是指立法者在卫生法的创制过程中应遵循的基本准则，是卫生立法的指导思想在卫生法创制过程中的具体化和实践化。

1. 遵循宪法的基本原则 宪法是国家的根本大法，具有最高的法律效力，是一切立法的依据，卫生立法要以《宪法》中有关医药卫生方面的规定为依据。卫生工作的方针和政策是党和国家根据广大人民的利益制定的，能够及时地反映广大人民群众医药卫生保健方面的愿望和要求，对卫生立法工作具有指导作用。通过立法，卫生工作的方针和政策上升为国家意志，对全体公民具有普遍约束力，以保证党和国家卫生方针和政策的贯彻执行。

2. 维护法制统一和尊严原则 维护法制统一和尊严原则是指我国卫生法与其他各法律之间、各项卫生法律法规之间，以及卫生法律规范之间互相衔接，协调一致，避免互相重复和矛盾，维护法律的尊严。这就要求：卫生立法必须以《宪法》中的有关卫生工作的法律原则为依据；各立法机关应严格依照《宪法》和《中华人民共和国立法法》（简称《立法法》）规定的立法权限和程序立法，严格遵循各法律渊源间的效力从属关系，地方卫生立法不得与中央立法相违背，低层次卫生立法不得与高层次立法相违背；保持卫生法的连续性、稳定性和及时立、改、废相结合等。

3. 依照法定的权限和程序原则 卫生立法必须遵循《宪法》《立法法》和有关法律关于立法权限划分的规定。立法机关在宪法、法律规定的范围内行使职权，不能超越法定的权限范围。

4. 坚持民主立法原则 民主立法就是在整个立法过程中，坚持民主立法的价值取向，使社会公众参与和监督立法的全过程，建立充分反映民意、广泛集中民智的立法机制，推进法制建设的科学化、民主化，使法律真正体现和表达人民的意志，反映广大人民群众的根本利益和长远利益。卫生立法的过程是把党的卫生工作方针、政策和人民的意志上升为国家意志，使之具有普遍约束力的行为准则的过程。只有在卫生立法过程中充分发扬民主，集中群众的智慧，取得多数人的一致意见，才能更好地反映广大人民的意志，才能使立法得以顺利实施。

5. 坚持从实际出发原则 实事求是，从实际出发，从中国国情出发，理论联系实际，是我国卫生立法工作必须遵循的思想路线。我国是发展中的社会主义国家，人口多，底子薄，政治、经济、文化发展很不平衡。因此，卫生立法要从这一国情出发，既要积极，又要慎重，既要考虑必要性，又要考虑可行性，使卫生立法工作随着形势发展需要不断完善。

6. 坚持古为今用、洋为中用原则 卫生法是具有社会公益和科学技术性的法，因而在古今中外的卫生法规中有许多共性的内容，有许多值得学习之处；现代发达国家的卫生立法经验和立法技术也有不少可供借鉴；国际交往中形成的国际卫生法规和惯例有许多有益的地方值得吸收。我们在卫生立法时，应对古今中外法律加以研究、分析，有选择地加以借鉴，使卫生立法奠基于科学的基础之上，适应我国和国际交往的需要。

（四）卫生立法体制

卫生立法体制是指关于国家的哪些机关享有卫生立法权，以及它们享有的卫生立法权限应该如何划分的问题。

我国现阶段同国情相适应的卫生立法体制是在中央集中统一领导下的两级多层次的卫生立法体制，即在保证社会主义法制统一性的前提下，中央和地方适当分权，充分发挥中央和地方两个方面的积极性。

我国依法享有卫生立法权的国家机关，包括有权制定卫生法律的全国人民代表大会及常务委员会，有权制定卫生行政法规的最高国家行政机关国务院，有权制定地方性行政法规的省、自治区、直辖市的人民代表大会及常务委员会，有权制定卫生自治条例和单行条例的民族自治地方的人民代表大会，有权制定卫生规章的国务院的组成部门、国务院具有行政管理职能的直属机构，有权制定卫生规章的省、自治区、直辖市人民政府及省、自治区人民政府所在地的市、经济特区所在地的市和经国务院批准的较大的市的人民政府。

（五）卫生立法程序

卫生立法程序是指享有立法权的国家机关制定、修改和废止卫生法律和其他卫生规范性法律文件所必须遵循的步骤和方式。以法律的通过为例，介绍卫生立法程序的内容。我国的《立法法》对全国人民代表大会及常务委员会的立法程序作了法律上的规定。立法的程序分为以下四个阶段。

1. 法律议案的提出 提出法律议案是指被授予专门权限的有关机关和人员向立法机关提出议案。如根据《立法法》的规定，国务院具有卫生法律议案的提案权。从卫生法律草案的一般形成过程来说，在卫生法律议案提出之前，都要由卫计委组织法律草案起草小组，开展调查研究和起草工作，经国务院讨论通过后，由国务院作为法律议案提出。此外，全国人大代表30人以上或一个代表团、全国人大常委会10人以上、全国人民代表大会主席团、全国人民代表大会常务委员会等均可以提出卫生法律议案。

2. 法律草案的审议 审议法律草案是指法律制定机关对列入议事日程的法律草案进行正式审议和讨论。我国《立法法》规定，向全国人民代表大会提出的法律草案，要经过全国人民代表大会常务委员会审议提出。在大会审议时，还要由法律委员会根据代表审议提出意见、进行审议并提出报告，再由主席团决定提交大会讨论通过。向全国人民代表大会常务委员会提出的卫生法律草案，在列入议事日程后，首先在人民代表大会常务委员会会议上就卫生法律草案起草情况进行说明，经初步审议后，交全国人民代表大会有关委员会综合各方面意见进行审议，向下一次人民代表大会常务委员会会议提出审议报告，再由人民代表大会常务委员会进一步审议通过。向地方各级人民代表大会提出的卫生法规草案，由同级人民代表大会主席团提请大会讨论，或者交付议案审查委员会审查后再提请人民代表大会讨论。

3. 法律的通过 法律的通过是指法律制定机关对法律表示正式同意，从而使法律草案成为法律。根据法律规定，全国人民代表大会通过法律或议案时，由主席团决定采用无记名投票或举手表决，或以其他方式进行。卫生法律和议案由全国人民代表大会以全体代表的过半数通过；全国人民代表大会常务委员会审议的法律草案和其他议案，由常务委员会全体成员的过半数通过。

4. 法律的公布 法律的公布是指法律制定机关将通过的法律用一定形式予以正式公布。我国法律规定，中华人民共和国主席根据全国人民代表大会或全国人民代表大会常务委员会的决定公布法律。

二、卫生法的实施

（一）概念

卫生法的实施是指以一定的方式使卫生法律规范在社会生活中得到贯彻和实现的活动。卫生法的实施包含以下几个方面的内容：国家机关和国家授权机关及其工作人员严格执行法律、适用法律，使法律规范得到实现；所有国家机关、武装力量、政党社团、企事业单位、国家公职人员和全体公民自觉遵守法律规范，从而使法律规范得到实现。前者称为法的适用或执法活动，后者称为法的遵守或守法活动。同时还包含卫生法律监督的内容。

（二）卫生法的遵守

卫生法的遵守是指一切国家机关、社会团体、企事业组织和全体公民等在从事生产、生活及管理活动中，要严格遵守卫生法，自觉维护卫生法，切实做到依法办事。

1. 卫生法遵守的主体 卫生法遵守的主体，包括一切国际机关、社会团体、企事业组织和全体公民，也包括在中国领域内活动的国际组织、外国组织、外国公民和无国籍人。

在卫生法的遵守中，应特别重视以下人员的守法教育：①卫生法律规范所指向的一切与人体健康有关的企事业部门和社会服务性行业及其从业人员；②卫生技术人员；③卫生行政部门和卫生监督机构的工作人员。

2. 卫生法遵守的内容 卫生法守法的范围极其广泛，主要包括宪法、卫生法律、卫生行政法规、地方性卫生法规、卫生自治条例和单行条例、卫生规章、国际卫生条约、协定等。

卫生法遵守不是消极、被动的，它既要求国家机关、社会组织和公民依法承担和履行卫生义务，更包括国家机关、社会组织和公民依法享有权利、行使权利，其内容包括依法行使权利和履行义务两个方面。

（三）卫生法的适用

卫生法的适用有广义和狭义之分。广义的卫生法的适用是指国家授权的有关机关、部门和组织，依其职能权限，将卫生法律规范应用于具体人、组织和事件的活动。狭义的卫生法的适用是专指各级卫生行政部门的卫生行政管理活动和各级卫生监督机构的卫生检查监督活动，以及他们依法对违反卫生法律规范的行为人所做的处理和追究，即通常所说的卫生监督和卫生行政执法。卫生法适用的基本要求是正确、合法、及时。

卫生法的适用同其他执法活动相比较，具有以下特征：

1. 根本目的是保护公民的健康权 卫生法的适用是针对公民、法人、社会团体和其他国家机关贯彻执行卫生法的情况进行监督，并对违法者给予必要处理的特定活动，以达到正确运用法律手段更好地保护公民的健康权。

2. 主体必须是国家授权的有关机关和组织 适用卫生法的主体包括卫生行政部门、司法机关、卫生监督机构。它们在执法职能上存在着差异，体现在形式、方法、处理结果上各有特点。

3. 遵循法律规范和技术规范 在处理卫生案件或纠纷时，应以卫生法律、法规和卫生标准为准绳。

（四）卫生法的效力范围

卫生法的效力范围是指卫生法的适用范围，即卫生法律规范在什么时间、什么地方、对哪些人发生法律效力。

1. 卫生法的时间效力 是指卫生法的生效时间，包括开始生效和终止生效的时间，以及法的溯及力问题。

（1）*卫生法的生效* 我国卫生法生效的时间有下列三种情形：①在法律的条文中明确规定其颁布后的某一具体时间生效。②法律的条文中明确规定自公布之日起生效。③法律的条文中没有规定生效时间，则均以颁布之日为生效之时。

（2）*卫生法的失效* 即卫生法的废止。我国卫生法的失效有以下三种情况：①新法颁布施行后，相应的旧法即自行失效。②新法取代旧法，即在新法条文中明确宣布旧法废止。③立法机关明令失效，即立法机关通过发布专门的决议、通令等，对某些适用期已过，或与高层次法不符的卫生法律明令废止。

（3）*卫生法的溯及力* 卫生法的溯及力是指某一法规对其生效以前的事件和行为是否适用，如果适用就具有溯及力，反之就没有溯及力。我国卫生法原则上没有溯及力，即采取法不溯及既往的原则。

2. 卫生法的空间效力 我国卫生法的空间效力是指卫生法生效的地域范围，即卫生法在哪些地方具有拘束力。其中地域范围包括领海、领空、领陆及延伸意义上的浮动领土，如我国驻外使、领馆，航行或停泊于境外的我国船舶和飞机。

（1）*在全国范围内生效* 全国人民代表大会及常务委员会制定的卫生法律、国务院制定的卫生法规、国务院部委（包括卫计委）制定的卫生规章，除有特别规定外，适用于我国全部领域。

（2）*在特定的区域范围内生效* 一是地方性卫生法规和规章，只在其发布机关管辖区内生效；二是国家发布的某些法规和规章是针对特定区域发布的，明确规定其适用范围。

3. 卫生法对人的效力 卫生法对人的效力是指卫生法律对哪些人有效的问题。我国卫生法对人的效力有两种情况：

（1）对卫生法律空间效力范围内的所有人均有效力，包括中国公民、外国人和无国籍人。

（2）对空间效力范围内的某些法人、组织和特定的人有效。

（五）卫生法的解释

卫生法的解释是指有关国家机关、组织或个人，为适用或遵守卫生法，根据立法原意对卫生法律规范的含义、内容、概念、术语，以及适用的条件等所作的分析、说明和解答。卫生法律解释有多种形式，每种法律解释对于法的适用具有不同的作用和意义。按照卫生法律解释的主体与效力不同，可以分为正式解释和非正式解释。

1. 正式解释 正式解释也称法定解释、有权解释。它是指特定的国家机关依据宪法和法律所赋予的职权，对卫生法有关的法律规定所进行的解释，包括立法解释、司法解释和行政解释，它们分别具有不同的法律效力。

（1）*立法解释* 立法解释是指依法有权制定卫生法律、法规的国家机关，对有关法律、法规条文本身需要进一步明确界限或对补充规定所作的解释。这主要是指宪法所规定的拥有立法权和解释权的机关对卫生法律所作的解释，以及最高行政机关和地方国家权力机关对自己制定的卫生法规所作的解释，包括三种情况：一是将解释的内容作为法律条文的一部分；二是通过颁发专门的解释性文件对某一卫生法规作出的补充规定；三是通过卫生法草案说明报告解释卫生法。

(2) 司法解释　司法解释是指司法机关依法对司法工作中具体应用法律问题所作的解释，主要指由最高人民检察院和最高人民法院所作的解释。

(3) 行政解释　行政解释是指国家行政机关依法律的规定，在依法处理其职权范围内的事务时，对如何具体应用法律和行政法规的问题所作的解释。

2. 非正式解释　或称之为非法定解释、无权解释。它是由宣传机构、专家、学者或法律工作者对卫生法律进行的学术性和常识性解释，亦可称之为学理解释。这种解释由于不是基于宪法和法律赋予的特定职权，因而不具有法律上的效力和约束力，但对卫生法的适用具有参考价值，对卫生法的遵守产生积极影响。

(六) 卫生行政执法

1. 卫生行政执法的概念　卫生行政执法是指卫生行政机关、法律授权的组织依法行使卫生职权的活动。卫生行政执法又称卫生执法，是我国卫生行政执法主体依照卫生法律、法规处理具体卫生行政事务的活动。

2. 卫生行政执法的特征

(1) 执法主体的特定性　根据我国卫生法的规定，我国卫生行政执法的主体主要是各级卫生行政机关，只有卫生行政机关才是真正意义上的卫生行政主体，具有政府职能部门的资格。但在特定情况下，卫生法律、法规还可将卫生执法权授予某一组织，即法律、法规授权组织。除此之外，其他任何单位和个人都无权行使卫生执法权。

(2) 执法行为的主动性　卫生行政执法是国家卫生行政机关的法定职权和义务，并且是一种有积极作用的职权和义务。因此，卫生行政机关必须主动履行这种职权和职责，而不需要按行政相对人的意思办事，仅由卫生行政机关单方面决定即可，否则就是失职。

(3) 执法内容的广泛性　卫生行政管理的活动范围十分广泛，几乎遍及我国社会生活的各个领域，关系到每一个人的生老病死，这使卫生法律和卫生行政执法的内容从药品管理到食品、化妆品的卫生监督，从医疗卫生管理到预防保健管理，从公共卫生管理到医疗卫生组织的管理，范围十分广泛。

(4) 执法权限的法定性　卫生行政执法主体所执行的法律规范只能是法律规定应由卫生行政执法主体执行的法律、法规。执法主体只能在其职权范围内，依照法定程序执法，不得越权执法。

(5) 执法后果的强制性　卫生行政执法是国家卫生管理行政权运转的一种特殊方式，是由卫生执法主体代表国家进行的一种管理活动，具有强制性。任何单位和个人都必须服从和执行卫生行政执法机关的执法行为。

3. 卫生行政执法的主体及其职责

(1) 各级卫生行政主管机关　包括各级卫生行政机关，如卫计委、卫生厅、卫生局等；还包括其他相关的行政管理机关，如药品监督管理机关、计划生育管理机关、国境卫生检疫机关、爱国卫生管理机关等。

根据我国宪法、组织法和相关法律的规定，各级政府卫生行政主管机关的主要执法职责是立法权、监督权、检查权、审查审批权、调查处理权、实施处罚权。

(2) 法律、法规授权组织　这些组织或机构承担着一些具体的卫生行政执法任务。其职能是应用预防医学理论和技术，进行卫生的监测与监督、药品质量的检验与仲裁等业务，对违反卫生法的行为追究法律责任。

4. 卫生行政执法的种类

（1）抽象卫生行政行为　它是我国卫生行政机关为执行卫生法律、法规，在其职权范围内发布规范性文件的行为。如对某些卫生法律、法规在执行过程中就有关问题制定具体行为规范，做出解释，提出意见和要求等。

（2）具体的卫生行政行为　即卫生行政执法主体在职权范围内，依照卫生法律、法规的内容和程序，单方面改变特定管理相对人的权利和义务的行政执法活动。这是卫生行政执法主体的主要行政行为。

具体的卫生行政执法行为有以下几种主要方式：卫生许可行为；卫生行政处理；卫生行政处罚；卫生监督检查；卫生行政强制措施。

（七）卫生法律监督

狭义的卫生法律监督是指有关国家机关依据法定职权对卫生立法、执法、司法等卫生机制运行环节的合理性所进行的监督、控制和督导；广义的卫生法律监督则是一切国家机关、政治或社会组织和公民对卫生法律全部运作过程的合法性所进行的监察、控制和督导。无论广义、狭义的卫生法律监督都是卫生法律运行过程中不可缺损的机制，是权利制约体系的组成部分，因而是现代民主政治和卫生法治的基本运作机制。

第五节　卫生违法和卫生法律责任

一、卫生违法

（一）卫生违法的概念

卫生违法是指具有法定责任能力的组织或个人违反卫生法律规范，造成社会危害的行为。违法是与守法相对而言的。违法是阶级社会的产物，具有鲜明的阶级性，任何违法的实质都是对掌握国家政权的阶级利益的违反和侵害。卫生违法行为违反了卫生法律规范，破坏了社会公共卫生秩序和卫生关系。

（二）卫生违法的构成要件

要正确地理解和确认卫生违法，必须研究卫生违法的构成。卫生违法的构成是指法律规定的构成卫生违法行为的各种要件的总和。在一般情况下，构成卫生违法必须具备以下要件：

1. 卫生违法必须是违反卫生法律规范的行为　首先，这种行为必须是客观存在的并对社会产生一定作用和影响的行为。其次，行为人实施卫生违法行为的表现形式多种多样，按照其方式不同，法理上将违法行为归纳为两种基本表现形式：作为和不作为。作为是行为人以积极的身体的动作实施卫生法禁止的行为；不作为是行为人以消极的身体的静止不去实施卫生法要求其必须实施的行为。例如，公民甲未取得医师资格和执业许可便擅自开办个体诊所行医，就是以积极的作为方式实施《中华人民共和国执业医师法》《医疗机构管理条例》禁止未获得执业资格和执业许可的人从事行医活动的行为；医师乙发现传染病疫情后，不按照规定报告，就是以消极的不作为方式不去实施《中华人民共和国传染病防治法》要求其必须实施的行为。

构成卫生违法的行为必须是客观存在的、实际的行为。人的行为无论是作为还是不作为，都要通过人的思想，是受人的意识所支配的。但是，如果仅仅是内在的思想活动，没有转化为外在的行为，不能对外部世界产生影响，那就不构成违法。因此，必须把错误思想和违法行为区别开来。卫生法只惩罚见诸于外部世界的卫生违法行为，而不惩罚思想。

2. 卫生违法必须具有一定的社会危害性 卫生违法必须是在不同程度上侵犯了卫生法所保护的社会关系和社会秩序的行为，具有一定的社会危害性。

客体指法律所保护而为违法行为所侵犯的社会主义社会关系。通常把客体分成三种，即一般客体、同类客体和直接客体。一般客体指一切违法所共同侵犯的客体，即我国卫生法律法规所保护的整个社会主义社会关系；同类客体指的是某一类违法所共同侵犯的客体，即我国卫生法律法规所保护的社会主义社会关系的某一部分和某一方面，如无证经营药品和无证经营医疗器械的行为，其侵犯的同类客体是社会主义市场经济秩序；直接客体是指某一种违法所直接侵犯的具体的社会主义社会关系，即我国卫生法律法规所保护的社会主义社会关系的某个具体部分，如生产、销售假药侵犯的直接客体就是公民的健康权。

3. 卫生违法的主体必须是具有法定责任能力的公民、法人或其他社会组织 责任能力是指具有了解自己行为性质、意义和后果，并自觉地控制自己的行为和对自己行为负责的能力。有责任能力的公民、法人或其他社会组织对自己的卫生违法行为应负相应的法律责任。对公民的责任能力一般从两个方面来确定，一是年龄，二是精神状况。没有达到法定责任年龄的幼童和不能理解、辨认和控制自己行为的精神病患者，当他们的行为违反了卫生法的规定时，也不构成卫生违法。法人是依法成立的能独立享有一定权利和承担一定义务的组织，具备责任能力。其他社会组织只要是依法成立的，并能独立地享有权利和承担义务，也能成为卫生违法的主体。

在这里要引起注意的是，卫生违法的主体也包括卫生行政管理机关。传统的看法认为，卫生违法只能是在卫生行政管理中被管理一方的相对人的违法行为，但是，在依法行政、依法治国的前提下，卫生行政管理部门违反卫生法律规范的行为同样也属卫生违法。

4. 卫生违法的行为人主观上必须要有过错 过错一般分为故意和过失：人的行为是受一定的思想支配的，有的是明知自己的行为会发生危害社会的结果，却希望或放任这种结果的发生，因而属故意违法；有的则是因为疏忽大意，应当预见而没有预见到危害结果的发生，因行为不慎致危害结果的发生，或虽然预见到危害结果的可能发生，但轻信能够避免，最终导致危害结果的发生，因而属过失违法。如果某种行为客观上虽造成了危害结果，但行为人主观上既无故意也无过失，就不能认定为卫生违法。

二、卫生法律责任

（一）卫生法律责任的概念

卫生法律责任是指卫生法主体由于违法行为、违约行为或者由于法律规定而应承担的某种不利后果。

卫生法律责任具有以下特点：

1. 卫生法律责任是违反卫生法律规范的后果 卫生法律责任与违法行为相联系，只有在构成卫生违法的前提下，某种违法行为存在，行为人才能承担相应的法律责任。

2. 卫生法律责任的内容必须是卫生法律、法规、规章明确规定的 有关卫生法律都明确具体地规定了出现违法行为应承担的相应法律责任。

3. 卫生法律责任具有国家强制性 卫生法律责任以国家强制力作为后盾。卫生法律责任是违法者必须承担具有强制性的某种法律上的责任。

4. 卫生法律责任必须依法追究 即由国家授权的专门机关，在法定的权限内依法追究违法者的相应法律责任，其他任何组织和个人都不能行使这种职权。

（二）卫生法律责任的种类

根据行为人违反卫生法律规范的性质和社会危害程度，卫生法律责任可分为行政责任、民事责任和刑事责任。

1. 行政责任 行政责任是指医疗卫生机构的工作人员或从事与卫生有关的企事业单位或工作人员或公民违反卫生法中有关卫生行政管理方面的规定，尚未构成犯罪，而应承担的法律责任。根据我国现行的卫生法律规定，追究行政责任的形式有行政处罚和行政处分两种。

（1）行政处罚 行政处罚指卫生行政机关和授权的卫生监督机构对违反卫生行政管理法规的单位或个人的一种行政制裁。由特定的行政主体针对行政相对人作出。

根据行政处罚法和我国现行卫生法律的规定，卫生行政处罚的种类主要有警告、罚款、没收违法所得、没收非法财物、责令停产停业、暂扣或吊销有关许可证等。

（2）行政处分 行政处分是指国家行政机关、企事业单位或其他组织依照法律规定，根据行政隶属关系，对违反卫生行政管理秩序、违反政纪或对失职人员给予的行政制裁。

根据《中华人民共和国公务员法》及相关法律、法规规定，我国法律规定行政处分的种类主要有警告、记过、记大过、降级、降职、撤职、留用察看和开除等8种形式。

2. 民事责任 民事责任主要是指卫生机构或其工作人员违反卫生法律规定，侵害了公民的生命健康权、财产权等权利时，依法应向受害人承担赔偿责任。

违反卫生法的民事责任主要是弥补受害一方当事人的损失，它以赔偿责任为主要形式。承担民事责任的方式有停止损害，排除妨碍，消除危险，返还财产，恢复原状，修理、重作、更换，赔偿损失，支付违约金，消除影响、恢复名誉，赔礼道歉等10种。

根据《民法通则》的规定，损害赔偿的诉讼时效为2年，而其中人身损害赔偿的诉讼时效为1年。其诉讼时效的计算从受害人知道或者应当知道被损害之日起1年内提出。如有特殊情况，诉讼时效可以中止、中断或延长。

3. 刑事责任 刑事责任是指法律关系主体违反卫生法律规范，侵害了《刑法》所保护的社会关系，构成犯罪所应承担的法律后果。

承担刑事责任，其行为主体必定是实施了刑事犯罪行为，严重地侵犯了卫生管理秩序及公民的身体健康或生命，而依法应当承担的法律后果。刑事责任是由犯罪所引起的法律制裁，具有强制性和最严厉的惩罚性。实现刑事责任的方法是刑罚，它包括主刑和附加刑：主刑有管制、拘役、有期徒刑、无期徒刑和死刑；附加刑有罚金、剥夺政治权利、没收财产，它们可附加适用，也可以独立适用。对于犯罪的外国人，还可以独立适用或附加适用驱逐出境。

我国《刑法》对违反卫生法律、法规行为的刑事责任作了明确规定，规定了二十余个与违反卫生法律法规有关的罪名：生产、销售假药罪；生产、销售劣药罪；生产、销售不符合卫生标准食品罪；生产、销售不符合标准的医疗器械、医用卫生材料罪；违反规定引起甲类传染病传播或者有传播严重危险罪等。完善了卫生违法的刑事责任。

第六节　卫生法律救济

卫生法律救济是指公民、法人或者其他组织认为卫生行政机关的行政行为造成自己合法权益的损害，请求有关国家机关给予救济的法律制度的总称。我国现有的卫生法律救济途径主要有卫生行政复议、卫生行政诉讼和卫生行政赔偿。

一、卫生行政复议

（一）卫生行政复议的概念

卫生行政复议是指卫生行政管理的相对人认为卫生行政机关实施的具体行政行为侵犯其合法权益，依法向做出该卫生执法行为的上级机关或法定机关提出申请，复议受理机关根据相对人的申请，依法对原卫生行政机关的卫生执法行为予以复查并做出裁决的法律制度。

卫生行政复议具有如下几方面的含义：①卫生行政复议的主体是卫生行政机关及卫生行政管理相对人。卫生行政复议以卫生行政管理相对人的申请为前提。②卫生行政复议的客体是卫生行政机关做出的具体行政行为。卫生行政管理相对人提出复议申请是因为不服卫生行政机关的卫生监督行为而产生的。③卫生行政复议机关是依法有履行行政复议职责的国家行政机关。④卫生行政复议是卫生行政机关处理行政争议的活动。

为了防止和纠正违法的或者不当的具体行政行为，保护公民、法人和其他组织的合法权益，保障和监督行政机关依法行使职权，1999 年 4 月 29 日，第 9 届全国人民代表大会常务委员会第 9 次会议通过了《中华人民共和国行政复议法》（简称《行政复议法》），自 1999 年 10 月 1 日起施行。《中华人民共和国行政复议法实施条例》已经于 2007 年 5 月 23 日国务院第 177 次常务会议通过，自 2007 年 8 月 1 日起施行。卫生行政是公共行政的重要组成部分，完善卫生行政复议制度，对于纠正违法和不当的具体行政行为，监督卫生行政机关依法行政具有重要意义。

（二）卫生行政复议的特征

卫生行政复议是一种具有行政和司法双重性质的活动，即行政复议以准司法的方式来审理特定的行政争议。卫生行政复议的特征主要有：

1. 被申请人的特定性　申请人是认为自己合法权益受到具体行政行为侵犯的公民、法人和其他组织。这是对卫生行政复议申请人的规定。有权申请卫生行政复议公民死亡的，其近亲属可以申请行政复议；有权申请行政复议的公民为无民事行为能力或者限制民事行为能力的人，其法定代理人可以代为申请行政复议；有权申请行政复议的法人或者其他组织终止的，承受其权利的法人或其他组织可以申请行政复议。

卫生行政复议当事人的构成一般表现为卫生行政机关与管理相对人，被申请人一般为卫生行政机关或者是法律、法规授权的组织。

行政复议机关是做出具体行政行为的上级机关和法律法规授权的组织。按照《行政复议法》的规定：其他国家机关不能成为行政复议机关，除法律、行政法规有特别授权外，非行政机关的组织也不能成为行政复议机关。行政复议机关负责法制工作的机构具体办理行政复议事项，是法定的行政复议机构。

2. 卫生行政复议的依据具有多层次性 卫生行政复议机关在对原具体行政行为的合法性和适当性进行复查时，不仅要依据有关的卫生法律，而且还要以卫生行政法规、地方性法规、规章及上级卫生行政机关制定和发布的具有普遍约束力的决定、命令为依据。

3. 复议程序的选择性 就行政复议与行政诉讼的关系而言，《行政复议法》规定了两种方式，即选择复议和前置复议。前者指行政相对人可以申请行政复议也可以选择行政诉讼；后者指行政相对人必须先选择行政复议，对行政复议结果不服的，再选择行政诉讼。卫生法律、法规对卫生行政复议的规定基本上是选择复议。

（三）卫生行政复议的原则

卫生行政复议的原则是卫生行政复议机关履行行政复议职责必须遵循的准则，它贯穿于行政复议的全过程。依据《行政复议法》的规定，卫生行政复议主要有以下5项原则：

1. 一级复议制原则 《行政复议法》规定：除法律、行政法规另有规定的以外，行政复议实行一级复议制。一级复议制是指卫生行政机关管理的相对人对卫生行政机关的具体卫生监督行为不服，可以向上一级卫生行政机关申请复议，复议机关所作的复议决定是卫生行政复议程序上的终局决定，申请人不得再向该复议机关的上级机关申请复议，但可以依照法规的规定，向法院起诉。就现行的卫生法的规定来看，卫生行政复议仅能实行一级复议制度。

2. 合法、及时、公正、公开和便民原则 合法原则的具体内容有：履行行政复议职责的主体及职权应当合法；卫生行政复议的依据应当合法；受理卫生行政复议申请和作出行政复议决定的程序应当合法。

及时原则是保证卫生行政复议提高效率的重要准则。具体内容包括：接到行政复议申请后，应当及时予以审查，并在法律规定的时间内将有关材料送达被申请人；受理行政复议申请后，应及时对申请复议的具体卫生行政行为进行审查，及时作出行政复议决定；行政复议决定作出后，对不及时履行者，要依法及时采取措施，确保卫生行政复议决定及时履行。

公正原则的具体内容有：对申请人和被申请人公正对待，一视同仁，决不能袒护做出具体行政行为的机关；对申请人同等对待，不因地位权势、财力等不同而厚此薄彼，更不能以情代法；对原具体行为的适当性审查，维护其法律的公正性。

公开原则的具体内容有：行政复议的程序公开；申请人可以依法查阅一切与复议有关的文书；卫生行政复议的依据公开；卫生行政复议决定公开。

便民原则主要是指使申请行政复议的申请人在申请行政复议的整个过程中，复议体现出便利，节省费用、时间、精力。它主要包括以下内容：在法律规定的范围内，尽可能为申请人提供方便；除法律规定的申请人应承担的义务外，不增加其负担；不得向申请人收取任何费用；可以书面申请，也可口头申请等。

（四）卫生行政复议的受案范围

行政复议的受案范围是指申请人申请行政复议的具体内容。

依据我国《行政复议法》第2章第6、7条的规定，卫生行政复议的具体受案范围如下：①对卫生行政机关作出的警告、罚款、没收违法所得、没收非法财物、责令停产停业、暂扣或者吊销许可证等行政处罚不服的；②对卫生行政机关作出的查封、扣押、取缔、责令追回、没收或销毁禁止生产经营的产品等行政强制措施不服的；③认为卫生行政机关侵犯其合法经营自主权的；④认为符合法定条件，申请卫生行政机关颁发卫生许可证等，卫生行政机关没有依法办理的；⑤认为卫生行政机关违法要求履行义务的；⑥认为卫生行政机关的其他行政行为侵犯其人身权和财产权的；⑦法律、法规规定可以申请复议的其他具体行政行为。

公民、法人和其他组织对下列事项不服的，不可以向卫生行政复议机关申请复议：①对卫生行政机关作出的行政处分或其他人事处理决定不服的；②对卫生行政机关对民事纠纷作出的调解或其他处理不服的。

（五）卫生行政复议的主体

1. 卫生行政复议机构 卫生行政复议机构是依法承担并履行卫生行政复议职责的行政机关。目前卫生行政复议工作大多交由卫生行政机关内的法制机构承担，主要负责受理申请、调查取证、审查和承办应诉事项等工作。因卫生行政复议工作的专业性、技术性要求很强，因此大部分卫生行政机关成立了复议委员会，共同完成复议工作，具体工作由复议机构完成。

2. 卫生行政复议参加人 卫生行政复议参加人是指参加卫生行政复议活动并保护自己合法权益的人，他们必须具备法律、法规所规定的资格，必须参加卫生行政复议活动的全过程。卫生行政复议参加人包括申请人、被申请人、第三人、复议代理人。

申请人即认为卫生行政机关的具体行政行为侵犯其合法权益，以自己的名义依法向卫生行政机关申请复议的公民、法人或其他组织。申请人是公民的，应当具有权利能力和行为能力；申请人是法人或者其他组织的，由其法人代表或负责人申请行政复议。

被申请人即做出引起申请人不服的具体行政行为，并由卫生行政复议机关通知参加复议的卫生行政机关或法律、法规授权行使卫生行政管理职能的组织。

第三人即与申请人复议的具体行政行为有利害关系的，为维护自己的合法权益并经卫生行政复议机关批准参加复议的公民、法人或其他组织。

复议代理人即按照法律、法规规定，以被代理人的名义，为了维护被代理人的合法权益，在代理权限内代替被代理人参加复议活动的人，其代理行为的法律后果由被代理人承担。复议代理人包括法定代理人、指定代理人和委托代理人。

（六）卫生行政复议的管辖

卫生行政复议的管辖是指关于申请人不服行政机关的具体行政行为，申请卫生行政复议，卫生行政复议机关对于卫生行政复议的权限划分。

对县级以上地方卫生行政机关具体行政行为不服的，可以向该卫生行政机关的本级人民政府或上一级卫生行政机关申请卫生行政复议。

对卫计委的具体行政行为不服的，向卫计委申请行政复议。但对复议决定不服的，可以向国务院申请裁决，国务院依照行政复议法的规定作出最终裁决。

对法律、法规授权的卫生监督组织的具体行政行为不服的，分别向直接管理该组织的地方人民政府、地方卫生行政机关或卫计委申请卫生行政复议。

对受委托组织的具体行政行为不服，向委托的卫生行政机关的上一级卫生行政机关申请行政复议。

对两个或两个以上行政机关以共同名义作出的具体行政行为不服的，向其共同上一级行政机关申请行政复议。

对被撤销的行政机关在撤销前所作出的具体行政行为不服的，向继续行使其职权的行政机关的上一级行政机关申请行政复议。

（七）卫生行政复议的期限

卫生行政复议的期限是指涉及卫生行政复议活动的时间规定。依据《行政复议法》的有关规定，卫生行政复议的期限有以下几种情况：

公民、法人或其他组织认为卫生行政机关的具体卫生行政行为侵犯其合法权益的，可以自知道该具体行政行为之日起60日内提出行政复议申请；但是法律规定的申请期限超过60日的除外。因不可抗力或者其他正当理由耽误的，申请期限自障碍消除之日起继续计算。

卫生行政复议机关收到行政复议申请后，应当在5日内进行审查，对不符合规定的决定不予受理，并书面告知申请人；对不属于本机关受理的，应告知申请人向有关行政复议机关提出。

符合规定的行政复议申请，自行政复议机关负责法制工作的机构收到之日起即为受理。

行政复议机关应当自行政复议申请受理之日起7日内，将行政复议申请书副本或者行政复议申请笔录复印件发送至被申请人。

被申请人应当自收到申请书副本或者申请笔录复印件之日起10日内，提出书面答复，并提交当初做出具体行政行为的证据、依据和其他有关材料。

申请人在申请行政复议时，一并提出对特定抽象行为的审查申请的，卫生行政复议机关有权处理的应当在30日内依法处理，无权处理的应当在7日内转送有权处理的行政机关依法处理，有权处理的行政机关应当在60日内依法处理。

行政复议机关在对被申请人做出的具体行政行为进行审查时，认为其依据不合法，本机关有权处理的应当在30日内依法处理，无权处理的应当在7日内转送有权处理的国家机关依法处理。

（八）卫生行政复议的程序

卫生行政复议的程序是卫生复议申请人向复议机关申请复议至卫生行政复议机关作出复议决定的各项步骤、形式、顺序和时限的总和。行政复议程序一般包括5个组成要素：行政复议的申请；行政复议的受理；行政复议的审理；作出行政复议决定；行政复议的执行。

1. 行政复议的申请　按照《行政复议法》的规定，申请卫生行政复议必须具备以下条件：

第一，复议申请人。复议申请人必须是认为卫生行政机关的具体行政行为直接侵犯其合法权益的公民、法人或者其他组织。这是对申请复议主体资格的要求和限制。

第二，有明确的被申请人。申请人在提交的复议申请中应当指明侵犯其合法权益的卫生行政机关或法律、法规授权的组织。被申请人不明确，复议活动就无法进行，卫生行政复议机关就无法作出复议决定。

第三，有具体的复议请求和事实根据。复议请求是申请人申请卫生行政复议时向复议机关提出的保护自己合法权益的具体主张。它是申请人申请的目的，也是复议机关作出复议决定的关键。事实根据是复议申请人向具体行政复议机关申请的复议请求中所依据的案件事实，即具体行政行为存在的事实和根据。申请人提出复议申请时，应该有足够的事实根据来支持自己的复议请求，但不能过分要求复议申请人提供完全充分的证据，因为在卫生行政管理活动中，申请人处于被管理者的地位，难以提供全面、充分的证据。

第四，属于申请复议的范围。争议事项必须是在法律、法规等允许复议的事项范围，如果超出规定的范围，复议机关则不予受理。

第五，属于卫生行政复议机关的管辖范围。行政复议法对此已作了具体规定：申请人申请复议必须弄清对该复议案件享有管辖权的复议机关；对于复议机关来讲，不能受理不属于自己管辖的案件，并有义务告知申请人申请复议时应向有管辖权的复议机关提出。

第六，应在法定期限内提出复议申请，逾期申请的不予受理。

2. 行政复议的受理 卫生行政复议的受理是指卫生行政复议申请人在法定期限内提出复议申请后，卫生行政复议机关通过对复议申请进行审查，对符合法定条件的复议申请予以立案审理的活动。卫生行政复议机关收到复议申请后，应当依照法定条件决定是否受理。

第一步，审查复议申请的内容。

第二步，卫生行政复议申请的处理。依照《行政复议法》规定：卫生行政复议机关应当自收到复议申请书之日起5日内，对复议申请及时审查并做出相应处理。对符合法定条件和要求的，复议机关应当受理，填写立案登记表，正式立案，并以书面形式通知申请人。

第三步，卫生行政复议的审理。根据《行政复议法》的规定，行政复议原则上采取书面审查的办法，但是申请人提出要求或行政复议机构认为有必要时，可以采取其他方式。卫生行政复议期间具体卫生行政行为不停止执行。卫生行政复议期间，下列情况下可停止执行具体行政行为：①被申请人认为需要停止执行的；②行政复议机关认为需要停止执行的；③申请人申请停止执行，行政复议机关认为其要求合理，决定停止执行的；④法律规定停止执行的。

第四步，卫生行政复议的决定。作出复议决定的期限依据《行政复议法》之规定，行政复议机关应当自受理申请之日起60日内作出行政复议决定；但是法律规定的行政复议期限少于60日的除外。情况复杂，不能在规定期限内作出行政复议决定的，经行政复议机关的负责人批准，可以适当延长，并告知申请人和被申请人；但是延长期限最多不超过30日。行政复议机构按下列规定作出行政复议决定：①具体行政行为认定事实清楚，证据确凿，适用依据正确，程序合法，内容适当的，决定维持。②被申请人不履行法定职责的，决定其在一定期限内履行。③具体行政行为有下列情形之一的，决定撤销、变更或者确认其违法，并可责令被申请人在一定期限内重新作出具体行政行为：主要事实不清、证据不足的；适用依据错误的；违反法定程序的；超越或滥用职权的；具体行政行为明显不当的。行政复议机构经审查、批准后作出复议决定，并制作行政复议决定书，加盖印章。行政复议决定书一经送达，即发生法律效力。被申请人重新做出具体行政行为时，不得以同样的事实和理由作出与原具体行政行为相同或基本相同的具体行政行为。

第五步，卫生行政复议的执行。被申请人不履行或者无正当理由拖延履行行政复议决定的，行政复议机关或者有关上级行政机关应当责令其限期履行。根据《行政复议法》第33条的规定：申请人逾期不起诉又不履行行政复议决定的，或者不履行最终裁决的行政复议决定的，按照下列规定分别处理：①维持具体行政行为的行政复议决定，由做出具体行政行为的行政机关依法强制执行，或者申请人民法院强制执行；②变更具体行政行为的行政复议决定，由行政复议机关依法强制执行，或者申请人民法院强制执行。

二、卫生行政诉讼

（一）卫生行政诉讼的概念和特征

1. 概念 卫生行政诉讼是诸多行政诉讼中的一种，它是指由人民法院主持，在当事人双方和其他诉讼参与人的参加下，依法审理公民、法人或者其他组织认为卫生行政机关及其授权组织的具体卫生行政行为侵犯其合法权益并以卫生行政机关为被告提起诉讼的卫生行政案件的诉讼活动。简单讲就是人民法院通过司法审判程序处理卫生行政案件，解决卫生行政争议的又一项司法救济手段。

2. 特征 解决卫生行政争议的途径有两种：一是卫生行政复议；二是卫生行政诉讼。因此说卫生行政诉讼亦是解决卫生行政管理相对人与卫生行政机构之间纠纷的一项重要法律制度。它具有以下特征：

第一，原告是卫生行政管理相对人，卫生行政诉讼是卫生行政管理相对人不服卫生行政执法机关的具体行政行为，向人民法院提起的诉讼。

第二，被告是行使卫生管理职权的卫生行政机关或法律、法规授权组织。这是区别于民事诉讼和刑事诉讼的一个重要特征。卫生行政机关作为被告，是因为卫生行政机关本身就是卫生执法机关，一般都有实施卫生行政管理的权力，包括申请强制执行的权力，所以它无需为实施权力而当原告。

第三，审查具体卫生行政行为的合法性。具体行政行为是指国家卫生行政机关在实施卫生管理活动中，针对特定的人或事所作出的具体行政处理决定或具体的执法行为；卫生行政诉讼的客体，必须是卫生行政争议，即法律规定可以向人民法院起诉的卫生行政机关的具体行政行为；卫生行政诉讼的标的是审查卫生行政机关或授权组织的具体卫生行政行为是否合法。

（二）卫生行政诉讼的基本原则

卫生行政诉讼的基本原则是指在卫生行政诉讼整个过程中起着指导作用的行为准则。它包括在诉讼活动中具有普遍指导意义的原则，如人民法院依法行使职权，对诉讼当事人适用法律一律平等、公开审判、回避和使用民族语言文字、两审终审原则等。根据我国《行政诉讼法》的规定，涉及我国卫生行政诉讼的特有原则是：

1. 作为被告的卫生行政部门负有举证的责任 卫生行政部门应当向人民法院提供原先做出具体卫生行政行为的证据和做出具体行政行为的法律依据。如果卫生行政部门在卫生行政诉讼中不举证或者举不出证据，将承担败诉的后果。

2. 对具体卫生行政行为是否合法进行审查的原则 人民法院在卫生行政诉讼中仅对被诉的卫生行政主体做出的具体行政行为是否合法进行审查，而不对卫生行政行为是否合理进行审查，人民法院要审查卫生行政机关做出的具体行政行为是否合法的标准主要是以下几个方面：①做出具体行政行为的主要证据是否确凿充分；②适用法律是否正确；③程序是否合法；④具体行政行为的卫生行政机关是否有超越职权、滥用职权的行为。

3. 诉讼不停止具体行政行为的执行原则 《行政诉讼法》规定："诉讼期间，不停止具体行政行为的执行。"这是因为卫生行政机关的具体行政行为是国家意志的体现，一经做出，便可推定其合法，对行政机关和相对人均有约束力，必须遵守执行。国家的卫生行政管理活动，必须保持效率性和连续性，保持法律秩序处于稳定状态。因此卫生行政机关具体行政行为不能因原告提起诉讼而停止执行。因为行政机关代表国家行政，行政行为一经做出，就具有法律效力。

4. 当事人在卫生行政诉讼中的法律地位平等原则 当事人在卫生行政诉讼中的法律地位平等这一原则包含以下内容：①双方当事人的诉讼地位完全平等。就是说双方当事人在诉讼中没有谁地位高、谁地位低之分，也没有主导、服从的关系，而是处于相同的法律地位。②双方当事人的诉讼权利平等。当事人诉讼地位平等，必然要求有平等的诉讼权利，而不允许一方享有特权。③对当事人在适用法律上必须一律平等。诉讼地位的平等还要求人民法院在适用法律上对双方当事人平等，这是社会主义法制的必然要求。没有适用法律的平等，就没有公正诉讼。

5. 行政诉讼不适用调解原则 人民法院在审理卫生行政诉讼案件时，只能以事实和法律为根据来审查和确认卫生行政部门所做出的具体卫生行政行为是否合法，并作出判决或裁定，而不能适用调解。这一原则是基于被告行政机关享有的是公共权力，同时又是一种职责，卫生行政机关及其工作人员只能依法行使职权，无权做转让、放弃处置。故不适用调解。

（三）卫生行政诉讼与卫生行政复议的关系

卫生行政诉讼和卫生行政复议都是解决卫生行政争议的法律制度，两者都是在卫生监督过程中，作为相对人一方的公民、法人或者其他组织不服卫生行政机关的具体行政行为而提起的请求国家机关对卫生行政争议进行审理和裁决的活动。但二者存在以下联系与区别：

1. 卫生行政诉讼与卫生行政复议的联系 卫生行政复议与卫生行政诉讼都是用以解决卫生行政争议的法定手段和方式；两者的目的都是为了保护卫生管理相对人的合法权益，监督和维护卫生行政机关依法行政；两者在程序上也都是基于卫生管理相对人的请求而开始的程序活动。

2. 卫生行政诉讼与卫生行政复议的区别 其一，两者的性质不同。在性质上，卫生行政复议是一种行政程序活动，体现了国家行政权，是行政内部监督；而卫生行政诉讼则是一种司法活动，体现了国家司法权，是司法监督。

其二，受理的机关不同。在受理机关上，卫生行政复议由国家行政机关受理：一般情况下，由做出具体行政行为的卫生行政机关的上一级卫生行政机关受理；法律另有规定，由人民政府做出的某些具体行政行为，如卫生行政许可、卫生行政处罚等则由上一级人民政府受理。卫生行政诉讼则由人民法院受理。

其三，适用的程序不同。卫生行政复议适用《行政复议法》，是一种行政程序。按照行政效率原则，卫生行政复议程序要求在保证公正解决卫生行政争议的前提下，力争及时高效。卫生行政诉讼则适用《行政诉讼法》，是一种司法程序，其特征是公正规范。

其四，审查范围不同。卫生行政复议对具体行政行为既审查合法性又审查合理性，而卫生行政诉讼则主要审查合法性。卫生行政复议是行使行政监督权内部监督解决，不仅可以对卫生监督行为是否合法合理做出决定，而且可以直接变更卫生监督行为。卫生行政诉讼是行使司法审判权，它只能基于行政权的卫生监督行为的合法性做出裁决，一般不能变更卫生监督行为。

其五，法律效力不同。按照法律规定，相对人如果对卫生行政复议决定不服，仍可向人民法院提起卫生行政诉讼；如果相对人对人民法院的判决、裁定不服，则只能进行上诉，二审判决为终审判决，双方当事人必须履行。

（四）卫生行政诉讼的受案范围

卫生行政诉讼的受案范围是指人民法院对卫生行政部门的哪些具体卫生行政行为拥有审判权，或者说卫生行政管理相对人对卫生行政部门的哪些具体卫生行政行为可以向人民法院提起卫生行政诉讼。我国卫生行政诉讼的案件范围有以下几类：

1. 不服卫生行政处罚的案件：《行政诉讼法》规定：对扣留、罚款、吊销许可证和执照责令停产停业、没收财产等行政处罚不服的人民法院应予受理。卫生行政执法过程中使用最多的正是行政处罚行为。在司法实践中，因不服卫生行政处罚而引起的行政诉讼案件最多。

2. 不服卫生行政强制措施的案件：卫生行政强制措施是卫生行政机关为了履行行政管理职能，依法对公民的人身或财产加以限制的一种特别措施。如在卫生行政执法中，对传染病病人进行强制隔离、封存某种药品等卫生强制措施不服的案件。

3. 卫生行政部门的“不作为”提起诉讼的案件：卫生行政机关不履行保护人身权的行为。申请行政机关履行保护人身权、财产权的法定职责，行政机关拒绝履行或者不予答复的，人民法院依法受理。保护公民、法人和其他组织的人身权、财产权是行政机关的法定职责之一，在目前情况下，《行政诉讼法》的受案范围仅限定在这两个职责之内。

拒绝发放许可证或对许可申请不予答复的行为。管理相对人认为符合法定条件申请行政机关颁发许可证和执照，行政机关拒绝颁发或者不予答复的行为，申请人可提起行政诉讼。

4. 不服卫生行政机关做出的复议决定的。

5. 不服医疗事故处理和其他卫生事件的处理决定：当事人对卫生行政机关作出的医疗事故处理决定不服，依法向人民法院提起行政诉讼的人民法院应当受理。其他卫生事件一经卫生行政机关处理，即成了具体行政行为，人民法院应当受理。

按照《行政诉讼法》的规定，人民法院不受理公民、法人或者其他组织对卫生行政机关的下列事项提起的诉讼：①规定卫生规章或其他具有普遍约束力的决定、命令，以及卫生标准的抽象卫生行政行为；②卫生行政机关内部行政行为；③卫生行政机关居间对公民、法人或者其他组织之间及他们互相之间的民事权益进行调解或者根据法律、法规的规定作出仲裁处理，当事人对调解、仲裁不服的；④法律规定由行政机关最终裁决的具体行政行为。

（五）卫生行政诉讼的管辖

卫生行政诉讼的管辖是指上下级法院之间和同级法院之间受理第一审卫生行政案件的权限分工。卫生行政诉讼管辖有 3 个特征：①它是法院之间对卫生行政案件管辖权限的划分；②它是上下级法院、同级法院之间受理与审判对卫生行政案件的权限分工；③它是关于受理第一审卫生行政案件的权限分工，与第二审及再审法院的确定规则无关。

卫生行政诉讼管辖的分类有：

1. 法定管辖

（1）级别管辖　依据我国《行政诉讼法》的规定：级别管辖是指人民法院上下级之间受理行政诉讼的分工和权限，是依据人民法院组织系统来确定上下级人民法院对第 1 审行政案件的管辖权。我国人民法院的设置分为基层人民法院、中级人民法院、高级人民法院和最高人民法院 4 个审级。

《行政诉讼法》第 13 条规定：“基层人民法院管辖第一审行政案件。”

中级人民法院管辖本辖区内重大、复杂的第一审卫生行政案件，以及国务院各部门或省、自治区、直辖市人民政府所做的具体行政行为提起诉讼的第一审卫生行政案件：①确认发明专利权案件和海关处理的案件，其中海关处理的案件是指由海关处理的纳税案件和海关处罚案件。②对国务院各部门或省、自治区、直辖市人民政府所做的具体行政行为提起的行政诉讼案件。③本辖区内重大、复杂的案件，主要包括：被告为县级以上人民政府，且基层人民法院不宜审理的案件；社会影响重大的共同诉讼、集团诉讼案件；重大涉外或涉及香港特别行政区、澳门特别行政区、台湾地区的案件；其他重大、复杂的案件。

高级人民法院是地方各级人民法院中的最高一级法院，是中级人民法院的上诉审法院，只管辖本辖区内重大、复杂的第一审行政案件。

最高人民法院主要审理不服高级人民法院判决、裁定的上诉案件，并对行政审判过程中具体适用法律的问题作出司法解释，管辖全国范围内重大、复杂的卫生行政案件。

（2）地域管辖　地域管辖是指根据人民法院的辖区划分受理第一审行政案件的职权分工，具体又分为一般地域管辖和特殊地域管辖。

一般地域管辖是以最初做出具体行政行为的行政机关所在地划分案件管辖权，适用于一般行政案件，包括两种情况：①卫生行政案件由最初做出具体行政行为的卫生行政机关所在地人民法院管辖。这是地域管辖的原则规定。②经复议的案件，复议机关改变原具体行政行为的，可以由最初做出卫生具体行政行为的行政机关所在地人民法院管辖，也可以由复议机关所在地的人民法院管辖。

特殊地域管辖是以诉讼当事人或诉讼标的所在地来确定人民法院对行政案件的管辖：①对限制人身自由的行政强制措施不服提起诉讼，由被告所在地或原告所在地人民法院管辖；②因不动产提起的行政诉讼，由不动产所在地的人民法院管辖。

2. 裁定管辖

（1）移送管辖　是指人民法院受理行政案件后，发现自己对该案件无管辖权而将其移送给有管辖权的人民法院管辖。受移送的人民法院不得再行移送；如果当事人认为受诉人民法院无管辖权，应在接到人民法院应诉通知之日起10日内以书面形式提出管辖权异议。

（2）指定管辖　是指上级人民法院根据法律的规定，指定其辖区内的下级人民法院对某一行政案件行使管辖权。指定管辖适用于两种情况：有管辖权的人民法院由于特殊原因不能行使管辖权的；人民法院之间因管辖权争议而又协商不成的。

（3）移转管辖　是指经上级人民法院决定或同意，将行政案件的管辖权由下级人民法院移送给上级人民法院，或由上级人民法院移交给下级人民法院。根据规定，上级人民法院有权审判下级人民法院的第一审行政案件，也可将自己管辖的第一审行政案件移交给下级人民法院审判。下级人民法院对其管辖的第一审行政案件及需要由上级人民法院审判的案件，可以报请上级人民法院决定。

移送管辖与移转管辖的区别：首先，移送管辖是无管辖权的人民法院，把不属于自己管辖的案件移送给有管辖权的人民法院。而移转管辖正相反，是有管辖权的人民法院，把管辖权移交给本无管辖权的法院，从而使其取得了对该案的管辖权。其次，移交法院与接受法院的关系不同。移送管辖一般是在同级人民法院之间进行；而移转管辖则是在上下级人民法院之间进行。再次，移交的条件不同。移送管辖的移交不需经过上级人民法院同意或者批准；而移转管辖的移交则必须经上级人民法院同意或直接决定。

3. 共同管辖　两个以上人民法院都有管辖权的案件，原告可以选择其中一个人民法院提起诉讼。原告向两个以上有管辖权的人民法院提起诉讼的，由最先收到起诉状的人民法院管辖。

共同管辖主要有以下几种情形：经过复议的案件，复议机关改变了原具体行政行为；对限制人身自由的行政强制措施不服提起的诉讼；不在同一区的两个行政机关，共同对某一具有牵连性质的违法行为给予了处罚；某一具体行政行为是上下两级行政机关共同做出的；在专属管辖中，不动产跨越不同的行政区或分别于不同行政区且难以区别主次的。

（六）卫生行政诉讼的程序

1. 起诉与受理　起诉是指公民、法人或其他组织认为卫生行政机关的具体行政行为侵犯其合法权益，请求人民法院给予法律保护的诉讼行为。受理是指人民法院对公民、法人或其他组织提起的卫生行政诉讼请求进行初步审查，决定是否立案受理的活动。根据《行政诉讼法》的规定，人民法院应当在接到起诉书7日内，审查决定是否应当立案受理。认为起诉符合法定条件的，应在接到起诉状之日起7日内立案受理；认为不符合法定条件的，应当在7日内作出不予受理的书面裁定，并注明理由。原告对裁定不服的，应当在接到裁定书之日起10日内向原审人民法院递交上诉状，由原审人民法院连同诉讼材料转交上一级人民法院，也可直接向上一级人民法院递交上诉状。

根据《行政诉讼法》规定，起诉必须符合一定条件：①原告必须是卫生行政处罚或其他处理决定的相对人，或者是行政处罚、处理决定的利害关系人；②要有明确的被告，被告可能是卫生行政机关，也可能是法律、法规授权的组织；③要有具体的诉讼请求和相应的事实根据，并以书面的形式向人民法院提出诉讼请求；④诉讼请求属于人民法院受案范围和受诉人民法院管辖。

卫生行政诉讼起诉的期限一般有15日和3个月两种。具体而言：①经过行政复议的案件，应当在接到行政复议决定书或行政复议期满之日起15日内起诉；②法律明确规定起诉期限为15日内，如《药品管理法》《国境卫生检疫法》等；③卫生法律没有明确定期，也不属复议前置的，一般起诉期限为3个月。

2. 审理与判决　卫生行政诉讼的审判程序包括第一审程序、第二审程序和审判监督程序。

我国行政诉讼实行两审终审制，即每个卫生行政案件可以经过两级人民法院审理。如果当事人不服一审人民法院裁判的，可以上诉，第二审法院的裁判是终审裁判，当事人如不服可以进行申诉，但二审裁判必须执行。

卫生行政诉讼审判一般为合议制形式，开庭审理除涉及国家秘密和个人隐私外，一般实行公开审理，由合议庭进行法庭调查和双方当事人（代理人）辩论，在辩论终结后依法裁判。

根据法律规定，人民法院可作出如下4种判决：①判决维持卫生行政执法部门的原处理决定，主要是指卫生行政执法部门的具体行政行为证据确凿，适用法律、法规正确，符合法定程序，判决维持原处理决定。②判决撤销或部分撤销卫生行政执法部门所做出的具体行政行为，主要是指卫生行政执法的具体行政行为主要证据不足，或者适用法律、法规有错误，或者违反法定程序，或者超越职权和滥用职权的。此外，还可判处卫生行政执法部门重新做出一个具体行政行为。③判决卫生行政执法机关在一定期限内履行其法定职责。多数是由于卫生行政执法机关不履行或者拖延履行法定职责，判决其履行职责。④判决变更原处理决定，是指卫生行政执法部门的行政处罚显失公正，由法院判决变更。

3. 执行　执行是指卫生行政案件的强制执行，是指人民法院对已生效的判决、裁定或卫生行政执法部门的行政处理决定，在义务人逾期拒不履行时，依法申请人民法院强制执行，强制其履行义务的法律制度。

申请人民法院强制执行的卫生行政案件应具有以下条件：①以负有义务的一方当事人拒不履行义务为前提条件；②必须有执行的法律根据；③必须有可供执行的内容；④当事人必须在行政诉讼裁决后3个月内提出。

卫生行政机关拒绝执行生效判决的，人民法院可以采取以下措施：①划拨行政机关的银行存款；②行政机关在规定的期限内不履行义务的，从期满之日起，日处50～100元的罚款；③提出司法建议；④依法追究刑事责任。

三、卫生行政赔偿

《全国人民代表大会常务委员会关于修改〈中华人民共和国国家赔偿法〉的决定》已由中华人民共和国第11届全国人民代表大会常务委员会第29次会议于2012年10月26日通过，自2013年1月1日起施行。结合《中华人民共和国国家赔偿法》（简称《国家赔偿法》）及相关内容，论述卫生行政赔偿的概念、特征及赔偿范围、赔偿程序等内容。

（一）卫生行政赔偿的概念和特征

1. 概念 卫生行政赔偿是指卫生行政机关及其工作人员违法行使职权，侵犯公民、法人或其他组织的合法权益造成损害后果，由卫生行政机关依法予以赔偿的制度。

2. 特征 ①卫生行政赔偿是卫生行政机关及其工作人员在执行公务时所做的具体行政行为违法并给卫生管理相对人造成损害而发生的赔偿。②卫生行政机关是卫生行政侵权损害责任的承担者。③卫生机关对于因故意或重大过失给卫生行政管理相对人造成侵权损害的工作人员有追偿权。④卫生行政侵权赔偿以支付赔偿金为主要方式，但管理相对人也可以同时或单独请求作出处理决定的卫生行政机关承认错误、赔礼道歉、恢复名誉、消除影响、返还权益及其他赔偿形式承担责任。⑤卫生行政赔偿可以适用调解。

（二）卫生行政赔偿的构成要件

卫生行政赔偿责任是国家对卫生行政机关及其工作人员违法行使职权造成的损害给予赔偿的一项法律责任，因此构成卫生行政赔偿必须同时具备以下5个基本要件：①损害必须是卫生行政执法主体造成的，包括经国家法律、法规授权的组织或卫生行政机关委托的组织造成的损害；②损害必须是卫生行政执法主体行使卫生行政管理职权时造成的；③损害必须是现实已经产生的或必然产生的，是直接的，不是间接的；④损害的结果与侵权卫生行政执法主体的违法行为之间存在因果关系，即损害后果是国家卫生行政管理机关及其工作人员的行为直接造成的；⑤卫生行政赔偿的范围是由法律明确规定的。

（三）卫生行政赔偿的范围

依据《国家赔偿法》，卫生行政赔偿的范围是指国家对哪些卫生行政行为造成的损害予以赔偿，对哪些损害不予赔偿，即国家承担赔偿责任的领域。

行政机关及其工作人员在行使行政职权时有下列侵犯人身权情形之一的，受害人有取得赔偿的权利：①违法拘留或者违法采取限制公民人身自由的行政强制措施的；②非法拘禁或者以其他方法非法剥夺公民人身自由的；③以殴打、虐待等行为或者唆使、放纵他人以殴打、虐待等行为造成公民身体伤害或者死亡的；④违法使用武器、警械造成公民身体伤害或者死亡的；⑤造成公民身体伤害或者死亡的其他违法行为。

行政机关及其工作人员在行使行政职权时有下列侵犯财产权情形之一的，受害人有取得赔偿的权利：①违法实施罚款、吊销许可证和执照、责令停产停业、没收财物等行政处罚的；②违法对财产采取查封、扣押、冻结等行政强制措施的；③违法征收、征用财产的；④造成财产损害的其他违法行为。

属于下列情形之一的，国家不承担赔偿责任：①行政机关工作人员与行使职权无关的个人行为；②因公民、法人和其他组织自己的行为致使损害发生的；③法律规定的其他情形。

（四）卫生行政赔偿请求人和赔偿义务机关

在卫生行政赔偿事件中，存在两方当事人：一方为受到卫生行政机关及其工作人员违法侵害的赔偿请求人；另一方为承担赔偿义务的卫生行政机关。

1. 赔偿请求人 赔偿请求人是指因卫生行政机关及其工作人员违法行使职权而遭受损害，有权请求国家予以赔偿的人。赔偿请求人既可以是公民，也可以是法人或者其他组织。主要包括以下几种：受到卫生行政侵权的公民、法人或者其他组织；受害人死亡的，其继承人和其他有扶养关系的亲属也可以成为赔偿请求人；受害的法人或其他组织终止，承受其权利的法人或其他组织有权要求赔偿，但该法人或其他组织被卫生行政机关吊销许可证或执照、破产或被主管卫生行政机关决定撤销时，不发生赔偿请求权转移的问题。

2. 赔偿义务机关 赔偿义务机关是指依法履行赔偿义务、接受赔偿请求、支持赔偿费用、参加赔偿诉讼程序的卫生行政机关。

行政赔偿义务机关可以分为以下几种情形：①卫生行政机关为赔偿义务机关。卫生行政机关及其卫生执法人员行使职权，侵犯公民、法人和其他组织的合法权益，造成损害的，该卫生行政机关为赔偿义务机关。②共同卫生行政赔偿义务机关。两个以上卫生行政机关共同实施违法卫生行政行为造成损害的，由该两个以上卫生行政机关为共同赔偿义务机关，承担连带赔偿责任。③法律、法规授权的组织为卫生赔偿义务机关。法律、法规授权的组织在行使被授予的卫生行政管理职权时，侵犯公民、法人和其他组织合法权益造成损害的，该法律、法规授权的组织为卫生赔偿义务机关。④委托机关为卫生赔偿义务机关。受卫生行政机关委托的组织或个人在行使受委托的卫生行政监督权力时侵犯公民、法人和其他组织的合法权益，造成损害的，委托的卫生行政机关为赔偿义务机关。⑤卫生行政赔偿义务机关被撤销后的责任承担。赔偿义务机关被撤销的，由继续行使其职权的卫生行政机关为赔偿义务机关；没有继续行使其职权的行政机关，撤销该赔偿义务机关的卫生行政机关为赔偿义务机关。⑥经行政复议后的赔偿义务机关。经卫生复议的案件，由最初做出具体卫生行政行为的卫生行政机关为赔偿义务机关，但复议机关的复议决定加重损害的，卫生复议机关对加重的部分履行卫生赔偿义务。

（五）卫生行政赔偿的程序

1. 单独请求行政赔偿的程序 管理相对人在得知其合法权利受到卫生行政主体侵害时，可作为赔偿请求人单就卫生行政赔偿向卫生行政部门提出请求，由卫生行政机关先行处理。赔偿义务机关自收到申请之日起2个月内不予赔偿或请求人对赔偿数额有争议时，可以在期间届满之日起3个月内向人民法院提起行政赔偿诉讼。

2. 附带请求行政赔偿程序 这是指卫生行政管理相对人在提起行政复议或行政诉讼的同时，一并提出卫生行政赔偿请求。人民法院可以在行政诉讼案件的审理中，予以调解或裁决。

（六）卫生行政赔偿的方式、标准、经费来源

1. 卫生行政赔偿的方式 卫生行政赔偿应以支付赔偿金为主要方式。但对于能够返还财产或恢复原状的，予以返还财产或者恢复原状。致人精神损害的，应当在侵权行为影响的范围内，为受害人消除影响，恢复名誉，赔礼道歉；造成严重后果的，应当支付相应的精神损害抚慰金。

2. 卫生行政赔偿的标准 侵犯公民人身自由的，每日赔偿金按照国家上年度职工日平

均工资计算。

侵犯公民生命健康权的，赔偿金按照下列规定计算：①造成身体伤害的，应当支付医疗费、护理费，以及赔偿因误工减少的收入。减少的收入每日的赔偿金按照国家上年度职工日平均工资计算，最高额为国家上年度职工年平均工资的5倍。②造成部分或者全部丧失劳动能力的，应当支付医疗费、护理费、残疾生活辅助具费、康复费等因残疾而增加的必要支出和继续治疗所必需的费用，以及残疾赔偿金。残疾赔偿金根据丧失劳动能力的程度，按照国家规定的伤残等级确定，最高不超过国家上年度职工年平均工资的20倍。造成全部丧失劳动能力的，对其扶养的无劳动能力的人，还应当支付生活费。③造成死亡的，应当支付死亡赔偿金、丧葬费，总额为国家上年度职工年平均工资的20倍。对死者生前扶养的无劳动能力的人，还应当支付生活费。前款生活费的发放标准，参照当地最低生活保障标准执行。被扶养的人是未成年人的，生活费给付至18周岁止；其他无劳动能力的人，生活费给付至死亡时止。

侵犯公民、法人和其他组织的财产权造成损害的，按照下列规定处理：①处罚款、罚金、追缴、没收财产或者违法征收、征用财产的，返还财产。②查封、扣押、冻结财产的，解除对财产的查封、扣押、冻结，造成财产损坏或者灭失的，依照本条第3项、第4项的规定赔偿。③应当返还的财产损坏的，能够恢复原状的恢复原状，不能恢复原状的，按照损害程度给付相应的赔偿金。④应当返还的财产灭失的，给付相应的赔偿金。⑤财产已经拍卖或者变卖的，给付拍卖或者变卖所得的价款；变卖的价款明显低于财产价值的，应当支付相应的赔偿金。⑥吊销许可证和执照、责令停产停业的，赔偿停产停业期间必要的经常性费用开支。⑦返还执行的罚款或者罚金、追缴或者没收的金钱，解除冻结的存款或者汇款的，应当支付银行同期存款利息。⑧对财产权造成其他损害的，按照直接损失给予赔偿。

3. 卫生行政赔偿的经费来源 我国《行政诉讼法》规定，赔偿费用由各级财政列支。我国《国家赔偿法》亦作出明确规定，国家赔偿费用列入各级财政预算。

赔偿义务机关应当自收到支付赔偿金申请之日起7日内，依照预算管理权限向有关的财政部门提出支付申请。财政部门应当自收到支付申请之日起15日内支付赔偿金。

思考题

1. 什么是卫生法？卫生法的特征是什么？
2. 什么是卫生法学？它的研究对象是什么？
3. 卫生法的渊源有哪些？
4. 什么是卫生法律关系？它有哪些特征？
5. 卫生法律关系由哪些因素构成？
6. 卫生法制定的原因和依据分别是什么？
7. 什么是卫生法律责任？它有哪些种类？
8. 什么是卫生法律救济？卫生法律救济途径有哪些？
9. 卫生行政复议的原则是什么？
10. 卫生行政诉讼的原则是什么？

案例分析

行政复议申请人：王某，男，45岁。被申请人：市卫生局。申请人王某于2003年4月30日在市立医院做骨外科手术失败，实施手术者为张某。张某，2001年大学毕业后到市立医院骨外科工作，2002年12

月1日获得执业医师资格，2003年年底领到执业医师资格证书，但未进行医师注册。王某多次要求市立医院及张某对其进行人身损害赔偿未果，2004年6月7日王某向被申请人所在地市卫生局请求认定张某诊疗行为为非法行医。市卫生局于2004年7月15日给予书面答复，认为张某直到2003年年底才拿到执业医师资格证书是因为证件制作、上报验印有个过程，因此不能认定张某诊疗行为为非法行医。王某不服，于2004年7月20日向省卫生厅提出行政复议申请，以张某没有医师执业证书，不能单独实施医疗手术为由，请求撤销市卫生局作出的不能认定张某诊疗行为为非法行医的答复。

省卫生厅接到申请人王某的行政复议申请以后，经过审查，于2004年7月23日受理了此案，向王某寄发了受理通知书，同时向市卫生局寄发了提出答复通知书，要求市卫生局在接到通知书之日起10日内提交书面答辩，并提交当初做出具体行政行为的证据。

市卫生局于2004年8月5日向省卫生厅提交了书面答复意见及相关证据材料，认为张某未能向卫生行政部门申请执业注册是因为当时正处于“非典”的特殊时期，属于不可抗力，市卫生局对此没有解释权。张某实施手术有上级医师台下指导，不属于单独执业。省卫生厅经过书面审理，于2004年9月22日作出行政复议决定，撤销市卫生局作出的不能认定张某诊疗行为为非法行为的答复。

（案例材料摘自《中国卫生监督》2005年第12卷第3期）

讨论：

1. 本案是否属于行政复议范围？
2. 如何看待张某行医的行为？
3. 不可抗力是否能够成为适用理由？

第二章 医疗机构管理法律制度

第一节 概 述

一、医疗机构的概念

医疗机构是指依法设立的从事疾病诊断、治疗活动的卫生机构的总称。医疗机构的宗旨是救死扶伤、防病治病、保护人民身体健康。

医疗机构的概念具有以下特点：

1. 医疗机构是依法设立的卫生机构 依法设立是指依据国务院《医疗机构管理条例》及《医疗机构管理条例实施细则》的规定进行设置和登记。只有依法设置并领取医疗机构执业许可证的单位和个人才能开展相应的疾病诊断、治疗活动。

2. 医疗机构是从事疾病诊断、治疗活动的卫生机构 卫生机构根据其设立目的的不同，分为医疗机构和疾病预防控制机构等。前者主要以开展疾病诊断、治疗活动为主；后者则主要以开展疾病预防、控制活动为主。卫生机构是一个广义的概念，它还包括其他与卫生工作密切相关的机构，如血站等。

3. 医疗机构是从事疾病诊断、治疗活动的卫生机构的总称 我国的医疗机构是由一系列开展疾病诊断、治疗活动的卫生机构构成的。医院、社区卫生服务中心（站）、卫生院、诊所、村卫生室是我国医疗机构的主要形式。此外，如疗养院、急救站等也共同构成了我国的医疗机构。

二、医疗机构的类别

（一）按功能、任务、规模分类

1. 综合医院、中医医院、中西医结合医院、民族医医院、专科医院、康复医院。
2. 妇幼保健院。
3. 社区卫生服务中心、社区卫生服务站。
4. 中心卫生院、乡（镇）卫生院、街道卫生院。
5. 疗养院。
6. 综合门诊部、专科门诊部、中医门诊部、中西医结合门诊部、民族医门诊部。
7. 诊所、中医诊所、民族医诊所、卫生所、医务室、卫生保健所、卫生站。
8. 村卫生室（所）。
9. 急救中心、急救站。
10. 临床检验中心。
11. 专科疾病防治院、专科疾病防治所、专科疾病防治站。

12. 护理院、护理站。

13. 其他诊疗机构。

2009 年卫生部、人力资源和社会保障部、国家中医药管理局、中国残疾人联合会出台了《盲人医疗按摩管理办法》，又增加了盲人医疗按摩所类别。

卫生防疫、国境卫生检疫、医学科研和教学等机构在本机构业务范围之外开展诊疗活动及美容服务机构开展医学美容业务的，必须依据有关规定，申请设置相应类别的医疗机构。

（二）按性质、社会功能及其承担的任务分类

1. 非营利性医疗机构 非营利性医疗机构是指为社会公众利益服务而设立和运营的医疗机构，不以营利为目的，其收入用于弥补医疗服务成本，实际运营中的收支结余只能用于自身的发展，如改善医院条件、引进技术、开展新的医院服务项目等。

2. 营利性医疗机构 营利性医疗机构是指医疗服务所得收益可用于投资者经济回报的医疗机构。政府不举办营利性医疗机构。非营利性医疗机构在医疗服务体系中占主导地位。

此外，为促进卫生领域对外交流与合作，我国允许开办中外合资、合作医疗机构，即外国医疗机构、公司、企业和其他经济组织。按照平等互利的原则，经中国政府主管部门批准，在中国境内（香港、澳门及台湾地区除外）与中国的医疗机构、公司、企业和其他经济组织以合资或者合作形式设立医疗机构。

三、医疗机构的管理立法

医疗机构管理法制化的程度标志着一个国家医疗机构管理的完善程度。我国医疗机构管理立法经历了不同的阶段，逐渐走向成熟和完善。

1951 年 1 月 3 日，当时的政务院批准颁布了我国第 1 个医疗机构管理方面的行政法规《医院诊所管理暂行条例》。之后，国务院及卫生部又陆续制定了一系列有关医疗机构管理的行政法规和部门规章，如《县卫生院暂行组织通则》《县属区卫生所暂行组织通则》《全国农村人民公社卫生院暂行条例》《农村合作医疗章程（试行草案）》《全国城市街道卫生院工作条例（试行草案）》《全国血站工作条例（试行草案）》《综合医院组织编制原则（试行草案）》等。但是，这些行政法规和部门规章由于种种原因并没有得到很好的贯彻实施。为适应新形势下对医疗机构管理的新需要，卫生部又先后颁布了《医师、中医师个体开业暂行管理办法》《关于清理整顿医疗机构若干问题的规定》《医院分级管理办法（试行）》等，但由于立法层次较低，约束力有限，这些规章也没能发挥其应有的权威性和规范性作用。但上述法规和规章在不同历史时期对推动整个医疗卫生工作的发展、保证医疗机构为人民健康服务的宗旨以提高医疗服务质量方面均起到了重要作用，并为进一步完善医疗机构管理及立法积累了经验。

20 世纪 80 年代后期到 90 年代初，我国经济体制改革，医疗卫生部门实行多层次、多形式、多渠道办医政策，医疗机构急剧增长，人民群众对医疗服务质量要求的提高，对加强医疗机构的管理及立法都提出了更高的要求。为了加强对医疗机构的管理，稳定正常工作秩序，保证医疗质量，促进医疗卫生事业的发展，保障公民健康，国务院于 1994 年 2 月 26 日发布了《医疗机构管理条例》，自同年 9 月 1 日起施行。该条例是我国卫生立法史上的一个重要里程碑。卫生部围绕该条例制定了一系列配套规章，如《医疗机构管理条例实施细则》《医疗机构设置规划指导原则》《医疗机构基本标准（试行）》《医疗机构诊疗科目名录》

《医疗机构评审委员会章程》等。

为适应社会主义市场经济发展的新形势，2000年，卫生部等部委联合出台了《关于城镇医疗机构分类管理的实施意见》《中外合资、合作医疗机构暂行管理办法》《关于城镇非营利性医疗机构进行民办非企业单位登记有关问题的通知》。

为加强和增进两岸间的经济合作，促进香港、澳门与内地建立更紧密的经贸关系，2010年，卫生部、商务部联合印发了《台湾服务提供者在大陆设立独资医院管理暂行办法》《香港和澳门服务提供者在内地设立独资医院管理暂行办法》。

近些年来，卫计委加大了医疗机构立法力度，或单独或联合有关部门又陆续制定了一些新的规定，如《医疗美容服务管理办法》《关于医疗机构冠名红十字（会）的规定》《医疗机构校验管理办法（试行）》《妇幼保健机构管理办法》《医疗卫生服务单位信息公开管理办法（试行）》等。

第二节　医疗机构的设置

一、医疗机构设置规划的制定

（一）医疗机构的规划布局

《医疗机构管理条例》规定，设置医疗机构应当符合医疗机构设置规划和医疗机构基本标准。医疗机构设置规划是为了合理配置和利用医疗卫生资源，避免医疗机构重复设置和医疗卫生资源浪费而建立的一项法律制度。医疗机构基本标准由国务院卫生行政部门制定。

医疗机构设置规划是区域卫生规划的重要组成部分，是城乡建设发展总体规划的组成部分，也是卫生行政部门审批医疗机构的依据。制定医疗机构设置规划的目的是统筹规划医疗机构的数量、规模和分布，使有限的医疗卫生资源得到充分利用，更好地为公民提供基本医疗服务。

医疗机构设置规划由县级以上地方人民政府卫生行政部门根据本行政区域内的人口、医疗资源、医疗需求和现有医疗机构的分布状况，制定本行政区域医疗机构设置规划，经上一级卫生行政部门审核，报同级人民政府批准后，在本行政区域内发布实施。机关、企业和事业单位可以根据需要设置医疗机构，并纳入当地医疗机构的设置规划。

医疗机构设置规划分为省、市、县三级。省级卫生行政部门制定医疗机构设置规划的重点是500张床位以上的三级医院、重点专科和重点专科医院、急救中心、临床试验中心等医疗机构的配置；地级市卫生行政部门制定医疗机构设置规划的重点是100张床位以上的医疗机构及二级医疗机构的配置；县级卫生行政部门制定医疗机构设置规划的重点是100张床位以下的医疗机构的配置。

（二）医疗机构设置遵循的原则

1. 公平性原则　从当地的医疗供需实际出发，面向全人群，充分发挥现有医疗资源的作用。现阶段发展要以农村、基层为重点，严格控制城市医疗机构的发展规模，保证全体居民尤其是广大农民公平地享有基本医疗服务。

2. 整体效益原则　医疗机构设置要符合当地卫生发展总体规划的要求，要充分发挥医疗系统的整体功能，合理配置医疗资源，提高医疗预防保健网的整体效益，局部要服从全局。

3. 可及性原则 医疗机构服务半径适宜，交通便利，布局合理，易于为群众服务。

4. 分级医疗原则 为了合理有效地利用卫生资源，确保医疗机构的服务质量，按医疗机构的功能、任务、规模将其分为不同级别，实行标准有别、要求不同的管理，建立和完善分级医疗体系。

5. 公有制主导原则 医疗机构应坚持国家和集体举办为主、个人和其他社会团体举办为补充的原则。

6. 中西医并重原则 遵循卫生工作的基本方针，中西医并重，保证中医、中西医结合、民族医医疗机构的合理布局及资源配置。

二、申请设置医疗机构的条件

任何单位和个人申请设置医疗机构，要按规定的程序和要求向县级以上地方人民政府卫生行政部门申请办理设置审批手续。医疗机构的划分类别、所有制形式、隶属关系、服务对象，其设置申请必须符合当地《医疗机构设置规划》和卫计委制定的《医疗机构基本标准》。

根据《医疗机构管理条例实施细则》的规定，在城市申请设置诊所的个人，应当同时具备下列条件：①经医师执业技术考核合格，取得医师执业证书；②取得医师执业证书或者医师职称后，从事5年以上同一专业临床工作；③省、自治区、直辖市卫生行政部门规定的其他条件。在乡镇和村申请设置诊所的个人的条件，由省、自治区、直辖市卫生行政部门规定。

根据《医疗美容服务管理办法》规定，申请开办美容医疗机构或者医疗机构申请开设医疗美容科室必须同时具备以下条件：①具有承担民事责任的能力；②有明确的医疗美容诊疗服务范围；③符合《医疗机构基本标准（试行）》；④省级以上人民政府卫生行政部门规定的其他条件。

根据《中外合资、合作医疗机构管理暂行办法》规定，申请设置中外合资、合作医疗机构必须符合区域卫生规划和医疗机构设置规划，并执行医疗机构基本标准，能够提供国际先进的医疗机构管理经验、管理模式和服务模式，能够提供具有国际领先水平的医学技术和设备，可以补充或完善当地在医疗服务能力、医疗技术、资金和医疗设施方面的不足。同时应当符合以下条件：①必须是独立的法人；②投资总额不得低于2000万元人民币；③中方在中外合资、合作医疗机构中占有的股份比例或权益不得低于30%；④合资、合作期限不超过20年；⑤省级以上卫生行政部门规定的其他条件。

《医疗机构管理条例》及其实施细则规定，有下列情形之一的，不得申请设置医疗机构：①不能独立承担民事责任的单位；②正在服刑或者不具有完全民事行为能力的个人；③医疗机构在职、因病退职或者停薪留职的医务人员；④发生二级以上医疗事故未满5年的医务人员；⑤因违反有关法律、法规和规章，已被吊销执业证书的医务人员；⑥被吊销医疗机构执业许可证的医疗机构法定代表人或者主要负责人等。

三、医疗机构设置申请的审批

卫生行政部门对设置医疗机构的申请，应当自受理之日起30日内，依据当地医疗机构设置规划进行审查，对符合医疗机构设置规划和卫计委制定的医疗机构基本标准的，发给设置医疗机构批准书；对不予批准的要以书面形式告知理由。

不设床位或者床位不满100张的医疗机构，由所在地的县级人民政府卫生行政部门负责审批。床位在100张以上的综合医院、中医医院、中西医结合医院、民族医医院，以及专科医院、疗养院、康复医院、妇幼保健院、急救中心、临床检验中心和专科疾病防治机构的设置审批，按省、自治区、直辖市卫生行政部门的规定办理。

法人和其他组织设置的为内部职工服务的门诊部、诊所、卫生所（室），由设置单位在该医疗机构执业登记前，向当地县级卫生行政部门备案。

国家统一规划的医疗机构的设置，由卫计委决定。

设置中外合资、合作医疗机构，经申请获卫计委许可后，按照有关规定向对外经济贸易合作部（现商务部）提出申请。予以批准的，发给外商投资企业批准证书。凭此证书到国家工商行政管理部门办理注册登记手续，并向规定的卫生行政部门申请领取医疗机构执业许可证。中外合资、合作医疗机构不得设置分支机构。

有下列情形之一的，设置医疗机构申请不予批准：①不符合当地医疗机构设置规划；②设置人不符合规定的条件；③不能提供满足投资总额的资信证明；④投资总额不能满足各项预算开支；⑤医疗机构选址不合理；⑥污水、污物、粪便处理不合理等；⑦省、自治区、直辖市卫生行政部门规定的其他情形。

下级卫生行政部门核发设置医疗机构批准书的同时，应向上一级卫生行政部门备案。上级卫生行政部门接到备案报告后，有权予以审核，在30日内可以纠正或者撤销下级卫生行政部门做出的不符合地方设置规划的审批。

变更批准书中核准的医疗机构的类别、规模、选址和治疗科目的，必须重新办理设置审批手续。

第三节　医疗机构执业登记

一、申请医疗机构执业登记的条件

医疗机构执业都必须进行登记。申请医疗机构执业登记应当具备下列条件：①设置医疗机构批准书；②符合医疗机构的基本标准；③有适合的名称、组织机构和场所；④有与其开展业务相适应的经费、设施和专业卫生技术人员；⑤有相应的规章制度；⑥能够独立承担民事责任。

申请医疗机构执业登记应当填写医疗机构申请执业登记注册书，并提交下列材料：①设置医疗机构批准书或者设置医疗机构备案回执；②医疗机构用户产权证明或者使用证明；③医疗机构建筑设计平面图；④验资证明、资产评估报告；⑤医疗机构规章制度；⑥医疗机构法定代表人或者主要负责人，以及各科室负责人名录和有关资格证书、执业证书复印件等。

申请门诊部、诊所、卫生所、医务室、卫生保健所和卫生站执业登记的，还应当提交附设药房（柜）的药品种类清单、卫生技术人员名录及其有关资格证书、执业证书复印件等。

执业登记申请后，应当自申请人提供规定的全部材料之日起45日内由卫生行政部门对提交的材料进行审查和实地考察、核实，并对有关执业人员进行消毒、隔离和无菌操作等基本知识和技能的现场抽查考核。经审核合格的，发给医疗机构执业许可证。审核不合格的，将审核结果和不予批准的理由以书面形式告知申请人。

申请医疗机构执业登记有下列情形之一的，不予登记：①不符合设置医疗机构批准书核准的事项；②中外合资、合作医疗机构不符合医疗机构基本标准；③投资不到位；④医疗机构用房不能满足诊疗服务功能；⑤通讯、供电、上下水道等公共设施不能满足医疗机构的正常运转；⑥医疗机构规章制度不符合要求；⑦消毒、隔离和无菌操作等基本知识和技能的现场抽查考核不合格等；⑧省、自治区、直辖市卫生行政部门规定的其他情形。

二、医疗机构执业登记的内容

（一）登记事项

医疗机构执业都必须进行登记，领取医疗机构执业许可证。

医疗机构执业登记的事项是：①类别、名称、地址、法定代表人或者主要负责人；②所有制形式；③注册资金（资本）；④服务方式；⑤诊疗科目；⑥房屋建筑面积、床位（牙椅）；⑦服务对象；⑧职工人数；⑨执业许可证登记号（医疗机构代码）等；⑩省、自治区、直辖市卫生行政部门规定的其他登记事项。

门诊部、诊所、卫生所、医务室、卫生保健所、卫生站还应当核准附设药房（柜）的药品种类。

（二）变更登记

医疗机构有下列情形之一的，应当按照规定向原登记的卫生行政部门申请办理变更登记手续：①医疗机构变更名称、地址、法定代表人或者主要负责人、所有制形式、注册资金（资本）、服务方式、诊疗科目、床位（牙椅）、服务对象的；②医疗机构发生分立或者合并，保留医疗机构的；③机关、企业和事业单位设置的为内部职工服务的医疗机构向社会服务的。

医疗机构分立或者合并的，应当根据不同情况申请办理相应手续：保留医疗机构的，申请办理变更登记；新设置医疗机构的，申请设置许可和执业登记；终止医疗机构的，申请注销登记。

医疗机构在原登记机关管辖权限范围内变更登记事项的，由原登记机关办理变更登记；在变更登记超出原登记机关管辖权限时，由有管辖权的卫生行政部门办理变更登记。医疗机构在原登记机关管辖区域内迁移的，由原登记机关办理变更登记；向原登记机关管辖区域外迁移的，应当取得迁移目的地的卫生行政部门发给的设置医疗机构批准书，并经原登记机关核准办理注销登记后，再向迁移目的地卫生行政部门申请办理执业登记。

登记机关在受理变更登记申请后，应依照规定进行审核，并做出核准变更登记或不予变更登记的决定。

医疗机构停业必须得到登记机关批准。除改建、扩建、迁建原因外，其停业时间不得超过1年，否则视为歇业。医疗机构歇业则必须向原登记机关办理注销登记，经登记机关核准后，收缴医疗机构执业许可证。

三、医疗机构的名称

（一）医疗机构命名基本要求

医疗机构的名称由识别名称和通用名称依次组成。医疗机构的通用名称为医院、中心卫生院、卫生院、疗养院、妇幼保健院、门诊部、诊所、卫生所、卫生站、卫生室、医务室、卫生保健所、急救中心、急救站、临床检验中心、防治院、防治所、防治站、护理院、护理站、护理中心以及卫计委规定或者认可的其他名称。可以作为医疗机构识别名称的有地名、单位名称、个人姓名、医学学科名称、医学专业和专科名称、诊疗科目名称和其他批准使用的名称。

医疗机构的名称应当名副其实，与其类别或者诊疗科目相适应。各级地方人民政府设置的医疗机构的识别名称中应含有省、市、县、区、街道、乡、镇、村等行政区划名称，其他医疗机构的识别名称中不得含有行政区划名称。国家机关、企业和事业单位、社会团体或者个人设置的医疗机构的名称中应当含有设置单位名称或者个人的姓名。

社区卫生服务中心的命名原则是：所在区名（可选）+所在街道办事处名+识别名（可选）+社区卫生服务中心。

社区卫生服务站的命名原则是：所在街道办事处名（可选）+所在社区名+社区卫生服务站。

乡镇卫生院的命名原则是：县（市、区）名+乡镇名+（中心）卫生院（分院）。

中外合资、合作医疗机构的名称由所在地地名、识别名和通用名依次组成。

（二）由卫计委和国家中医药管理局核准的医疗机构名称

医疗机构名称中含有外国国家（地区）名称及其简称、国际组织名称，或者含有“中国”“全国”“中华”“国家”等字样及跨省地域名称等，由卫计委核准；属于中医、中西医结合和民族医院医疗机构的，由国家中医药管理局核准。

（三）医疗机构冠名红十字（会）的规定

2007 年卫生部印发了《关于医疗机构冠名红十字（会）的规定》，明确要求医疗机构冠名“红十字（会）”应当符合医疗机构命名基本原则。以“红十字（会）”冠名的医疗机构，应当在地区名称等识别名称后、医疗机构通用名称前，增加“红十字（会）”。

申请冠名“红十字（会）”的医疗机构必须符合下列条件之一：由红十字会创办（包括历史上创办）的医疗机构；由红十字会设置的医疗机构；国内、外红十字会提供资助援建的医疗机构；历史上与红十字会关系密切或为红十字事业作过特殊贡献的医疗机构等。

（四）医疗机构不得使用的名称

医疗机构不得使用下列名称：有损于国家、社会或者公共利益的名称；侵犯他人利益的名称；以外文字母、汉语拼音组成的名称；以医疗仪器、药品、医用产品命名的名称；含有“疑难病”“专治”“专家”“名医”或者同类含义文字的名称及其他宣传或者暗示诊疗效果的名称；超出登记的诊疗科目范围的名称等。

此外，医疗机构只准使用一个名称，确有需要，经核准机关核准后方可使用两个或两个以上名称，但必须确立一个第一名称。医疗机构的名称不得买卖、出借，未经核准机关许可，不得转让。

卫生行政部门有权纠正已经核准登记的不适宜的医疗机构名称，上级卫生行政部门有权纠正下级卫生行政部门已经核准登记的不适宜的医疗机构名称。

四、医疗机构执业登记的校验

医疗机构执业登记校验是指卫生行政部门依法对医疗机构的基本条件和执业状况进行检查、评估、审核，并依法作出相应结论的过程。医疗机构经执业登记取得医疗机构执业许可证后，应当按照规定的期限办理校验手续。

办理校验应当交医疗机构执业许可证，并提交下列文件：①医疗机构校验申请书；②医疗机构执业许可证副本；③省、自治区、直辖市卫生行政部门规定提交的其他材料。

床位在100张以上的综合医院、中医医院、中西医结合医院、民族医医院，以及专科医院、疗养院、康复医院、妇幼保健院、急救中心、临床检验中心和专科疾病防治机构的校验期为3年，其他医疗机构的校验期为1年。

医疗机构应当于校验期满前3个月向登记的卫生行政部门申请办理校验手续，并提交医疗机构校验申请书、医疗机构执业许可证副本等。卫生行政部门应当在受理校验申请后30日内完成校验。

有下列情形之一的，卫生行政部门可以根据情况给予1～6个月的暂缓校验期：①不符合医疗机构设置标准；②限期改正期间；③省、自治区、直辖市卫生行政部门规定的其他情形。

不设床位的医疗机构在暂缓校验期内不得执业。暂缓校验期满仍不能通过校验的，卫生行政部门有权注销医疗机构执业许可证。

第四节　医疗机构执业

一、执业条件

医疗机构执业应当进行登记，领取医疗机构执业许可证。未取得医疗机构执业许可证的，不得开展诊断、治疗活动。为内部职工服务的医疗机构未经许可和变更登记，不得向社会开放。医疗机构被吊销或者注销执业许可证后，不得继续开展诊断、治疗活动。

二、执业规则

1. 严格按照登记的诊疗科目执业　医疗机构执业必须遵守有关法律、法规和医疗技术规范，按照核准登记的诊疗科目开展诊疗活动。需要改变诊疗科目的，应当按照规定的程序和要求，办理变更登记手续。未经允许不得擅自扩大业务范围。

2. 加强对医务人员的医德教育和业务培训　医疗机构应当加强对医务人员的医德教育，组织学习医德规范，督促医务人员恪守职业道德，定期检查、考核各项规章制度和各级各类人员岗位责任制的执行和落实情况。

3. 全面加强医疗质量管理　医疗机构应当按照卫生行政部门的有关规定、标准加强医疗质量管理，实施医疗质量保证方案，确保医疗安全和服务质量，不断提高服务水平，为人群提供优质的医疗服务。

医疗机构要经常对医务人员进行“基础理论、基本知识、基本技能”的训练与考核，把“严格要求、严密组织、严谨态度”落实到各项工作中。

医疗机构不得使用非卫生技术人员从事医疗卫生技术工作。

4. 主动公开医疗相关信息 医疗机构应当将医疗机构执业许可证、诊疗科目、诊疗时间和收费标准悬挂于明显处所，以方便服务对象；工作人员上岗工作应当佩戴载有本人姓名、职务或职称的标牌。

5. 规范使用医疗机构名称 医疗机构的印章、银行账户、牌匾及医疗文件中使用的名称应当与核准登记的医疗机构名称相同；使用两个以上名称的，应当与第一名称相同。

6. 积极救治患者 医疗机构对危重病人应当立即抢救，对限于设备或者技术条件不能诊治的病人，应当及时转诊。

7. 按规定出具医学证明文件 未经医师亲自诊查，医疗机构不得出具疾病诊断书、健康证明书或者死亡证明书等证明文件。未经医师、助产人员亲自接产，医疗机构不得出具出生证明书或者死产报告书。

医疗机构为死因不明者出具的死亡医学证明书，只做是否死亡的诊断，不做死亡原因的诊断。如要求进行死亡原因诊断的，医疗机构应当指派医生对尸体进行解剖和有关死因检查后方能做出死因诊断。

8. 充分尊重患者权利 医疗机构应当尊重患者在诊治活动中的选择权、对自己的病情、诊断、治疗的知情权、隐私权。在施行手术、特殊检查或者特殊治疗时，应当向患者做必要的解释，征得患者同意，并取得其家属或者关系人同意及签字。无法取得患者意见时，应当取得其家属或者关系人同意及签字。无法取得患者意见又无家属或者关系人在场，或者遇到其他特殊情况时，经治医师应当提出医疗处置方案，在取得医疗机构负责人或者被授权负责人的批准后实施。

医疗机构因实施保护性医疗措施不宜向患者说明情况的，应当将有关情况通知患者家属，并取得患者家属和有关人员的配合。

9. 正确发布医疗广告 根据国家工商总局和卫计委联合发布的《医疗广告管理办法》中的规定：医疗机构利用各种媒介或者形式直接或者间接介绍医疗机构或者医疗服务，应当办理医疗广告审查手续，取得医疗广告审查证明；未取得医疗广告审查证明的，不得发布医疗广告。医疗广告审查证明由省级卫生行政部门、中医药管理部门核发。

医疗广告内容仅限于以下项目：医疗机构第一名称、地址、所有制形式、医疗机构类别、诊疗科目、床位数、接诊时间和联系电话。

医疗广告的表现形式不得含有以下情形：①涉及医疗技术、诊疗方法、疾病名称、药物的；②保证治愈或者隐含保证治愈的；③宣传治愈率、有效率等诊疗效果的；④淫秽、迷信、荒诞的；⑤贬低他人的；⑥利用患者、卫生技术人员、医学教育科研机构及人员或其他社会社团、组织的名义、形象作证明的；⑦使用解放军和武警部队名义的；⑧法律、行政法规规定禁止的其他情形。

医疗机构不得以内部科室名义发布医疗广告，不得利用新闻形式、医疗资讯服务类专题节目发布或者变相发布医疗广告。有关医疗机构的人物专访、专题报道等宣传内容，可以出现医疗机构名称，但不得出现有关医疗机构的地址、联系方式等医疗广告内容；也不得在同一媒介同一时间段或者版面发布该医疗机构的广告。

医疗机构发布户外医疗广告的，应当在取得医疗广告审查证明后，按照《户外广告登记管理规定》办理登记。

10. 服从卫生行政部门的调遣 医疗机构应当承担相应的预防保健工作，承担县级以上人民政府卫生行政部门委托的支援农村、指导基层医疗卫生工作等任务。发生重点灾难、事故、疾病流行或者其他意外情况时，医疗机构及其卫生技术人员必须服从县级以上人民政府卫生行政部门的调遣。

11. 其他 医疗机构对传染病、精神病、职业病等患者的特殊诊治和处理，应当按照国家有关法律、法规的规定办理。

医疗机构必须按照有关药品管理的法律、法规加强药品管理。不得使用假冒伪劣药品、过期和失效药品及违禁药品。

医疗机构必须按照人民政府或者物价部门的有关规定收取医疗费用，详列细项，并出具收据。

医疗机构门诊病历的保存期不得少于15年，住院病历的保存期不得少于30年。

医疗机构应该严格执行无菌消毒、隔离制度，采取科学有效的措施处理污水和废弃物，预防和减少医院感染。

第五节 处方管理

一、处方的概念

处方是指由注册的执业医师或执业助理医师在诊疗活动中为患者开具的，由取得药学专业技术职务任职资格的药学专业技术人员（以下简称药师）审核、调配、核对，并作为患者用药凭证的医疗文书。处方包括医疗机构病区用药医嘱单。

医师开具处方和药师调剂处方应当遵循安全、有效、经济的原则。处方药应当凭医师处方销售、调剂和使用。

二、处方的书写规则

根据《处方管理办法》的规定，处方书写应当符合下列规则：①患者一般情况、临床诊断填写清晰、完整，并与病历记载相一致。②每张处方限于一名患者的用药。③字迹清楚，不得涂改；如需修改，应当在修改处签名并注明修改日期。④药品名称应当使用规范的中文名称书写，没有中文名称的可以使用规范的英文名称书写；医疗机构或者医师、药师不得自行编制药品缩写名称或者使用代号；书写药品名称、剂量、规格、用法、用量要准确规范，药品用法可用规范的中文、英文、拉丁文或者缩写体书写，但不得使用“遵医嘱”“自用”等含糊不清字句。⑤患者年龄应当填写实足年龄，新生儿、婴幼儿写日、月龄，必要时要注明体重。⑥西药和中成药可以分别开具处方，也可以开具一张处方，中药饮片应当单独开具处方。⑦开具西药、中成药处方，每一种药品应当另起一行，每张处方不得超过5种药品。⑧中药饮片处方的书写，一般应当按照“君、臣、佐、使”的顺序排列；调剂、煎煮的特殊要求注明在药品右上方，并加括号，如布包、先煎、后下等；对饮片的产地、炮制有特殊要求的，应当在药品名称之前写明。⑨药品用法用量应当按照药品说明书规定的常规用法用量使用；特殊情况需要超剂量使用时，应当注明原因并再次签名。⑩除特殊情况外，应当注明临床诊断。⑪开具处方后的空白处画一斜线以示处方完毕。⑫处方医师的签名式样和专用签章应当与院内药学部门留样备查的式样相一致，不得任意改动，否则应当重新登记留样备案。

药品剂量与数量用阿拉伯数字书写。剂量应当使用法定剂量单位：重量以克（g）、毫克（mg）、微克（μg）、纳克（ng）为单位；容量以升（L）、毫升（ml）为单位；国际单位（IU）、单位（U）；中药饮片以克（g）为单位。

片剂、丸剂、胶囊剂、颗粒剂分别以片、丸、粒、袋为单位；溶液剂以支、瓶为单位；软膏及乳膏剂以支、盒为单位；注射剂以支、瓶为单位，应当注明含量；中药饮片以剂为单位。

三、处方权的获得

经注册的执业医师在执业地点取得相应的处方权。

经注册的执业助理医师在医疗机构开具的处方，应当经所在执业地点执业医师签名或加盖专用签章后方有效。经注册的执业助理医师在乡、民族乡、镇、村的医疗机构独立从事一般的执业活动，可以在注册的执业地点取得相应的处方权。

医师应当在注册的医疗机构签名留样或者专用签章备案后，方可开具处方。

医疗机构应当按照有关规定，对本机构执业医师和药师进行麻醉药品和精神药品使用知识和规范化管理的培训。执业医师经考核合格后取得麻醉药品和第一类精神药品的处方权，药师经考核合格后取得麻醉药品和第一类精神药品的调剂资格。医师取得麻醉药品和第一类精神药品的处方权后，方可在本机构开具麻醉药品和第一类精神药品处方，但不得为自己开具该类药品处方。药师取得麻醉药品和第一类精神药品的调剂资格后，方可在本机构调剂麻醉药品和第一类精神药品。

试用期人员开具处方，应当经所在医疗机构有处方权的执业医师审核并签名或加盖专用签章后方有效。

进修医师由接收进修的医疗机构对其胜任本专业工作的实际情况进行认定后授予相应的处方权。

四、处方的开具

医师应当根据医疗、预防、保健的需要，按照诊疗规范、药品说明书中的药品适应证、药理作用、用法、用量、禁忌、不良反应和注意事项等开具处方。

开具医疗用毒性药品、放射性药品的处方应当严格遵守有关法律、法规和规章的规定。

医师开具处方应当使用经药品监督管理部门批准并公布的药品通用名称、新活性化合物的专利药品名称和复方制剂药品名称。医师开具院内制剂处方时应当使用经省级卫生行政部门审核、药品监督管理部门批准的名称。医师可以使用由卫计委公布的药品习惯名称开具处方。

五、处方的有效期限和用量

处方开具当日有效。特殊情况下需延长有效期的，由开具处方的医师注明有效期限，但有效期最长不得超过3天。

处方一般不得超过7日用量；急诊处方一般不得超过3日用量；对于某些慢性病、老年病或特殊情况，处方用量可适当延长，但医师应当注明理由。

医疗用毒性药品、放射性药品的处方用量应当严格按照国家有关规定执行。医师应当按照卫计委制定的麻醉药品和精神药品临床应用指导原则，开具麻醉药品、第一类精神药品处方。

为门（急）诊患者开具的麻醉药品注射剂，每张处方为1次常用量；控、缓释制剂，每张处方不得超过7日常用量；其他剂型，每张处方不得超过3日常用量。

第一类精神药品注射剂，每张处方为1次常用量；控、缓释制剂，每张处方不得超过7日常用量；其他剂型，每张处方不得超过3日常用量。哌甲酯用于治疗儿童多动症时，每张处方不得超过15日常用量。第二类精神药品一般每张处方不得超过7日常用量；对于慢性病或某些特殊情况的患者，处方用量可以适当延长，医师应当注明理由。

为门（急）诊癌症疼痛患者和中、重度慢性疼痛患者开具的麻醉药品、第一类精神药品注射剂，每张处方不得超过3日常用量；控、缓释制剂，每张处方不得超过15日常用量；其他剂型，每张处方不得超过7日常用量。

为住院患者开具的麻醉药品和第一类精神药品处方应当逐日开具，每张处方为1日常用量。

对于需要特别加强管制的麻醉药品，盐酸二氢埃托啡处方为1次常用量，仅限于二级以上医院内使用；盐酸哌替啶处方为1次常用量，仅限于医疗机构内使用。

六、处方的调剂

取得药学专业技术职务任职资格的人员方可从事处方调剂工作。

药师在执业的医疗机构取得处方调剂资格。药师签名或者专用签章式样应当在本机构留样备查。具有药师以上专业技术职务任职资格的人员负责处方审核、评估、核对、发药及安全用药指导；药士从事处方调配工作。

药师应当凭医师处方调剂处方药品，非经医师处方不得调剂。药师应当按照操作规程调剂处方药品：认真审核处方，准确调配药品，正确书写药袋或粘贴标签，注明患者姓名和药品名称、用法、用量、包装；向患者交付药品时，按照药品说明书或者处方用法进行用药交代与指导，包括每种药品的用法、用量、注意事项等。

药师应当认真逐项检查处方前记、正文和后记书写是否清晰、完整，并确认处方的合法性。药师应当对处方用药适宜性进行审核，审核内容包括：①规定必须做皮试的药品，处方医师是否注明过敏试验及结果的判定；②处方用药与临床诊断的相符性；③剂量、用法的正确性；④选用剂型与给药途径的合理性；⑤是否有重复给药现象；⑥是否有潜在临床意义的药物相互作用和配伍禁忌；⑦其他用药不适宜情况。药师经处方审核后，认为存在用药不适宜时，应当告知处方医师，请其确认或者重新开具处方。药师发现严重不合理用药或者用药错误，应当拒绝调剂，及时告知处方医师，并应当记录，按照有关规定报告。

药师调剂处方时必须做到“四查十对”：查处方，对科别、姓名、年龄；查药品，对药名、剂型、规格、数量；查配伍禁忌，对药品性状、用法用量；查用药合理性，对临床诊断。

药师在完成处方调剂后，应当在处方上签名或者加盖专用签章。

第六节 医疗机构的监督管理

一、医疗机构监督管理机构及其职责

（一）医疗机构监督管理机构

国务院卫生行政部门负责全国医疗机构的监督管理工作。县级以上地方人民政府卫生行政部门负责本行政区域医疗机构的监督管理工作。中国人民解放军卫生主管部门负责对军队的医疗机构实施监督管理。

县级以上卫生行政部门设立医疗机构监督管理办公室，在同级卫生行政部门的领导下开展工作。

在医疗机构的监督管理工作中，要充分发挥医务管理学会和卫生工作者协会等学术性和行业性社会团体的作用。

（二）监督管理机构的职责

县级以上人民政府卫生行政部门行使下列监督管理职权：①负责医疗机构的设置审批、执业登记和校验；②对医疗机构的执业活动进行检查指导；③负责组织对医疗机构的评审；④对违反医疗机构管理的行为给予处罚。

各级卫生行政部门对医疗机构的执业活动的检查、指导主要包括：①执行国家有关法律、法规、规章和标准情况；②执行医疗机构内部各项规章制度和各级各类人员岗位责任制情况；③医德医风情况；④服务质量和服务水平情况；⑤执行医疗收费标准情况；组织管理情况；⑥人员任用情况及省级卫生行政部门规定的其他项目。

县级以上卫生行政部门设医疗机构监督员，履行规定的监督管理职责。医疗机构监督员由同级卫生行政部门聘任。医疗机构监督员在履行职责时应当佩戴证章、出示证件。医疗机构监督员证章、证件由卫计委监制。医疗机构监督员应当严格执行国家有关法律、法规和规章，其主要职责是：①对医疗机构执行有关法律、法规、规章和标准的情况进行监督、检查、指导；②对医疗机构执业活动进行监督、检查、指导；③对医疗机构违反条例和本细则的案件进行调查、取证；④对经查证属实的案件向卫生行政部门提出处理或者处罚意见；⑤实施职权范围内的处罚；⑥完成卫生行政部门交付的其他监督管理工作；⑦医疗机构监督员有权对医疗机构进行现场检查，无偿索取有关资料，医疗机构不得拒绝、隐匿或者隐瞒。

二、医疗机构评审

国家实行医疗机构评审制度，由专家组成的评审委员会按照国务院卫生行政部门制定的医疗机构评审办法和评审标准，对医疗机构的基本标准、服务质量、技术水平、管理水平等进行综合评价。

医疗机构评审委员会由县级以上地方人民政府卫生行政部门负责组织，其成员由医院管理、医学教育、医疗、医技、护理和财务等有关专家组成。评审委员会成员由县级以上地方人民政府卫生行政部门聘任。卫生行政部门根据评审委员会的评审意见，对达到评审标准的医疗机构，发给评审合格证书。对未达到评审标准的医疗机构，提出处理意见。

县级以上中医（药）行政管理部门成立医疗机构评审委员会，负责中医、中西医结合和民族医医疗机构的评审。

医疗机构评审包括周期性评审、不定期重点检查。

医疗机构评审委员会在对医疗机构进行评审时，发现有违反条例和细则的情节，应当及时报告卫生行政部门；医疗机构评审委员会委员为医疗机构监督员的，可以直接行使监督权。

第七节 法律责任

一、未取得医疗机构执业许可证擅自执业的法律责任

对未取得医疗机构执业许可证擅自执业的，由县级以上人民政府卫生行政部门责令停止执业活动，没收非法所得和药品、器械，并处以 3000 元以下罚款。有下列情形之一的，责令停止执业活动，没收非法所得和药品、器械，处以 3000 元以上 10000 元以下罚款：①因擅自执业曾受过卫生行政部门处罚；②擅自执业的人员为非卫生技术人员；③擅自执业时间在 3 个月以上；④给患者造成伤害；⑤使用假药、劣药蒙骗患者；⑥以行医为名骗取患者钱物；⑦省、自治区、直辖市卫生行政部门规定的其他情形。

二、逾期不校验医疗机构执业许可证又不停止诊疗活动的法律责任

医疗机构不按期办理校验医疗机构执业许可证又不停止诊疗活动的，由县级以上人民政府卫生行政部门责令限期补办校验手续。在限期内仍不办理校验的，吊销医疗机构执业许可证。

三、出卖、转让、出借医疗机构执业许可证的法律责任

医疗机构转让、出借医疗机构执业许可证的，由县级以上人民政府卫生行政部门没收非法所得，并处以 3000 元以下罚款。有下列情形之一的，没收非法所得，处以 3000 元以上 5000 元以下罚款，并吊销医疗机构执业许可证：①出卖医疗机构执业许可证的；②转让或者出借医疗机构执业许可证是以营利为目的的；③受让方或者承借方给患者造成伤害的；④转让、出借医疗机构执业许可证给非卫生技术人员的；⑤省、自治区、直辖市卫生行政部门规定的其他情形。

四、诊疗活动超出登记范围的法律责任

除急诊和急救外，医疗机构诊疗活动超出登记的诊疗科目范围，情节轻微的，由县级以上人民政府卫生行政部门处以警告。有下列情形之一的，责令限期改正，并可处以 3000 元以下罚款：①超出登记的诊疗科目范围的诊疗活动累计收入在 3000 元以下的；②给患者造成伤害的。

有下列情形之一的，处以 3000 元罚款，并吊销医疗机构执业许可证：①超出登记的诊疗科目范围的诊疗活动累计收入在 3000 元以上的；②给患者造成伤害的；③省、自治区、直辖市卫生行政部门规定的其他情形。

五、使用非卫生技术人员从事医疗卫生技术工作的法律责任

医疗机构使用非卫生技术人员从事医疗卫生技术工作的，由县级以上人民政府卫生行政部门责令限期改正，并可处以3000元以下罚款。有下列情形之一的，处以3000元以上5000元以下罚款，并吊销医疗机构执业许可证：①使用两名以上非卫生技术人员从事诊疗活动的；②使用的非卫生技术人员给患者造成伤害的。

六、出具虚假证明文件的法律责任

医疗机构出具虚假证明文件，情节轻微的，由县级以上人民政府卫生行政部门处以警告，并可处以500元以下罚款。有下列情形之一的，处以500元以上1000元以下罚款：①出具虚假证明文件造成延误诊治的；②出具虚假证明文件给患者精神造成伤害的；③造成其他危害后果的。对直接责任人员由其所在单位或者上级机关给予行政处分。

七、其他情形

医疗机构有下列情形之一的，登记机关可以责令其限期改正：①发生重大医疗事故；②连续发生同类医疗事故，不采取有效防范措施；③连续发生原因不明的同类患者死亡事件，同时存在管理不善因素；④管理混乱，有严重事故隐患，可能直接影响医疗安全；⑤省、自治区、直辖市卫生行政部门规定的其他情形。

罚款和没收的财物全部上交国库，没收药品和器械必须填写没收药品器械凭证。若没收的是伪劣药品和伪劣器械，应当就地销毁，由卫生行政部门监督执行。处理没收药品、器械支付的一切费用由被罚单位或者个人支付。

当事人对行政处罚决定不服的，可以依照法律、法规的规定申请复议或者提起行政诉讼。当事人对罚款及没收药品、医疗器械的处罚决定逾期既不申请行政复议或提起诉讼，又不履行时，县级以上人民政府卫生行政部门可以申请人民法院强制执行。

思考题

1. 什么是医疗机构？医疗机构有哪些特点？
2. 医疗机构设置需要遵循哪些原则？
3. 医疗机构执业登记需要符合哪些条件？
4. 医疗机构的执业规则有哪些？
5. 医疗广告不得含有哪些内容？
6. 处方的书写规则有哪些？
7. 医疗机构的监督管理机关有哪些？其职责是什么？

案例分析

某新开办的医院，其医疗机构执业许可证上的诊疗科目为普通内科、皮肤科、妇科、儿科。随着医院业务的发展，不久该医院决定开展超声诊断及X光透视拍片等医学影像专业诊疗活动，并设置了医疗美容科和性传播疾病诊疗科，在当地发布医疗广告，为当地民众的医疗卫生需求提供了方便服务。

讨论：试分析该医院开展诊疗活动的合法性。

第三章 卫生技术人员法律制度

第一节 概 述

一、卫生技术人员的概念

卫生技术人员是指受过高等或中等医药卫生教育或培训，掌握医药卫生知识，经卫生行政部门考试或考核并进行执业登记注册，从事医疗、预防、药剂、护理或其他专业的技术人员。其中，医疗卫生人员是指从事医疗、疾病预防控制、妇幼保健、计划生育等专业工作的中医（含民族医）、西医、中西结合医等技术人员；药剂人员是指从事药剂、药检的人员，包括从事中药和西药专业的技术人员；护理人员是指在医院、门诊部和其他医疗预防机构内担任各种护理工作的技术人员；其他技术人员是指从事检验、理疗、病理、口腔、放射、营养等技术操作，器械维修及生物制品研制等专业技术人员。

二、卫生技术人员管理立法

早在西周时代，《周礼》就有对医师进行年终考核以定其报酬的记载。以后历代的法典如《唐律》《元典章·礼部》《元典章·刑部》《大明会典》等都有有关规范医师执业行为的法律条文。20 世纪 20 年代开始，我国出现了对医师执业管理的单行法律，如国民党政府于 1929 年颁布的《医师暂行条例》、1931 年颁布的《高等考试西医师考试条例》、1934 年颁布的《医师法》等。新中国成立后，我国政府和有关部门也颁布了一些法律和法规。如 1951 年经当时的政务院批准，卫生部相继颁布了《医师暂行条例》《中医师暂行条例》等。党的十一届三中全会以后，卫生部制定发布了一系列规范性文件，使医师执业管理法律、法规逐步完善，如《卫生技术人员职称及晋升条例（试行）》（1979 年）、《医院工作人员职责》（1982 年）、《医师、中医师个体开业暂行管理办法》（1988 年）和《外国医师来华短期行医管理办法》（1993 年）等。1998 年 6 月 26 日，第 9 届全国人民代表大会常务委员会第 3 次会议通过了《中华人民共和国执业医师法》（以下简称《执业医师法》），自 1999 年 5 月 1 日起施行。为了贯彻实施《执业医师法》，1999 年卫生部成立了国家医师资格考试委员会，发布了《医师资格考试暂行办法》《医师执业注册暂行办法》《关于医师执业注册中执业范围的暂行规定》等配套规章，我国的执业医师管理走上了法制化、规范化的轨道。

为了加强对乡村医生的管理，国务院于 2003 年 8 月 5 日颁布了《乡村医生从业管理条例》，自 2004 年 1 月 1 日起施行。卫生部于 2008 年 8 月 1 日制定了《乡村医生考核办法》。

为了维护护士的合法权益、规范护理行为、促进护理事业的发展、保障医疗安全和人体健康，2008 年 1 月 23 日国务院第 206 次常务会议通过了《护士条例》，自 2008 年 5 月 12 日施行。为了规范护士执业资格和注册管理，卫生部发布了《护士执业资格考试办法》《护士执业注册管理办法》等规范性文件。

20世纪20年代，我国就有了对药师执业管理的单行法律、法规，如国民政府于1929年颁布的《药师暂行条例》、1944年颁布的《药师法》。新中国成立后，卫生行政部门相继颁布了《药师暂行条例》《医院药剂工作条例》《卫生技术人员职称及晋升条例（试行）》《医院工作人员职责》等。国家医药管理局与人事部于1994年3月15日联合颁布了《执业药师资格制度暂行规定》，于1995年7月5日联合颁布了《执业中药师资格制度暂行规定》，从此我国开始实施执业药师资格制度。以1994年3月15日颁布的《执业药师资格制度暂行规定》为基础，国家医药管理局相继出台了《执业药师资格考试实施办法》《执业药师注册管理暂行办法》《执业药师资格认定办法》《执业药师继续教育管理办法》等一系列规范性文件。

第二节　执业医师法律制度

一、医师的概念

医师是指取得执业医师或执业助理医师资格，经注册后，在医疗、预防、保健及计划生育技术服务等专业机构中从业的卫生技术人员。

医师包括执业医师和执业助理医师。前者指依法取得执业医师资格并经注册，在医疗、预防、保健机构中按照其注册的执业类别和范围独立从事相应医疗工作的医务人员；后者指依法取得执业助理医师资格并经注册，在医疗、预防、保健机构中，在执业医师的指导下，按照其注册的执业类别和范围从事活动的医务人员。

医师应当具备良好的职业道德和医疗执业水平，发扬人道主义精神，履行防病治病、救死扶伤、保护人民健康的神圣职责，全社会应当尊重医师。医师依法履行职责，受法律保护。

二、医师资格考试

（一）医师资格考试的种类

《执业医师法》规定，国家实行医师资格考试制度。医师资格考试是评价申请医师资格者是否具备执业所必需的专业知识与技能的考试，是医师执业的准入考试。医师资格考试实行统一办法、统一标准、统一组织。考试办法由国务院卫生行政部门制定。考试由省级以上人民政府卫生行政部门组织实施。

我国医师资格考试的种类包括执业医师资格考试和执业助理医师资格考试两种。考试的类别分为临床医师、中医（包括中医、民族医、中西医结合）师、口腔医师、公共卫生医师4类。考试方式分为实践技能考试和医学综合笔试。

（二）医师资格考试的条件

根据《执业医师法》和卫生部2006年4月4日颁发实施的《医师资格考试报名资格规定（2006版）》［卫医发（2006）125号］及2008年卫生部对《医师资格考试报名资格规定（2006版）》的相关内容修订。原《卫生部关于医师资格考试报名资格暂行管理规定》［卫医发（2001）127号］和《卫生部关于医师资格考试报名资格暂行管理规定的补充规定》［卫医发（2002）111 号］同时废止。

执业医师考试报名资格规定如下：

1. 参加执业医师资格考试的条件　具有下列条件之一的，可以参加执业医师资格考试：

（1）具有高等学校医学专业本科以上学历（是指国务院教育行政部门认可的各类高等学校医学专业本科以上的学历），在执业医师指导下，在医疗、预防、保健机构中试用期满 1 年。

（2）取得执业助理医师执业证书后，具有高等学校医学专科学历（是指省级以上教育行政部门认可的各类高等学校医学专业专科学历），在医疗、预防、保健机构中工作满 2 年。

（3）取得执业助理医师执业证书后，具有中等专业学校医学专业学历（是指省级以上教育行政部门认可的各类中等专业学校医学专业中专学历），在医疗、预防、保健机构中工作满 5 年。

（4）以师承方式学习传统医学满 3 年或者经多年实践医术确有专长的，经县级以上人民政府卫生行政部门确定的传统医学专业组织或者医疗、预防、保健机构考核合格并推荐。

（5）在 1998 年 6 月 26 日前获得医士专业技术职务资格，后又取得执业助理医师资格，医士从业时间和取得执业助理医师执业证书后执业时间累计满 5 年。

（6）临床医学、口腔医学、中医（含民族医）学、中西医结合医学专业的临床博士、硕士和七年制及以上的长学制毕业生，在学期间必须具有相当于大学本科的 1 年毕业实习和 1 年以上的临床工作实践，方可在毕业当年参加执业医师资格考试。

公共卫生预防医学硕士、博士研究生在学习期间必须保证具有 1 年以上的临床实践训练或公共卫生实践的经历，方可在毕业当年参加执业医师资格考试。

2. 参加执业助理医师资格考试的条件　具有下列条件之一的，可以参加执业助理医师资格考试：

（1）具有高等学校医学专业专科学历或者中等专业学校医学专业学历，在执业医师指导下，在医疗、预防、保健机构中试用期满 1 年。

（2）以师承方式学习传统医学满 3 年或者经多年实践医术确有专长的，经县级以上人民政府卫生行政部门确定的传统医学专业组织或者医疗、预防、保健机构考核合格并推荐。

3. 军队人员参加医师资格考试的条件　军队人员具有《执业医师法》第 9 条、第 10 条规定的条件的，可以参加医师资格考试。参加医师资格考试的军队人员，应当在规定的时间内向所在单位报名，填写军队人员医师资格考试报名表。经军队团级以上单位政治机关干部部门和后勤机关卫生部门或者团级以上医疗、预防、保健机构医务部门和政治部门审核符合条件的，由团级以上单位后勤机关卫生部门或者团级以上医疗、预防、保健机构的医务部门，到所在地县级以上人民政府部门办理报名手续，并组织参加资格考试。

4. 传统医学师承人员参加医师资格考试的条件　在《执业医师法》颁布之日前已经县级以上中医（药）主管部门批准取得有效行医资格的师承人员和确有专长人员，可以直接申请执业医师资格或执业助理医师资格考试的资格考核。

2007 年 2 月 1 日起施行的《传统医学师承和确有专长人员医师资格考核考试办法》（以下简称《办法》）分别规定了传统医学师承和确有专长人员参加医师资格考试的条件。在《办法》中规定了传统医学师承人员参加医师资格考试的条件：

（1）师承人员应当具有高中以上文化程度或具有同等学力。

（2）师承人员应当与指导老师签订由国家中医药管理局统一式样的师承关系合同，连续跟师学习满3年。

师承关系合同应当经县级以上公证机构公证，跟师学习时间自公证之日起计算。

指导老师应当同时具备下列条件：具有中医类别中医或者民族医专业执业医师资格；从事中医或者民族医临床工作15年以上，或者具有中医或民族医副主任医师以上专业技术职务任职资格；有丰富的临床经验和独特的技术专长；遵纪守法，恪守职业道德，信誉良好；在医疗机构中坚持临床实践，能够完成教学任务。同一指导老师在同一时期内带教学生不得超过两名。

（3）取得省级中医药管理部门颁发的由国家中医药管理局统一式样的传统医学师承出师证书。

（4）在执业医师指导下，在授予传统医学师承出师证书的省（自治区、直辖市）内的医疗机构中试用期满1年并考核合格，可以申请参加执业助理医师资格考试。师承人员取得执业助理医师执业证书后，在医疗机构中从事传统医学医疗工作满5年，可以申请参加执业医师资格考试。

5. 其他确有专长人员参加医师资格考试的条件 《办法》规定了经多年传统医学临床实践医术确有专长人员参加医师资格考试的条件：

（1）依法从事传统医学临床实践5年以上。

（2）掌握独具特色、安全有效的传统医学诊疗技术。

确有专长考核内容应当包括职业道德和业务水平，重点是传统医学专业基础知识及掌握的独特诊疗技术和临床基本操作；方式包括综合笔试和临床实际本领考核。具体考核内容、标准及办法由国家中医药管理局制定。

（3）取得省级中医药管理部门颁发的由国家中医药管理局统一式样的传统医学医术确有专长证书。

（4）确有专长人员取得传统医学医术确有专长证书后，在执业医师指导下，在授予传统医学医术确有专长证书的省（自治区、直辖市）内的医疗机构中试用期满1年并考核合格，可以申请参加执业助理医师资格考试。确有专长人员取得执业助理医师执业证书后，在医疗机构中从事传统医学医疗工作满5年，可以申请参加执业医师资格考试。

另根据《医师资格考试报名资格规定（2006版）》第9条规定：传统医学师承和确有专长人员取得执业助理医师执业证书后，取得国务院教育行政部门认可的成人高等教育中医（含藏医、蒙医、维医、傣医）医学专业本科以上学历，可以在取得学历的当年报名参加具有规定学历的中医类别相应专业的执业医师资格考试；取得省级以上教育行政部门认可的成人高等教育中医（含藏医、蒙医、维医、傣医）医学专业专科学历，在自取得执业助理医师执业证书并在医疗机构中工作满2年后，可报名参加具有规定学历的中医类别相应专业的执业医师资格考试。

（三）考试的组织与管理

卫计委成立医师资格考试委员会，负责全国医师资格考试工作。各省、自治区、直辖市卫生行政部门牵头成立医师资格考试领导小组，负责本辖区的医师资格考试工作。具体考务的组织与管理由国家医学考试中心、考区、考点三级分别负责。

（四）医师资格证书的取得

医师资格是指国家确认的、准予从事医师职业的资格，是公民从事医师职业必须具备的条件和身份。医师资格证书是证明某人具有医师资格的法律文件，必须依法取得。对参加全国统一的执业医师资格考试或者执业助理医师资格考试，成绩合格的，授予执业医师资格或者执业助理医师资格，由省级卫生行政部门颁发卫计委统一印制的医师资格证书。医师资格一经合法取得，就不得非法剥夺。

三、医师执业注册

我国《执业医师法》规定，国家实行医师执业注册制度。卫计委负责全国医师执业注册监督管理工作。县级以上地方卫生行政部门是医师执业注册的主管部门，负责本行政区域内的医师执业注册监督管理工作。根据法律规定，凡取得执业医师资格或者执业助理医师资格的，均可申请医师执业注册。医师经注册取得医师执业证书后，方可按照注册的地点、执业类别、执业范围，从事相应的医疗、预防、保健活动。未经注册取得医师执业证书者，不得从事医疗、预防、保健活动。

（一）注册程序

1. 申请　凡取得执业医师资格或者执业助理医师资格的，均可向所在地县级以上卫生行政部门申请医师执业注册。拟在医疗、保健机构中执业的人员，应当向批准该机构执业的卫生行政部门申请注册。拟在预防机构中执业的人员，应当向该机构的同级卫生行政部门申请注册。拟在机关、企业和事业单位的医疗机构中执业的人员，应该向核发该机构医疗机构执业许可证的卫生行政部门申请。

申请医师执业注册，应当提交下列材料：①医师执业注册申请审核表；②二寸免冠正面半身照片两张；③医师资格证书；④注册主管部门指定的医疗机构出具的申请人6个月内的健康体检表；⑤申请人身份证明；⑥医疗、预防、保健机构的拟聘用证明；⑦省级以上卫生行政部门规定的其他材料。

重新申请注册的，除提交上述第②~⑦项规定的材料外，还应提交医师重新执业注册申请审核表和县级以上卫生行政部门指定的医疗、预防、保健机构或者组织出具的业务水平考核结果证明。

获得执业医师资格或执业助理医师资格后2年内未经注册者，申请注册时，还应在省级以上卫生行政部门指定的机构接受3~6个月的培训，并提交经考核合格的证明。

执业助理医师取得执业医师资格后，继续在医疗、预防、保健机构中执业的，应当按照《医师执业注册暂行办法》第6条的规定，申请执业医师注册。申请人除提交该办法第7条第1款规定的材料外，还应当提交原医师执业证书。注册主管部门在办理执业注册手续时，应当收回原医师执业证书，核发新的医师执业证书。

取得医师资格的军队医师，可以向所在军区级单位政治机关干部部门和后勤机关卫生部门申请医师执业注册。军区级医疗、预防、保健机构可以为本机构中的医师集体办理注册手续。

2. 审核与注册　主管部门应当自收到注册申请之日起30日内，对申请人提交的申请材料进行审核。审核合格的，予以注册，并发给卫计委统一印制的医师执业证书。对不符合注册条件的，注册主管部门应当自收到注册申请之日起30日内，书面通知申请人，并说明理由。申请人如有异议的，可以依法申请行政复议或者向人民法院提起行政诉讼。

申请医师执业注册的军队医师应当填写军队医师执业注册申请表，由团级以上单位后勤机关卫生部门或者团级以上医疗、预防、保健机构的医务部门逐级上报至军区级单位后勤机关卫生部门，由军区级单位政治机关干部部门和后勤机关卫生部门共同审核。除有《执业医师法》第15条规定的情形外，军区级单位政治机关干部部门和后勤机关卫生部门应当自收到申请之日起30日内准予注册，并由军区级单位后勤机关卫生部门发给总政治部干部部和总后勤部卫生部统一印制的军队医师执业证书。

经审核不符合注册条件不予注册的，受理注册的军区级单位后勤机关卫生部门应当书面通知申请人所在单位的后勤机关卫生部门或者团级以上医疗、预防、保健机构的医务部门，并说明理由。未经执业注册取得军队医师执业证书的，不得在军队从事医师执业活动。军队有任免权的单位对未取得军队医师执业证书的人员，不得任命卫生专业技术职务。

具有医学专业技术职务任职资格人员申请医师执业注册，应当提交以下材料：①医师执业注册申请审核表；②申请人身份证明；③医疗、预防、保健机构聘用证明。

根据《外国医师来华短期行医暂行管理办法》的规定，外国医师来华短期行医必须经过注册，取得外国医师短期行医许可证。申请外国医师来华短期行医注册，必须提交下列文件：①申请书；②外国医师执照或行医权证明；③外国医师的学位证书；④外国医师的健康证明；⑤邀请或聘用单位证明及协议书或承担有关民事责任的声明书。其中②、③项必须经过公证。外国医师来华短期行医注册的有效期不超过1年。注册机关应当在受理申请后30日内进行审核，并将审核结果书面通知申请人或代理申请的单位。审核的主要内容包括：有关文字材料的真实性；申请项目的安全性和可靠性；申请项目的先进性和必要性。

（二）重新注册与不予注册

1. 重新注册 有下列情形之一的，应当重新申请注册：①中止医师执业活动2年以上的；②法定的不予以注册的情形消失的。

重新申请注册的人员，应当首先到县级以上卫生行政部门指定的医疗、预防、保健机构或组织接受3~6个月的培训，并经考核合格，方可依照法律的规定重新申请执业注册。

外国医师来华短期行医注册期满需要延期的，可以按《外国医师来华短期行医暂行管理办法》重新办理注册。

2. 不予注册 《执业医师法》第15条规定，有下列情形之一的，不予注册：

（1）不具有完全民事行为能力的。

（2）因受刑事处罚，自刑罚执行完毕之日起至申请注册之日止不满2年的。

（3）受吊销医师执业证书行政处罚，自处罚决定之日起至申请注册之日止不满2年的。

（4）甲类、乙类传染病传染期、精神病发病期及身体残疾等健康状况不适宜或者不能胜任医疗、预防、保健业务工作的。

（5）重新申请注册，经卫生行政部门指定机构或组织考核不合格的。

（6）卫计委规定不宜从事医疗、预防、保健业务的其他情形的。

受理申请的卫生行政部门对不符合条件不予注册的，应当自收到申请之日起30日内书面通知申请人，并说明理由。申请人有异议的，可以自收到通知之日起60日内，依法申请行政复议或者向人民法院提起行政诉讼。

（三）注销注册与变更注册

1. 注销注册 医师注册后有下列情形之一的，其所在的医疗、预防、保健机构应当在

30 日内报告注册主管部门办理注销注册：

（1）死亡或者被宣告失踪的；根据民法通则的规定，公民有下落不明 4 年或因意外事故下落不明，从事发之日起满 2 年的，利害关系人可向人民法院申请宣告他死亡。公民下落不明满 2 年的，利害关系人可向人民法院申请宣告他为失踪人。出现了医师死亡或被宣告失踪的情况，卫生行政部门应及时注销其注册。如被宣告死亡和被宣告失踪的医师突然出现，应由本人或利害关系人依法先向人民法院申请撤销对其死亡或失踪的宣告，然后向所在地县级以上卫生行政部门申请重新执业。

（2）受刑事处罚的。

（3）受吊销医师执业证书行政处罚的。

（4）因考核不合格，暂停执业活动期满，经培训后再次考核仍不合格的。

（5）中止医师执业活动满 2 年的。

（6）身体健康状况不适宜继续执业的。

（7）有出借、出租、抵押、转让、涂改医师执业证书行为的。

（8）卫计委规定不宜从事医疗、预防、保健业务的其他情形的。

注册主管部门对具有上述情形的，应当予以注销注册，收回医师执业证书。被注销注册的当事人如有异议的，可以自收到注销通知之日起 60 日内，依法申请行政复议或者向人民法院提起诉讼。

2. 变更注册 根据《执业医师法》第 17 条规定，医师变更执业地点、执业类别、执业范围等注册事项的，应当到注册主管部门办理变更注册手续，并提交医师变更执业注册申请审核表、医师资格证书、医师执业证书及省级以上卫生行政部门规定提交的其他材料。但经医疗、预防、保健机构批准的卫生支农、会诊、进修、学术交流、承担政府交办的任务和卫生行政部门批准的义诊等除外。

医师申请变更执业注册事项属于原注册主管部门管辖的，申请人应到原注册主管部门申请办理变更手续。不属于原注册主管部门管辖的，申请人应当先到原注册的主管部门申请办理变更注册事项和医师执业证书编码，然后到拟执业地点注册主管部门申请办理变更执业注册手续。

跨省、自治区、直辖市变更执业注册事项的，除依照前款规定办理有关手续外，新的执业地点注册主管部门在办理执业注册手续时，应收回原医师执业证书，并发给新的医师执业证书。

注册主管部门应当自收到变更注册申请之日起 30 日内办理变更注册手续。对因不符合变更注册条件不予变更的，应当自收到变更注册申请之日 30 日内书面通知申请人，并说明理由。申请人如有异议的，可以依法申请行政复议或者向人民法院提起行政诉讼。

医师在办理变更注册手续过程中，在医师执业证书原注册事项已被变更、未完成新的变更事项许可前，不得从事执业活动。

医师执业注册主管部门，应当对医师执业证书的准予注册、发放、注销注册和变更注册等，建立统计制度和档案制度。县级以上地方卫生行政部门应当对准予注册、注销注册或变更注册的人员名单予以公告，并由省级卫生行政部门汇总，报卫计委备案。

（四）医师执业证书的法律效力

医师经注册取得医师执业证书后，可以按照注册的执业地点、执业类别、执业范围，从事相应的医疗、预防、保健活动。其执业活动受法律保护。医师的执业地点是指医师执业的医疗、预防、保健机构及其登记注册的地址。执业类别是指医师从事医疗、预防、保健三类医务工作中哪类执业活动，必须以取得医师资格的类别为依据。执业范围是指医师执业的具体诊疗科目，包括内科、外科、牙科、儿科、放射科等。根据医师执业注册中执业范围的暂行规定，在计划生育技术服务机构中执业的临床医师，其执业范围为计划生育技术服务专业。在医疗机构中执业的临床医师以妇产科专业作为执业范围进行注册的，其范围含计划生育技术服务专业。取得全科医学专业技术职务任职资格者，方可申请注册全科医学专业作为执业范围。

一般情况下医师不得从事执业注册范围以外其他专业的执业活动，但有下列情况之一的，不属于超出执业范围：①对病人实施紧急医疗救护的；②临床医师依据《住院医师规范化培训规定》和《全科医师规范化培训试行办法》等，进行临床转科的；③依据国家有关规定，经医疗、预防、保健机构批准的卫生支农、会诊、进修、学术交流、承担政府交办的任务和卫生行政部门批准的义诊等；④省级以上卫生行政部门规定的其他情形。

医师执业证书是证明医师取得执业许可的法律文件，应妥善保管，不得出借、出租、抵押、转让、涂改和毁损。如发生损坏或者遗失的，当事人应当及时向原发证部门申请补发或换领。损坏的医师执业证书应当交回原发证部门。医师执业证书遗失的，原持证人应当于15 日内在当地指定报刊上予以公告。

四、个体行医

个体行医是指执业医师以个人名义从事医疗、预防、保健业务的行为。申请个体行医的执业医师，须具有执业医师资格并经注册后在医疗、预防、保健机构中执业满 5 年，并按照国家有关规定办理审批手续，即按现行的《医疗机构管理条例》的规定，获得医疗机构执业许可证。未经批准，不得行医。个体行医医师应当按照注册的执业地点、执业类别、执业范围依法执业。县级以上地方人民政府卫生行政部门对个体行医的医师，应当按照国务院卫生行政部门的规定，经常监督检查，凡发现有违反规定的情形的，应当及时注销注册，收回医师执业证书。

被注销注册的当事人有异议的，可以自收到注销注册通知之日起 15 日内，依法申请复议或者向人民法院提起诉讼。

五、医师执业规则

（一）医师执业权利

医师在执业活动中享有的权利有：

1. 在注册的执业范围内，进行医学诊查、疾病调查、医学处置，出具相应的医学证明文件，选择合理的医疗、预防、保健方案。
2. 按照国务院卫生行政部门规定的标准，获得与本人执业活动相当的医疗设置的基本条件。
3. 从事医学研究、学术交流，参加专业学术团体。
4. 参加专业培训，接受继续医学教育。
5. 在执业活动中，人格尊严、人身安全不受侵犯。
6. 获取工资报酬和津贴，享受国家规定的福利待遇。

7. 对所在机构的医疗、预防、保健工作和卫生行政部门的工作提出意见和建议，参与所在机构的民主管理。

（二）医师执业义务

医师执业义务是指医师在执业过程中必须履行和遵守的责任。医师的义务与医师的权利相对应，和医师的执业活动密切相关。

医师在执业活动中应当履行的义务有：

1. 遵守法律、法规，遵守技术操作规范。
2. 树立敬业精神，遵守职业道德，履行医师职责，尽职尽责为患者服务。
3. 关心、爱护、尊重患者，保护患者的隐私。
4. 努力钻研业务，更新知识，提高专业技术水平。
5. 宣传卫生保健知识，对患者进行健康教育。

（三）医师执业规则

根据《执业医师法》的规定，医师在执业活动中应遵守的执业规则主要是：

1. 医师实施医疗、预防、保健措施，签署有关医学证明文件时，必须亲自诊查、调查并按照规定及时填写医学文书，不得隐匿、伪造或者销毁医学文书及有关材料，不得出具与自己执业范围无关或者与执业类别不相符的医学证明文件。

2. 对危急患者，医师应当采取紧急措施进行诊治，不得拒绝急救处置。

3. 医师应当使用经国家有关部门批准使用的药品、消毒药剂和医疗器械。除正当诊断治疗外，不得使用麻醉药品、医疗用毒性药品、精神药品和放射性药品。

4. 医师应当如实向患者或其家属介绍病情，但应注意避免对患者产生不利后果。医师进行实验性临床医疗前应当经医院批准并征得患者本人或其家属同意。

5. 医师不得利用职务之便索取、非法收受患者财物或者牟取其他不正当利益。

6. 遇有自然灾害、传染病流行、突发重大伤亡事故及其他严重威胁人民生命健康的紧急情况时，医师应当服从县级以上人民政府卫生行政部门的调遣。

7. 医师发生医疗事故或者发现传染病疫情时，应当按照有关规定及时向所在机构或者卫生行政部门报告；医师发现患者涉嫌伤害事件或者非正常死亡时，应当按照有关规定向有关部门报告。

六、医师考核与培训

（一）医师考核

医师考核是指医疗机构或者有关组织对医师的考核，它是对医师进行管理重要的一环。考核的结果将作为卫生主管部门和医疗机构对医师进行奖惩、职称评定、职务晋升、培训等管理的依据。

1. 考核的主体 县级以上卫生行政部门负责指导、检查和监督医师考核工作。县级以上人民政府卫生行政部门委托的医疗、预防、保健机构或者医疗机构评审委员会、医师协会或者其他医学专业组织负责对医师的业务水平、工作成绩和职业道德状况进行定期考核。

2. 考核的标准、形式和内容 医师考核标准指医师的执业标准，包括医师的执业规则及医师的其他行业标准。

医师考核实行定期考核，平时考核是定期考核的依据。考核内容包括：①业务水平：医师从事本职工作所具备的知识和技能；②工作成绩：医师完成工作的数量和质量；③职业道德：考察医师是否遵守医德规范。

3. 考核的结果 考核机构应当将考核结果报告准予注册的卫生行政部门备案。对考核不合格的医师，县级以上卫生行政部门可以责令其暂停执业活动3～6个月，并接受培训和继续医学教育。暂停执业活动期满，再次进行考核，对考核合格的，允许其继续执业，对考核不合格的，由县级以上卫生行政部门注销注册，收回医师执业证书。

（二）医师培训

医师培训是指以提高医师的业务水平和素质为目的的各种教育和训练活动。它是一种以学习新理论、新技术、新方法为主的继续医学教育。

1. 培训对象和形式 医师培训的对象是通过规范或非规范的医学专业学习毕业后，正在从事医学专业技术工作的各类医务人员，包括执业医师、执业助理医师及其他医务人员。培训的内容要适应各类医务人员的实际需要，具有针对性、实用性和先进性，应以现代医学科学发展中的新理论、新知识、新技术和新方法为重点。培训形式包括参加学术会议、学术讲座、专题讨论会、专题学习班、专题调研和考察、安全分析讨论会、临床病理讨论会、技术操作示教、短期或长期培训等。培训应以短期和业余为主。

2. 培训的具体内容 包括人民政府卫生行政部门对医师实施培训和继续医学教育职责及医疗、预防、保健机构对医师实施培训和继续医学教育职责的规定：

（1）县级以上人民政府卫生行政部门应当制定医师培训计划，对医师进行各种形式的培训，为医师接受继续医学教育提供条件，应当采取有力措施，对在农村和少数民族地区从事医疗、预防、保健业务的医务人员实施培训。

（2）医疗、预防、保健机构应当按照规定和计划保证本机构医师能够接受培训和继续医学教育，县级以上人民政府卫生行政部门委托的承担医师考核任务的医疗卫生机构应当为医师的培训和接受继续医学教育提供和创造条件。

七、法律责任

（一）行政责任

1. 以不正当手段取得医师执业证书的，由发证部门吊销；对负有直接责任的主管人员和其他直接责任人员，依法给予行政处分。

2. 医师在执业活动中，违反规定，有下述行为之一的，由县级以上人民政府卫生行政部门给予警告或者责令暂停6个月以上1年以下执业活动；情节严重的，吊销其执业证书：①违反卫生行政规章制度或者技术操作规范，造成严重后果的；②由于不负责任延误急危患者的抢救和诊治，造成严重后果的；③造成医疗责任事故的；④未经亲自诊查、调查，签署诊断、治疗、流行病学等证明文件或者有关出生、死亡等证明文件的；⑤隐匿、伪造或者擅自销毁医学文书及有关资料的；⑥使用未经批准使用的药品、消毒药剂和医疗器械的；⑦不按照规定使用麻醉药品、医疗用毒性药品、精神药品和放射性药品的；⑧未经患者或者其家属同意，对患者进行实验性临床医疗的；⑨泄露患者隐私，造成严重后果的；⑩利用职务之便，索取、非法收受患者财物或者牟取其他不正当利益的；⑪发生自然灾害、传染病流行、突发重大的伤亡事故及其他严重威胁人民生命健康的情况时，不服从卫生行政部门调遣的；⑫发生医疗事故或者发现传染病疫情，患者涉嫌伤害事件或者非正常死亡，不按照规定报告的。

3. 未经批准擅自开办医疗机构行医或者非医师行医的，由县级以上卫生行政部门予以取缔，没收其违法所得及其药品、器械，并处10万元以下的罚款；对医师吊销其执业证书。

4. 阻碍医师依法执业，侮辱、诽谤、威胁、殴打医师或者侵犯医师人身自由、干扰医师正常工作、生活的，依照《治安管理处罚法》的规定给予治安行政处罚。

5. 医疗、预防、保健机构对属于注销注册情形而未履行报告职责，导致严重后果的，由县级以上卫生行政部门给予警告，并对该机构的主要负责人依法给予行政处分。

6. 卫生行政部门工作人员或者医疗、预防、保健机构工作人员违反《执业医师法》的有关规定，作假、玩忽职守、滥用职权、徇私舞弊，不构成犯罪的，依法给予行政处分。

（二）民事责任

医师在医疗、预防、保健工作中造成事故的，依照法律或者国家有关规定处理。未经批准擅自开办医疗机构行医或者非医师行医，给患者造成损害的，依法承担赔偿责任。使患者的身体健康遭到损害的，非法行医的公民或单位应承担当事人的医疗费、生活补助费、误工工资等损害赔偿责任；造成当事人死亡的，还应承担死者的丧葬费、遗属抚恤金等。

（三）刑事责任

《执业医师法》规定，违法构成犯罪的，依法追究刑事责任。而依法应受到《刑法》处罚的行为，主要包括以下几种：

1. 《刑法》第330条：妨害传染病防治罪。

2. 《刑法》第331条：传染病菌种、毒种扩散罪。

3. 《刑法》第334条：非法采集、供应血液、制作、供应血液制品事故罪。

4. 《刑法》第335条：医疗事故罪。医务人员由于严重不负责任，造成就诊人死亡或者严重损害就诊人身体健康的，处3年以下有期徒刑或者拘役。

5. 《刑法》第336条第1款：非法行医罪。未取得医师执业资格的人非法行医，情节严重的，处3年以下有期徒刑、拘役或者管制，并处或者单处罚金；严重损害就诊人身体健康的，处3年以上10年以下有期徒刑并处罚金；造成就诊人死亡的，处10年以上有期徒刑并处罚金。

6. 《刑法》第336条第2款：非法进行节育手术罪。未取得医师执业资格的人擅自为他人进行节育复通手术、假节育手术、终止妊娠手术或者摘取宫内节育器，情节严重的，处3年以下有期徒刑、拘役或者管制，并处或者单处罚金；严重损害就诊人身体健康的，处3年以上10年以下有期徒刑并处罚金；造成就诊人死亡的，处10年以上有期徒刑并处罚金。

第三节 乡村医生法律制度

一、乡村医生的概念

为了提高乡村医生的职业道德和业务素质，加强乡村医生从业管理，保护乡村医生的合法权益，保障村民获得初级卫生保健服务，根据《执业医师法》的规定，国务院于2003年8月5日颁布《乡村医生从业管理条例》，该条例自2004年1月1日起施行。

根据《乡村医生从业管理条例》规定，乡村医生是尚未取得执业医师资格或者执业助理医师资格，经注册在村医疗卫生机构从事预防、保健和一般医疗服务的人员。

在村医疗卫生机构中的执业医师或者执业助理医师，依照《执业医师法》的规定管理，不适用《乡村医生从业管理条例》。

二、乡村医生执业注册

国家实行乡村医生执业注册制度。县级人民政府卫生行政主管部门负责乡村医生执业注册工作。

（一）注册条件

取得县级以上地方人民政府卫生行政主管部门颁发的乡村医生证书，并符合下列条件之一的，可以向县级人民政府卫生行政主管部门申请乡村医生执业注册，取得乡村医生执业证书后，继续在村医疗卫生机构执业：①已经取得中等以上医学专业学历的；②在村医疗卫生机构连续工作 20 年以上的；③按照省、自治区、直辖市人民政府卫生行政主管部门制定的培训规划，接受培训取得合格证书的。

对具有县级以上地方人民政府卫生行政主管部门颁发的乡村医生证书，但不符合上述规定条件的乡村医生，县级人民政府卫生行政主管部门应当进行有关预防、保健和一般医疗服务基本知识的培训，并根据省、自治区、直辖市人民政府卫生行政主管部门确定的考试内容、考试范围进行考试。经培训并考试合格的，可以申请乡村医生执业注册；经培训但考试不合格的，县级人民政府卫生行政主管部门应当组织对其再次培训和考试。不参加再次培训或者再次考试仍不合格的，不得申请乡村医生执业注册。

自《乡村医生从业管理条例》公布之日起进入村医疗卫生机构从事预防、保健和医疗服务的人员，应当具备执业医师资格或者执业助理医师资格。不具备规定条件的地区，根据实际需要，可以允许具有中等医学专业学历的人员，或者经培训达到中等医学专业水平的其他人员申请执业注册，进入村医疗卫生机构执业。具体办法由省、自治区、直辖市人民政府制定。

符合规定申请在村医疗卫生机构执业的人员，应当持村医疗卫生机构出具的拟聘用证明和相关学历证明、证书，向村医疗卫生机构所在地的县级人民政府卫生行政主管部门申请执业注册。县级人民政府卫生行政主管部门应当自受理申请之日起 15 日内完成审核工作，对符合规定条件的，准予执业注册，发给乡村医生执业证书；对不符合规定条件的，不予注册，并书面说明理由。

（二）不予注册

乡村医生有下列情形之一的，不予注册：①不具有完全民事行为能力的；②受刑事处罚，自刑罚执行完毕之日起至申请执业注册之日止不满 2 年的；③受吊销乡村医生执业证书行政处罚，自处罚决定之日起至申请执业注册之日止不满 2 年的。

（三）再注册

乡村医生执业证书有效期为 5 年。乡村医生执业证书有效期满需要继续执业的，应当在有效期满前 3 个月申请再注册。

县级人民政府卫生行政主管部门应当自受理申请之日起 15 日内进行审核，对符合省、自治区、直辖市人民政府卫生行政主管部门规定条件的，准予再注册，换发乡村医生执业证书；对不符合条件的，不予再注册，由发证部门收回原乡村医生执业证书。

（四）注销注册

乡村医生有下列情形之一的，由原注册的卫生行政主管部门注销执业注册，收回乡村医生执业证书：①死亡或者被宣告失踪的；②受刑事处罚的；③中止执业活动满2年的；④考核不合格，逾期未提出再次考核申请或者经再次考核仍不合格的。

三、乡村医生执业规则

（一）乡村医生执业权利

乡村医生在执业活动中享有下列权利：

1. 进行一般医学处置，出具相应的医学证明。
2. 参与医学经验交流，参加专业学术团体。
3. 参加业务培训和教育。
4. 在执业活动中，人格尊严、人身安全不受侵犯。
5. 获取报酬。
6. 对当地的预防、保健、医疗工作和卫生行政主管部门的工作提出意见和建议。

（二）乡村医生执业义务

乡村医生在执业活动中应当履行下列义务：

1. 遵守法律、法规、规章和诊疗护理技术规范、常规。
2. 树立敬业精神，遵守职业道德，履行乡村医生职责，为村民健康服务。
3. 关心、爱护、尊重患者，保护患者的隐私。
4. 努力钻研业务，更新知识，提高专业技术水平。
5. 向村民宣传卫生保健知识，对患者进行健康教育。

（三）乡村医生执业规则

1. 乡村医生应当协助有关部门做好初级卫生保健服务工作；按照规定及时报告传染病疫情和中毒事件，如实填写并上报有关卫生统计报表，妥善保管有关资料。

2. 乡村医生在执业活动中，不得重复使用一次性医疗器械和卫生材料。对使用过的一次性医疗器械和卫生材料，应当按照规定处置。

3. 乡村医生应当如实向患者或者其家属介绍病情，对超出一般医疗服务范围或者限于医疗条件和技术水平不能诊治的病人，应当及时转诊；情况紧急不能转诊的，应当先行抢救并及时向有抢救条件的医疗卫生机构求助。

4. 乡村医生不得出具与执业范围无关或者与执业范围不相符的医学证明，不得进行实验性临床医疗活动。

5. 省、自治区、直辖市人民政府卫生行政主管部门应当按照乡村医生一般医疗服务范围，制定乡村医生基本用药目录。乡村医生应当在乡村医生基本用药目录规定的范围内用药。

四、乡村医生执业培训与考核

（一）培训

省、自治区、直辖市人民政府组织制定乡村医生培训规划，保证乡村医生至少每2年接受一次培训。县级人民政府根据培训规划制定本地区乡村医生培训计划。

对承担国家规定的预防、保健等公共卫生服务的乡村医生，其培训所需经费列入县级财政预算。对边远贫困地区，设区的市级以上地方人民政府应当给予适当经费支持。

国家鼓励社会组织和个人支持乡村医生培训工作。

县级人民政府卫生行政主管部门根据乡村医生培训计划，负责组织乡村医生的培训工作。乡、镇人民政府及村民委员会应当为乡村医生开展工作和学习提供条件，保证乡村医生接受培训和继续教育。

（二）考核

县级人民政府卫生行政主管部门负责组织本地区乡村医生的考核工作；对乡村医生的考核，每2年组织一次。根据2008年卫生部《乡村医生考核办法》，考核应当坚持科学、公平、公正、公开原则。

1. 考核内容 乡村医生考核包括业务考评和职业道德评定两方面内容。

业务考评主要包括：工作任务完成情况；业务水平；学习培训情况；省级卫生行政部门规定的其他内容。

职业道德评定主要包括医德医风情况。考核委员会在评定过程中要充分听取所在村村民委员会、乡村医生和村民的意见。

2. 考核方式 主要包括：个人述职；日常工作和年度考核；业务水平测试；职业道德评议。

3. 考核结果及应用 考核结果分为合格和不合格。县级卫生行政部门应当将考核结果记入乡村医生执业证书中的“考核记录”栏。

乡村医生在考核工作中有下列情形之一的，考核结果为不合格：①以不正当手段通过考核的；②无正当理由不参加考核的；③省级卫生行政部门规定的其他情形。

乡村医生经考核合格的，可以继续执业；经考核不合格的，在6个月之内可以申请进行再次考核。逾期未提出再次考核申请或者经再次考核仍不合格的乡村医生，原注册部门应当注销其执业注册，并收回乡村医生执业证书。

五、法律责任

（一）行政责任

1. 乡村医生在执业活动中，有下列行为之一的，由县级人民政府卫生行政主管部门责令限期改正，给予警告；逾期不改正的，责令暂停3个月以上6个月以下执业活动；情节严重的，由原发证部门暂扣乡村医生执业证书：①执业活动超出规定的执业范围，或者未按照规定进行转诊的；②违反规定使用乡村医生基本用药目录以外的处方药品的；③违反规定出具医学证明，或者伪造卫生统计资料的；④发现传染病疫情、中毒事件不按规定报告的。

2. 乡村医生在执业活动中，违反规定进行实验性临床医疗活动，或者重复使用一次性医疗器械和卫生材料的，由县级人民政府卫生行政主管部门责令停止违法行为，给予警告，可以并处1000元以下的罚款；情节严重的，由原发证部门暂扣或者吊销乡村医生执业证书。

3. 未经注册在村医疗卫生机构从事医疗活动的，由县级以上地方人民政府卫生行政主管部门予以取缔，没收其违法所得及药品、医疗器械。违法所得5000元以上的，并处违法所得1倍以上3倍以下的罚款；没有违法所得或者违法所得不足5000元的，并处1000元以上3000元以下的罚款。

4. 以不正当手段取得乡村医生执业证书的，由发证部门收缴乡村医生执业证书。

5. 县级人民政府卫生行政主管部门未按照乡村医生培训规划、计划组织乡村医生培训的，由本级人民政府或者上一级人民政府卫生行政主管部门责令改正；情节严重的，对直接负责的主管人员和其他直接责任人员依法给予行政处分。

县级人民政府卫生行政主管部门，对不符合规定条件的人员发给乡村医生执业证书，或者对符合条件的人员不发给乡村医生执业证书的，由本级人民政府或者上一级人民政府卫生行政主管部门责令改正，收回或者补发乡村医生执业证书，并对直接负责的主管人员和其他直接责任人员依法给予行政处分。

县级人民政府卫生行政主管部门对乡村医生执业注册或者再注册申请，未在规定时间内完成审核工作的，或者未按照规定将准予执业注册、再注册和注销注册的人员名单向村民予以公告的，由本级人民政府或者上一级人民政府卫生行政主管部门责令限期改正；逾期不改正的，对直接负责的主管人员和其他直接责任人员依法给予行政处分。

卫生行政主管部门对村民和乡村医生反映的办理乡村医生执业注册、再注册、注销注册的违法活动未及时核实、调查处理或者未公布调查处理结果的，由本级人民政府或者上一级人民政府卫生行政主管部门责令限期改正；逾期不改正的，对直接负责的主管人员和其他直接责任人员依法给予行政处分。

（二）民事责任

以不正当手段取得乡村医生执业证书，或未经注册在村医疗卫生机构从事医疗活动，在执业活动中造成患者人身损害的，依法承担民事赔偿责任。

（三）刑事责任

以不正当手段取得乡村医生执业证书，或未经注册在村医疗卫生机构从事医疗活动，在执业活动中造成患者人身损害，构成犯罪的，依法追究刑事责任。

第四节 护士法律制度

一、护士的概念

护士是指经执业注册取得护士执业证书，依法从事护理活动，履行保护生命、减轻痛苦、增进健康职责的卫生技术人员。

为维护护士的合法权益，规范护理行为，促进护理事业发展，保障医疗安全和人体健康，《护士条例》已经于2008年1月23日在国务院第206次常务会议上通过，并自2008年5月12日起施行。

二、护士执业资格考试

卫计委负责组织实施护士执业资格考试。护士执业资格考试是评价申请者是否具备执业所必需的护理专业知识与工作能力的考试，考试成绩合格，可申请护士执业注册。

2010年卫生部、人力资源社会保障部联合发布了《护士执业资格考试办法》，其中规定：具有护理、助产专业中专和大专学历的人员，参加护士执业资格考试并成绩合格，可取得护理初级（士）专业技术资格证书；护理初级（师）专业技术资格按照有关规定通过参加全国卫生专业技术资格考试取得；具有护理、助产专业本科以上学历的人员，参加护士执业资格考试并成绩合格，可以取得护理初级（士）专业技术资格证书，在达到《卫生技术人员职务试行条例》规定的护师专业技术职务任职资格年限后，可直接聘任护师专业技术职务。

（一）考试原则和科目

护士执业资格考试原则上每年举行一次，具体考试日期在举行考试3个月前向社会公布。

护士执业资格考试遵循公平、公开、公正的原则。

护士执业资格考试包括专业实务和实践能力两个科目。一次考试通过两个科目为考试成绩合格。为加强对考生实践能力的考核，原则上采用“人机对话”考试方式进行。

（二）考试申请

在中等职业学校、高等学校完成国务院教育主管部门和国务院卫生主管部门规定的普通全日制3年以上的护理、助产专业课程学习，包括在教学、综合医院完成8个月以上护理临床实习，并取得相应学历证书的，可以申请参加护士执业资格考试。

申请参加护士执业资格考试的人员，应当在公告规定的期限内报名，并提交以下材料：①护士执业资格考试报名申请表；②本人身份证明；③近6个月二寸免冠正面半身照片3张；④本人毕业证书；⑤报考所需的其他材料。

申请人为在校应届毕业生的，应当持有所在学校出具的应届毕业生毕业证明，到学校所在地的考点报名。学校可以为本校应届毕业生办理集体报名手续。申请人为非应届毕业生的，可以选择到人事档案所在地报名。

三、护士执业注册

（一）申请护士执业注册的条件

根据《护士条例》和《护士执业注册管理办法》的规定，护士执业应当经执业注册取得护士执业证书后，方可按照注册的执业地点从事护理工作；未取得护士执业证书者，不得从事诊疗技术规范规定的护理活动。

1. 注册条件 申请护士执业注册，应当具备下列条件：①具有完全民事行为能力；②在中等职业学校、高等学校完成国务院教育主管部门和国务院卫生主管部门规定的普通全日制3年以上的护理、助产专业课程学习，包括在教学、综合医院完成8个月以上护理临床实习，并取得相应学历证书；③通过国务院卫生主管部门组织的护士执业资格考试；④符合国务院卫生主管部门规定的健康标准。

护士执业注册申请，应当自通过护士执业资格考试之日起3年内提出；逾期提出申请的，除应当具备上述①、②、④项规定条件外，还应当在符合国务院卫生主管部门规定条件的医疗卫生机构接受3个月临床护理培训并考核合格。

2. 提交材料 申请护士执业注册，应当提交下列材料：①护士执业注册申请审核表；

②申请人身份证明；③申请人学历证书及专业学习中的临床实习证明；④护士执业资格考试成绩合格证明；⑤省、自治区、直辖市人民政府卫生行政部门指定的医疗机构出具的申请人6个月内健康体检证明；⑥医疗卫生机构拟聘用的相关材料。

（二）护士执业注册管理机关

申请护士执业注册的，应当向拟执业地省、自治区、直辖市人民政府卫生主管部门提出申请。收到申请的卫生主管部门应当自收到申请之日起20个工作日内做出决定，对具备《护士条例》规定条件的，准予注册，并发给护士执业证书；对不具备《护士条例》规定条件的，不予注册，并书面说明理由。

护士执业注册有效期为5年。

（三）护士执业注册的变更、延续和注销

1. 护士执业注册的变更 护士在其执业注册有效期内变更执业地点的，应当向拟执业地省、自治区、直辖市人民政府卫生主管部门报告。收到报告的卫生主管部门应当自收到报告之日起7个工作日内为其办理变更手续。护士跨省、自治区、直辖市变更执业地点的，收到报告的卫生主管部门还应当向其原执业地省、自治区、直辖市人民政府卫生主管部门通报。

2. 护士执业注册的延续 护士执业注册有效期届满需要继续执业的，应当在护士执业注册有效期届满前30日向执业地省、自治区、直辖市人民政府卫生主管部门申请延续注册。收到申请的卫生主管部门对具备《护士条例》规定条件的，准予延续，延续执业注册有效期为5年；对不具备本条例规定条件的，不予延续，并书面说明理由。

3. 护士执业注册的注销 根据《护士执业注册管理办法》，护士执业注册后有下列情形之一的，原注册部门应当依照行政许可法的规定注销其执业注册：①注册有效期届满未延续注册；②受吊销护士执业证书处罚；③护士死亡或者丧失民事行为能力。

四、护士执业权利和义务

（一）护士执业权利

1. 护士有按照国家有关规定获取工资报酬、享受福利待遇、参加社会保险的权利。任何单位或者个人不得克扣护士工资、降低或者取消护士福利待遇等。

2. 护士有获得与其所从事的护理工作相适应的卫生防护、医疗保健服务的权利。从事直接接触有毒有害物质、有感染传染病危险工作的护士，有依照有关法律、行政法规的规定接受职业健康监护的权利；患职业病的，有依照有关法律、行政法规的规定获得赔偿的权利。

3. 护士有按照国家有关规定获得与本人业务能力和学术水平相应的专业技术职务、职称的权利；有参加专业培训、从事学术研究和交流、参加行业协会和专业学术团体的权利。

4. 护士有获得疾病诊疗、护理相关信息的权利和其他与履行护理职责相关的权利，可以对医疗卫生机构和卫生主管部门的工作提出意见和建议。

（二）护士执业义务

1. 护士执业，应当遵守法律、法规、规章和诊疗技术规范的规定。

2. 护士在执业活动中，发现患者病情危急，应当立即通知医师；在紧急情况下为抢救

垂危患者生命，应当先行实施必要的紧急救护。护士发现医嘱违反法律、法规、规章或者诊疗技术规范规定的，应当及时向开具医嘱的医师提出；必要时，应当向该医师所在科室的负责人或者医疗卫生机构负责医疗服务管理的人员报告。

3. 护士应当尊重、关心、爱护患者，保护患者的隐私。

4. 护士有义务参与公共卫生和疾病预防控制工作。发生自然灾害、公共卫生事件等严重威胁公众生命健康的突发事件，护士应当服从县级以上人民政府卫生主管部门或者所在医疗卫生机构的安排，参加医疗救护。

五、医疗卫生机构的职责

医疗卫生机构配备护士的数量不得低于国务院卫生主管部门规定的护士配备标准。

医疗卫生机构不得允许下列人员在本机构从事诊疗技术规范规定的护理活动：①未取得护士执业证书的人员；②未依照规定办理执业地点变更手续的护士；③护士执业注册有效期届满未延续执业注册的护士。在教学、综合医院进行护理临床实习的人员应当在护士指导下开展有关工作。

医疗卫生机构应当履行的职责主要有：①医疗卫生机构应当为护士提供卫生防护用品，并采取有效的卫生防护措施和医疗保健措施。②医疗卫生机构应当执行国家有关工资、福利待遇等规定，按照国家有关规定为在本机构从事护理工作的护士足额缴纳社会保险费用，保障护士的合法权益。对在艰苦边远地区工作，或者从事直接接触有毒有害物质、有感染传染病危险工作的护士，所在医疗卫生机构应当按照国家有关规定给予津贴。③医疗卫生机构应当制定、实施本机构护士在职培训计划，并保证护士接受培训。护士培训应当注重新知识、新技术的应用；根据临床专科护理发展和专科护理岗位的需要，开展对护士的专科护理培训。④医疗卫生机构应当按照国务院卫生主管部门的规定，设置专门机构或者配备专（兼）职人员负责护理管理工作。⑤医疗卫生机构应当建立护士岗位责任制并进行监督检查。护士因不履行职责或者违反职业道德受到投诉的，其所在医疗卫生机构应当进行调查。经查证属实的，医疗卫生机构应当对护士做出处理，并将调查处理情况告知投诉人。

六、法律责任

（一）行政责任

1. 医疗卫生机构有下列情形之一的，由县级以上地方人民政府卫生主管部门依据职责分工责令限期改正，给予警告；逾期不改正的，根据国务院卫生主管部门规定的护士配备标准和在医疗卫生机构合法执业的护士数量核减其诊疗科目，或者暂停其 6 个月以上 1 年以下执业活动。国家举办的医疗卫生机构有下列情形之一、情节严重的，还应当对负有责任的主管人员和其他直接责任人员依法给予处分：①违反规定，护士的配备数量低于国务院卫生主管部门规定的护士配备标准的；②允许未取得护士执业证书的人员或者允许未依照本条例规定办理执业地点变更手续、延续执业注册有效期的护士在本机构从事诊疗技术规范规定的护理活动的。

2. 医疗卫生机构有下列情形之一的，依照有关法律、行政法规的规定给予处罚；国家举办的医疗卫生机构有下列情形之一、情节严重的，还应当对负有责任的主管人员和其他直接责任人员依法给予处分：①未执行国家有关工资、福利待遇等规定的；②对在本机构从事护理工作的护士，未按照国家有关规定足额缴纳社会保险费用的；③未为护士提供卫生防护用品，或者未采取有效的卫生防护措施、医疗保健措施的；④对在艰苦边远地区工作，或者从事直接接触有毒有害物质、有感染传染病危险工作的护士，未按照国家有关规定给予津贴的。

3. 医疗卫生机构有下列情形之一的，由县级以上地方人民政府卫生主管部门依据职责分工责令限期改正，给予警告：①未制定、实施本机构护士在职培训计划或者未保证护士接受培训的；②未依照本条例规定履行护士管理职责的。

4. 护士在执业活动中有下列情形之一的，由县级以上地方人民政府卫生主管部门依据职责分工责令改正，给予警告：①发现患者病情危急未立即通知医师的；②发现医嘱违反法律、法规、规章或者诊疗技术规范的规定，未依照规定提出或者报告的；③泄露患者隐私的；④发生自然灾害、公共卫生事件等严重威胁公众生命健康的突发事件，不服从安排参加医疗救护的。情节严重的，暂停其6个月以上1年以下执业活动，直至由原发证部门吊销其护士执业证书。

（二）民事责任

护士在执业活动中如果违反了法律、法规、规章和诊疗护理常规，造成患者人身损害的，应当依法承担民事责任。

（三）刑事责任

护士由于严重不负责任，造成就诊人死亡或者严重损害就诊人身体健康的，则应当依法承担刑事责任。

第五节 执业药师法律制度

一、药师的概念

药师是指经全国统一考试合格，取得执业药师资格证书，并经注册登记取得执业药师注册证，在药品生产、经营、使用单位中执业的药学技术人员。

执业药师是药学技术人员的一部分，药学技术人员不一定是执业药师，但执业药师一定是药学技术人员。药学技术人员是指具有药学专业知识，取得药学专业技术职称并从事药学工作的技术人员。

二、药师资格考试

（一）资格考试的管理

执业药师资格实行全国统一报名、统一考试、统一发证、统一注册、统一管理五统一。在五统一的基础上，实行三个区别，即执业药师资格考试试卷分为药学类和中药学类、执业药师分药学类和中药学类分别注册，执业药师分类执业；而在考试方面实行统一大纲、统一命题、统一组织的考试制度。一般每年举行一次。

国家食品药品监督管理总局负责组织拟定考试科目和考试大纲、编写培训教材、建立试题库及考试命题工作。人事部负责组织审定考试科目、考试大纲和试题，会同国家食品药品监督管理总局对考试工作进行监督、指导并确定合格标准。

通过执业药师资格考试的合格或符合免试条件者，由各省、自治区、直辖市人事（职改）部门颁发人事部统一印制、人事部和国家食品药品监督管理总局共印的中华人民共和国执业药师资格证书。该证书在全国范围内有效。

（二）考试条件

1. 报考条件 《执业药师资格制度暂行规定》第9条规定：凡中华人民共和国公民和获准在我国境内就业的其他国籍的人员具备以下条件之一者，均可申请参加执业药师资格考试：

（1）取得药学、中药学或相关专业中专学历，从事药学或中药学专业工作满7年。

（2）取得药学、中药学或相关专业大专学历，从事药学或中药学专业工作满5年。

（3）取得药学、中药学或相关专业大学本科学历，从事药学或中药学专业工作满3年。

（4）取得药学、中药学或相关专业第二学士学位、研究生班毕业或取得硕士学位，从事药学或中药学专业工作满1年。

（5）取得药学、中药学或相关专业博士学位。

2. 免试条件 按照国家有关规定被聘为高级专业技术职务，并具备下列条件之一者，可免试药学（或中药学）专业知识（一）、药学（或中药学）专业知识（二）两个科目，只参加药事管理与法规、综合知识与技能两个科目的考试。

（1）中药学徒、药学或中药学专业中专毕业，连续从事药学或中药学专业工作满20年。

（2）取得药学、中药学专业或相关专业大专以上学历，连续从事药学或中药学专业工作满15年。

三、药师执业注册

根据《执业药师资格制度暂行规定》，国家食品药品监督管理总局2000年4月14日通过了《执业药师注册管理暂行办法》，总则中明确持有执业药师资格证书的人员只有进行注册取得执业药师注册证，方可以执业药师身份上岗执业。

执业药师注册制度是指对获得执业药师资格人员在执业活动前必须经过的准入控制，注册机构通过对申请注册者的资格审核，符合条件才予以注册，同意准入的制度。实行执业药师注册制度是对执业药师进行行政管理、加强监督调控的一种手段，并通过注册制度对药品生产、经营、使用单位的用人实行依法管理。

取得执业药师资格证书者，须按规定向所在省（自治区、直辖市）食品药品监督管理局申请注册。执业药师按执业类别、执业范围、执业地区注册。经注册后，方可按照注册的执业类别、执业范围从事相应的执业活动。未经注册者，不得以执业药师身份执业。

（一）首次注册

药品生产、经营、使用单位的人员取得执业药师资格证书后即可向执业单位所在地区的执业药师注册机构申请办理注册手续。

申请执业药师注册者，必须同时具备下列条件：①取得执业药师资格证书；②遵纪守法，遵守职业道德；③身体健康，能坚持在执业药师岗位工作；④经执业单位同意。

首次申请注册的人员，须填写执业药师首次注册申请表，并提交以下材料：①执业药师资格证书；②身份证明复印件；③近期一寸免冠正面半身照片5张；④县级（含县）以上疾病预防控制机构出具的本人6个月内健康证明；⑤执业单位合法开业的证明复印件。

国家食品药品监督管理总局关于执业药师注册管理暂行办法的补充意见［食药监人函（2008）1号］指出申请执业药师首次注册、再次注册时，不需要提交执业单位证明和执业单位考核材料。申请人拟在或所在执业单位应当在执业药师首次（或再次）注册申请表的执业单位考核意见栏内如实填写申请人的德、能、勤、绩及有无违法违纪行为的情况。

执业范围为药品经营的，注册机构须在执业药师注册证上注明药品经营（批发）或药品经营（零售）。在药品零售连锁公司总部或门店注册的，须在执业药师注册证上注明药品经营（零售）。

（二）再次注册

执业药师须在执业药师注册证有效期满前3个月到注册机构办理再次注册手续。执业药师持有的执业药师注册证有效期满未办理再次注册手续的，注册机构须按照《行政许可法》第70条第1款规定办理注销注册手续。

再次注册者，还须有参加继续教育的证明。申请再次注册者，须填写执业药师再次注册申请表并提交以下材料：①执业药师资格证书和执业药师注册证。②申请执业药师再次注册时，不需要提交执业单位证明和执业单位考核材料。申请人拟在或所在执业单位应当在执业药师首次（或再次）注册申请表的执业单位考核意见栏内如实填写申请人的德、能、勤、绩及有无违法违纪行为的情况。③执业药师继续教育登记证书。属于再次注册的，须每年完成继续教育必修、选修、自修内容15学分。④县级（含）以上疾病预防控制机构出具的本人6个月内健康证明。

（三）不予注册

有下列情况之一者，不予注册：①不具有完全民事行为能力的；②因受刑事处罚，自刑罚执行完毕之日到申请注册之日不满2年的；③受过取消执业药师执业资格处分不满2年的；④国家规定不宜从事执业药师业务的其他情形的。

（四）变更注册

执业药师应按照执业类别、执业范围、执业地区注册。执业类别为药学类、中药学类；执业范围为药品生产、药品经营、药品使用；执业地区为省、自治区、直辖市。执业药师只能在一个执业药师注册机构注册，在一个执业单位按照注册的执业类别、执业范围执业。

执业药师在同一执业地区变更执业单位或执业范围的，须到原执业药师注册机构办理变更注册手续。执业药师变更执业地区的，须到原注册机构办理变更注册手续，并向新执业地区的执业药师注册机构重新申请注册。即《执业药师注册管理暂行办法》第16条规定：执业药师在同一执业地区变更执业单位或范围的，须到原执业药师注册机构办理变更注册手续，填写执业药师变更注册登记表，并提交以下材料：①执业药师资格证书、执业药师注册证、执业药师继续教育登记证书；②县级以上（含县）疾病预防控制机构出具的健康证明原件及复印件一份；③加盖公章的新执业单位合法开业证明复印件一份。

执业药师变更执业地区的，须到原执业药师注册机构办理变更注册手续，填写执业药师变更注册登记表，并向新执业地区的执业药师注册机构重新申请注册。新的执业药师注册机构在办理执业注册手续时，应收回原执业药师注册证，并发给新的执业药师注册证。

注册机构应当自受理变更注册申请之日起7个工作日内作出准予变更注册的决定，收回原执业药师注册证正、副本原件，颁发新的执业药师注册证正、副本，并在变更后5个工作日内告知原注册机构。

执业药师无正当理由不在执业单位执业超过半年以上者，由执业药师本人或其所在执业单位向注册机构申请办理注销注册手续。

（五）注销注册

《执业药师资格制度暂行规定》第17条规定，执业药师注册后如有下列情况之一的，由所在单位向注册机构办理注销注册手续：①死亡或被宣告失踪的；②受刑事处罚的；③被吊销执业药师资格证书的；④受开除行政处分的；⑤因健康或其他原因不能从事执业药师业务的。

凡注销注册的，由所在省（自治区、直辖市）的注册机构向国家食品药品监督管理总局备案，并由国家食品药品监督管理总局定期公告。注销注册手续由执业药师所在单位在30个工作日内向注册机构申请办理，并填写执业药师注销注册登记表。执业药师注册机构经核实后办理注销注册，收回执业药师注册证。

四、药师执业规则

（一）药师执业权力

1. 执业药师全权负责药品质量和药学服务质量管理工作。

2. 执业药师有权审核、监督医师的处方。对配伍禁忌或超剂量的处方，以及危及用药安全、有效、合理的处方，有权拒绝调配。

3. 在保证药品质量和疗效等同，并且在购药者要求或同意的情况下，执业药师有权以更经济的其他商品名的该种药品进行替换，但国家特殊管理的药品和处方药除外。

4. 在患者生命安全存在危险的特殊情况下，执业药师有权紧急提供处方药品，但事后必须如实记录，并立即向执业药师管理机构报告说明情况。

5. 在没有医疗机构的地方，或者说在没有执业医师时的紧急救灾、救护的情况下，执业药师有权提供处方药品。

6. 执业药师有权根据医师的诊断和医嘱向长期服用某种处方药品的慢性病患者提供该种处方药品。

7. 执业药师有权指导、监督和管理其技术助理的处方调配、销售或供应过程。对于不正确的处方药调配、销售或供应，执业药师有权给予纠正。

8. 执业药师有权拒绝明显导致危害用药者生命健康、违反社会伦理道德的售药要求。

9. 执业药师有权否定危及安全、有效、合理用药的用药方案。

10. 执业药师有权否定危及药品质量的购进品种、购进渠道、管理药品储存过程。

11. 执业药师有权依法签署有关药学业务文件。

12. 执业药师有权选择接受继续教育的选修、自修内容及其形式和时间。

（二）药师执业权利

1. 执业药师人格尊严和人身安全受到保护。

2. 执业药师有权备用执业所需的药学专业手册和相关法律手册，订阅执业所需的杂志。

3. 执业药师可以并且应该依法组织自律性协会组织，参加协会组织的药学技术业务等活动，接受协会组织依法进行的自律性管理。

4. 执业药师有权参加旨在提高药学专业、法律素质的各种形式的继续教育；执业药师有权依法进行科学研究、新产品、新技术开发和学术交流。

5. 执业药师有权争取并获得正当、合理的执业报酬；执业药师有权向执业药师管理机构投诉侵害其权利的行为。

6. 执业药师有权就执业药师管理机构对自己作出的处罚提出质疑，要求更正或依法申请行政复议及行政诉讼。

7. 技术精湛、行为高尚、贡献突出的执业药师应受到有关方面的表彰和奖励。

（三）药师执业义务

1. 执业药师有义务履行自己的职责为患者提供质量保证的药品和安全、有效、经济、合理的药学服务。

2. 执业药师有义务遵守法律、职业道德和相应的技术和管理规范。

3. 执业药师有义务拒绝违法的指令、抵制违法行为、维护患者的健康利益和其他合法权益。

4. 执业药师有义务及时了解与执业相关的法律变化，并积极参与相关法律、法规、规章的制定、修订过程。

5. 执业药师有义务指导其技术助理和药学实习生的药学技术业务工作。

6. 执业药师有义务向公众宣传医药保健及法律知识。

7. 执业药师有义务不断提高自身的药学素质、法律和道德素质，不断增强全面履行职责和正确行使权利的能力。

（四）药师执业职责

1. 执业药师应具有良好职业道德和业务素质，以提供合格药品、维护人民身体健康为基本准则。

2. 凡各级药品生产、经营企业和药品流通部门，均应配备执业药师负责有关业务工作，执业药师必须对药品质量负责。

3. 执业药师必须熟悉《药品管理法》等医药法规、条例，带头执行国家对药品生产、销售和流通环节的各种具体规定。

4. 执业药师应不断更新知识、注意国内外医药信息的收集和整理，掌握最新的药学知识和先进的医药技术，以保持较高的专业水平。

5. 执业药师负责处方的审核、调配和药品的发放、保存处方档案；提供用药咨询与药品信息服务，指导合理用药，开展临床药学工作。

6. 一个执业药师只能在一个单位正式执业，并对其所分工的业务负责。

（五）药师道德准则

1. 掌握、使用现代社会最优、最进步的专业知识和技术为病人提供服务，是执业药师义不容辞的责任。

2. 执业药师的行为，要能为整体药学事业带来荣誉、发展和提高。

3. 执业药师对病人的责任是：以病人为本，一切执业活动围绕病人的健康展开，确保生产、销售、配发、使用的药品是安全、有效、经济、合理的最优质药品；爱护病人、尊重病人的人格，保守有关病人的秘密；给消费者、病人、医务人员提供正确、合适的药品或与药品有关的信息。

4. 执业药师工作，只接受公正、公平、合理的职业报酬。

五、药师继续教育

执业药师继续教育是针对取得执业药师资格的人员进行的有关法律法规、职业道德和专业知识与技能的继续教育。为了不断提高执业药师的职业道德和技术素质，提高执业药师执业水平和能力，正确履行其职责，使其不断适应新的形势与新的要求，国家要求凡取得执业药师资格的药学专业技术人员，每年必须参加有关部门组织的执业药师继续教育，不断更新知识，掌握最新医药信息，保持较高的专业水平，依法执业。执业药师须自觉参加继续教育，接受继续教育是执业药师的义务和权利，执业单位须为执业药师提供学习经费、时间和其他必要条件。国家食品药品监督管理总局2003年11月3日通过了《执业药师继续教育管理暂行办法》，2003年12月20日起施行。2000年8月印发的《执业药师继续教育管理暂行办法》［国药管人（2000）334号］同时废止。

（一）继续教育的组织与管理

1. 国家食品药品监督管理总局 国家食品药品监督管理总局负责全国执业药师的继续教育工作，其职责是：

（1）制定执业药师继续教育政策和管理办法。

（2）审定全国执业药师继续教育指导大纲和全国执业药师继续教育推荐培训教材。

（3）负责执业药师继续教育管理人员和师资的业务培训，组织执业药师继续教育国际和国内学术研究与交流。

（4）指导和检查各省、自治区、直辖市食品药品监督管理部门、国家食品药品监督管理总局执业药师资格认证中心、中国执业药师协会的执业药师继续教育管理工作。

2. 执业药师资格认证中心 国家食品药品监督管理总局委托执业药师资格认证中心组织实施全国执业药师继续教育的技术业务工作。

3. 中国执业药师协会 国家食品药品监督管理总局委托中国执业药师协会履行以下职责：

（1）拟订全国执业药师继续教育指导大纲。

（2）组织专家按大纲要求评估执业药师继续教育培训教材，根据需要编写有关培训教材。

（3）遴选、确认和公布执业药师继续教育年度必修内容和面向全国的选修内容。

（4）利用有效、经济、方便的远程教育手段组织实施部分执业药师继续教育必修、选修内容。

（5）承办国家食品药品监督管理总局交办的其他工作，报送年度执业药师继续教育工作实施情况。

4. 省、自治区、直辖市食品药品监督管理局 省、自治区、直辖市食品药品监督管理局负责本辖区执业药师继续教育工作。其职责为：

（1）负责本辖区执业药师继续教育的统一规划、统筹管理。

（2）制定本辖区施教机构资格认定管理细则，负责施教机构的资质认定，并将认定的施教机构名单报送国家食品药品监督管理总局备案。

（3）指导和检查本辖区施教机构实施执业药师继续教育，并负责对培训质量进行评估。

（4）确定本辖区执业药师继续教育选修内容遴选确认单位，并监督其工作。

（5）制定本辖区执业药师继续教育自修内容学分登记管理办法。

（6）及时报送本辖区制定的有关管理办法至国家食品药品监督管理总局备案。

（二）继续教育的内容、形式与学分管理

1. 继续教育的内容　执业药师继续教育的内容要适应执业药师工作岗位的实际需要，注重科学性、先进性、实用性和针对性，适应执业药师提供高质量药学服务的基本要求。应以需要更新、补充的有关法律法规、职业道德、药学、中药学及相关专业知识与技能方面的新理论、新知识、新技术、新方法等为主要学习内容。执业药师继续教育必修内容由中国执业药师协会负责遴选、确认和公布。

执业药师继续教育实行必修内容、选修内容、自修内容：①必修内容是按照《全国执业药师继续教育指导大纲》的要求，执业药师必须进行更新、补充的继续教育内容。②选修内容是按照《全国执业药师继续教育指导大纲》的要求，执业药师可以根据需要有选择地进行更新、补充的继续教育内容。③自修内容是按照《全国执业药师继续教育指导大纲》的要求，执业药师根据需要在必修、选修内容之外自行选定的与执业活动相关的继续教育内容。自修的形式可以灵活多样，如参加研讨会、学术会，阅读专业期刊，培训，学历教育，讲学，自学，研究性工作计划、报告或总结，调研或考察报告等。

中国执业药师协会每年 11 月底以前接受面向全国的执业药师继续教育选修内容的申请，组织专家进行遴选、确认，于次年一季度内或 3 月底以前公布。同时对未被确认的选修内容以书面形式回复。

2. 继续教育的形式　根据实际情况可灵活多样地采取网络教育、远程教育、短期培训、学术会议、函授、广播、视像媒体技术、业余学习等多种形式。经遴选、确认和公布的面向全国的执业药师继续教育选修内容应明确列出编号、名称、施教机构、负责人、培训方式、核准学分等，供各地执业药师选择。

经遴选、确认和公布的面向全国的执业药师继续教育选修内容，自公布之日起 2 年内实施有效，超过 2 年未实施的，选修内容自动失效。若需再次实施，则应重新申请确认和公布。

3. 学分管理　执业药师继续教育实行学分制、登记制度。

（1）具有执业药师资格的人员每年参加执业药师继续教育获取的学分不得少于 15 学分，注册期 3 年内累计不得少于 45 学分。其中必修和选修内容每年不得少于 10 学分，自修内容学习可累计获取学分。

（2）登记内容包括：继续教育内容、分类、形式、学分、考核结果、日期、施教机构等。执业药师继续教育登记证书由国家食品药品监督管理总局统一印制，由执业药师本人保存。

（3）具有执业药师资格的人员参加必修内容和选修内容的学习并经考核合格后，由施教机构在执业药师继续教育登记证书上确认与登记盖章。

（4）采取网络教育、远程教育形式实施必修、选修内容，并经考核合格的，由施教机构出具执业药师继续教育学分证明，各省、自治区、直辖市食品药品监督管理部门凭此证明在执业药师继续教育登记证书上进行学分登记，并将登记过的执业药师继续教育学分证明收回。

（5）执业药师继续教育自修内容学分由各省、自治区、直辖市食品药品监督管理部门人事教育部门或由省级食品药品监督管理部门委托的机构确认，并在执业药师继续教育登记

证书上进行学分登记。

(6) 执业药师参加必修内容、选修内容及自修内容获取的学分在执业药师继续教育登记证书上进行登记后在全国范围内有效。

(7) 执业药师继续教育登记证书是执业药师再次注册的必备证件。注册机构以执业药师继续教育登记证书为依据，考察执业药师接受继续教育的情况。

六、法律责任

(一) 用人单位的责任

1. 对未按规定配备执业药师的单位，应限期配备，逾期将追究单位负责人的责任。

2. 对已在需由执业药师担任的岗位工作，但尚未通过执业药师资格考试的人员，要进行强化培训，限期达到要求。对经过培训仍不能通过执业药师资格考试者，必须调离岗位。

3. 对执业药师违反有关条款的，所在单位须如实上报，由食品药品监督管理部门根据情况给予处分。注册机构对执业药师所受的处分，应及时记录在其执业药师资格证书中的备注“执业情况记录”栏内。

(二) 有关人员的责任

1. 对涂改、伪造或以虚假和不正当手段获取执业药师资格证书或执业药师注册证的人员，发证机构应收回证书，取消其执业药师资格，注销注册；并对直接责任者根据有关规定给予行政处分，直至送交有关部门追究法律责任。

2. 执业药师在执业期间违反《药品管理法》及其他法律、法规构成犯罪的，由司法机关依法追究其刑事责任。

思考题

1. 医师资格考试的条件是什么?
2. 医师执业应该遵守哪些执业规则?
3. 医师执业注册的具体规定是什么?
4. 乡村医生在执业活动中的权利和义务分别是什么?
5. 护士的执业权利和义务分别是什么?
6. 医疗卫生机构在护士执业管理中有哪些职责?
7. 药师的概念和考试条件是什么?
8. 药师执业应该遵守哪些规则?

第四章 医疗损害责任法律制度

第一节 概 述

一、医疗损害

医疗活动是以救死扶伤、防病治病、维护公民健康为内容的崇高事业，为整个人类的延续和发展作出了巨大贡献。但是，由于种种原因，患者也可能在医疗机构接受诊疗的过程中受到不应有的损害，这不仅给患者及家属带来巨大的身心伤害，而且会导致医患关系紧张，甚至引发社会矛盾。目前，医疗损害问题已经成为社会普遍关注的热点问题。

（一）医疗损害的概念

《侵权责任法》所指的医疗损害，既包括有过错的诊疗行为引起的患者损害，也包括有缺陷的产品和不合格血液引起的患者损害。具体而言，过错是指因为故意或过失而损害他人的违法行为；缺陷指产品存在危及人身、他人财产安全的不合理的危险，若产品有保障人体健康和人身、财产安全的国家标准、行业标准的，则指不符合该标准。

综上所述，医疗损害是指医疗活动中有过错的诊疗行为或者有缺陷的产品及不合格的血液造成的患者损害。

（二）医疗损害的归责原则

《侵权责任法》第54条规定：“患者在诊疗活动中受到损害，医疗机构及其医务人员有过错的，由医疗机构承担赔偿责任。”

归责原则是指在损害事实已经发生的情况下，确定行为人对自己的行为所造成的损害是否需要承担责任的标准和依据。《侵权责任法》对一般医疗损害责任实行的是过错责任原则，即有过错才承担责任。这意味着患者如果在诊疗活动中受到与医疗机构及其医务人员的过错有因果关系的损害，医疗机构应当承担赔偿责任。如果医疗机构及其医务人员没有过错，则不承担赔偿责任。

通常情况下，应当由患者就医疗机构及其医务人员存在过错承担举证责任。但在法律规定的特殊情况下，可以直接推定医疗机构及其医务人员具有过错。如《侵权责任法》第58条规定，在患者有损害，因下列情形之一的，推定医疗机构有过错：违反法律、行政法规、规章及其他有关诊疗规范的规定；隐匿或者拒绝提供与纠纷有关的病历资料；伪造、篡改或者销毁病历资料。此规定说明在以上三种情形中，对医疗机构实行的是过错推定。

（三）医疗损害的表现形式

1. 医疗事故 后文将对医疗事故进行具体介绍。

2. 违反告知义务导致的损害 医务人员在诊疗活动中应当向患者说明病情和医疗措施。需要实施手术、特殊检查、特殊治疗的，医务人员应当及时向患者说明医疗风险、替代医疗方案等情况，并取得其书面同意；不宜向患者说明的，应当向患者的近亲属说明，并取得其书面同意。医务人员未尽到上述义务，而造成患者损害的，医疗机构应当承担赔偿责任。

3. 未尽相应诊疗义务导致的损害 医务人员在诊疗活动中未尽到与当时的医疗水平相应的诊疗义务，造成患者损害的，医疗机构应当承担赔偿责任。

4. 因使用有缺陷的医疗产品或输入不合格的血液导致的损害 《侵权责任法》第59条规定：“因药品、消毒药剂、医疗器械的缺陷，或者输入不合格的血液造成患者损害的，患者可以向生产者或者血液提供机构请求赔偿，也可以向医疗机构请求赔偿。患者向医疗机构请求赔偿的，医疗机构赔偿后，有权向负有责任的生产者或者血液提供机构追偿。”

这是为了更好地维护患者的利益，便利患者受到损害后主张权利而做出的规定。需要注意的是，此种情形下，医疗机构不能以自己没有过错为由拒绝患者的赔偿请求。当然，医疗机构赔偿后，有权向负有责任的生产者或者血液提供机构追偿。

5. 违反隐私保密义务导致的损害 医疗机构及其医务人员应当对患者的隐私保密。泄露患者隐私或者未经患者同意公开其病历资料，造成患者损害的，应当承担侵权责任。

6. 其他损害 如医疗机构对患者实施不必要的检查所引起的损害等。

二、医疗事故

（一）医疗事故的概念

2002年4月4日国务院颁布了《医疗事故处理条例》，自2002年9月1日起实施。该条例中对医疗事故的概念定义为：医疗事故是指医疗机构及其医务人员在医疗活动中，违反医疗卫生管理法律、行政法规、部门规章和诊疗护理规范、常规，过失造成患者人身损害的事故。

（二）医疗事故的构成要素

1. 主体是医疗机构及其医务人员 造成医疗事故的行为主体是医疗机构、医务人员。1987年6月29日国务院颁布的我国第一个处理医疗事故的专门法规《医疗事故处理办法》中规定，造成医疗事故的行为主体是医务人员，而在医疗活动中，医疗机构本身造成的患者损害的事实也经常发生，因此，《医疗事故处理条例》中将造成医疗事故的行为主体扩大为医疗机构、医务人员。

根据有关规定，医务人员主要包括以下几类人员：一是医疗防疫人员；二是药剂人员；三是护理人员；四是其他技术人员（包括检验、理疗、口腔、放射性核素、放射、营养等技术人员）。

2. 发生在医疗活动中 医疗活动在我国是指医疗机构及其医务人员借助医学知识、专业技术、仪器设备及药物等手段为患者提供的紧急救治、检查、诊断、治疗、护理、保健、医疗美容，以及为此服务的后勤和管理等，为患者生命健康所持续的活动总和。

既然是医疗事故，就必然要与医疗活动有关。如果不是发生在医疗活动的事故，则不能称为医疗事故。所以，事故是不是在医疗活动中发生的，是区分医疗事故与其他事故的分水岭。

3. 行为主体的违法性 医疗事故的行为主体必须具有违法性，医疗事故是医疗机构及其医务人员在医疗活动中违反医疗卫生管理法律、行政法规、部门规章和诊疗护理规范、常规而发生的事故。这是导致发生医疗事故的直接原因，也是判断医疗事故的标准。

其中，卫生管理法律泛指由全国人民代表大会及其常务委员会制定的涉及医疗卫生管理的法律文件，如《执业医师法》《药品管理法》《传染病防治法》等；卫生管理行政法规是指由国务院制定的涉及卫生管理的规范性文件，主要是对上述法律的具体化或对法律未规定的事项进行规定，如《传染病防治法实施办法》等；卫生管理部门规章是指国务院的行政管理职能部门单独或联合发布的有关贯彻执行卫生管理法律、行政法规的规范性文件；诊疗护理规范和常规是指根据医学科学原理和长期医学实践制定的，医疗机构和医务人员在从事疾病诊断、治疗和护理等医疗活动中应当遵守的行为准则和技术标准，这些准则和标准既可以是成文的，也可以是约定俗成的。

4. 过失造成患者人身损害 “过失造成患者人身损害”有三层含义：一是指医务人员在发生医疗事故时的主观心理状态是“过失”；二是指违法行为的后果是“造成患者人身损害”；三是指医务人员的过失行为与患者的损害后果之间存在因果关系。

（1）*医疗机构及其医务人员必须有过失* 过失指行为人应当预见到自己的行为可能发生不良后果，却因疏忽大意没有预见，或者已经预见到却轻信能够避免而不良后果仍然发生的主观心理状态。过失可以分为疏忽大意的过失和过于自信的过失。医疗事故是由医疗机构及其医务人员的过失造成的。

（2）*必须有造成患者人身损害的后果* 行为主体的过失行为造成患者人身损害的不良后果包括患者死亡、残疾、器官组织损伤导致功能障碍等，这些不良后果在不同程度上给患者及患者亲属的健康和心理造成了损害和影响。

如果医务人员虽然主观上有过失，但是没有给患者造成人身损害的后果，这种情况也不属于医疗事故。

（3）*过失行为和不良后果之间存在因果关系* 这是指患者人身损害的后果是由于医疗机构及其医务人员的过失行为直接造成的。医疗机构及其医务人员的过失与患者的人身损害后果之间存在必然的、内在的联系。否则，虽然医疗机构及其医务人员存在过失，但是并没有给患者造成损害后果，不应该视为医疗事故；如果存在损害后果，但是医疗机构及其医务人员并没有过失行为，也不能判定为医疗事故。这种因果关系的判定，关系到追究医疗机构及其医务人员的责任、确定对患者的具体赔偿数额等。所以，因果关系是判断是否属医疗事故的一个重要方面，也是公正处理医疗事故的关键。

（三）医疗事故的分级

医疗事故分级是为了确定医疗机构及其医务人员的过失行为对患者所造成的人身损害程度，以便确定医疗事故责任主体不同等级的医疗责任，并给患者以不同额度的经济赔偿。卫生部 2002 年 7 月依据《医疗事故处理条例》制定了《医疗事故分级标准（试行）》。根据对患者人身造成的损害程度，医疗事故分为以下 4 级：

1. 一级医疗事故 一级医疗事故是指造成患者死亡、重度残疾的，分为甲等和乙等：甲等是指造成患者死亡；乙等是指造成患者重要器官缺失或功能完全丧失，其功能不能代偿，存在特殊医疗依赖，生活完全不能自理，如植物人状态、极重度智能障碍等。

2. 二级医疗事故 二级医疗事故是指造成患者中度残疾、器官组织损伤导致严重功能障碍的。根据对患者人身的损害程度不同，它又分为甲、乙、丙、丁 4 个等级。

3. 三级医疗事故 三级医疗事故是指造成患者轻度残疾、器官组织损伤导致一般功能障碍的。它又分为甲、乙、丙、丁、戊 5 个等级。

4. 四级医疗事故 四级医疗事故是指造成患者明显人身损害的其他损害后果的。

（四）不属于医疗事故的情形

现代医学技术虽然有了很大的发展，但是，由于人体的特异性和复杂性是难以完全预测的，人们对许多疾病的发生原理尚未认识，因而现代医学科学的诊疗技术不可能包治百病。尽管医务人员在诊疗活动中大多忠于职守，竭尽全力，但由于种种原因有时仍会使患者人身受到损害，这种伤害是不可预见的和难以防范的。为此，《医疗事故处理条例》规定，有下列情形之一的不属于医疗事故：

1. 在紧急情况下为抢救垂危患者生命而采取医学紧急措施造成不良后果的。
2. 在医疗活动中由于患者病情异常或者患者体质特殊而发生医疗意外情形的。
3. 在现有医学科学技术条件下，发生无法预料或者不能防范的不良后果的。
4. 无过错输血感染造成不良后果的。
5. 因患方原因延误诊疗导致不良后果的。
6. 因不可抗力造成不良后果的。

需要说明的是，即使按照《医疗事故处理条例》中的规定不属于医疗事故，也并不意味着上述各种情形下医疗机构均无须承担任何责任。医疗机构民事责任承担与否应当依照《侵权责任法》的规定执行。

三、医疗事故与医疗损害的关系

长期以来，提起医疗损害，人们常常用到的术语就是“医疗事故”，几乎把医疗事故与医疗损害混为一谈。事实上，医疗事故仅是医疗损害中的一种情形，二者属于包含与被包含的关系，并非是同一概念。

1. 主体不同 医疗事故的主体只能是医疗机构及其医务人员；而医疗损害的责任人除了可以是医疗机构及其医务人员以外，还可以是药品、医疗器械生产者或者血液提供机构等。

2. 过错形式不同 医疗事故只有过失一种形式，而医疗损害则包括了故意、过失和无过错三种形式。

3. 损害后果不同 医疗事故造成的后果主要是人身损害，如对患者的生命权、健康权造成损害；而医疗损害涵盖的范围比医疗事故要大，不仅包括对患者的生命权、健康权造成的损害，还包括对患者的隐私权、名誉权等其他人身利益造成的损害。

四、医疗损害责任立法

医疗损害进行专门立法主要是从医疗事故开始的。

为了维护医患双方的权益、保障正常的医疗秩序与社会稳定，1987 年 6 月 29 日国务院颁布了我国第一个处理医疗事故的专门法规《医疗事故处理办法》。随后卫生部根据该办法又陆续制定了若干部门规章，并对执行中遇到的许多具体问题进行了行政解释。各省、自治区、直辖市人民政府也制定了相应的医疗事故处理办法实施细则，使我国医疗事故的处理进入了规范化和法制化管理的轨道。

《医疗事故处理办法》运作的十多年后，经济和社会发展提出了完善医疗事故处理法律制度的客观要求。1997 年 3 月 14 日第 8 届全国人民代表大会第 5 次会议修订通过的《刑法》对发生严重医疗责任事故的医务人员作出了刑事处罚规定。1998 年 6 月 26 日第 9 届全国人民代表大会常务委员会第 3 次会议通过的《执业医师法》对造成医疗责任事故的医师作出了明确的行政处罚规定。最高人民法院为此也作出了许多司法解释。国务院已经将医疗事故处理办法的修订列入了立法计划。卫生部从 1996 年开始修订《医疗事故处理办法》。2000 年 6 月将《医疗事故处理办法（修订稿）》（送审稿）正式上报国务院审议，2002 年 4 月 4 日国务院颁布了《医疗事故处理条例》。

《医疗事故处理条例》与原来办法相比在结构体例上作了较大改动，具体体现在以下几个方面：突出了医疗事故重在预防；扩大了医疗事故的内涵；将行政处理与专业技术鉴定严格区分开；赋予患者更多权利，建立了有限的病历开放制度；明确了卫生行政部门的职责；规定发生医疗事故赔偿等民事责任争议的解决途径；根据《民法通则》精神，明确了医疗事故民事赔偿的原则、项目、标准和计算方法；加大了医疗机构和医务人员的责任。

2003 年最高人民法院《关于参照 <医疗事故处理条例> 审理医疗纠纷民事案件的通知》规定：《医疗事故处理条例》施行后发生的医疗事故引起的医疗赔偿纠纷，诉到法院的，参照条例的有关规定办理；因医疗事故以外的原因引起的其他医疗赔偿纠纷，适用《民法通则》的规定。同年，最高人民法院《关于审理人身损害赔偿案件适用法律若干问题的解释》规定了人身损害的赔偿项目和计算方法，但该规定与《医疗事故处理条例》规定的医疗事故的赔偿项目和计算标准不一致。

医疗事故争议处理中存在的法律适用二元化现象损害了我国法制的统一性和严肃性，影响了司法公正，加剧了医患矛盾。2008 年 12 月第 11 届全国人民代表大会常务委员会第 6 次会议审议的《中华人民共和国侵权责任法（草案）》新增加了“医疗损害责任”一章。2009 年 12 月 26 日，第 11 届全国人民代表大会常务委员会第 12 次会议通过了《侵权责任法》，自 2010 年 7 月 1 日施行。其中第 7 章为“医疗损害责任”，共 11 条。

《立法法》第 79 条第 1 款规定：“法律的效力高于行政法规、地方性法规、规章。”因此，《医疗事故处理条例》的规定与《侵权责任法》不一致的，应以《侵权责任法》为准。

第二节　医疗损害的预防与处置

一、医疗损害的预防

医疗机构及其医务人员应当依照《医疗事故处理条例》的相关规定，做好医疗事故等医疗损害预防工作。

1. 加强培训　医疗机构及其医务人员在医疗活动中，必须严格遵守医疗卫生管理法律、行政法规、部门规章和诊疗护理规范、常规，恪守医疗服务职业道德。医疗机构应当对其医务人员进行医疗卫生管理法律、行政法规、部门规章和诊疗护理规范、常规的培训和医疗服务职业道德教育。

卫生法制的培训内容主要包括医疗卫生管理法律、法规和规章及诊疗护理规程和常规，使医务人员依法执业和严格按照操作规范行医的意识不断加强。执业道德教育的目的是要在医疗服务方面树立起良好的医德医风，树立起“以病人为中心”的服务理念，以高尚的医德配合精湛的医疗技术为患者提供优质的服务。

2. 严格质量控制 医疗机构应当设置医疗服务质量监控部门或者配备专（兼）职人员，具体负责监督医疗机构的医务人员的医疗服务工作，检查医务人员执业情况，接受患者对医疗服务的投诉，向其提供咨询服务。当接到了出现医疗事故、可能引起医疗事故的医疗过失行为或者发生医疗事故争议的报告后，应当立即进行调查、核实，将有关情况如实向本医疗机构的负责人报告。

3. 制定预案 医疗机构应当制定防范、处理医疗事故的预案，预防医疗事故的发生，减轻医疗事故的损害。

4. 保护患者权利 在医疗活动中，医疗机构及其医务人员应当将患者的病情、医疗措施、医疗风险等如实告知患者，及时解答其咨询，但是，应当避免对患者产生不利后果。

二、医疗损害的处置

（一）医疗过错行为的报告

一旦发生医疗事故，医疗机构必须采取必要的措施进行处理，以保证患者的利益得到赔偿，减轻医疗事故的损害后果。《医疗事故处理条例》对此作出了具体规定：

1. 医疗机构内部报告制度 医疗机构内部应当建立医疗事故报告制度。医务人员在医疗活动中有下列情形之一的，应当立即向所在科室负责人报告：①发生或者发现医疗事故；②可能引起医疗事故的医疗过失行为；③发生医疗事故争议。科室负责人接到报告后，应当及时向本医疗机构负责医疗服务质量监控的部门或者专（兼）职人员报告。负责医疗服务质量监控的部门或者专（兼）职人员接到报告后，应当立即进行调查、核实，将有关情况如实向本医疗机构负责人报告，并向患者通报、解释。

2. 医疗机构向卫生行政部门报告制度 发生医疗事故后，医疗机构应当按照规定向所在地卫生行政部门报告。发生下列重大医疗过失行为的，医疗机构应当在 12 小时内向所在地卫生行政部门报告：①导致患者死亡或者可能为二级以上的医疗事故；②导致 3 人以上人身损害后果；③国务院卫生行政部门和省、自治区、直辖市人民政府卫生行政部门规定的其他情形。

发生或者发现医疗过失行为，医疗机构及其医务人员应当立即采取有效措施，避免或减轻对患者身体健康的损害，防止损害扩大。

（二）病历资料和现场实物封存

发生医疗事故后，为防止病历资料被修改或现场实物等证据被破坏，《医疗事故处理条例》明确了病历资料和现场实物等证据封存的要求。

病历资料是指患者在医院接受问诊、查体、诊断、治疗、检查、护理等医疗过程的所有医疗文书资料，包括门诊病历、住院志、体温单、医嘱单、化验单（检验报告）、医学影像检查资料、特殊检查同意书、手术同意书、手术及麻醉记录单、病理资料、护理记录、死亡病例讨论记录、疑难病例讨论记录、上级医师查房记录、会诊意见、病程记录及国务院卫生行政部门规定的其他病历资料。

在医疗事故中，病历资料是判定责任的重要依据之一；保证病历资料的客观、真实、完整，对于公正解决医疗事故具有重要意义。《医疗事故处理条例》规定：医疗机构应当按照国务院卫生行政部门规定的要求，书写并妥善保管病历资料。凡因抢救急危患者，未能及时书写病历的，有关医务人员应当在抢救结束后6小时内据实补记，并加以注明。

发生医疗事故时，病历资料应当在医患双方在场的情况下封存和启封。封存的病历资料可以是复印件，封存的病历资料由医疗机构保管。任何单位和个人都不得涂改、伪造、隐匿、销毁或者抢夺病历资料。

疑似输液、输血、注射、药物等引起不良后果的，医患双方应当共同对现场实物进行封存和启封，封存的现场实物也由医疗机构保管。需要检验的，应当由双方共同指定的、依法具有检验资格的检验机构进行检验；双方无法共同指定时，由卫生行政部门指定。疑似输血引起不良后果，需要对血液进行封存保留的，医疗机构应当通知提供该血液的采供血机构派人员到场。

（三）病历资料的复印

在医疗事故处理的过程中，患者有权获知自己的病情及各种诊断、检验、治疗的真实内容，依照法律规定对病历资料进行复印。

1. 复印病历资料的范围　据《医疗事故处理条例》规定，患者有权复印或者复制其门诊病历、住院志、体温单、医嘱单、化验单（检验报告）、医学影像检查资料、特殊检查同意书、手术同意书、手术及麻醉记录单、病理资料、护理记录及国务院卫生行政部门规定的其他病历资料。

2. 复印病历资料的程序　患者要求复印或者复制规定范围内病历资料的，无论是否发生医疗事故争议，医疗机构均应提供复印或者复制服务，并在复印或者复制的病历资料上加盖证明印记。复印或者复制时，应当有患者在场。

3. 复印病历资料的费用　医疗机构应患者的要求，为其复印或者复制病历资料，可以按照规定收取工本费。具体收费标准由省、自治区、直辖市人民政府价格主管部门会同同级卫生行政部门制定。

（四）尸检

尸检是指对已经死亡的机体进行剖验以查明死亡原因的一种医学手段。尸检对于解决死因不明或对死因有异议而发生的医疗事故争议具有独特的无法替代的作用。

1. 尸检的前提　患者死亡后，医患双方当事人不能确定死因或者对死因有异议的，经死者近亲属同意并签字的，经过医师进行死亡鉴定、签署死亡证明后方可进行。

2. 尸检时限　尸检的时间应当在患者死亡后48小时内进行；具备尸体冻存条件的，可以延长至7日。

3. 承担尸检的机构　尸检应当由按照国家有关规定取得相应资格的机构和病理解剖专业技术人员进行。承担尸检任务的机构和病理解剖专业技术人员有进行尸检的义务。医疗事故争议双方当事人可以请法医病理学人员参加尸检，也可以委派代表观察尸检过程。

4. 拒绝尸检的责任　拒绝或者拖延尸检、超过规定时间、影响对死因判定的，由拒绝或者拖延的一方承担责任。

5. 尸体的存放和处理　患者在医疗机构内死亡的，尸体应当立即移放太平间。死者尸体存放时间一般不得超过2周。逾期不处理的尸体，经医疗机构所在地卫生行政部门批准，并报经同级公安部门备案后，由医疗机构按照规定进行处理。

第三节　医疗损害鉴定与医疗事故技术鉴定

一、医疗损害鉴定

《侵权责任法》没有规定医疗损害鉴定问题。目前，与医疗损害鉴定有关的规定主要是《全国人大常委会关于司法鉴定管理问题的规定》和国务院的《医疗事故处理条例》。

司法鉴定是指在诉讼活动中，鉴定人运用科学技术或者专门知识，对诉讼涉及的专门性问题进行鉴别和判断并提供鉴定意见的活动；而医疗事故技术鉴定则是医学会组织专家鉴定组依照医疗卫生管理法律、行政法规、部门规章和诊疗护理规程、常规，运用医学科学原理和专业知识，独立进行医疗事故技术鉴定，对医疗事故进行鉴别和判断，为处理医疗事故争议提供医学依据。

现在从事医疗损害鉴定的机构主要有三类：医学会，司法鉴定机构，依法具有检验资格的检验机构。医学会主要进行诊疗行为引起的医疗损害争议鉴定；司法鉴定机构根据司法行政部门授予的业务范围进行司法鉴定；检验机构进行缺陷产品或者不合格血液的质量鉴定。

医疗损害鉴定内容主要分为两部分：一是诊疗行为引起的医疗损害，二是缺陷产品或者不合格血液引起的医疗损害。诊疗行为引起的医疗损害中，若是过失行为引起的医疗损害，则属于医疗事故技术鉴定内容；故意行为引起的医疗损害，涉嫌刑事犯罪的，医学会并不介入；缺陷产品或者不合格血液引起的医疗损害，依法需要由具有检验资格的检验机构进行质量检验，医学会并不具有相应资质，因此医学会也不介入。

二、医疗事故技术鉴定

（一）鉴定机构

医疗事故的技术鉴定机构是医学会，根据《医疗事故处理条例》规定，首次医疗事故技术鉴定工作由设区的市级地方医学会和省、自治区、直辖市直接管辖的县（市）地方医学会负责组织，省、自治区、直辖市地方医学会负责组织再次鉴定工作。必要时，中华医学会可以组织疑难、复杂并在全国有重大影响的医疗事故争议的技术鉴定工作。

负责组织医疗事故技术鉴定工作的医学会应当建立专家库。专家库由具备下列条件的医疗卫生专业技术人员和法医组成：有良好的业务素质和执业品德；受聘于医疗卫生机构或者医学教学、科研机构，并担任相应专业高级技术职务 3 年以上。有良好的业务素质和执业品德，并具备高级技术任职资格的法医可以受聘进入专家库。负责组织医疗事故技术鉴定工作的医学会依照规定聘请医疗卫生专业技术人员和法医进入专家库，可以不受行政区域的限制。符合规定条件的医疗卫生专业技术人员和法医有义务进入专家库，并承担医疗事故技术鉴定工作。

（二）鉴定原则

医疗事故鉴定必须严格依照医疗卫生管理法律、行政法规、部门规章和诊疗护理技术操作规范、常规进行，在程序上严格依法进行，《医疗事故处理条例》对医疗事故的鉴定规定体现了以下几个原则。

1. 依法鉴定 医疗事故的认定，关键是看医疗行为有无违反医疗管理法律、法规、规章和诊疗护理规范、常规。这既是区分医疗事故和非医疗事故的界限，也是进行医疗事故技术鉴定的依据。所以是否依照医疗管理法律、法规、规章和诊疗护理规范、常规进行鉴定，是医疗事故技术鉴定结论是否正确的试金石。

2. 独立鉴定 医疗事故技术鉴定本质上说是一种医学辨别与判定，它应当尊重科学、尊重事实。所以，法律要求医疗事故技术鉴定委员会独立进行医疗事故技术鉴定。任何单位或者个人不得干扰医疗事故技术鉴定委员会的工作，不得对鉴定专家进行威胁、利诱、辱骂、殴打，这是保证技术鉴定科学、公正的基本前提。

3. 实行合议制 医疗事故技术鉴定是由若干专家组成的专家鉴定组来完成的。因此，专家鉴定组在评议医疗事故的过程中，应该进行充分必要的讨论，并在认真调查和核实的基础上，进行表决。鉴定结论按照少数服从多数的原则产生，但是对少数人的意见也要真实记录，一并提交卫生行政部门，以便卫生行政部门全面了解情况，作出正确判断。这样做既保证了鉴定的效率，也保证了鉴定的民主。

4. 回避制度 《医疗事故处理条例》第 26 条规定，专家鉴定组成员有下列情形之一的，应当回避，当事人也可以以口头或者书面的方式申请其回避：为医疗事故争议当事人或者当事人的近亲属；与医疗事故争议有利害关系的；与医疗事故争议当事人有其他关系，可能会影响公正鉴定的。

（三）鉴定程序

1. 鉴定的提起 医疗事故技术鉴定的提起有三种情况：

（1）卫生行政部门接到医疗机构关于重大医疗过失行为的报告或者医疗事故争议当事人要求处理医疗事故争议的申请后，对需要进行医疗事故技术鉴定的，应当交由负责医疗事故技术鉴定工作的医学会组织鉴定。

（2）医患双方共同委托鉴定。医患双方协商解决医疗事故争议，需要进行医疗事故技术鉴定的，由双方当事人共同委托负责医疗事故技术鉴定工作的医学会组织鉴定。

（3）当事人对首次医疗事故技术鉴定结论不服的，可以自收到首次鉴定结论之日起 15 日内向医疗机构所在地卫生行政部门提出再次鉴定的申请。

2. 提交材料 负责组织医疗事故技术鉴定工作的医学会应当自受理医疗事故技术鉴定之日起 5 日内通知医疗事故争议双方当事人，提交进行医疗事故技术鉴定所需的材料。

（1）当事人提交材料 当事人应当自收到医学会的通知之日起 10 日内提交有关医疗事故技术鉴定所需的材料、书面陈述及答辩。

（2）医疗机构提交材料 住院患者的病程记录、死亡病例讨论记录、疑难病例讨论记录、会诊意见、上级医师查房记录等病历资料原件；住院患者的住院志、体温单、医嘱单、化验单（检验报告）、医学影像检查资料、特殊检查同意书、手术同意书、手术及麻醉记录单、病理资料、护理记录等病历资料原件；抢救急危患者，在规定时间内补记的病历资料原件；封存保留的输液、注射用物品和血液、药物等实物，或者依法具有检验资格的检验机构对这些实物做出的检验报告；与医疗事故技术鉴定有关的其他材料。在医疗机构建有病历档案的门诊、急诊患者，其病历资料由医疗机构提供；没有在医疗机构建立病历档案的，由患者提供。

医患双方应当依照规定提交相关材料。医疗机构无正当理由未依照规定如实提供相关材料，导致医疗事故技术鉴定不能进行的，应当承担责任。

3. 抽取专家 医疗事故技术鉴定由负责组织医疗事故技术鉴定工作的医学会组织专家鉴定组进行。参加医疗事故技术鉴定的相关专业的专家，由医患双方在医学会主持下从专家库中随机抽取。在特殊情况下，医学会根据医疗事故技术鉴定工作的需要，可以组织医患双方在其他医学会建立的专家库中随机抽取相关专业的专家参加鉴定或者函件咨询。专家鉴定组人数为单数，涉及的主要学科的专家一般不得少于鉴定组成员的1/2；涉及死因、伤残等级鉴定的，并应当从专家库中随机抽取法医参加专家鉴定组。专家鉴定组成员有下列情形之一的，应当回避，当事人也可以以口头或者书面的方式申请其回避：是医疗事故争议当事人或者当事人的近亲属的；与医疗事故争议有利害关系的；与医疗事故争议当事人有其他关系，可能影响公正鉴定的。

4. 调查取证、听取陈述及答辩 负责组织医疗事故技术鉴定工作的医学会应当自接到当事人提交的有医疗事故技术鉴定的材料、书面陈述及答辩之日起45日内组织鉴定并出具医疗事故技术鉴定书，负责组织医疗事故技术鉴定工作的医学会可以向双方当事人调查取证。专家鉴定组应当认真审查双方当事人提交的材料，听取双方当事人的陈述及答辩并进行核实。双方当事人应当按照规定如实提交进行医疗事故技术鉴定所需要的材料，并积极配合调查。当事人任何一方不予配合，影响医疗事故技术鉴定的，由不予配合的一方承担责任。

5. 鉴定结论 专家鉴定组依照医疗卫生法律、行政法规、部门规章和诊疗护理规范、常规，运用医学科学原理和专业知识，独立进行医疗事故技术鉴定，在事实清楚、证据确凿的基础上，实事求是地对医疗事故进行鉴别和判定，并制作医疗事故技术鉴定书，为处理医疗事故争议提供医学证据。

医疗事故技术鉴定书的内容主要包括：①双方当事人的基本情况及要求；②当事人提交的材料和负责组织医疗事故技术鉴定工作的医学会的调查材料；③对鉴定过程的说明；④医疗行为是否违反医疗卫生管理法律、行政法规、部门规章和诊疗护理规范、常规；⑤医疗过失行为与人身损害后果之间是否存在因果关系；⑥医疗过失行为在医疗事故损害后果中的责任程度；⑦医疗事故等级；⑧对医疗事故患者的医疗护理医学建议。

6. 鉴定费用 《医疗事故处理条例》规定，医疗事故技术鉴定可以收取鉴定费用。经鉴定属于医疗事故的，鉴定费用由医疗机构支付；不属于医疗事故的，鉴定费用由提出医疗事故处理申请的一方支付。鉴定费用标准由省、自治区、直辖市人民政府价格主管部门会同同级财政部门、卫生行政部门规定。

（四）重新鉴定与再次鉴定

《医疗事故技术鉴定暂行办法》第39条规定：医学会对经卫生行政部门审核认为参加鉴定的人员资格和专业类别或者鉴定程序不符合规定，需要重新鉴定的，应当重新组织鉴定。重新鉴定时不得收取鉴定费。如参加鉴定的人员资格和专业类别不符合规定的，应当重新抽取专家，组成专家鉴定组进行重新鉴定。如鉴定的程序不符合规定而参加鉴定的人员资格和专业类别符合规定的，可以由原专家鉴定组进行重新鉴定。

《医疗事故技术鉴定暂行办法》第40条规定：任何一方当事人对首次医疗事故技术鉴定结论不服的，可以自收到首次医疗事故技术鉴定书之日起15日内，向原受理医疗事故争议处理申请的卫生行政部门提出再次鉴定申请，或由双方当事人共同委托省、自治区、直辖市地方医学会组织再次鉴定。

第四节　医疗损害的行政处理与监督

一、医疗损害的行政处理

卫生行政部门对医疗机构和医务人员具有监督管理的职责，医疗机构和医务人员发生违法违规行为时，卫生行政部门可以依法做出行政处理。卫生行政部门接到医疗机构关于重大医疗过失行为的报告后，除责令医疗机构及时采取必要的医疗救治措施，防止损害后果扩大外，应当组织调查，判定是否属于医疗事故；对不能判定是否属于医疗事故的，应当依照《医疗事故处理条例》的有关规定交由负责医疗事故技术鉴定工作的医学会组织鉴定。

（一）当事人申请的提出

发生医疗事故争议，当事人申请卫生行政部门处理的，应当提出书面申请。申请书应当载明申请人的基本情况、有关事实、具体请求及理由等。当事人自知道或者应当知道其身体健康受到损害之日起 1 年内，可以向卫生行政部门提出医疗事故争议处理申请。

（二）卫生行政部门的权限划分

发生医疗事故争议，当事人申请卫生行政部门处理的，由医疗机构所在地的县级人民政府卫生行政部门受理；医疗机构所在地是直辖市的，由医疗机构所在地的区、县人民政府卫生行政部门受理。

有下列情形之一的，县级人民政府卫生行政部门应当自接到医疗机构的报告或者当事人提出医疗事故争议处理申请之日起 7 日内移送上一级人民政府卫生行政部门处理：患者死亡；可能为二级以上的医疗事故；国务院卫生行政部门和省、自治区、直辖市人民政府卫生行政部门规定的其他情形。

（三）卫生行政部门的审查和受理

卫生行政部门应当自收到医疗事故争议处理申请之日起 10 日内进行审查，作出是否受理的决定。对符合《医疗事故处理条例》规定、予以受理、需要进行医疗事故技术鉴定的，应当自作出受理决定之日起 5 日内将有关材料交由负责医疗事故技术鉴定工作的医学会组织鉴定并书面通知申请人；对不符合规定、不予受理的，应当书面通知申请人并说明理由。当事人对首次医疗事故技术鉴定结论有异议，申请再次鉴定的，卫生行政部门应当自收到申请之日起 7 日内交由省、自治区、直辖市地方医学会组织再次鉴定。

（四）行政处理与诉讼的关系

对医疗事故争议行政处理和人民法院对医疗事故争议的审理裁决，都是解决医疗事故争议的途径。当事人有权选择任何一种途径解决医疗事故争议，但是当事人不能同时选择两种途径解决医疗事故争议。当事人既向卫生行政部门提出医疗事故争议处理申请，又向人民法院提起诉讼的，卫生行政部门不予受理；卫生行政部门已经受理的，应当终止处理。

二、医疗损害的行政监督

（一）对医疗事故技术鉴定程序的审核

卫生行政部门收到负责组织医疗事故技术鉴定工作的医学会出具的医疗事故技术鉴定书后，应当对参加鉴定的人员资格和专业类别、鉴定程序进行审核；必要时，可以组织调查，听取医疗事故争议双方当事人的意见。

（二）对医疗事故技术鉴定结论的审核

这是卫生行政部门在行使对医疗事故争议进行行政处理的职责时，必须遵守的一项程序规定，是卫生行政部门应当履行的法定义务。卫生行政部门经审核，对符合《医疗事故处理条例》规定作出的医疗事故技术鉴定结论，应当作为对发生医疗事故的医疗机构和医务人员做出行政处理及进行医疗事故赔偿调解的依据；经审核，发现医疗事故技术鉴定不符合《医疗事故处理条例》规定的，应当要求重新鉴定。

（三）接受医疗机构对医疗事故处理的报告

医疗事故争议由双方当事人自行协商解决的，医疗机构应当自协商解决之日起 7 日内向所在地卫生行政部门做出书面报告，并附具协议书。医疗事故争议经人民法院调解或者判决解决的，医疗机构应当自收到生效的调解书或者判决书之日起 7 日内向所在地卫生行政部门做出书面报告，并附具调解书或者判决书。这不但突出了医疗机构的报告义务，也突出了所在地卫生行政部门对医疗机构的监管。

（四）医疗事故处理情况的按规定逐级上报

卫生行政部门应当依照《医疗事故处理条例》和有关法律、行政法规、部门规章的规定，对发生医疗事故的医疗机构和医务人员做出行政处理，同时应当按照规定将当地发生的医疗事故以及依法对发生医疗事故的医疗机构和医务人员做出行政处理的情况逐级上报国务院卫生行政部门。

第五节　医疗损害赔偿

一、医疗损害赔偿途径

（一）协商解决

发生医疗事故等医疗损害赔偿争议，医患双方可以协商解决。协商是在医患双方平等、自愿的基础上进行的。双方达成一致意见的，应当制作协议书。协议书应当载明双方当事人的基本情况和医疗事故等医疗损害的原因、双方当事人共同认定的医疗事故等医疗损害程度及协商确定的赔偿数额等，并由双方当事人在协议上签名。

（二）调解解决

发生医疗事故等医疗损害赔偿争议，医患双方不愿意协商或者协商不成时，可以向卫生行政部门或者其他第三方如医疗纠纷人民调解委员会提出调解申请。调解时，应当遵循医患双方自愿的原则进行。经过调解，医患双方就争议事实、赔偿数额达成协议的，制作调解书，当事人应当自觉履行。

（三）诉讼解决

发生医疗事故等医疗损害赔偿争议，医患双方不愿意协商或者协商不成时，可以直接向人民法院提出民事诉讼。诉讼是解决医疗事故等医疗损害赔偿争议的最终途径。

二、医疗损害赔偿范围和标准

《医疗事故处理条例》第 55 条对于医疗事故赔偿的项目和标准作出了规定。2003 年 1 月，最高人民法院针对医疗纠纷案件审判中出现的新问题，印发了《关于参照〈医疗事故处理条例〉审理医疗纠纷民事案件的通知》。但这一通知存在着法律适用上的模糊性和确定标准上的二元性等问题。2003 年 12 月，《最高人民法院关于审理人身损害赔偿案件适用法律若干问题的解释》中对于人身损害赔偿的范围和标准也作出了规定，但在实践中对于如何确定医疗损害案件赔偿仍存有不同认识。随着《侵权责任法》的实施，医疗损害民事赔偿应当按照《侵权责任法》的具体规定及精神原则来处理。

（一）医疗损害赔偿范围

《侵权责任法》第 16 条规定："侵害他人造成人身损害的，应当赔偿医疗费、护理费、交通费等为治疗和康复支出的合理费用，以及因误工减少的收入。造成残疾的，还应当赔偿残疾生活辅助具费和残疾赔偿金。造成死亡的，还应当赔偿丧葬费和死亡赔偿金。"第 22 条规定："侵害他人人身权益，造成他人严重精神损害的，被侵权人可以请求精神损害赔偿。"以上规定从 4 个层次规定了人身损害赔偿的范围：

1. 造成人身损害的一般赔偿范围　这主要是指侵犯他人生命健康权益造成人身损害一般都要赔偿的项目，具体包括医疗费、护理费、交通费、误工费等。

《侵权责任法》列举的一般赔偿范围内的赔偿项目只是几种比较典型的费用支出，实践中并不限于这些项目。只要是为了康复所支出的所有合理费用，都可以列入一般赔偿项目。如《最高人民法院关于审理人身损害赔偿案件适用法律若干问题的解释》中所列出的住宿费、住院伙食补助费、必要的营养费等。

2. 造成残疾的赔偿范围　造成残疾的，除了一般人身损害赔偿项目外，还应当赔偿残疾生活辅助具费和残疾赔偿金。

3. 造成死亡的赔偿范围　造成受害人死亡的，应当赔偿丧葬费和死亡赔偿金。应当明确的是，死亡赔偿的范围和一般赔偿范围是互不排斥的。如果受害人死亡前还发生了一般赔偿范围内的相关费用，医疗机构也应当赔偿。

4. 精神损害赔偿　侵害他人人身权益，造成他人严重精神损害的，被侵权人可以请求精神损害赔偿。

（二）医疗损害赔偿标准

《侵权责任法》并未对损害赔偿的标准作出详细规定。在不与《侵权责任法》冲突的情况下，实践中应主要参照《最高人民法院关于审理人身损害赔偿案件适用法律若干问题的解释》的具体规定。

1. 医疗费　包括挂号费、检查费、治疗费、康复费等费用。医疗费根据医疗机构出具的医药费、住院费等收款凭证，结合病历和诊断证明等相关证据确定。医疗费的赔偿数额，按照一审法庭辩论终结前实际发生的数额确定。器官功能恢复训练所必要的康复费、适当的整容费及其他后续治疗费，赔偿权利人可以待实际发生后另行起诉。但根据医疗证明或者鉴定结论确定必然发生的费用，可以与已经发生的医疗费一并予以赔偿。

2. 护理费 是指受害人因受到损害导致生活不能自理，需要有人进行护理而产生的费用支出。护理费根据护理人员的收入状况和护理人数、护理期限确定。护理人员有收入的，参照误工费的规定计算；护理人员没有收入或者雇佣护工的，参照当地护工从事同等级别护理的劳务报酬标准计算。护理期限应计算至受害人恢复生活自理能力时止。受害人因残疾不能恢复生活自理能力的，可以根据其年龄、健康状况等因素确定合理的护理期限。

3. 交通费 是指受害人及其必要的陪护人员因就医或转院所实际发生的用于交通的费用支出。交通费根据实际发生的费用计算，应当以正式票据为凭，有关凭据应当与就医地点、时间、人数、次数相符合。

4. 误工费 是指受害人遭受人身损害，不能正常进行工作或劳动而受到的收入损失。误工费根据受害人的误工时间和收入状况确定。误工时间根据受害人接受治疗的医疗机构出具的证明确定。受害人因伤致残持续误工的，误工时间可以计算至定残日前一天。受害人有固定收入的，误工费按照实际减少的收入计算。受害人无固定收入的，按照其最近三年的平均收入计算；受害人不能举证证明其最近三年的平均收入状况的，可以参照受诉法院所在地相同或者相近行业上一年度职工的平均工资计算。

5. 住宿费 受害人确有必要到外地治疗，因客观原因不能住院，受害人本人及其陪护人员实际发生的住宿费，其合理部分应予赔偿。

6. 伙食补助费 住院伙食补助费可以参照当地国家机关一般工作人员的出差伙食补助标准予以确定。受害人确有必要到外地治疗，因客观原因不能住院，受害人本人及其陪护人员实际发生的伙食费，其合理部分应予赔偿。

7. 营养费 是指为辅助治疗或使身体尽快康复而需要的日常饮食之外的营养品所支付的费用。营养费根据受害人伤残情况参照医疗机构的意见确定。

8. 残疾生活辅助具费 受害人因人身损害造成残疾，有些需要配置残疾生活辅助具，如义肢、轮椅、拐杖、义眼、助听器等。残疾辅助器具费按照普通适用器具的合理费用标准计算。伤情有特殊需要的，可以参照辅助器具配制机构的意见确定相应的合理费用标准。

9. 丧葬费 丧葬费按照受诉法院所在地上一年度职工月平均工资标准，以6个月总额计算。

10. 残疾赔偿金和死亡赔偿金 《最高人民法院关于审理人身损害赔偿案件适用法律若干问题的解释》规定：残疾赔偿金根据受害人丧失劳动能力程度或者伤残等级，按照受诉法院所在地上一年度城镇居民人均可支配收入或者农村居民人均纯收入标准，自定残之日起按20年计算；但60周岁以上的，年龄每增加1岁减少1年；75周岁以上的，按5年计算。死亡赔偿金按照受诉法院所在地上一年度城镇居民人均可支配收入或者农村居民人均纯收入标准，按20年计算；但60周岁以上的，年龄每增加1岁减少1年；75周岁以上的，按5年计算。

但是，对农村居民和城市居民按照不同标准支付残疾赔偿金或死亡赔偿金，引发了广泛的争议。《侵权责任法》并未对死亡赔偿金的标准作出统一规定。因此法官应根据案件的整体情况，综合考虑各种因素后，确定残疾赔偿金或死亡赔偿金的数额。人民法院使用《侵权责任法》审理民事纠纷案件，如受害人有被抚养人的，应当将被抚养人生活费计入残疾赔偿金或死亡赔偿金。

11. 精神损害赔偿 《最高人民法院关于确定民事侵权精神损害赔偿责任若干问题的解释》第10条规定，精神损害的赔偿数额根据以下因素确定：侵权人的过错程度，法律另有规定的除外；侵害的手段、场合、行为方式等具体情节；侵权行为所造成的后果；侵权人的获利情况；侵权人承担责任的经济能力；受诉法院所在地平均生活水平。

三、医疗机构不承担赔偿责任的情形

《侵权责任法》第3章专门规定了一般情况下民事责任免责和减轻责任的内容，对于医疗损害责任同样适用。比如，若损害是因受害人故意造成的，或者是由于不可抗力造成的，医疗机构不承担赔偿责任。

除此之外，《侵权责任法》在第7章“医疗损害责任”中的第66条规定，患者有损害，因下列情形之一的，医疗机构不承担赔偿责任：①患者或者其近亲属不配合医疗机构进行符合诊疗规范的诊疗；②医务人员在抢救生命垂危的患者等紧急情况下已经尽到合理诊疗义务；③限于当时的医疗水平难以诊疗。

但在患者或者其近亲属不配合医疗机构进行符合诊疗规范的诊疗情形中，医疗机构及其医务人员也有过错的，应当承担相应的赔偿责任。

第六节 法律责任

一、行政责任

行政责任是指行为人违反法律、法规，不履行法律、法规规定的义务，国家行政机关依法给予的一种行政制裁。

（一）卫生行政部门工作人员的法律责任

卫生行政部门的工作人员在处理医疗事故过程中违反《医疗事故处理条例》的规定，利用职务上的便利收受他人财物或者其他利益，滥用职权，玩忽职守，或者发现违法行为不予查处，造成严重后果的，依照刑法关于受贿罪、滥用职权罪、玩忽职守罪或者其他有关罪的规定，依法追究刑事责任；尚不够刑事处罚的，依法给予降级或者撤职的行政处分。

（二）卫生行政部门的法律责任

卫生行政部门违反《医疗事故处理条例》的规定，有下列情形之一的，由上级卫生行政部门给予警告并责令限期改正；情节严重的，对负有责任的主管人员和其他直接责任人员依法给予行政处分：①接到医疗机构关于重大医疗过失行为的报告后，未及时组织调查的；②接到医疗事故争议处理申请后，未在规定时间内审查或者移送上一级人民政府卫生行政部门处理的；③未将应当进行医疗事故技术鉴定的重大医疗过失行为或者医疗事故争议移交医学会组织鉴定的；④未按照规定逐级将当地发生的医疗事故及依法对发生医疗事故的医疗机构和医务人员的处理情况上报的；⑤未按照本条例规定审核医疗事故技术鉴定书的。

（三）医疗机构及医务人员的法律责任

医疗机构发生医疗事故的，由卫生行政部门根据医疗事故等级和情节，给予警告。情节严重的，责令限期停业整顿直至由原发证部门吊销其执业许可证，对负有责任的医务人员依

照《刑法》关于医疗事故罪的规定，依法追究刑事责任；尚不够刑事处罚的，依法给予行政处分或者纪律处分。对发生医疗事故的有关医务人员，除依照前款处罚外，卫生行政部门并可以责令暂停6个月以上1年以下执业活动；情节严重的，吊销其执业证书。

医疗机构违反《医疗事故处理条例》的规定，有下列情形之一的，由卫生行政部门责令改正；情节严重的，对负有责任的主管人员和其他直接责任人员依法给予行政处分或者纪律处分：未如实告知患者病情、医疗措施和医疗风险的；没有正当理由，拒绝为患者提供复印或者复制病历资料服务的；未按照国务院卫生行政部门规定的要求书写和妥善保管病历资料服务的；未在规定时间内补记抢救工作病历内容的；未按照规定封存、保管和启封病历资料和实物的；未设置医疗服务质量监控部门或者配备专（兼）职人员的；未制定有关医疗事故防范和处理预案的；未在规定时间内向卫生行政部门报告重大医疗过失行为的；未按照规定向卫生行政部门报告医疗事故的；未按照规定进行尸检和保存、处理尸体的。

（四）参加医疗事故技术鉴定工作人员的法律责任

参加医疗事故技术鉴定工作的人员违反《医疗事故处理条例》的规定，接受申请鉴定双方或者一方当事人的财物或者其他利益，出具虚假医疗事故技术鉴定书，尚不够刑事处罚的，由原发证部门吊销其执业证书或者资格证书。

（五）有关机构的法律责任

医疗机构或者其他有关机构违反《医疗事故处理条例》的规定，有下列情形之一的，由卫生行政部门责令改正，给予警告，对负有责任的主管人员和其他直接责任人员依法给予行政处分或者纪律处分；情节严重的，由原发证部门吊销其执业证书或者资格证书：承当尸检任务的机构没有正当理由，拒绝进行尸检的；涂改、伪造、隐匿、销毁病历资料的。

（六）其他人员扰乱医疗机构秩序的法律责任

以医疗事故为由，寻衅滋事，抢夺病历资料，扰乱医疗机构正常医疗秩序和医疗事故技术鉴定工作，尚不构成刑事处罚的，依法给予治安管理处罚。

二、民事责任

医疗损害民事责任的实施形式主要有赔礼道歉、赔偿损失、返还财产、实际履行等形式：赔礼道歉是一种较为实用的化解医患矛盾的方式；赔偿损失则是最为常见的医疗损害赔偿方式，具体支付项目和标准在上文中已有详述，此处不再赘述；返还财产是指医疗机构没有妥善履行其法定义务或约定义务，甚至导致患者因医疗损害而受到损害，医疗机构应返还患者支付的医疗费用；实际履行则指医疗机构未曾妥善履行义务，患者可以要求医疗机构实际履行，如因医疗损害而未达到手术治疗目的，医疗机构应再为患者手术治疗。

三、刑事责任

医疗损害涉及的罪名主要是医疗事故罪。《刑法》第335条规定："医务人员由于严重不负责任，造成就诊人死亡或者严重损害就诊人身体健康的，处3年以下有期徒刑或者拘役。"

思考题

1. 如何理解医疗损害？

2. 简述医疗事故的概念和法律特征。
3. 医疗事故技术鉴定的程序是什么？
4. 简述医疗机构不承担民事赔偿责任的情形。
5. 医疗损害赔偿争议的解决途径有哪些？

案例分析

某医院值班医生由于家中有事，就让一位刚刚从医学院毕业的学生顶替自己上夜班。当天晚上收治了一名患大叶性肺炎的病人，遂给予输液治疗。夜里，当第一瓶液体滴完后，病人家属找医生续下一瓶液体。该学生睡眼惺忪，信手拿起一个“葡萄糖注射液”瓶，以为是那瓶已经事先加入抗生素准备给病人用的液体，换上液体后，继续给病人输。大约 10 分钟之后，病人突然大声惊叫，继之抽搐，迅速死亡。经仔细检查输入药物，发现输液用的“葡萄糖注射液”是属于另一患者的。

讨论：本案例是否属于医疗事故？为什么？请简要分析本案例。

第五章 药品法律制度

第一节 概 述

一、药品的概念

药品是指用于预防、治疗、诊断人的疾病，有目的地调节人的生理功能并规定有适应证或者功能主治、用法和用量的物质，包括中药材、中药饮片、中成药、化学原料及其制剂、抗生素、生化药品、放射性药品、血清疫苗、血液制品和诊断药品等。

药品作为一种商品，具有一般商品的共同属性。但是由于药品直接关系到每一个人的生命健康和社会共同利益，它又是一种特殊的商品，主要表现在：

（一）药品作用的双重性

药品的作用和功能在于预防和治疗疾病，维护人体健康，使病体恢复到圆满状态，并进一步提高抵抗疾病的能力。但是，多数药品在不同程度上具有毒副作用，因而对人体具有一定的侵袭性。加之人体生理功能的复杂性和差异性，同一药品用于不同人体，其治疗效果可能出现差异，甚至在特异质人体中出现正常情况下不会出现的副作用。因此，必须加强药品的监督管理，使之管理有方，用之得当，尽可能地发挥药品治病救人、保护健康的功能，降低其可能带来的潜在危害。

（二）药品使用的专门性

由于药品直接作用于人体，其使用必须慎重，对于处方药尤其如此。在通常情况下，人们只有通过医生的检查、诊断，并在医生的指导下合理使用药品，有的甚至要在医护人员的监护下服用，才能达到防病治病和维护健康的目的。同时，药品的用途具有专门性，即用于预防和治疗疾病，而一般情况不能用于非医疗途径。

（三）药品质量的严格性

由于药品直接关系到疾病治疗的效果，关系到患者的健康安危，因此，药品必须符合质量标准要求。为此，国家制定了一系列的法律法规和技术标准，以加强对药品质量的监督管理。

（四）药品鉴定的科学性

药品具有很强的专业性和技术性，对于药品的质量和疗效，一般消费者很难识别。必须由专门的技术人员和专门的机构，依照法定的标准和技术方法，才能做出鉴定或评价。

二、药品管理立法

药品的特殊性要求国家必须强化对药品的监督管理，尤其是要加强对药品管理立法，使药品监督和管理走上法制化轨道。药品管理法是调整药品监督管理、确保药品质量、增进药品疗效、保障用药安全、维护人体健康活动中产生的各种社会关系的法律规范总和。

新中国成立后，为配合禁止鸦片烟毒工作和解决旧中国遗留的伪劣假冒药品充斥市场的情况，1950 年 11 月，经当时的政务院批准，卫生部颁布了《麻醉药品管理暂行办法》，这是我国药品管理的第一个行政法规。1963 年经国务院批准，卫生部、化工部、商业部联合发布了我国药品管理的第一个综合性法规《关于加强药政管理的若干规定（草案）》，对药品的生产、经营、使用和进出口管理起到了重要作用。

随着社会主义经济建设的发展和人民生活水平的提高，为加强药品监督管理、保证药品质量、增进药品疗效、保障人民用药安全、维护人民身体健康，1984 年 9 月 10 日第 6 届全国人民代表大会常务委员会第 7 次会议通过了《中华人民共和国药品管理法》(以下简称为《药品管理法》)。这是新中国成立以来我国第一部药品管理法律，它把党和国家有关药品监督管理的方针政策和原则用国家法律的形式确定下来，将药品质量与安全置于国家和人民群众的严格监督之下，为人民群众合理有效地用药提供了法律保证。

随着我国政治、经济和社会生活的发展变化，在药品管理方面出现了许多新情况和新问题，也发生了一些新的违法犯罪行为，原来的《药品管理法》中的有些规定难以适应现实的需要。因此，2001 年 2 月 28 日，第 9 届全国人民代表大会常务委员会第 20 次会议通过了修订后的《药品管理法》，并于 2001 年 12 月 1 日施行。

新的《药品管理法》进一步规范对药品生产、经营的监督管理，强化药品监督管理执法，加大对违法行为的处罚、打击力度。为了保证《药品管理法》的有效实施，国务院先后制定和颁布了《中华人民共和国药品管理法实施条例》《麻醉药品和精神药品管理条例》《医疗用毒性药品管理办法》《放射性药品管理办法》等行政法规。卫生部、国家中医药管理局、国家食品药品监督管理总局等部门还颁布了《药品生产质量管理规范》《药品经营许可证管理办法》《医院机构制剂配制监督管理办法（试行）》《药品注册管理办法》《药品说明书和标签管理规定》《药品流通监督管理办法》《药品广告审理办法》《药品召回管理办法》《中药注册管理补充规定》《药品生产质量管理规范》《药品经营质量管理规范》等诸多部门规章。同时，各省、自治区、直辖市也相应制定了一系列有关药品管理的地方性法规和规章，从而形成了比较完备的药品监督管理法律体系，使药品监督管理有法可依。

第二节　药品的生产和经营

一、药品的生产

（一）药品生产企业应具备的条件

药品生产企业必须具备以下条件：①具有依法经过资格认定的药学技术人员、工程技术人员及相应的技术工人；②具有与其药品生产相适应的厂房、设施和卫生环境；③具有能对所生产药品进行质量管理和质量检验的机构、人员及必要的仪器设备；④具有保证药品质量的规章制度。

（二）生产许可制度

《药品管理法》第 7 条规定：开办药品生产企业，须经企业所在地省、自治区、直辖市人民政府食品药品监督管理部门批准并发给药品生产许可证，凭药品生产许可证到工商行政管理部门办理登记注册。无药品生产许可证的，不得生产药品。

《药品管理法实施条例》第8条规定：药品生产许可证有效期为5年。有效期届满，需要继续生产药品的，持证企业应当在许可证有效期届满前6个月，按照国务院药品监督管理部门的规定申请换发药品生产许可证。

（三）取得药品批准文号

药品生产企业在取得药品批准文号后，方可生产该药品。

生产新药或者已有国家标准的药品的，须经国务院药品监督管理部门批准，并发给药品批准文号；但是，生产没有实施批准文号管理的中药材和中药饮片除外。实施批准文号管理的中药材、中药饮片品种目录由国务院药品监督管理部门会同国务院中医药管理部门制定。

（四）药品生产的质量管理规范

1. 按照《药品生产质量管理规范》组织生产 药品生产企业必须按照国务院药品监督管理部门依据《药品管理法》制定的《药品生产质量管理规范》（简称GMP）组织生产。

GMP是20世纪70年代中期发达国家为保障药品生产质量而制定的保障药品质量和用药安全有效的可靠措施。它是在药品生产全过程中，用科学、合理、规范化的条件和方法来保证生产优良药品的一整套系统的、科学的管理规范，是药品生产和质量管理的基本准则。我国在20世纪80年代初引进了GMP，并于1988年颁布了第一部《药品生产质量管理规范》，作为正式法规施行。

我国药品监督管理部门按照规定对药品生产企业是否符合《药品生产质量管理规范》的要求进行认证；对认证合格的，发给认证证书。《药品生产质量管理规范》认证证书的格式由国务院药品监督管理部门统一规定。

《药品生产质量管理规范》作为质量管理体系中的一部分，是药品生产管理和质量控制的基本要求，旨在最大限度地降低药品生产过程中污染、交叉污染及混淆、差错等风险，确保持续稳定地生产出符合预定用途的注册要求的药品。企业应当严格执行本规范，坚持诚实守信。

2. 按照批准生产工艺生产 除中药饮片的炮制外，药品必须按照国家药品标准和国务院药品监督管理部门批准的生产工艺进行生产，生产记录必须完整准确。药品生产企业改变影响药品质量的生产工艺的，必须报原批准部门审核批准。

中药饮片必须按照国家食品药品标准炮制；国家药品标准没有规定的，必须按照省、自治区、直辖市人民政府食品药品监督管理部门制定的炮制规范炮制。省、自治区、直辖市人民政府食品药品监督管理部门制定的炮制规范应当报国务院药品监督管理部门备案。

3. 生产药品所需原料与辅料要求 药品原料是指形成药品的主要有效成分和制剂处方中包含的包括辅料在内的各种初始物料。辅料是指生产药品和调配处方时所用的赋形剂和附加剂。生产药品所需的原料、辅料都是直接组成药品的物料部分，它们经过加工、处理等一系列的生产过程，成为药品成品，对药品本身的治疗作用及药品质量均起着决定性的作用。因此，药品的原料和辅料必须符合用药要求。

4. 药品的质量检验 药品生产企业必须对其生产的药品进行质量检验；不符合国家药品标准或者不按照省、自治区、直辖市人民政府食品药品监督管理部门制定的中药饮片炮制规范炮制的，不得出厂。

5. 委托生产药品 经国务院药品监督管理部门或者国务院药品监督管理部门授权的省、自治区、直辖市人民政府食品药品监督管理部门批准，药品生产企业可以接受委托生产药品。接受委托生产药品的，受托方必须持有与其受托生产的药品相适应的药品生产质量管理规范证书。《药品管理法实施条例》规定，疫苗、血液制品和国务院药品监督管理部门规定的其他药品，不得委托生产。

二、药品的经营

（一）药品经营企业应具备的条件

1. 经营许可制度 《药品管理法》第 14 条规定：开办药品批发企业，须经企业所在地省、自治区、直辖市人民政府食品药品监督管理部门批准并发给药品经营许可证；开办药品零售企业，须经企业所在地县级以上地方食品药品监督管理部门批准并发给药品经营许可证，凭药品经营许可证到工商行政管理部门办理登记注册。无药品经营许可证的，不得经营药品。

《药品管理法实施条例》第 17 条规定：药品经营许可证有效期为 5 年。有效期届满，需要继续经营药品的，持证企业应当在许可证有效期届满前 6 个月，按照国务院药品监督管理部门的规定申请换发药品经营许可证。

2004 年 2 月国家食品药品监督管理局发布的《药品经营许可证管理办法》对开办药品批发企业和药品零售企业的条件作了具体规定。

2. 开办药品批发企业的条件 开办药品批发企业，应符合省、自治区、直辖市药品批发企业合理布局的要求，并符合以下设置标准：①具有保证所经营药品质量的规章制度；②企业、企业法定代表人或企业负责人、质量管理负责人无《药品管理法》第 76 条、第 83 条规定的情形；③具有与经营规模相适应的一定数量的执业药师，质量管理负责人具有大学以上学历，且必须是执业药师；④具有能够保证药品储存质量要求的、与其经营品种和规模相适应的常温库、阴凉库、冷库，仓库中具有适合药品储存的专用货架和实现药品入库、传送、分拣、上架、出库现代物流系统的装置和设备；⑤具有独立的计算机管理信息系统，能覆盖企业内药品的购进、储存、销售及经营和质量控制的全过程，能全面记录企业经营管理及实施《药品经营质量管理规范》方面的信息，符合《药品经营质量管理规范》对药品经营各环节的要求，并具有可以实现接受当地食品药品监管部门（机构）监管的条件；⑥具有符合《药品经营质量管理规范》对药品营业场所及辅助、办公用房，以及仓库管理、仓库内药品质量安全保障和进出库、在库储存与养护方面的条件。

国家对经营麻醉药品、精神药品、医疗用毒性药品、预防性生物制品另有规定的，从其规定。

3. 开办药品零售企业的条件 开办药品零售企业，应符合当地常住人口数量、地域、交通状况和实际需要的要求，符合方便群众购药的原则，并符合以下设置规定：①具有保证所经营药品质量的规章制度。②具有依法经过资格认定的药学技术人员；经营处方药、甲类非处方药的药品零售企业，必须配有执业药师或者其他依法经过资格认定的药学技术人员，质量负责人应有 1 年以上（含 1 年）药品经营质量管理工作经验。经营乙类非处方药的药品零售企业，以及农村乡镇以下地区设立药品零售企业的，应当按照《药品管理法实施条例》第 15 条的规定配备业务人员，有条件的应当配备执业药师。企业营业时间，以上人员应当在岗。③企业、企业法定代表人、企业负责人、质量负责人无《药品管理法》第76条、第83条规定情形的。④具有与所经营药品相适应的营业场所、设备、仓储设施及卫生环境。在超市等其他商业企业内设立零售药店的，必须具有独立的区域。⑤具有能够配备满足当地消费者所需药品的能力，并能保证24小时供应。药品零售企业应备有的国家基本药物品种数量由各省、自治区、直辖市食品药品监督管理部门结合当地具体情况确定。

国家对经营麻醉药品、精神药品、医疗用毒性药品、预防性生物制品另有规定的，从其规定。

（二）药品经营企业的质量管理

1. 按照《药品经营质量管理规范》组织经营 药品经营企业必须按照国务院药品监督管理部门制定的《药品经营质量管理规范》（简称GSP）经营药品。2013年1月22日卫生部发布了《药品经营质量管理规范》（2013版）。GSP是指通过控制药品在流通环节中所有可能发生质量事故的因素，从而防止质量事故发生的一整套管理程序。

《药品经营质量管理规范》是药品经营管理和质量控制的基本准则，企业应当在药品采购、储存、销售、运输等环节采取有效的质量控制措施，确保药品质量。

药品监督管理部门按照规定对药品经营企业是否符合《药品经营质量管理规范》的要求进行认证；对认证合格的，发给认证证书。

新开办药品批发企业和药品零售企业，应当自取得药品经营许可证之日起30日内，向发给其药品经营许可证的药品监督管理部门或者药品监督管理机构申请《药品经营质量管理规范》认证。受理药品零售企业认证申请的药品监督管理机构应当自收到申请之日起7个工作日内，将申请移送负责组织药品经营企业认证工作的省、自治区、直辖市人民政府食品药品监督管理部门。

省、自治区、直辖市人民政府食品药品监督管理部门应当自收到认证申请之日起3个月内，按照国务院药品监督管理部门的规定，组织对申请认证的药品批发企业或者药品零售企业是否符合《药品经营质量管理规范》进行认证；认证合格的，发给认证证书。药品经营企业必须按照国务院药品监督管理部门依据本法制定下的《药品经营质量管理规范》经营药品。

2. 执行进货检查验收制度 药品经营企业购进药品，必须执行进货检查验收制度，验明药品的合格证书和其他标识。不符合规定要求的，不得购进。

3. 具有真实完整的购销记录 《药品管理法》第18条规定：药品经营企业购销药品，必须有真实完整的购销记录。购销记录必须注明药品的通用名称、剂型、规格、批号、有效期、生产厂商、购（销）货单位、购（销）货数量、购销价格、购（销）货日期及国务院药品监督管理部门规定的其他内容。

4. 正确调配处方 《药品管理法》第19条规定：药品经营企业销售药品必须准确无误，并正确说明用法、用量和注意事项；调配处方必须经过核对，对处方所列药品不得擅自更改或者代用。对有配伍禁忌或者超剂量的处方，应当拒绝调配；必要时，经处方医师更正或者重新签字，方可调配。

5. 制定和执行药品保管制度 药品经营企业必须制定和执行药品保管制度，采取必要的冷藏、防冻、防潮、防虫、防鼠等措施，保证药品质量。销售中药材，必须标明产地，必须制定和执行药品保管制度，采取必要的冷藏、防冻防潮、防虫、防鼠等措施保证药品质量。

药品入库和出库必须执行检查制度。

三、医疗机构制剂

医疗机构制剂是指医疗机构根据本单位的临床、科研需要自配、自治、自用的制剂。《药品管理法》和《医院制剂管理办法》对此作了明确规定。

（一）医疗机构配制制剂的条件

1. 必须配备依法经过资格认定的药学技术人员。

2. 必须具有能够保证制剂质量的设施、管理制度、检验仪器和卫生条件。

3. 必须制定和执行药品管理制度，采取必要的冷藏、防冻防潮、防虫、防鼠等措施保证药品质量。

4. 经过所在地省级卫生行政部门的审核同意，由省级食品药品监督管理部门批准，并发给医疗机构制剂许可证。

（二）医疗机构制剂的范围

1. 常用而疗效确定的协定处方制剂。

2. 为临床科研需要临时配制的处方制剂。

3. 医药部门无供应或供应不足的制剂或特殊规格的制剂。

4. 本单位临床需要而市场上没有供应的品种。

（三）医疗机构配制制剂的使用

1. 医疗机构配制的制剂，不得在市场上销售，不得发布医疗机构制剂广告。

2. 特殊情况下，经国务院或省、自治区、直辖市人民政府食品药品监督管理部门批准，可以在指定的医疗机构之间调剂使用。

3. 医疗机构配制的制剂必须按照规定进行质量检验，合格的凭医师处方在本医疗机构使用。

4. 医疗机构的药剂人员调配处方，必须经过核对，对处方所列药品不得擅自更改或者代用。

5. 对有配伍禁忌或者超剂量的处方，应当拒绝调配；必要时，经处方医师更正或者重新签字后，方可调配。

6. 对购进的制剂药品，建立并执行检验验收制度，药品合格证明和其他标识不符合规定要求的，不得购进使用。

（四）医疗机构制剂许可证审批程序

配制制剂的医疗机构具备法定条件后，由省、自治区、直辖市人民政府食品药品监督管理部门批准，发给医疗机构制剂许可证。医疗机构制剂许可证有效期为 5 年。有效期届满，需要继续配制制剂的，医疗机构应当在许可证有效期届满前 6 个月，按照国务院药品监督管理部门的规定申请换发医疗机构制剂许可证。

四、药品包装

药品包装必须为药品外在和内在质量服务，药品包装必须适合药品质量的要求，方便储存、运输和医疗使用。每一种药品都要根据其不同的理化特性和特殊要求，严格选用合适、无毒、无害、不影响药品质量的包装材料和容器。保证药品不变质、不失效，美化商品，宣传商品，便于销售。必须在包装上注明有效期，贴有标签并附有说明书。《药品管理法》《药品生产质量管理规范》《药品包装管理办法》等对药品包装作了具体规定。

（一）药品包装材料

1. 凡选用直接接触药品的包装材料、容器（包括油墨、黏合剂、衬垫、填充物等）必须无毒，与药品不发生化学作用、不发生组分脱落活动迁移到药品当中，必须保证和方便患者安全用药。

2. 凡直接接触药品的包装材料、容器（包括盖、塞、内衬物、填充物等）除抗生素原料药用的周转包装容器外，其他均不准重复使用。

3. 药品生产企业和分装单位凡订购直接接触药品的包装材料、容器，必须在签订购买合同时明确包装材料卫生要求。不需药厂清洗直接接触药品的包装材料、容器，其生产环境卫生标准必须符合《药品生产管理规范》和《中成药生产管理规范》所规定的洁净度要求。

4. 直接接触药品（中成药除外）的包装材料、容器不准采用污染产品和药厂卫生的草包、麻袋、柳筐等包装。

（二）药品标签的管理规定

《药品说明书和标签管理规定》于2006年3月10日经国家食品药品监督管理总局局务会审议通过，自2006年6月1日起施行。相关内容如下：

1. 药品的内标签应当包含药品通用名称、适应证或者功能主治、规格、用法用量、生产日期、产品批号、有效期、生产企业等内容。

2. 药品外标签应当注明药品通用名称、成分、性状、适应证或者功能主治、规格、用法用量、不良反应、禁忌、注意事项、贮藏、生产日期、产品批号、有效期、批准文号、生产企业等内容。适应证或者功能主治、用法用量、不良反应、禁忌、注意事项不能全部注明的，应当标出主要内容并注明“详见说明书”字样。

3. 原料药的标签应当注明药品名称、贮藏、生产日期、产品批号、有效期、执行标准、批准文号、生产企业，同时还需注明包装数量及运输注意事项等必要内容。

同一药品生产企业生产的同一药品，药品规格和包装规格均相同的，其标签的内容、格式及颜色必须一致；药品规格或者包装规格不同的，其标签应当明显区别或者规格项明显标注。

药品标签中的有效期应当按照年、月、日的顺序标注，年份用四位数字表示，月、日用两位数表示。其具体标注格式为“有效期至XXXX年XX月”或者“有效期至XXXX年XX月XX日”；也可以用数字和其他符号表示为“有效期至XXXX. XX.”或者“有效期至XXXX/XX/XX”等。

药品通用名称应当显著、突出，其字体、字号和颜色必须一致，并符合以下要求：对于横版标签，必须在上1/3范围内显著位置标出；对于竖版标签，必须在右1/3范围内显著位置标出；不得选用草书、篆书等不易识别的字体，不得使用斜体、中空、阴影等形式对字体进行修饰；字体颜色应当使用黑色或者白色，与相应的浅色或者深色背景形成强烈反差；除因包装尺寸的限制而无法同行书写的，不得分行书写。

麻醉药品、精神药品、毒性药品、放射性药品和外用药品必须在其标签、瓶、盒、箱等包装物的明显位置上印刷规定的标志。

五、药品价格

（一）药品价格分类

《药品管理法》规定，药品价格实行政府定价、政府指导价和市场调节价。

1. 政府定价和政府指导价 政府价格主管部门应当依照《中华人民共和国价格法》（简称《价格法》）规定的定价原则，依据社会平均成本、市场供求状况和社会承受能力合理制定和调整价格，做到质价相符，消除虚高价格，保护用药者的正当利益。药品生产企业、经营企业和医疗机构必须执行政府定价、政府指导价，不得以任何形式擅自提高价格。

列入《国家基本医疗保险药品目录》的药品及《国家基本医疗保险药品目录》以外具有垄断性生产、经营的药品，实行政府定价或者政府指导价；对其他药品，实行市场调节价。

2. 市场调节价 药品的生产企业、经营企业和医疗机构应当按照公平、合理和诚实信用、质价相符的原则制定价格，为用药者提供价格合理的药品。

（二）药品价格管理

药品的生产企业、经营企业和医疗机构应当遵守国家价格主管部门关于药价管理的规定，制定和标明药品零售价格，禁止暴利损害用药者利益的价格欺诈行为。医疗机构应当向患者提供所用药品价格清单，医疗保险定点医疗机构还应按照规定的办法如实公布其常用药品的价格，加强合理用药的管理。

药品的生产企业、经营企业、医疗机构应当依法向政府价格主管部门提供其药品的实际购销价格。

政府价格主管部门依照《价格法》第28条的规定实行药品价格监测时，为掌握、分析药品价格变动和趋势，可以指定部分药品生产企业、药品经营企业和医疗机构作为价格监测定点单位；定点单位应当给予配合、支持，如实提供有关信息资料。

禁止药品生产企业、经营企业和医疗机构在药品购销中账外暗中给予、收受回扣或其他利益。禁止医疗机构负责人、药品采购人员、医师等有关人员以任何名义收受药品的生产企业、经营企业或者其代理人给予的财物和其他利益。

六、药品广告

（一）药品广告的概念

药品广告是指利用各种媒介或者形式发布的含有药品名称、药品适应证（功能主治）或者与药品有关的其他内容的广告。

药品广告是宣传和推销药品的有效手段，又是向广大群众介绍药品成分、功效、用法、用量及反映药品确切疗效的重要方法。药品关系到广大群众的身体健康，因此药品广告要准确、科学、真实。

（二）药品广告的审批

药品广告必须经过药品主管部门的审核批准才能发布。

《药品管理法实施条例》规定：发布药品广告，应当向药品生产企业所在地省、自治区、直辖市人民政府食品药品监督管理部门报送有关材料。省、自治区、直辖市人民政府食品药品监督管理部门应当自收到有关材料之日起 10 个工作日内作出是否核发药品广告批准文号的决定；核发药品广告批准文号的，应当同时报国务院药品监督管理部门备案。具体办法由国务院药品监督管理部门制定。未取得药品广告批准文号的，不得发布。

为加强药品广告管理，保证药品广告真实、合法，科学，2007 年国家食品药品监督总局发布了《药品广告审查发布标准》《药品广告审查办法》。

（三）药品广告的管理

1. 不得发布广告的药品 《药品广告审查发布标准》第 3 条规定，下列药品不得发布广告：①麻醉药品、精神药品、医疗用毒性药品、放射性药品；②医疗机构配制的制剂；③军队特需药品；④国家食品药品监督管理总局依法明令停止或者禁止生产、销售和使用的药品；⑤批准试生产的药品。

2. 药品广告不得出现的情形 药品广告中有关药品功能疗效的宣传应科学准确，不得出现下列情形：①含有不科学地表示功效的断言或者保证的。②说明治愈率或者有效率的。③与其他药品的功效和安全性进行比较的。④违反科学规律，明示或者暗示包治百病、适应所有症状的。⑤含有“安全无毒副作用”“毒副作用小”等内容的；含有明示或者暗示中成药为“天然”药品，因而安全性有保证等内容的。⑥含有明示或者暗示该药品为正常生活和治疗病症所必需等内容的。⑦含有明示或暗示服用该药能应付现代紧张生活和升学、考试等需要，能够帮助提高成绩、使精力旺盛、增强竞争力、增高、益智等内容的。⑧其他不科学的用语或者表示，如“最新技术”“最高科学”“最先进制法”等。

药品广告应当宣传和引导合理用药，不得直接或者间接怂恿公众任意、过量地购买和使用药品，不得含有以下内容：①含有不科学的表述或者使用不恰当的表现形式，引起公众对所处健康状况和所患疾病产生不必要的担忧和恐惧，或者使公众误解不使用该药品会患某种疾病或加重病情的；②含有免费治疗、免费赠送、有奖销售、以药品作为礼品或者奖品等促销药品内容的；③含有“家庭必备”或者类似内容的；④含有“无效退款”“保险公司保险”等保证内容的；⑤含有评比、排序、推荐、指定、选用、获奖等综合性评价内容的。

药品广告不得含有利用医药科研单位、学术机构、医疗机构或者专家、医生、患者的名义和形象作证明的内容。

药品广告不得使用国家机关和国家机关工作人员的名义。

药品广告不得使有军队单位或者军队人员的名义、形象。不得利用军队装备、设施从事药品广告宣传。

药品广告不得含有涉及公共信息、公共事件或其他与公共利益相关联的内容，如各类疾病信息、经济社会发展成果或医药科学以外的科技成果。

药品广告不得在未成年人出版物和广播电视频道、节目、栏目上发布。

药品广告不得以儿童为诉求对象，不得以儿童名义介绍药品。

药品广告不得含有医疗机构的名称、地址、联系办法、诊疗项目、诊疗方法及有关义诊、医疗（热线）咨询、开设特约门诊等医疗服务的内容。

3. 处方药和非处方药广告管理 处方药可以在国务院卫生行政部门和国务院药品监督管理部门共同指定的医学、药学专业刊物上介绍，但不得在大众传播媒介发布广告或者以其他方式进行以公众为对象的广告宣传。处方药广告的忠告语是：“本广告仅供医学药学专业人士阅读。”

非处方广告经过药品监督管理部门的审批，取得药品广告批准文号后，可以在大众媒介上进行广告宣传。非处方药广告不得利用公众对于医药学知识的缺乏，使用公众难以理解和容易引起混淆的医学、药学术语，造成公众对药品功效与安全性的误解。非处方药广告必须同时标明非处方药专用标识（OTC）。非处方药广告的忠告语是："请按药品说明书或在药师指导下购买和使用。"

七、禁止生产、销售的药品

《药品管理法》规定：禁止生产（包括配制）、销售假药，禁止生产、销售劣药。

（一）假药

《药品管理法》第48条规定，有下列情形之一的，为假药：①药品所含成分与国家药品标准规定的成分不符的；②以非药品冒充药品或者以他种药品冒充此种药品的。

有下列情形之一的药品，按假药论处：①国务院药品监督管理部门规定禁止使用的；②依照《药品管理法》必须批准而未经批准生产、进口，或者依照《药品管理法》必须检验而未经检验即销售的；③变质的；④被污染的；⑤使用依照《药品管理法》必须取得批准文号而未取得批准文号的原料药生产的；⑥所标明的适应证或者功能主治超出规定范围的。

（二）劣药

《药品管理法》第49条规定：药品成分的含量不符合国家药品标准的，为劣药。

有下列情形之一的药品，按劣药论处：①未标明有效期或者更改有效期的；②不注明或者更改生产批号的；③超过有效期的；④直接接触药品的包装材料和容器未经批准的；⑤擅自添加着色剂、防腐剂、香料、矫味剂及辅料的；⑥其他不符合药品标准规定的。

第三节 药品管理

一、药品标准

药品标准是指国家对药品质量规格及检验方法所做的技术性规范，由一系列反映药品特征的参数和技术指标组成，是药品生产、经营、供应、使用、检验和管理部门必须共同遵循的法定依据。

我国实行国家药品标准制度。《药品管理法》规定：药品必须符合国家药品标准，只有符合国家药品标准的药品才是合格药品，方可销售、使用。国务院药品监督管理部门组织药典委员会，负责国家药品标准的制定和修订。

国务院药品监督管理部门颁布的《中华人民共和国药典》和药品标准为国家药品标准。国务院药品监督管理部门的药品检验机构负责标定国家药品标准品、对照品。

二、药品注册

药品注册是指国家食品药品监督管理总局根据药品注册申请人的申请，依照法定程序，对拟上市销售药品的安全性、有效性、质量可控性等进行审查，并决定是否同意其申请的审批过程。2007 年国家食品药品监督管理总局发布了《药品注册管理办法》，2008 年 1 月又发布了《中药注册管理补充规定》。

（一）药品注册的原则和制度

国家鼓励研究创制新药，保护公民、法人和其他组织研究、开发新药的合法权益。药品注册工作应当遵循公开、公平、公正的原则。

国家食品药品监督管理总局主管全国药品注册工作，负责对药物临床试验、药品生产和进口进行审批。国家食品药品监督管理总局对药品注册实行主审集体负责制、相关人员公示制和回避制、责任追究制，受理、检验、审评、审批、送达等环节接受社会监督。

药品监督管理部门应当向申请人提供可查询的药品注册受理、检查、检验、审评、审批的进度和结论等信息。

药品监督管理部门应当在行政机关网站或者注册申请受理场所公开下列信息：①药品注册申请事项、程序、收费标准和依据、时限，需要提交的全部材料目录和申请书示范文本；②药品注册受理、检查、检验、审评、审批各环节人员名单和相关信息；③已批准的药品目录等综合信息。

（二）药品注册申请的内容

药品注册申请包括新药申请、仿制药申请、进口药品申请及其补充申请和再注册申请。境内申请人申请药品注册按照新药申请、仿制药申请的程序和要求办理，境外申请人申请进口药品注册按照进口药品申请的程序和要求办理。

1. 新药申请 新药申请是指未曾在中国境内上市销售的药品的注册申请。对已上市药品改变剂型、改变给药途径、增加新适应证的药品注册按照新药申请的程序申报。

2. 仿制药申请 仿制药申请是指生产国家食品药品监督管理总局已批准上市的已有国家标准的药品的注册申请；但是生物制品按照新药申请的程序申报。

3. 进口药品申请 进口药品申请是指境外生产的药品在中国境内上市销售的注册申请。

4. 补充申请 补充申请是指新药申请、仿制药申请或者进口药品申请经批准后，改变、增加或者取消原批准事项或者内容的注册申请。

5. 再注册申请 再注册申请是指药品批准证明文件有效期满后申请人拟继续生产或者进口该药品的注册申请。

申请药品注册必须进行临床前研究和临床研究。药物临床前研究应当执行有关管理规定，其中安全性评价研究必须执行《药物非临床研究质量管理规范》。

（三）药品注册申请的审批

1. 新药注册审批 新药注册申报与审批分为临床试验申报审批和生产上市申报审批两个阶段。两次申报与审批均由省级食品药品监督管理部门受理，最终由国家食品药品监督管理总局审批。

国家食品药品监督管理总局对完成的新药临床试验，经审查符合规定的，发给药物临床试验批件；对新药生产申请，经审查符合规定的，发给新药证书，申请人已持有药品生产许可证并具备生产条件的，同时发给药品批准文号。

2. 仿制药注册审批 仿制药的审批程序与新药申报程序相似。国家食品药品监督管理总局对申报材料进行全面审查，合乎要求的批准进行临床研究或者生产；批准临床研究的按新药审批程序进行，批准生产的发给药品生产批准文号。

三、药物临床试验

（一）概念

药物临床试验是指在任何人体（病人或健康志愿者）进行药物的系统性研究，以证实或揭示试验药物的作用、不良反应及试验药物的吸收、分布、代谢和排泄，目的是确定试验药物的疗效与安全性。

为保证药物临床试验过程规范，结果科学可靠，保护受试者的权益并保障其安全，根据《药品管理法》《药品管理法实施条例》，参照国际公认原则，2003年6月，国家食品药品监督管理局发布了《药物临床试验质量管理规范》。

（二）药物临床试验的原则

所有以人为对象的研究必须符合《世界医学大会赫尔辛基宣言》，即公正、尊重人格、力求使受试者最大程度受益和尽可能避免伤害。

（三）受试者权益保障

在药物临床试验的过程中，必须对受试者的个人权益给予充分的保障，并确保试验的科学性和可靠性。受试者的权益、安全和健康必须高于对科学和社会利益的考虑。伦理委员会与知情同意书是保障受试者权益的主要措施。

为确保临床试验中受试者的权益，须成立独立的伦理委员会，并向国家食品药品监督管理总局备案。伦理委员会应由从事医药相关专业人员、非医药专业人员、法律专家及来自其他单位的人员，至少五人组成，并有不同性别。伦理委员会的组成和工作不应受任何参与试验者的影响。

研究者或其指定的代表必须向受试者说明有关临床试验的详细情况：①受试者参加试验应是自愿的，而且有权在试验的任何阶段随时退出试验而不会遭到歧视或报复，其医疗待遇与权益不会受到影响。②必须使受试者了解，参加试验及在试验中的个人资料均属保密。必要时，药品监督管理部门、伦理委员会或申办者，按规定可以查阅参加试验的受试者资料。③试验目的、试验的过程与期限、检查操作、受试者预期可能的受益和风险，告知受试者可能被分配到试验的不同组别。④必须给受试者充分的时间以便考虑是否愿意参加试验，对无能力表达同意的受试者，应向其法定代理人提供上述介绍与说明。知情同意过程应采用受试者或法定代理人能理解的语言和文字，试验期间，受试者可随时了解与其有关的信息资料。⑤如发生与试验相关的损害时，受试者可以获得治疗和相应的补偿。

经充分和详细解释试验的情况后获得知情同意书：①由受试者或其法定代理人在知情同意书上签字并注明日期，执行知情同意过程的研究者也需在知情同意书上签署姓名和日期。②对无行为能力的受试者，如果伦理委员会原则上同意、研究者认为受试者参加试验符合其本身利益时，则这些病人也可以进入试验，同时应经其法定监护人同意并签名及注明日期。③儿童作为受试者，必须征得其法定监护人的知情同意并签署知情同意书；当儿童能做出同意参加研究的决定时，还必须征得其本人同意。④在紧急情况下，无法取得本人及其合法代表人的知情同意书，如缺乏已被证实有效的治疗方法，而试验药物有望挽救生命，恢复健康，或减轻病痛，可考虑作为受试者，但需要在试验方案和有关文件中清楚说明接受这些受试者的方法，并事先取得伦理委员会同意。⑤如发现涉及试验药物的重要新资料则必须将知情同意书作书面修改送伦理委员会批准后，再次取得受试者同意。

（四）试验用药品的管理

首先，临床试验用药品不得销售。其次，申办者负责对临床试验用药品做适当的包装与标签，并标明为临床试验专用。在双盲临床试验中，试验药物与对照药品或安慰剂在外形、气味、包装、标签和其他特征上均应一致。试验用药品的使用记录应包括数量、装运、递送、接受、分配、应用后剩余药物的回收与销毁等方面的信息。再次，试验用药品的使用由研究者负责，研究者必须保证所有试验用药品仅用于该临床试验的受试者，其剂量与用法应遵照试验方案，剩余的试验用药品退回申办者，上述过程须由专人负责并记录在案，试验用药品须有专人管理。研究者不得把试验用药品转交任何非临床试验参加者。最后，试验用药品的供给、使用、储藏及剩余药物的处理过程应接受相关人员的检查。

四、处方药与非处方药

（一）概念

“处方药”“非处方药”不是药品的本质属性，而是从药品管理上确定的概念，两者均是药品，它们的研究、生产、经营和使用均要遵守药品管理的相关法规。在此前提下，按照药品的品种、规格、适应证、剂量和给药途径的不同，将药品分为处方药与非处方药并按相应管理办法进行管理，主要是在经营和使用环节区别管理。

处方药是指必须凭执业医师或执业助理医师开具的处方才可以调配、购买和使用的药品。

非处方药是指由国务院药品监督部门公布的，不需要凭执业医师或执业助理医师处方，消费者可以自行判断、购买和使用的药品。非处方药在国外又称为柜台发售药品（over the counter drug），简称 OTC 药。

（二）相关管理规定

处方药必须凭医生处方方可调制、购买和使用，而非处方药不需要凭医生处方，消费者即可自行判断、购买和使用。处方药与非处方药流通渠道没有变化，但有新的管理要求，医生可以根据患者病情需要开具包括处方药和非处方药的处方，或在住院病人医嘱中使用非处方药；处方药可以继续在社会零售药店中销售，但必须凭医生处方才可购买。处方药和非处方药药品的包装、使用说明书和标签的要求有所不同。

《药品管理法实施条例》规定：经营处方药、甲类非处方药的药品零售企业，必须具有药品经营许可证，并应当配备执业药师或者其他依法经资格认定的药学技术人员。经营乙类非处方药的药品零售企业，应当配备经设区的市级食品药品监督管理机构或者省、自治区、直辖市人民政府食品药品监督管理部门直接设置的县级食品药品监督管理机构组织考核合格的业务人员。

五、药品不良反应报告

根据 2011 年卫生部发布的《药品不良反应报告和监测管理办法》，国家实行药品不良反应报告制度。

（一）概念

药品不良反应是指合格药品在正常用法用量下出现的与用药目的无关的或意外的有害反

应。药品不良反应主要表现为：对人体有害的副作用；毒性反应；过敏反应；其他不良反应。

（二）报告主体

药品生产企业、药品经营企业和医疗机构必须经常考察本单位所生产、经营、使用的药品质量、疗效和反应。发现可能与用药有关的严重不良反应，必须及时向当地省、自治区、直辖市人民政府食品药品监督管理部门和卫生行政部门报告。

（三）基本要求

经营企业和医疗机构获知或者发现可能与用药有关的不良反应，应当通过国家药品不良反应监测信息网络报告；不具备在线报告条件的，应当通过纸质报表报所在地药品不良反应监测机构，由所在地药品不良反应监测机构代为在线报告。报告内容应当真实、完整、准确。

各级药品不良反应监测机构应当对本行政区域内的药品不良反应报告和监测资料进行评价和管理。

药品生产、经营企业和医疗机构应当配合药品监督管理部门、卫生行政部门和药品不良反应监测机构对药品不良反应或者群体不良事件的调查，并提供调查所需的资料。

药品生产、经营企业和医疗机构应当建立并保存药品不良反应报告和监测档案。

（四）报告时限

1. 个例药品不良反应报告 新药监测期内的国产药品应当报告该药品的所有不良反应；其他国产药品，报告新的和严重的不良反应。进口药品自首次获准进口之日起 5 年内，报告该进口药品的所有不良反应；满 5 年的，报告新的和严重的不良反应。

药品生产、经营企业和医疗机构发现或者获知新的、严重的药品不良反应应当在 15 日内报告，其中死亡病例须立即报告；其他药品不良反应应当在 30 日内报告。有随访信息的，应当及时报告。

2. 药品群体不良事件报告 药品生产企业获知药品群体不良事件后应当立即开展调查，详细了解药品群体不良事件的发生、药品使用、患者诊治，以及药品生产、储存、流通、既往类似不良事件等情况，在 7 日内完成调查报告，报所在地省级食品药品监督管理部门和药品不良反应监测机构；同时迅速开展自查，分析事件发生的原因，必要时应当暂停生产、销售、使用和召回相关药品，并报所在地省级食品药品监督管理部门。

药品经营企业发现药品群体不良事件应当立即告知药品生产企业，同时迅速开展自查，必要时应当暂停药品的销售，并协助药品生产企业采取相关控制措施。

医疗机构发现药品群体不良事件后应当积极救治患者，迅速开展临床调查，分析事件发生的原因，必要时可采取暂停药品的使用等紧急措施。

3. 其他 进口药品和国产药品在境外发生的严重药品不良反应（包括自发报告系统收集的、上市后临床研究发现的、文献报道的），药品生产企业应当填写境外发生的药品不良反应/事件报告表，自获知之日起 30 日内报送国家药品不良反应监测中心。国家药品不良反应监测中心要求提供原始报表及相关信息的，药品生产企业应当在 5 日内提交。

（五）评价与控制

药品生产企业对已确认发生严重不良反应的药品，应当通过各种有效途径将药品不良反应、合理用药信息及时告知医务人员、患者和公众；采取修改标签和说明书，暂停生产、销售、使用和召回等措施，减少和防止药品不良反应的重复发生。对不良反应大的药品，应当主动申请注销其批准证明文件。

药品生产企业应当将药品安全性信息及采取的措施报所在地省级食品药品监督管理部门和国家食品药品监督管理总局。药品经营企业和医疗机构应当对收集到的药品不良反应报告和监测资料进行分析和评价，并采取有效措施减少和防止药品不良反应的重复发生。

对已确认发生严重不良反应的药品，国务院或者省、自治区、直辖市人民政府食品药品监督管理部门可以采取停止生产、销售、使用的紧急控制措施，并应当在5日内组织鉴定，自鉴定结论作出之日起15日内依法作出行政处理决定。

六、进出口药品

（一）进口药品的管理规定

《药品管理法》规定："禁止进口疗效不确，不良反应大或者其他原因危害人体健康的药品。"药品进口须经国务院药品监督管理部门组织审查，经审查确认符合质量标准，安全有效的，方可批准进口，并发给进口药品注册证书。医疗机构临床急需或者个人自用进口的少量药品，按国家有关规定办理进口手续。

药品必须从允许药品进口的口岸进口，并由进口药品的企业向口岸所在地食品药品监督管理部门登记备案。海关凭药品监督管理部门出具的进口药品通关单放行。口岸所在地食品药品监督管理部门应当通知药品检验机构按规定对进口药品进行抽查检验。允许药品进口的口岸由国务院药品监督管理部门会同海关总署提出，报国务院批准。国务院药品监督管理部门规定的生物制品，首次在中国销售的药品，进口时要指定检验机构进行检验，检验不合格的，不得进口、销售。

对已经批准进口的药品组织调查，疗效不确切的、不良反应大的或者其他原因危害人体健康的药品，应当撤销进口药品注册证书；已经进口的，由当地食品药品监督管理部门监督销毁或者处理。麻醉药品和精神药品必须持有国务院药品监督管理部门发给的进口准许证，方可进口。

（二）出口药品的管理规定

我国对出口药品的原则是：先国内，后国外。对国内紧缺药品，如中药材、中成药必须适当限制出口，以满足国内市场供应为主。对出口药品，质量标准符合规定要求的，经检验符合药品标准规定的方准出口。出口麻醉药和国务院卫生行政部门规定范围内的精神药品，必须持有国务院药品监督管理部门发给的出口准许证。

第四节　特殊药品

根据《药品管理法》的规定，国家对麻醉药品、精神药品、医疗用毒性药品、放射性药品实行特殊管理。

一、麻醉药品和精神药品

（一）概念

麻醉药品和精神药品是指列入麻醉药品目录、精神药品目录的药品和其他物质。精神药品分为第一类精神药品和第二类精神药品。

麻醉药品目录、精神药品目录由国务院药品监督管理部门会同国务院公安部门、国务院卫生主管部门制定、调整并公布。

上市销售但尚未列入目录的药品和其他物质或者第二类精神药品发生滥用，已经造成或者可能造成严重社会危害的，国务院药品监督管理部门会同国务院公安部门、卫生主管部门应当及时将该药品和该物质列入目录或者将该第二类精神药品调整为第一类精神药品。

（二）立法

为加强麻醉药品和精神药品的管理，保证麻醉药品和精神药品的合法、安全、合理使用，防止流入非法渠道，2005 年 8 月 3 日，国务院颁布了《麻醉药品和精神药品管理条例》（以下简称《条例》），并于 2005 年 11 月 1 日实施。自《条例》施行之日，国务院 1987 年 11 月 28 日发布的《麻醉药品管理办法》和 1988 年 12 月 27 日发布的《精神药品管理办法》同时废止。

此外，卫计委发布了《麻醉药品、第一类精神药品购用印鉴卡管理规定》《麻醉药品、精神药品处方管理规定》《医疗机构麻醉药品、第一类精神药品管理规定》，国家食品药品监督管理总局制定了《麻醉药品和精神药品生产管理办法（试行）》《麻醉药品和精神药品经营管理办法（试行）》《麻醉药品和精神药品运输管理办法》等规章。

（三）定点生产

国家对麻醉药品和精神药品实行定点生产制度。国务院药品监督管理部门应当根据麻醉药品和精神药品的需求总量，确定麻醉药品和精神药品定点生产企业的数量和布局，并根据年度需求总量对数量和布局进行调整、公布。发生重大突发事件，定点生产企业无法正常生产或者不能保证供应麻醉药品和精神药品时，国务院药品监督管理部门可以决定其他药品生产企业生产麻醉药品和精神药品。重大突发事件结束后，国务院药品监督管理部门应当及时决定前款规定的企业停止麻醉药品和精神药品的生产。

1. 定点生产企业所具备的条件 麻醉药品和精神药品的定点生产企业应当具备下列条件：①有药品生产许可证；②有麻醉药品和精神药品实验研究批准文件；③有符合规定的麻醉药品和精神药品生产设施、储存条件和相应的安全管理设施；④有通过网络实施企业安全生产管理和向药品监督管理部门报告生产信息的能力；⑤有保证麻醉药品和精神药品安全生产的管理制度；⑥有与麻醉药品和精神药品安全生产要求相适应的管理水平和经营规模；⑦麻醉药品和精神药品生产管理、质量管理部门的人员应当熟悉麻醉药品和精神药品管理及有关禁毒的法律、行政法规；⑧没有生产、销售假药、劣药或者违反有关禁毒的法律、行政法规规定的行为；⑨符合国务院药品监督管理部门公布的麻醉药品和精神药品定点生产企业数量和布局的要求。

2. 审批 从事麻醉药品、第一类精神药品生产及第二类精神药品原料药生产的企业，应当经所在地省、自治区、直辖市人民政府食品药品监督管理部门初步审查，由国务院药品监督管理部门批准；从事第二类精神药品制剂生产的企业，应当经所在地省、自治区、直辖市人民政府药品监督管理部门批准。

3. 药品批准文号 定点生产企业生产麻醉药品和精神药品，应当依照药品管理法的规定取得药品批准文号。国务院药品监督管理部门应当组织医学、药学、社会学、伦理学和禁毒等方面的专家成立专家组，由专家组对申请首次上市的麻醉药品和精神药品的社会危害性和被滥用的可能性进行评价，并提出是否批准的建议。

未取得药品批准文号的，不得生产麻醉药品和精神药品。

4. 生产 定点生产企业应当严格按照麻醉药品和精神药品年度生产计划安排生产，并依照规定向所在地省、自治区、直辖市人民政府食品药品监督管理部门报告生产情况。

5. 销售 定点生产企业应当依照规定，将麻醉药品和精神药品销售给具有麻醉药品和精神药品经营资格的企业或者依照规定批准的其他单位。

（四）经营

1. 定点经营 国家对麻醉药品和精神药品实行定点经营制度。国务院药品监督管理部门应当根据麻醉药品和第一类精神药品的需求总量，确定麻醉药品和第一类精神药品的定点批发企业布局，并应当根据年度需求总量对布局进行调整、公布。

药品经营企业不得经营麻醉药品原料药和第一类精神药品原料药。但是，供医疗、科学研究、教学使用的小包装的上述药品可以由国务院药品监督管理部门规定的药品批发企业经营。

2. 定点批发企业应具备的条件 麻醉药品和精神药品定点批发企业除应当具备药品经营企业的开办条件外，还应当具备下列条件：①有符合规定的麻醉药品和精神药品储存条件；②有通过网络实施企业安全管理和向药品监督管理部门报告经营信息的能力；③单位及其工作人员 2 年内没有违反有关禁毒的法律、行政法规规定的行为；④符合国务院药品监督管理部门公布的定点批发企业布局。

麻醉药品和第一类精神药品的定点批发企业，还应当具有保证供应责任区域内医疗机构所需麻醉药品和第一类精神药品的能力，并具有保证麻醉药品和第一类精神药品安全经营的管理制度。

3. 全国性批发企业和区域性批发企业 跨省、自治区、直辖市从事麻醉药品和第一类精神药品批发业务的企业（称之为全国性批发企业），应当经国务院药品监督管理部门批准；在本省、自治区、直辖市行政区域内从事麻醉药品和第一类精神药品批发业务的企业（称之为区域性批发企业），应当经所在地省、自治区、直辖市人民政府食品药品监督管理部门批准。专门从事第二类精神药品批发业务的企业，应当经所在地省、自治区、直辖市人民政府食品药品监督管理部门批准。全国性批发企业和区域性批发企业可以从事第二类精神药品批发业务。

全国性批发企业可以向区域性批发企业，或者经批准可以向取得麻醉药品和第一类精神药品使用资格的医疗机构及依照规定批准的其他单位销售麻醉药品和第一类精神药品。全国性批发企业向取得麻醉药品和第一类精神药品使用资格的医疗机构销售麻醉药品和第一类精神药品，应当经医疗机构所在地省、自治区、直辖市人民政府食品药品监督管理部门批准。国务院药品监督管理部门在批准全国性批发企业时，应当明确其所承担供药责任的区域。

区域性批发企业可以向本省、自治区、直辖市行政区域内取得麻醉药品和第一类精神药品使用资格的医疗机构销售麻醉药品和第一类精神药品；由于特殊地理位置的原因，需要就近向其他省、自治区、直辖市行政区域内取得麻醉药品和第一类精神药品使用资格的医疗机构销售的，应当经国务院药品监督管理部门批准。省、自治区、直辖市人民政府食品药品监督管理部门在批准区域性批发企业时，应当明确其所承担供药责任的区域。区域性批发企业之间因医疗急需、运输困难等特殊情况需要调剂麻醉药品和第一类精神药品的，应当在调剂后2日内将调剂情况分别报所在地省、自治区、直辖市人民政府食品药品监督管理部门备案。

全国性批发企业应当从定点生产企业购进麻醉药品和第一类精神药品。区域性批发企业可以从全国性批发企业购进麻醉药品和第一类精神药品；经所在地省、自治区、直辖市人民政府食品药品监督管理部门批准，也可以从定点生产企业购进麻醉药品和第一类精神药品。

全国性批发企业和区域性批发企业向医疗机构销售麻醉药品和第一类精神药品，应当将药品送至医疗机构。医疗机构不得自行提货。

4. 零售 麻醉药品和第一类精神药品不得零售。

禁止使用现金进行麻醉药品和精神药品交易，但是个人合法购买麻醉药品和精神药品的除外。

经所在地设区的市级食品药品监督管理部门批准，实行统一进货、统一配送、统一管理的药品零售连锁企业可以从事第二类精神药品零售业务。

第二类精神药品零售企业应当凭执业医师出具的处方，按规定剂量销售第二类精神药品，并将处方保存2年备案；禁止超剂量或者无处方销售第二类精神药品；不得向未成年人销售第二类精神药品。

5. 定价 麻醉药品和精神药品实行政府定价，在制定出厂和批发价格的基础上，逐步实行全国统一零售价格。具体办法由国务院价格主管部门制定。

（五）使用

1. 购买 药品生产企业需要以麻醉药品和第一类精神药品为原料生产普通药品的，应当向所在地省、自治区、直辖市人民政府食品药品监督管理部门报送年度需求计划，由省、自治区、直辖市人民政府药品监督管理部门汇总报国务院药品监督管理部门批准后，向定点生产企业购买。药品生产企业需要以第二类精神药品为原料生产普通药品的，应当将年度需求计划报所在地省、自治区、直辖市人民政府药品监督管理部门，并向定点批发企业或者定点生产企业购买。

食品、食品添加剂、化妆品、油漆等非药品生产企业需要使用咖啡因作为原料的，应当经所在地省、自治区、直辖市人民政府食品药品监督管理部门批准，向定点批发企业或者定点生产企业购买。

科学研究、教学单位需要使用麻醉药品和精神药品开展实验、教学活动的，应当经所在地省、自治区、直辖市人民政府食品药品监督管理部门批准，向定点批发企业或者定点生产企业购买。

需要使用麻醉药品和精神药品的标准品、对照品的，应当经所在地省、自治区、直辖市人民政府食品药品监督管理部门批准，向国务院药品监督管理部门批准的单位购买。

因治疗疾病需要，个人凭医疗机构出具的医疗诊断书、本人身份证明，可以携带单张处方购买最大用量以内的麻醉药品和第一类精神药品；携带麻醉药品和第一类精神药品出入境的，由海关根据自用、合理的原则放行。

2. 印鉴卡 医疗机构需要使用麻醉药品和第一类精神药品的，应当经所在地设区的市级人民政府卫生主管部门批准，取得麻醉药品、第一类精神药品购用印鉴卡。医疗机构应当凭印鉴卡向本省、自治区、直辖市行政区域内的定点批发企业购买麻醉药品和第一类精神药品。

设区的市级人民政府卫生主管部门发给医疗机构印鉴卡时，应当将取得印鉴卡的医疗机构情况抄送所在地设区的市级食品药品监督管理部门，并报省、自治区、直辖市人民政府卫生主管部门备案。省、自治区、直辖市人民政府卫生主管部门应当将取得印鉴卡的医疗机构名单向本行政区域内的定点批发企业通报。

医疗机构取得印鉴卡应当具备下列条件：①有专职的麻醉药品和第一类精神药品管理人员；②有获得麻醉药品和第一类精神药品处方资格的执业医师；③有保证麻醉药品和第一类精神药品安全储存的设施和管理制度。

3. 处方资格 医疗机构应当按照国务院卫生主管部门的规定，对本单位执业医师进行有关麻醉药品和精神药品使用知识的培训、考核，经考核合格的，授予麻醉药品和第一类精神药品处方资格。执业医师取得麻醉药品和第一类精神药品的处方资格后，方可在本医疗机构开具麻醉药品和第一类精神药品处方，但不得为自己开具该种处方。

医疗机构应当将具有麻醉药品和第一类精神药品处方资格的执业医师名单及其变更情况，定期报送所在地设区的市级人民政府卫生主管部门，并抄送同级食品药品监督管理部门。

医务人员应当根据国务院卫生主管部门制定的临床应用指导原则，使用麻醉药品和精神药品。

4. 处方管理 具有麻醉药品和第一类精神药品处方资格的执业医师，根据临床应用指导原则，对确需使用麻醉药品或者第一类精神药品的患者，应当满足其合理用药需求。在医疗机构就诊的癌症疼痛患者和其他危重患者得不到麻醉药品或者第一类精神药品时，患者或者其亲属可以向执业医师提出申请。具有麻醉药品和第一类精神药品处方资格的执业医师认为要求合理的，应当及时为患者提供所需麻醉药品或者第一类精神药品。

执业医师应当使用专用处方开具麻醉药品和精神药品，单张处方的最大用量应当符合国务院卫生主管部门的规定。

对麻醉药品和第一类精神药品处方，处方的调配人、核对人应当仔细核对，签署姓名，并予以登记；对不符合规定的，处方的调配人、核对人应当拒绝发药。

医疗机构应当对麻醉药品和精神药品处方进行专册登记，加强管理。麻醉药品处方至少保存3年，精神药品处方至少保存2年。

5. 医疗机构配制制剂 对临床需要而市场无供应的麻醉药品和精神药品，持有医疗机构制剂许可证和印鉴卡的医疗机构需要配制制剂的，应当经所在地省、自治区、直辖市人民政府食品药品监督管理部门批准。医疗机构配制的麻醉药品和精神药品制剂只能在本医疗机构使用，不得对外销售。

二、医疗用毒性药品

（一）概念

根据1988年12月国务院发布的《医疗用毒性药品管理办法》的规定，医疗用毒性药品系指毒性剧烈、治疗剂量与中毒剂量相近，使用不当会致人中毒或死亡的药品。

（二）使用规定

根据《医疗用毒性药品管理办法》的规定，使用毒性药品的单位必须建立健全保管、验收、领发、核对等制度，严防收假、发错，严禁与其他药品混杂，做到划定仓间或仓位，专柜加锁并由专人保管。

医疗单位供应和调配毒性药品，凭医生签名的正式处方。国营药店供应和调配毒性药品，凭盖有医生所在的医疗单位公章的正式处方。每次处方剂量不得超过 2 日极量。

调配处方时，必须认真负责，计量准确，按医嘱注明要求，并由配方人员及具有药师以上技术职称的复核人员签名盖章后方可发出。对处方未注明“生用”的毒性中药，应当用炮制品。如发现处方有疑问时，须经原处方医生重新审定后再行调配。处方一次有效，取药后处方保存 2 年备案。

（三）毒性药品管理品种

1. 毒性中药品种 砒石（红砒、白砒）、砒霜、水银、生马前子、生川乌、生草乌、生白附子、生附子、生半夏、生南星、生巴豆、斑蝥、青娘虫、红娘虫、生甘遂、生狼毒、生藤黄、生千金子、生天仙子、闹阳花、雪上一枝蒿、红升丹、白降丹、蟾酥、洋金花、红粉、轻粉、雄黄。

2. 毒性西药品种 去乙酰毛花甙丙、阿托品、洋地黄毒甙、氢溴酸后马托品、三氧化二砷、毛果芸香碱、升汞、水杨酸毒扁豆碱、亚砷酸钾、氢溴酸东莨菪碱、士的宁。

三、放射性药品

（一）概念

根据 1989 年 1 月国务院发布的《放射性药品管理办法》的规定，放射性药品是指用于临床诊断或者治疗的放射性核素制剂或者其标记药物。

（二）使用的规定

根据《放射性药品管理办法》的规定，医疗单位设置核医学科、室（同位素室），必须配备与其医疗任务相适应的并经核医学技术培训的技术人员。非核医学专业技术人员未经培训，不得从事放射性药品使用工作。

医疗单位使用放射性药品，必须符合国家放射性同位素卫生防护管理的有关规定。所在地的省、自治区、直辖市的公安、环保和卫生行政部门，应当根据医疗单位核医疗技术人员的水平、设备条件，核发相应等级的放射性药品使用许可证，无许可证的医疗单位不得在临床使用放射性药品。

持有放射性药品使用许可证的医疗单位，在研究配制放射性制剂并进行临床验证前，应当根据放射性药品的特点，提出该制剂的药理、毒性等资料，由省、自治区、直辖市卫生行政部门批准，并报卫计委备案，该制剂只限本单位内使用。

持有放射性药品使用许可证的医疗单位，必须负责对使用的放射性药品进行临床质量检验、收集药品不良反应等项工作，并定期向所在地卫生行政部门报告。

放射性药品使用后的废物（包括患者排出物），必须按国家有关规定妥善处置。

第五节　药品监督

一、药品监督管理机构

《药品管理法》规定：国务院药品监督管理部门主管全国药品监督管理工作，即国家食品药品监督管理总局主管全国药品监督管理工作。

省、自治区、直辖市人民政府食品药品监督管理部门负责本行政区域内的药品监督管理工作。省、自治区、直辖市人民政府有关部门在各自的职责范围内负责与药品有关的监督管理工作。省级人民政府食品药品监督管理部门负责本行政区域内的药品监督管理工作。县级以上卫生行政部门可以设置药品监督管理机构和药品检验机构。对药品质量和药品生产、经营、管理和使用工作进行检查督促，以保障人民用药安全，维护人体健康。

药品监督管理机构的职责是：①核发 药品生产企业许可证、药品经营企业许可证、医疗机构制剂许可证；②制定并监督实施 GMP 和 GSP；③审批新药、仿制药、进口药，并分别发放新药证书、生产批准文号、进口药品注册证；④审批医疗机构的制剂室并发放许可证和审批医疗机构制剂的品种；⑤对直接接触药品的包装材料实施监督管理；⑥负责药品广告的审批并发放批准文号；⑦负责对药品质量的监督检查，发布药品质量公告；⑧对可能危害人体健康的药品依法采取行政强制控制措施；⑨对违反《药品管理法》有关规定的行为依法实施行政处罚等。

二、药品检验机构

（一）机构设置

药品监督管理部门设置或者确定的药品检验机构，承担依法实施药品审批和药品质量监督检查所需的药品检验工作。

省、自治区、直辖市人民政府食品药品监督管理部门可以在本行政区域内设置药品检验机构。地方药品检验机构的设置规划由省、自治区、直辖市人民政府食品药品监督管理部门提出，报省、自治区、直辖市人民政府批准。

国务院和省、自治区、直辖市人民政府食品药品监督管理部门可以根据需要，确定符合药品检验条件的检验机构承担药品检验工作。

药品监督管理部门及其设置的药品检验机构和确定的专业从事药品检验的机构不得参与药品生产经营活动，不得以其名义推荐或者监制、监销药品。

药品监督管理部门及其设置的药品检验机构和确定的专业从事药品检验的机构的工作人员不得参与药品生产经营活动。

（二）药品检验程序

1. 检验人员 药品抽样必须由两名以上药品监督检查人员实施，并按照国务院药品监督管理部门的规定进行抽样；被抽检方应当提供抽检样品，不得拒绝。

药品被抽检单位没有正当理由，拒绝抽查检验的，国务院药品监督管理部门和被抽检单位所在地省、自治区、直辖市人民政府食品药品监督管理部门可以宣布停止该单位拒绝抽检的药品上市销售和使用。

2. 检验方法 对有掺杂、掺假嫌疑的药品，在国家药品标准规定的检验方法和检验项目不能检验时，药品检验机构可以补充检验方法和检验项目进行药品检验；经国务院药品监督管理部门批准后，使用补充检验方法和检验项目所得出的检验结果，可以作为药品监督管理部门认定药品质量的依据。

3. 药品质量公告 国务院和省、自治区、直辖市人民政府食品药品监督管理部门应当根据药品质量抽查检验结果，定期发布药品质量公告。药品质量公告应当包括抽验药品的品名、检品来源、生产企业、生产批号、药品规格、检验机构、检验依据、检验结果、不合格项目等内容。药品质量公告不当的，发布部门应当自确认公告不当之日起5日内，在原公告范围内予以更正。

4. 申请复验 当事人对药品检验机构的检验结果有异议，申请复验的，应当向负责复验的药品检验机构提交书面申请、原药品检验报告书。复验的样品从原药品检验机构留样中抽取。

5. 强制措施 药品监督管理部门依法对有证据证明可能危害人体健康的药品及其有关证据材料采取查封、扣押的行政强制措施的，应当自采取行政强制措施之日起7日内作出是否立案的决定；需要检验的，应当自检验报告书发出之日起15日内作出是否立案的决定；不符合立案条件的，应当解除行政强制措施；需要暂停销售和使用的，应当由国务院或者省、自治区、直辖市人民政府食品药品监督管理部门作出决定。

6. 检验费用 药品抽查检验，不得收取任何费用。当事人对药品检验结果有异议，申请复验的，应当按照国务院有关部门或者省、自治区、直辖市人民政府有关部门的规定，向复验机构预先支付药品检验费用。复验结论与原检验结论不一致的，复验检验费用由原药品检验机构承担。

依据《药品管理法》和《药品管理法实施条例》的规定核发证书，进行药品注册、药品认证和实施药品审批检验及其强制性检验，可以收取费用。具体收费标准由国务院财政部门、国务院价格主管部门制定。

第六节 法律责任

一、行政责任

（一）关于许可证

未取得药品生产许可证、药品经营许可证或者医疗机构制剂许可证生产药品、经营药品，尚不构成犯罪的，依法予以取缔，没收违法生产、销售的药品和违法所得，并处违法生产、销售的药品（包括已售出的和未售出的药品）货值金额2倍以上5倍以下的罚款。

违反《药品管理法》规定，提供虚假的证明、文件资料、样品或者采取其他欺骗手段取得药品生产许可证、药品经营许可证、医疗机构制剂许可证或者药品批准证明文件的，吊销药品生产许可证、药品经营许可证、医疗机构制剂许可证或者撤销药品批准证明文件，5年内不受理其申请，并处1万元以上3万元以下的罚款。

药品的生产企业、经营企业或者医疗机构违反《药品管理法》第34条的规定，从无药品生产许可证、药品经营许可证的企业购进药品的，责令改正，没收违法购进的药品，并处违法购进药品货值金额2倍以上5倍以下的罚款；有违法所得的，没收违法所得；情节严重的，吊销药品生产许可证、药品经营许可证或者医疗机构执业许可证书。

伪造、变造、买卖、出租、出借许可证或者药品批准证明文件，尚不构成犯罪的，没收违法所得，并处违法所得1倍以上3倍以下的罚款；没有违法所得的，处2万元以上10万元以下的罚款；情节严重的，并吊销卖方、出租方、出借方的药品生产许可证、药品经营许可证、医疗机构制剂许可证或者撤销药品批准证明文件。

药品监督管理部门违反药品管理法规定，有下列行为之一，尚不构成犯罪的，由其上级主管机关或者监察机关责令收回违法发给的证书、撤销药品批准证明文件，对直接负责的主管人员和其他直接责任人员依法给予行政处分：①对不符合《药品生产质量管理规范》《药品经营质量管理规范》的企业发给符合有关规范的认证证书的，或者对取得认证证书的企业未按照规定履行跟踪检查的职责，对不符合认证条件的企业未依法责令其改正或者撤销其认证证书的；②对不符合法定条件的单位发给药品生产许可证、药品经营许可证或者医疗机构制剂许可证的；③对不符合进口条件的药品发给进口药品注册证书的；④对不具备临床试验条件或者生产条件而批准进行临床试验、发给新药证书、发给药品批准文号的。

（二）关于假药、劣药

生产、销售假药，尚不构成犯罪的，没收违法生产、销售的药品和违法所得，并处违法生产、销售药品货值金额 2 倍以上 5 倍以下的罚款；有药品批准证明文件的予以撤销，并责令停产、停业整顿；情节严重的，吊销药品生产许可证、药品经营许可证或者医疗机构制剂许可证。

生产、销售劣药，尚不构成犯罪的，没收违法生产、销售的药品和违法所得，并处违法生产、销售药品货值金额 1 倍以上 3 倍以下的罚款；情节严重的，责令停产、停业整顿或者撤销药品批准证明文件、吊销药品生产许可证、药品经营许可证或者医疗机构制剂许可证。

从事生产、销售假药及生产、销售劣药情节严重的企业或者其他单位，其直接负责的主管人员和其他直接责任人员 10 年内不得从事药品生产、经营活动。对生产者专门用于生产假药、劣药的原辅材料、包装材料、生产设备，予以没收。

知道或者应当知道属于假劣药品而为其提供运输、保管、仓储等便利条件，尚不构成犯罪的，没收全部运输、保管、仓储的收入，并处违法收入 50% 以上 3 倍以下的罚款。

已取得药品生产许可证、药品经营许可证的企业生产、销售假药或劣药的，除依法追究该企业的法律责任外，对有失职、渎职行为的药品监督管理部门直接负责的主管人员和其他直接责任人员，尚不构成犯罪的，依法给予行政处分。

药品标识不符合《药品管理法》第 54 条规定的，除依法应当按照假药、劣药论处的外，责令改正，给予警告；情节严重的，撤销该药品的批准证明文件。

（三）关于商业贿赂

药品的生产企业、经营企业、医疗机构在药品购销中暗中给予、收受回扣或者其他利益的，药品的生产企业、经营企业或者其代理人给予使用其药品的医疗机构的负责人、药品采购人员、医师等有关人员以财物或者其他利益的，尚不构成犯罪的，由工商行政管理部门处 1 万元以上 20 万元以下的罚款，有违法所得的，予以没收；情节严重的，由工商行政管理部门吊销药品生产企业、药品经营企业的营业执照，并通知药品监督管理部门，由药品监督管理部门吊销其药品生产许可证、药品经营许可证。

药品的生产企业、经营企业的负责人、采购人员等有关人员在药品购销中收受其他生产企业、经营企业或者其代理人给予的财物或者其他利益，尚不构成犯罪的，依法给予处分，没收违法所得。

医疗机构的负责人、药品采购人员、医师等有关人员收受药品生产企业、药品经营企业或者其代理人给予的财物或者其他利益，尚不构成犯罪的，由卫生行政部门或者本单位给予处分，没收违法所得；对违法行为情节严重的执业医师，由卫生行政部门吊销其执业证书。

（四）关于药品监督

药品监督管理部门对药品广告不依法履行审查职责，批准发布的广告有虚假或者其他违反法律、行政法规的内容，尚不构成犯罪的，对直接负责的主管人员和其他直接责任人员依法给予行政处分。

药品监督管理部门或者其设置的药品检验机构或者其确定的专业从事药品检验的机构参与药品生产经营活动的，由其上级机关或者监察机关责令改正，有违法收入的予以没收；情节严重的，对直接负责的主管人员和其他直接责任人员依法给予行政处分。药品监督管理部门或者其设置的药品检验机构或者其确定的专业从事药品检验的机构的工作人员参与药品生产经营活动的，依法给予行政处分。

药品监督管理部门或者其设置、确定的药品检验机构在药品监督检验中违法收取检验费用的，由政府有关部门责令退还，对直接负责的主管人员和其他直接责任人员依法给予行政处分。对违法收取检验费用情节严重的药品检验机构，撤销其检验资格。

药品监督管理人员滥用职权、徇私舞弊、玩忽职守，尚不构成犯罪的，依法给予行政处分。

（五）其他

药品的生产企业、经营企业、药物非临床安全性评价研究机构、药物临床试验机构未按照规定实施《药品生产质量管理规范》《药品经营质量管理规范》《药物非临床研究质量管理规范》《药物临床试验质量管理规范》的，给予警告，责令限期改正；逾期不改正的，责令停产、停业整顿，并处5000元以上2万元以下的罚款；情节严重的，吊销药品生产许可证药品经营许可证和药物临床试验机构的资格。

进口已获得药品进口注册证书的药品，未按照药品管理法规定向允许药品进口的口岸所在地的药品监督管理部门登记备案的，给予警告，责令限期改正；逾期不改正的，撤销进口药品注册证书。

医疗机构将其配制的制剂在市场销售的，责令改正，没收违法销售的制剂，并处违法销售制剂货值金额1倍以上3倍以下的罚款；有违法所得的，没收违法所得。

药品检验机构出具虚假检验报告，尚不构成犯罪的，责令改正，给予警告，对单位并处3万元以上5万元以下的罚款；对直接负责的主管人员和其他直接责任人员依法给予降级、撤职、开除的处分，并处3万元以下的罚款；有违法所得的，没收违法所得；情节严重的，撤销其检验资格。

违反药品管理法有关药品广告的管理规定，尚不构成犯罪的，依照广告法的规定处罚，并由发给广告批准文号的药品监督管理部门撤销广告批准文号，1年内不受理该品种的广告审批申请。

二、民事责任

违反《药品管理法》的民事责任主要承担损害赔偿责任。如：药品检验机构出具的检验结果不实，造成损失的，应当承担相应的赔偿责任。药品的生产企业、经营企业、医疗机构违反药品管理法规定，给药品使用者造成损害的，依法承担赔偿责任。

损害赔偿责任要求应在当事人或其代理人知道或应当知道损害实施之日起1年内提出。

三、刑事责任

（一）生产、销售假药类犯罪

根据《刑法》第141条的规定：生产、销售假药，足以严重危害人体健康的，处3年以下有期徒刑或者拘役，并处或者单处销售金额50%以上2倍以下罚金；对人体健康造成严重危害的，处3年以上10年以下有期徒刑，并处销售金额50%以上2倍以下罚金；致人死亡或者对人体健康造成特别严重危害的，处10年以上有期徒刑、无期徒刑或者死刑，并处销售金额50%以上2倍以下罚金或者没收财产。单位犯本罪的，对单位判处罚金，并对其直接负责的主管人员和其他直接责任人员，依照上述规定处罚。

（二）生产、销售劣药类犯罪

根据《刑法》第142条的规定：生产、销售劣药，对人体健康造成严重危害的，处3年以上10年以下有期徒刑，并处销售金额50%以上2倍以下罚金；后果特别严重的，处10年以上有期徒刑或者无期徒刑，并处销售金额50%以上2倍以下罚金或者没收财产。单位犯本罪的，对单位判处罚金，并对其直接负责的主管人员和其他直接责任人员，依照上述规定处罚。

（三）商业贿赂类犯罪

药品的生产企业、经营企业、医疗机构在药品购销中暗中给予、收受回扣或者其他利益，药品的生产企业、经营企业或者其代理人给予使用其药品的医疗机构的负责人、药品采购人员、医师等有关人员以财物或者其他利益，构成犯罪的，依法追究刑事责任。

药品的生产企业、经营企业的负责人、采购人员等有关人员在药品购销中收受其他生产企业、经营企业或者其代理人给予的财物或者其他利益，构成犯罪的，依法追究刑事责任。

医疗机构的负责人、药品采购人员、医师等有关人员收受药品生产企业、药品经营企业或者其代理人给予的财物或者其他利益，构成犯罪的，依法追究刑事责任。

（四）渎职类犯罪

已取得药品生产许可证、药品经营许可证的企业生产、销售假药或劣药的，除依法追究该企业的法律责任外，对有失职、渎职行为的药品监督管理部门直接负责的主管人员和其他直接责任人员，构成犯罪的，依法追究刑事责任。

药品监督管理人员滥用职权、徇私舞弊、玩忽职守，构成犯罪的，依法追究刑事责任。

药品监督管理部门对药品广告不依法履行审查职责，批准发布的广告有虚假或者其他违反法律、行政法规的内容，构成犯罪的，依法追究刑事责任。

思考题

1. 什么是药品？
2. 开办药品生产企业应具备哪些条件？
3. 开办药品零售企业的条件是什么？
4. 医疗机构配制制剂的条件是什么？
5. 什么是假药？什么是劣药？
6. 什么是药品不良反应报告制度？
7. 药品广告管理包括哪些内容？

案例分析

2006 年 4 月 22 日和 4 月 23 日，广东某医院住院的 2 名重症肝炎病人先后出现急性肾功能衰竭症状，后又出现几例相同症状的病人，引起该院高度重视，并及时组织专家会诊。怀疑原因可能是患者使用了齐齐哈尔第二制药有限公司产生的“亮菌甲素注射液”。5 月 1 日，医院停用了该药。后药监部门调查发现，齐齐哈尔第二制药有限公司用工业用的“二甘醇”代替了“丙二醇”生产出“亮菌甲素注射液”。

讨论：

1. 用工业用的“二甘醇”代替了“丙二醇”生产出“亮菌甲素注射液”属于假药还是劣药？
2. 该医院的患者可以向谁提出赔偿要求？
3. 药监部门该如何处理该事件？
4. 齐齐哈尔第二制药有限公司应承担什么样的责任？

第六章 医疗器械法律制度

第一节 概 述

一、医疗器械的概念

医疗器械是指单独或者组合使用于人体的仪器、设备、器具、材料或其他物品，包括所需要的软件。

医疗器械在人体体表及体内起作用不是用药理学、免疫学或者代谢的手段获得，但是可能有这些手段参与并起一定的辅助作用；其使用旨在达到下列预期目的：①对疾病的预防、诊断、治疗、监护、缓解；②对损伤或者残疾的诊断、治疗、监护、缓解、补偿；③对解剖或者生理过程的研究、替代、调节；④妊娠控制。

二、医疗器械的立法

根据医学史书记载，几千年以前人们已能够借助某些专门工具医治内、外科疾病，如针灸使用的针具，最早由石头雕琢而成，称为“砭石”，后来逐步被竹针、骨针代替。到了19世纪中叶，外国制造的医疗器械输入到中国。新中国成立以后，我国医疗器械的生产有了很大的发展，为防病治病、保护人体健康发挥了积极作用。

新中国成立之后，先后负责医疗器械管理的轻工业部、化学工业部、卫生部等部门都制订了一系列医疗器械管理的规范性文件和标准。为了加强对医疗器械的监督管理，保证医疗器械的安全、有效，保障人体健康和生命安全，国务院于2000年1月4日发布了《医疗器械监督管理条例》，并于同年4月1日施行。这是我国第一部关于医疗器械监督管理的行政法规，该法规适用于在中华人民共和国境内从事医疗器械的研制、生产、经营、使用、监督管理的单位或者个人。

国家食品药品监督管理总局根据《医疗器械监督管理条例》相继发布了《医疗器械分类规则》《医疗器械标准管理办法（试行）》《医疗器械生产监督管理办法》《医疗器械经营企业许可证管理办法》《医疗器械注册管理办法》等规章，卫生部（现卫计委）则颁布了《医疗器械广告审查办法》《医疗器械广告审查发布标准》《医疗器械召回管理办法（试行）》等规章，使我国医疗器械监督管理法律制度逐步完善。

三、医疗器械的分类

国家对医疗器械实行分类管理。实行医疗器械分类的目的是为了区别医疗器械产品设计的不同预期目的、不同的技术结构、不同的作用方式，并使之能够列入不同的管理要求，保证医疗器械使用的安全有效。

根据《医疗器械监督管理条例》规定，医疗器械分为以下三类：第一类是指通过常规管理足以保证其安全性、有效性的医疗器械；第二类是指对其安全性、有效性应当加以控制的医疗器械；第三类是指植入人体，用于支持、维持生命，对人体具有潜在危险，对其安全性、有效性必须严格控制的医疗器械。

医疗器械分类目录是国务院药品监督管理部门依据医疗器械分类规则，由国务院卫生行政部门制定、调整、公布的。

第二节　医疗器械注册

一、医疗器械注册的概念

医疗器械注册是指依照法定程序，对拟上市销售、使用的医疗器械的安全性、有效性进行系统评价，以决定是否同意其销售、使用的过程。

《医疗器械监督管理条例》规定，国家对医疗器械实行产品生产注册制度。为规范医疗器械的注册管理，保证医疗器械的安全、有效，根据《医疗器械监督管理条例》，特制定《医疗器械注册管理办法》。《医疗器械注册管理办法》规定：在中华人民共和国境内销售、使用的医疗器械均应当按照本办法的规定申请注册，未获准注册的医疗器械，不得销售、使用。

二、医疗器械注册的分类管理

国家对医疗器械实行分类注册管理：

1. 境内第一类医疗器械由设区的市级食品药品监督管理机构审查，批准后发给医疗器械注册证书。

2. 境内第二类医疗器械由省、自治区、直辖市食品药品监督管理部门审查，批准后发给医疗器械注册证书。

3. 境内第三类医疗器械由国家食品药品监督管理总局审查，批准后发给医疗器械注册证书。

4. 境外医疗器械由国家食品药品监督管理总局审查，批准后发给医疗器械注册证书。

5. 台湾、香港、澳门地区医疗器械的注册，除《医疗器械注册管理办法》另有规定外，参照境外医疗器械办理。

三、医疗器械注册的检测

《医疗器械注册管理办法》规定：第二类、第三类医疗器械由国家食品药品监督管理总局会同国家质量监督检验检疫总局认可的医疗器械检测机构进行注册检测，经检测符合适用的产品标准后，方可用于临床试验或者申请注册。申请第二类、第三类医疗器械注册或重新注册，同时满足《医疗器械注册管理办法》规定条件的，可以免予注册检测。

四、医疗器械注册的申请与审批

（一）申请

申请医疗器械注册，申请人应当根据医疗器械的分类，向《医疗器械注册管理办法》

规定的相应食品药品监督管理部门提出申请，并应当填写医疗器械注册申请表，按照相应要求提交申请材料。申请材料应当使用中文；根据外文资料翻译的申请材料，应当同时提供原文。

（二）审批

申报注册医疗器械，应当按照国务院药品监督管理部门的规定提交技术指标、检测报告和其他有关资料。

设区的市级人民政府食品药品监督管理部门应当自受理申请之日起30个工作日内，作出是否给予注册的决定；不予注册的，应当书面说明理由。省、自治区、直辖市人民政府食品药品监督管理部门应当自受理申请之日起60个工作日内，作出是否给予注册的决定；不予注册的，应当书面说明理由。国务院药品监督管理部门应当自受理申请之日起90个工作日内，作出是否给予注册的决定；不予注册的，应当书面说明理由。

医疗器械注册证书有效期为4年。在产品注册证书有效期满前6个月内，申请到期重新注册。

五、进口医疗器械产品注册

首次进口的医疗器械，进口单位应当提供该医疗器械的说明书、质量标准、检验方法等有关资料和样品及出口国（地区）批准生产、销售的证明文件，经国务院药品监督管理部门审批注册，领取进口注册证书后，方可向海关申请办理进口手续。

六、医疗机构研制医疗器械产品的审批

医疗机构根据本单位的临床需要，可以研制医疗器械，在执业医师指导下在本单位使用。

医疗机构研制的第二类医疗器械，应当报省级以上人民政府食品药品监督管理部门审查批准；医疗机构研制的第三类医疗器械，应当报国务院药品监督管理部门审查批准。

七、医疗器械标准

生产医疗器械，应当符合医疗器械国家标准；没有国家标准的，应当符合医疗器械行业标准。

根据《医疗器械注册管理办法》规定：申请注册的医疗器械，应当有适用的产品标准，可以采用国家标准、行业标准或者制定注册产品标准，但是注册产品标准不得低于国家标准或者行业标准。

医疗器械国家标准由国务院标准化行政主管部门会同国务院药品监督管理部门制定。医疗器械行业标准由国务院药品监督管理部门制定。

八、医疗器械质量体系考核

医疗器械质量体系考核是指第二类、第三类医疗器械产品在申请注册和重新注册时，由省级以上食品药品监督管理部门依据《医疗器械生产企业质量体系考核办法》组织对产品的质量体系进行审查的活动。

第三节 医疗器械临床试验

一、医疗器械临床试验概述

（一）医疗器械临床试验的概念

医疗器械临床试验是指获得医疗器械临床试验资格的医疗机构对申请注册的医疗器械在正常使用条件下的安全性和有效性按照规定进行试用或验证的过程。

医疗器械临床试验的目的是评价受试产品是否具有预期的安全性和有效性。

《医疗器械监督管理条例》规定：第二类、第三类医疗器械新产品，应当按规定经批准后进行临床试用；生产第二类、第三类医疗器械，应当通过临床验证。

（二）医疗器械临床试验的原则

医疗器械临床试验应当遵守《世界医学大会赫尔辛基宣言》的道德原则，公正、尊重人格、力求使受试者最大程度受益和尽可能避免伤害。

（三）医疗器械临床试验的分类

医疗器械临床试验分医疗器械临床试用和医疗器械临床验证：①医疗器械临床试用是指通过临床使用来验证该医疗器械理论原理、基本结构、性能等要素能否保证安全性、有效性。②医疗器械临床验证是指通过临床使用来验证该医疗器械与已上市产品的主要结构、性能等要素是否实质性等同，是否具有同样的安全性、有效性。

（四）医疗器械临床试验的范围

医疗器械临床试用的范围：市场上尚未出现过，安全性、有效性有待确认的医疗器械。

医疗器械临床验证的范围：同类产品已上市，其安全性、有效性需要进一步确认的医疗器械。

（五）医疗器械临床试验的前提

医疗器械临床试验的前提条件：①该产品具有复核通过的注册产品标准或相应的国家、行业标准。②该产品具有自测报告。③该产品具有国务院药品监督管理部门会同国务院质量技术监督部门认可的检测机构出具的产品型式试验报告，且结论为合格。④受试产品为首次用于植入人体的医疗器械，应当具有该产品的动物试验报告；其他需要由动物试验确认产品对人体临床试验安全性的产品，也应当提交动物试验报告。

二、医疗器械临床试验受试者的权益保障

医疗器械临床试验不得向受试者收取费用。

医疗器械临床试验负责人或其委托人应当向受试者或其法定代理人详细说明如下事项：①受试者自愿参加临床试验，有权在临床试验的任何阶段退出。②受试者的个人资料保密。伦理委员会、食品药品监督管理部门、实施者可以查阅受试者的资料，但不得对外披露其内容。③医疗器械临床试验方案，特别是医疗器械临床试验目的、过程和期限、预期受试者可能的受益和可能产生的风险。④医疗器械临床试验期间，医疗机构有义务向受试者提供与该

临床试验有关的信息资料。⑤因受试产品原因造成受试者损害，实施者应当给予受试者相应的补偿；有关补偿事宜应当在医疗器械临床试验合同中载明。

受试者在充分了解医疗器械临床试验内容的基础上，获得知情同意书。知情同意书除应当包括上述所列各项外，还应当包括以下内容：①医疗器械临床试验负责人签名及签名日期；②受试者或其法定代理人的签名及签名日期；③医疗机构在医疗器械临床试验中发现受试产品预期以外的临床影响，必须对知情同意书相关内容进行修改，并经受试者或其法定代理人重新签名确认。

三、医疗器械临床试验方案

医疗器械临床试验方案是阐明试验目的、风险分析、总体设计、试验方法和步骤等内容的文件。医疗器械临床试验开始前应当制定试验方案，医疗器械临床试验必须按照该试验方案进行。

医疗器械临床试验方案应当以最大限度地保障受试者权益、安全和健康为首要原则，应当由负责临床试验的医疗机构和实施者按规定的格式共同设计制定，报伦理委员会认可后实施；若有修改，必须经伦理委员会同意。

医疗器械临床试验方案应当针对具体受试产品的特性，确定临床试验例数、持续时间和临床评价标准，使试验结果具有统计学意义；医疗器械临床试用方案应当证明受试产品理论原理、基本结构、性能等要素的基本情况及受试产品的安全性、有效性；医疗器械临床验证方案应当证明受试产品与已上市产品的主要结构、性能等要素是否实质性等同，是否具有同样的安全性、有效性。

医疗机构与实施者签署双方同意的临床试验方案，并签订临床试验合同。医疗器械临床试验方案应当包括以下内容：①临床试验的题目；②临床试验的目的、背景和内容；③临床评价标准；④临床试验的风险与受益分析；⑤临床试验人员姓名、职务、职称和任职部门；⑥总体设计，包括成功或失败的可能性分析；⑦临床试验持续时间及其确定理由；⑧每病种临床试验例数及其确定理由；⑨选择对象范围、对象数量及选择的理由，必要时对照组的设置；⑩治疗性产品应当有明确的适应证或适用范围；⑪临床性能的评价方法和统计处理方法；⑫副作用预测及应当采取的措施；⑬受试者知情同意书；⑭各方职责。

四、医疗器械临床试验实施者

（一）实施者

实施者负责发起、实施、组织、资助和监察临床试验。实施者为申请注册该医疗器械产品的单位。

（二）实施者职责

实施者职责主要有：①依法选择医疗机构；②向医疗机构提供医疗器械临床试验须知；③与医疗机构共同设计、制定医疗器械临床试验方案，签署双方同意的医疗器械临床试验方案及合同；④向医疗机构免费提供受试产品；⑤对医疗器械临床试验人员进行培训；⑥向医疗机构提供担保；⑦发生严重副作用应当如实、及时地分别向受理该医疗器械注册申请的省、自治区、直辖市食品药品监督管理部门和国家食品药品监督管理总局报告，同时向进行该医疗器械临床试验的其他医疗机构通报；⑧实施者中止医疗器械临床试验前，应当通知医疗机构、伦理委员会和受理该医疗器械注册申请的省、自治区、直辖市食品药品监督管理部门和国家食品药品监督管理总局，并说明理由；⑨受试产品对受试者造成损害的，实施者应当按医疗器械临床试验合同给予受试者补偿。

（三）医疗器械临床试验须知

《医疗器械临床试验须知》应当包括以下内容：①受试产品原理说明、适应证、功能、预期达到的使用目的、使用要求说明、安装要求说明；②受试产品的技术指标；③国务院药品监督管理部门会同国务院质量技术监督部门认可的检测机构出具的受试产品型式试验报告；④可能产生的风险，推荐的防范及紧急处理方法；⑤可能涉及的保密问题。

五、医疗机构及医疗器械临床试验人员

（一）医疗机构

承担医疗器械临床试验的医疗机构是指经过国务院药品监督管理部门会同国务院卫生行政部门认定的药品临床试验基地。

（二）医疗器械临床试验人员

医疗器械临床试验人员应当具备以下条件：①具备承担该项临床试验的专业特长、资格和能力；②熟悉实施者所提供的与临床试验有关的资料与文献。

负责医疗器械临床试验的医疗机构及临床试验人员职责：①应当熟悉实施者提供的有关资料，并熟悉受试产品的使用。②与实施者共同设计、制定临床试验方案，双方签署临床试验方案及合同。③如实向受试者说明受试产品的详细情况，临床试验实施前，必须给受试者充分的时间考虑是否参加临床试验。④如实记录受试产品的副作用及不良事件，并分析原因；发生不良事件及严重副作用的，应当如实、及时地分别向受理该医疗器械注册申请的省、自治区、直辖市食品药品监督管理部门和国家食品药品监督管理总局报告；发生严重副作用，应当在24小时内报告。⑤在发生副作用时，临床试验人员应当及时做出临床判断，采取措施，保护受试者利益；必要时，伦理委员会有权立即中止临床试验。⑥临床试验中止的，应当通知受试者、实施者、伦理委员会和受理该医疗器械注册申请的省、自治区、直辖市食品药品监督管理部门和国家食品药品监督管理总局，并说明理由。⑦提出临床试验报告，并对报告的正确性及可靠性负责。⑧对实施者提供的资料负有保密义务。

负责医疗器械临床试验的医疗机构应当确定主持临床试验的专业技术人员作为临床试验负责人。临床试验负责人应当具备主治医师以上的职称。

六、医疗器械临床试验报告

医疗器械临床试验完成后，承担临床试验的医疗机构应当按医疗器械临床试验方案的要求和规定的格式出具临床试验报告。医疗器械临床试验报告应当由临床试验人员签名、注明日期，并由承担临床试验的医疗机构中的临床试验管理部门签署意见、注明日期、签章。

医疗器械临床试验报告应当包括以下内容：①试验的病种、病例总数和病例的性别、年龄、分组分析，对照组的设置（必要时）；②临床试验方法；③所采用的统计方法及评价方法；④临床评价标准；⑤临床试验结果；⑥临床试验结论；⑦临床试验中发现的不良事件和副作用及其处理情况；⑧临床试验效果分析；⑨适应证、适用范围、禁忌证和注意事项；⑩存在的问题及改进建议。

第四节 医疗器械生产、经营、使用和广告

一、医疗器械生产

（一）医疗器械生产企业

医疗器械生产企业应当符合国家医疗器械行业发展规划和产业政策。

医疗器械生产企业应当符合下列条件：①具有与其生产的医疗器械相适应的专业技术人员；②具有与其生产的医疗器械相适应的生产场地及环境；③具有与其生产的医疗器械相适应的生产设备；④具有对其生产的医疗器械产品进行质量检验的机构或者人员及检验设备。

（二）医疗器械生产企业许可证

开办第一类医疗器械生产企业，应当在领取营业执照30日内，填写第一类医疗器械生产企业登记表，向所在地省、自治区、直辖市食品药品监督管理部门提出申请。开办第二类、第三类医疗器械生产企业，应当经省、自治区、直辖市人民政府食品药品监督管理部门审查批准，并发给医疗器械生产企业许可证。无医疗器械生产企业许可证的，工商行政管理部门不得发给营业执照。

医疗器械生产企业许可证有效期为5年，有效期届满需要继续生产的，医疗器械生产企业应当在有效期届满前6个月，向原发证机关提出换发医疗器械生产企业许可证的申请，按规定办理换证手续。

医疗器械生产企业在取得医疗器械产品生产注册证书后，方可生产医疗器械。

二、医疗器械经营

（一）医疗器械经营企业

医疗器械经营企业应当符合下列条件：①具有与其经营的医疗器械相适应的经营场地及环境；②具有与其经营的医疗器械相适应的质量检验人员；③具有与其经营的医疗器械产品相适应的技术培训、维修等售后服务能力。

（二）医疗器械经营企业许可证

开办第一类医疗器械经营企业，应当向省、自治区、直辖市人民政府食品药品监督管理部门备案。开办第二类、第三类医疗器械经营企业，应当经省、自治区、直辖市人民政府食品药品监督管理部门审查批准，并发给医疗器械经营企业许可证。无医疗器械经营企业许可证的，工商行政管理部门不得发给营业执照。

省、自治区、直辖市人民政府食品药品监督管理部门应当自受理医疗器械生产企业、经营企业许可证申请之日起30个工作日内，作出是否发证的决定；不予发证的，应当书面说明理由。

医疗器械经营企业许可证的有效期为5年，有效期届满需要继续经营的，医疗器械经营企业应当在有效期届满前6个月，向原发证机关提出换发医疗器械经营企业许可证的申请，按规定办理换证手续。

（三）医疗器械经营管理

医疗器械经营企业应当从取得医疗器械生产企业许可证的生产企业或者取得医疗器械经营企业许可证的经营企业购进合格的医疗器械，并验明产品合格证明。

医疗器械经营企业不得经营未经注册、无合格证明、过期、失效或者淘汰的医疗器械。

三、医疗器械使用

医疗器械经营企业应当从取得医疗器械生产企业许可证的生产企业或者取得医疗器械经营企业许可证的经营企业购进合格的医疗器械，并验明产品合格证明。

医疗机构不得使用未经注册、无合格证明、过期、失效或者淘汰的医疗器械。

医疗机构对一次性使用的医疗器械不得重复使用；使用过的，应当按照国家有关规定销毁，并作记录。

国家建立医疗器械质量事故报告制度和医疗器械质量事故公告制度。

四、医疗器械广告

医疗器械广告应当经省级以上人民政府食品药品监督管理部门审查批准；未经批准的，不得刊登、播放、散发和张贴。医疗器械广告的内容应当以国务院药品监督管理部门或者省、自治区、直辖市人民政府食品药品监督管理部门批准的使用说明书为准。

为加强医疗器械广告管理，保证医疗器械广告的真实性和合法性，根据《中华人民共和国广告法》（以下简称《广告法》）、《中华人民共和国反不正当竞争法》、《医疗器械监督管理条例》及国家有关广告、医疗器械监督管理的规定，2009 年 4 月 7 日卫生部、国家工商行政管理总局发布了《医疗器械广告审查办法》。

（一）医疗器械广告审查对象

通过一定媒介和形式发布的广告含有医疗器械名称、产品适用范围、性能结构及组成、作用机理等内容的，应当按照《医疗器械广告审查办法》进行审查。

仅宣传医疗器械产品名称的广告无需审查，但在宣传时应当标注医疗器械注册证号。

下列产品不得发布广告：①食品药品监督管理部门依法明令禁止生产、销售和使用的医疗器械产品；②医疗机构研制的在医疗机构内部使用的医疗器械。

（二）医疗器械广告申请

1. 医疗器械广告批准文号的申请人　医疗器械广告批准文号的申请人必须是具有合法资格的医疗器械生产企业或者医疗器械经营企业。医疗器械经营企业作为申请人的，必须征得医疗器械生产企业的同意。申请人可以委托代办人代办医疗器械广告批准文号的申办事宜。代办人应当熟悉国家有关广告管理的相关法律、法规及规定。

2. 不予受理医疗器械广告申请的情形　篡改经批准的医疗器械广告内容进行虚假宣传的，由药品监督管理部门责令立即停止该医疗器械广告的发布，撤销该企业该品种的医疗器械广告批准文号，1 年内不受理该企业该品种的广告审批申请。

对提供虚假材料申请医疗器械广告审批，被医疗器械广告审查机关发现的，1 年内不受理该企业该品种的广告审批申请。

对提供虚假材料申请医疗器械广告审批，取得医疗器械广告批准文号的，医疗器械广告审查机关在发现后应当撤销该医疗器械广告批准文号，并在 3 年内不受理该企业该品种的广告审批申请。

撤销医疗器械广告批准文号行政程序正在执行中的。

3. 医疗器械广告申请的受理 医疗器械广告审查机关收到医疗器械广告批准文号申请后，对申请材料齐全并符合法定要求的，发给医疗器械广告受理通知书；申请材料不齐全或者不符合法定要求的，应当当场或者在5个工作日内一次告知申请人需要补正的全部内容；逾期不告知的，自收到申请材料之日起即为受理。

医疗器械广告审查机关应当自受理之日起20个工作日内，依法对广告内容进行审查。对审查合格的医疗器械广告，发给医疗器械广告批准文号；对审查不合格的医疗器械广告，应当作出不予核发医疗器械广告批准文号的决定，书面通知申请人并说明理由，同时告知申请人享有依法申请行政复议或者提起行政诉讼的权利。

（三）医疗器械广告的备案

对批准的医疗器械广告，医疗器械广告审查机关应当报国家食品药品监督管理总局备案。国家食品药品监督管理总局对备案中存在问题的医疗器械广告，应当责成医疗器械广告审查机关予以纠正。对批准的医疗器械广告，食品药品监督管理部门应当通过政府网站向社会予以公布。

医疗器械广告批准文号有效期为1年。

（四）医疗器械广告审查发布标准

1. 医疗器械广告内容的要求 2009年4月国家工商行政管理总局、卫生部、国家食品药品监督管理总局联合发布《医疗器械广告审查发布标准》，其中规定：医疗器械广告中有关产品名称、适用范围、性能结构及组成、作用机理等内容应当以食品药品监督管理部门批准的产品注册证明文件为准；医疗器械产品注册证明文件中有禁忌内容、注意事项的，应在广告中标明“禁忌内容或注意事项详见说明书”；医疗器械广告中必须标明经批准的医疗器械名称、医疗器械生产企业名称、医疗器械注册证号、医疗器械广告批准文号；经审批的医疗器械广告在广播电台发布时，可以不播出医疗器械广告批准文号。

2. 医疗器械广告不得出现的情形 医疗器械广告中有关适用范围和功效等内容的宣传应当科学准确，不得出现下列情形：①含有表示功效的断言或者保证的；②说明有效率和治愈率的；③与其他医疗器械产品、药品或其他治疗方法的功效和安全性对比；④在向个人推荐使用的医疗器械广告中，利用消费者缺乏医疗器械专业、技术知识和经验的弱点，使用超出产品注册证明文件以外的专业化术语或不科学的用语描述该产品的特征或作用机理；⑤含有无法证实其科学性的所谓“研究发现”“实验或数据证明”等方面的内容；⑥违反科学规律，明示或暗示包治百病、适应所有症状的；⑦含有“安全”“无毒副作用”“无效退款”“无依赖”“保险公司承保”等承诺性用语，含有“唯一”“精确”“最新技术”“最先进科学”“国家级产品”“填补国内空白”等绝对化或排他性的用语；⑧声称或暗示该医疗器械为正常生活或治疗病症所必须等内容的；⑨含有明示或暗示该医疗器械能应付现代紧张生活或升学、考试的需要，能帮助改善或提高成绩，能使精力旺盛、增强竞争力、能增高、能益智等内容。

医疗器械广告应当宣传和引导合理使用医疗器械，不得直接或间接怂恿公众购买使用，不得含有以下内容：①含有不科学的表述或者通过渲染、夸大某种健康状况或者疾病所导致的危害，引起公众对所处健康状况或所患疾病产生担忧和恐惧，或使公众误解不使用该产品会患某种疾病或加重病情的；②含有“家庭必备”或者类似内容的；③含有评比、排序、推荐、指定、选用、获奖等综合性评价内容的；④含有表述该产品处于“热销”“抢购”“试用”等的内容。

医疗器械广告中不得含有利用医药科研单位、学术机构、医疗机构或者专家、医生、患者的名义和形象作证明的内容。

医疗器械广告中不得含有军队单位或者军队人员的名义、形象，不得利用军队装备、设施从事医疗器械广告宣传。

医疗器械广告中不得含有涉及公共信息、公共事件或其他与公共利益相关联的内容，如各类疾病信息、经济社会发展成果或医疗科学以外的科技成果。

医疗器械广告中不得含有医疗机构的名称、地址、联系办法、诊疗项目、诊疗方法，以及有关义诊、医疗（热线）咨询、开设特约门诊等医疗服务的内容。

医疗器械广告不得在未成年人出版物和频道、节目、栏目上发布。

医疗器械广告不得以儿童为诉求对象，不得以儿童的名义介绍医疗器械。

（五）医疗器械广告的监管

省、自治区、直辖市食品药品监督管理部门是医疗器械广告审查机关，负责本行政区域内医疗器械广告审查工作。

县级以上工商行政管理部门是医疗器械广告监督管理机关。

国家食品药品监督管理总局对医疗器械广告审查机关的医疗器械广告审查工作进行指导和监督，对医疗器械广告审查机关违法的行为，依法予以处理。

第五节　医疗器械召回

一、医疗器械召回概述

（一）医疗器械召回的概念

医疗器械召回是指医疗器械生产企业按照规定的程序对其已上市销售的存在缺陷的某一类别、型号或者批次的产品，采取警示、检查、修理、重新标签、修改并完善说明书、软件升级、替换、收回、销毁等方式消除缺陷的行为。此处所称缺陷是指医疗器械在正常使用情况下存在可能危及人体健康和生命安全的不合理的风险。

为加强对医疗器械的监督管理、保障人体健康和生命安全，根据《医疗器械监督管理条例》《国务院关于加强食品等产品安全监督管理的特别规定》，卫生部于 2011 年 5 月 20 日发布《医疗器械召回管理办法（试行）》，自 2011 年 7 月 1 日起施行。

（二）控制与消除医疗器械缺陷的主体

医疗器械生产企业是控制与消除产品缺陷的主体，应当对其生产的产品安全负责。

医疗器械生产企业应当按照《医疗器械召回管理办法（试行）》的规定建立和完善医疗器械召回制度，收集医疗器械安全的相关信息，对可能存在缺陷的医疗器械进行调查、评估，及时召回存在缺陷的医疗器械。

医疗器械经营企业、使用单位应当协助医疗器械生产企业履行召回义务，按照召回计划的要求及时传达、反馈医疗器械召回信息，控制和收回存在缺陷的医疗器械。

（三）医疗器械缺陷的报告

医疗器械经营企业、使用单位发现其经营、使用的医疗器械存在缺陷的，应当立即暂停销售或者使用该医疗器械，及时通知医疗器械生产企业或者供货商，并向所在地省、自治区、直辖市食品药品监督管理部门报告；使用单位为医疗机构的，还应当同时向所在地省、自治区、直辖市卫生行政部门报告。

医疗器械经营企业、使用单位所在地省、自治区、直辖市食品药品监督管理部门收到报告后，应当及时通报医疗器械生产企业所在地省、自治区、直辖市食品药品监督管理部门。

二、医疗器械缺陷的调查与评估

医疗器械生产企业应当建立健全医疗器械质量管理体系和医疗器械不良事件监测系统，收集、记录医疗器械的质量问题与医疗器械不良事件信息，对收集的信息进行分析，对医疗器械可能存在的缺陷进行调查和评估。医疗器械经营企业、使用单位应当配合医疗器械生产企业开展有关医疗器械缺陷的调查，并提供有关资料。

医疗器械生产企业应当按照规定及时将收集的医疗器械不良事件信息向药品监督管理部门报告，药品监督管理部门可以对医疗器械不良事件信息或者可能存在的缺陷进行分析和调查，医疗器械生产企业、经营企业、使用单位应当予以协助。

对医疗器械缺陷进行评估的主要内容包括：①在使用医疗器械过程中是否发生过故障或者伤害；②在现有使用环境下是否会造成伤害，是否有科学文献、研究、相关试验或者验证能够解释伤害发生的原因；③伤害所涉及的地区范围和人群特点；④对人体健康造成的伤害程度；⑤伤害发生的概率；⑥发生伤害的短期和长期后果；⑦其他可能对人体造成伤害的因素。

三、医疗器械召回

（一）医疗器械召回的分级

根据医疗器械缺陷的严重程度，医疗器械召回分为：

1. 一级召回 使用该医疗器械可能或者已经引起严重健康危害的。

2. 二级召回 使用该医疗器械可能或者已经引起暂时的或者可逆的健康危害的。

3. 三级召回 使用该医疗器械引起危害的可能性较小但仍需要召回的。

医疗器械生产企业应当根据召回分级与医疗器械销售和使用情况，科学设计召回计划并组织实施。

（二）主动召回

医疗器械生产企业按照《医疗器械召回管理办法（试行）》要求进行调查评估后，发现医疗器械存在缺陷的，应当立即决定召回。进口医疗器械的境外制造厂商在境外实施医疗器械召回的，应当通知其在中国境内指定的代理人及时报告国家食品药品监督管理总局；在境内进行召回的，由其在中国境内指定的代理人按照本办法的规定负责具体实施。

1. 召回通知 医疗器械生产企业做出医疗器械召回决定的，一级召回在 1 日内，二级召回在 3 日内，三级召回在 7 日内，通知到有关医疗器械经营企业、使用单位或者告知使用者。

召回通知至少应当包括以下内容：①召回医疗器械名称、批次等基本信息；②召回的原因；③召回的要求：如立即暂停销售和使用该产品、将召回通知转发到相关经营企业或者使用单位等；④召回医疗器械的处理方式。

2. 调查评估报告　调查评估报告应当包括以下内容：①召回医疗器械的具体情况，包括名称、批次等基本信息；②实施召回的原因；③调查评估结果；④召回分级。

3. 召回计划　召回计划应当包括以下内容：①医疗器械生产销售情况及拟召回的数量；②召回措施的具体内容，包括实施的组织、范围和时限等；③召回信息的公布途径与范围；④召回的预期效果；⑤医疗器械召回后的处理措施。

药品监督管理部门可以根据实际情况组织专家对医疗器械生产企业提交的召回计划进行评估，认为医疗器械生产企业所采取的措施不能有效消除缺陷的，应当要求医疗器械生产企业采取提高召回等级、扩大召回范围、缩短召回时间或者改变召回产品的处理方式等更为有效的措施。

医疗器械生产企业对上报的召回计划进行变更的，应当及时报药品监督管理部门备案。医疗器械生产企业在实施召回的过程中，应当根据召回计划定期向药品监督管理部门提交《召回计划实施情况报告》，报告召回计划实施情况。

4. 召回处理　医疗器械生产企业对召回医疗器械的处理应当有详细的记录，并向医疗器械生产企业所在地省、自治区、直辖市食品药品监督管理部门报告。对通过警示、检查、修理、重新标签、修改并完善说明书、软件升级、替换、销毁等方式能够消除产品缺陷的，可以在产品所在地完成上述行为。需要销毁的，应当在销毁地食品药品监督管理部门监督下销毁。

5. 召回总结　医疗器械生产企业在召回完成后，应当对召回效果进行评价，并在召回完成后10日内向药品监督管理部门提交医疗器械召回总结报告。

药品监督管理部门应当自收到总结报告之日起10日内对报告进行审查，并对召回效果进行评价。审查和评价结论应当以书面形式通知医疗器械生产企业并抄送同级卫生行政部门。

6. 重新召回　经过审查和评价，认为召回不彻底，尚未有效消除缺陷的，药品监督管理部门应当要求医疗器械生产企业重新召回。

（三）责令召回

药品监督管理部门经过调查评估，认为存在《医疗器械召回管理办法（试行）》所称的缺陷，医疗器械生产企业应当召回医疗器械而未主动召回的，应当责令医疗器械生产企业召回医疗器械。必要时，药品监督管理部门应当要求医疗器械生产企业、经营企业和使用单位立即暂停销售或者使用、告知使用者立即暂停使用该医疗器械。

1. 责令召回通知书　药品监督管理部门做出责令召回决定，应当将责令召回通知书送达医疗器械生产企业或者进口医疗器械生产企业的国内代理商，通知书包括以下内容：①召回医疗器械的具体情况，包括名称、批次等基本信息；②实施召回的原因；③调查评估结果；④召回要求，包括范围和时限等。

2. 后续处理　医疗器械生产企业收到责令召回通知书后，应当按照规定通知医疗器械经营企业和使用单位或者告知使用者，制定、提交召回计划，并组织实施。

医疗器械生产企业应当按照规定向药品监督管理部门报告医疗器械召回的相关情况，进行召回医疗器械的后续处理。

药品监督管理部门应当按照规定对医疗器械生产企业提交的医疗器械召回总结报告进行审查，并对召回效果进行评价，及时通报同级卫生行政部门。经过审查和评价，认为召回不彻底，尚未有效消除缺陷的，药品监督管理部门应当要求医疗器械生产企业重新召回。

第六节 医疗器械监督

一、医疗器械监督管理机构

（一）国家食品药品监督管理总局

国家食品药品监督管理总局负责全国的医疗器械监督管理工作。其主要工作职责有：负责组织制定、公布医疗器械标准、分类管理制度并监督实施；负责制定医疗器械研制、生产、经营、使用质量管理规范并监督实施；负责医疗器械注册并监督检查；建立医疗器械不良事件监测体系，并开展监测和处置工作；负责制定医疗器械监督管理的稽查制度并组织实施，组织查处重大违法行为；建立问题产品召回和处置制度并监督实施等。

（二）县级以上地方人民政府食品药品监督管理部门

县级以上地方人民政府食品药品监督管理部门负责本行政区域内的医疗器械监督管理工作，其职责包括：对已经造成医疗器械质量事故或者可能造成医疗器械质量事故的产品及有关资料，可以予以查封、扣押；对已被撤销产品注册证书的医疗器械负责监督处理。

县级以上人民政府食品药品监督管理部门设医疗器械监督员。医疗器械监督员对本行政区域内的医疗器械生产企业、经营企业和医疗机构进行监督、检查；必要时，可以按照国务院药品监督管理部门的规定抽取样品和索取有关资料，有关单位、人员不得拒绝和隐瞒。监督员对所取得的样品、资料负有保密义务。

二、医疗器械质量监督抽查检验

医疗器械质量监督抽查检验是指由食品药品监督管理部门依法定程序抽取、确认样品，并指定具有资质的医疗器械检验机构进行标准符合性检验，根据抽验结果进行公告和监督管理的活动。为加强医疗器械产品质量监督管理，规范医疗器械产品质量监督抽查检验工作，根据《医疗器械监督管理条例》及相关规章，2013 年 10 月 11 日，国家食品药品监督管理总局印发了《医疗器械质量监督抽查检验管理规定》。

（一）工作方案

各级食品药品监督管理部门应当根据医疗器械监管的需要，制定年度监督抽查检验工作方案，提供必要的经费支持和保障。

监督抽查检验工作方案应当包括抽查检验的范围、方式、数量、检验项目和判定原则、工作要求和完成时限（含复验完成时限）等。

监督抽查检验品种遴选的基本原则：①对人体有潜在危险，对其安全性、有效性必须严格控制的医疗器械；②使用量大、使用范围广，可能造成大面积危害的医疗器械；③出现过质量问题的医疗器械；④投诉举报较集中的医疗器械；⑤通过医疗器械风险监测发现存在产品质量风险，需要开展监督抽查检验的医疗器械；⑥在既往监督抽查检验中被判不符合标准规定的医疗器械；⑦其他需要重点监控的医疗器械。

（二）抽样

食品药品监督管理部门开展医疗器械抽样时，应当由2名以上（含2名）执法人员实施。在抽样过程中，应当依法对被抽样单位开展监督检查，核查其生产、经营资质和产品来源。

抽样人员在执行抽样任务时，应当主动出示行政执法证件和抽样文件。

被抽样单位应当配合抽样工作，并提供以下资料：①被抽样单位为医疗器械生产企业的，应当提供医疗器械生产许可证，被抽取医疗器械的产品注册证、产品注册标准等相关资料的复印件；②被抽样单位为医疗器械经营企业的，应当提供医疗器械经营许可证，被抽取医疗器械的产品注册证、合格证明等相关资料的复印件；③被抽样单位为医疗器械使用单位的，应当提供执业许可证，被抽取医疗器械的产品注册证、合格证明等相关资料的复印件。以上资料提供复印件的，由被抽样单位有关人员签字并标明与原件相符，加盖被抽样单位印章。

抽样应当在被抽样单位存放医疗器械的现场进行，有关单位应当配合完成样品确认。抽取的样品应当根据产品的贮存与运输条件及时寄、送承检机构并做交接记录。

抽样人员应当用医疗器械抽样封签签封所抽样品，填写医疗器械抽样记录及凭证，并经被抽样单位主管人员认可后签字，加盖被抽样单位印章。

生产企业因故不能提供样品的，应当说明原因并提供有关证明材料，填写未能提供被抽样品的证明；抽样人员应当检查生产现场，查阅有关生产、销售记录后，可追踪到经营企业或使用单位对产品进行抽样。

被抽样单位无正当理由不得拒绝抽样。需要被抽样单位协助寄送样品的，被抽样单位应当协助。

（三）检验

承检机构应当具有相应的医疗器械检验检测资质，并在授检范围内按照产品生产时有效的产品注册标准依法开展相关检验工作。在医疗器械经营企业、使用单位所抽的样品，其产品注册标准由相应的审批部门提供复印件并加盖单位印章。承检机构对不宜移动的医疗器械可开展现场检验，被抽样单位应当配合。

承检机构接收样品时，应当检查并记录样品的封签、包装有无破损，样品外观等状态有无异常情况；核对样品与医疗器械抽样记录及凭证上的记录是否相符等。如样品与医疗器械抽样记录及凭证上的记录不相符的，承检机构应当与抽样单位核实，由抽样单位进行纠正。对不符合检验有关规定的不得开展检验工作，并将结果上报组织监督抽验的部门或单位。所抽样品不属于监督抽验工作方案中规定的抽样范围或不符合监督抽验要求等情况的，承检机构应当在收到样品5个工作日内与抽样单位联系并安排样品退回。抽样单位应当按照监督抽验工作方案抽取补足样品并及时寄、送承检机构。

承检机构应当按照检验检测要求制定相关管理和质量控制制度，严格按照相关制度及检验质量规范要求开展检验工作，保证检验工作公正、规范，如实填写原始记录。

承检机构应当及时出具科学有效的检验报告，报告应当内容完整、数据准确、结论明确。原始记录及检验报告保存期不得少于5年。

国家食品药品监督管理总局组织的监督抽验中，承检机构在完成检验工作后，应当按照监督抽验工作方案的要求，将医疗器械质量监督抽查检验结果通知书和检验报告寄送抽样单位及标示生产企业所在地的省级食品药品监督管理部门；抽样单位及标示生产企业所在地的省级食品药品监督管理部门应当在收到后的5个工作日内送达被抽样单位或标示生产企业。

省级及省级以下食品药品监督管理部门组织的监督抽验中，检验报告及相关文件的送达应当按照各省监督抽验有关规定执行。

承检机构应当及时按监督抽验工作方案要求将检验任务的完成情况及相关资料报组织监督抽验的部门或单位。

对于监督抽验结果为不符合标准规定的样品，应当在监督抽验结果发布后继续保留3个月。监督抽验工作方案中规定返还的样品应当及时返还。因正常检验造成破坏或损耗的样品应当在返还同时说明情况。

（四）复验

被抽样单位或标示生产企业（以下称申请人）对检验结果有异议的，可以自收到检验报告之日起7个工作日内向具有相应资质的医疗器械检验机构提出复验申请，检验机构无正当理由不得推诿。逾期视为申请人认可该检验结果，检验机构将不再受理复验申请。

申请人应当向复验机构提交复验申请表及需要说明的其他资料。监督抽验工作方案中规定不得复验的检验项目，复验申请不予受理。复验费用由申请人承担。

复验机构接受复验申请后，应当通知原承检机构，原承检机构应当及时将样品及产品注册标准寄、送复验机构。复验应当按照监督抽验工作方案进行，复验机构出具的复验结论为最终检验结论。

国家食品药品监督管理总局组织的监督抽验中，复验结束后，复验机构应当在2个工作日内将复验报告分别寄送申请人、原承检机构、抽样单位和标示生产企业所在地的省级食品药品监督管理部门。

省级及省级以下食品药品监督管理部门组织的监督抽验中，复验报告及相关文件的送达应当按照各省监督抽验有关规定执行。

（五）结果处理

各地食品药品监督管理部门收到检验报告后，应当及时对不符合标准规定产品的相关生产、经营企业、使用单位开展监督检查，采取控制措施，对违法行为依法查处。

国家食品药品监督管理总局、省级食品药品监督管理部门应当及时发布医疗器械质量公告。医疗器械质量公告在发布前，组织监督抽验的部门应当对公告内容进行核实。

公告不当的，应当在原公告范围内予以更正。

（六）监督管理

抽样人员在监督抽验中向被抽样单位索取超过检验需要的样品或收取检验费用的，由其所在部门或上级主管部门责令退还；情节严重的，应当给予行政处分。

承检机构伪造检验结果或者出具虚假证明的，按照《医疗器械监督管理条例》处理；违反纪律泄露和对外公布检验结果的，对有关责任人员给予行政处分。

抽样、检验和相关工作人员应当对被抽样单位提供的有关资料保密，不得擅自泄露和对外公布检验结果。

三、医疗器械检测机构

国家对医疗器械检测机构实行资格认可制度。经国务院药品监督管理部门会同国务院质量技术监督部门认可的检测机构，方可对医疗器械实施检测。

医疗器械检测机构及其人员对被检测单位的技术资料负有保密义务，并不得从事或者参与同检测有关的医疗器械的研制、生产、经营和技术咨询等活动。

第七节 法律责任

一、医疗器械生产企业的法律责任

违反《医疗器械监督管理条例》规定，未取得医疗器械产品生产注册证书进行生产的，由县级以上人民政府食品药品监督管理部门责令停止生产，没收违法生产的产品和违法所得。违法所得1万元以上的，并处违法所得3倍以上5倍以下的罚款；没有违法所得或者违法所得不足1万元的，并处1万元以上3万元以下的罚款；情节严重的，由省、自治区、直辖市人民政府食品药品监督管理部门吊销其医疗器械生产企业许可证；构成犯罪的，依法追究刑事责任。

违反《医疗器械监督管理条例》规定，未取得医疗器械生产企业许可证生产第二类、第三类医疗器械的，由县级以上人民政府食品药品监督管理部门责令停止生产，没收违法生产的产品和违法所得。违法所得1万元以上的，并处违法所得3倍以上5倍以下的罚款；没有违法所得或者违法所得不足1万元的，并处1万元以上3万元以下的罚款；构成犯罪的，依法追究刑事责任。

违反《医疗器械监督管理条例》规定，生产不符合医疗器械国家标准或者行业标准的医疗器械的，由县级以上人民政府食品药品监督管理部门予以警告，责令停止生产，没收违法生产的产品和违法所得。违法所得5000元以上的，并处违法所得2倍以上5倍以下的罚款；没有违法所得或者违法所得不足5000元的，并处5000元以上2万元以下的罚款；情节严重的，由原发证部门吊销产品生产注册证书；构成犯罪的，依法追究刑事责任。

违反《医疗器械监督管理条例》规定，办理医疗器械注册申报时，提供虚假证明、文件资料、样品，或者采取其他欺骗手段，骗取医疗器械产品注册证书的，由原发证部门撤销产品注册证书，两年内不受理其产品注册申请，并处1万元以上3万元以下的罚款；对已经进行生产的，并没收违法生产的产品和违法所得。违法所得1万元以上的，并处违法所得3倍以上5倍以下的罚款；没有违法所得或者违法所得不足1万元的，并处1万元以上3万元以下的罚款；构成犯罪的，依法追究刑事责任。

二、医疗器械经营企业的法律责任

违反《医疗器械监督管理条例》规定，未取得医疗器械经营企业许可证经营第二类、第三类医疗器械的，由县级以上人民政府食品药品监督管理部门责令停止经营，没收违法经营的产品和违法所得。违法所得5000元以上的，并处违法所得2倍以上5倍以下的罚款；没有违法所得或者违法所得不足5000元的，并处5000元以上2万元以下的罚款；构成犯罪的，依法追究刑事责任。

违反《医疗器械监督管理条例》规定，经营无产品注册证书、无合格证明、过期、失效、淘汰的医疗器械的，或者从无医疗器械生产企业许可证、医疗器械经营企业许可证的企业购进医疗器械的，由县级以上人民政府食品药品监督管理部门责令停止经营，没收违法经营的产品和违法所得。违法所得5000元以上的，并处违法所得2倍以上5倍以下的罚款；没有违法所得或者违法所得不足5000元的，并处5000元以上2万元以下的罚款；情节严重的，由原发证部门吊销医疗器械经营企业许可证；构成犯罪的，依法追究刑事责任。

三、医疗机构的法律责任

违反《医疗器械监督管理条例》规定，医疗机构使用无产品注册证书、无合格证明、过期、失效、淘汰的医疗器械的，或者从无医疗器械生产企业许可证、医疗器械经营企业许可证的企业购进医疗器械的，由县级以上人民政府食品药品监督管理部门责令改正，给予警告，没收违法使用的产品和违法所得。违法所得5000元以上的，并处违法所得2倍以上5倍以下的罚款；没有违法所得或者违法所得不足5000元的，并处5000元以上2万元以下的罚款，对主管人员和其他直接责任人员依法给予纪律处分；构成犯罪的，依法追究刑事责任。

违反《医疗器械监督管理条例》规定，医疗机构重复使用一次性使用的医疗器械的，或者对应当销毁未进行销毁的，由县级以上人民政府食品药品监督管理部门责令改正，给予警告，可以处5000元以上3万元以下的罚款；情节严重的，可以对医疗机构处3万元以上5万元以下的罚款，对主管人员和其他直接责任人员依法给予纪律处分；构成犯罪的，依法追究刑事责任。

违反《医疗器械监督管理条例》规定，承担医疗器械临床试用或者临床验证的医疗机构提供虚假报告的，由省级以上人民政府食品药品监督管理部门责令改正，给予警告，可以处1万元以上3万元以下罚款；情节严重的，撤销其临床试用或者临床验证资格，对主管人员和其他直接责任人员依法给予纪律处分；构成犯罪的，依法追究刑事责任。

四、其他

违反《医疗器械监督管理条例》规定，医疗器械检测机构及其人员从事或者参与同检测有关的医疗器械的研制、生产、经营、技术咨询的，或者出具虚假检测报告的，由省级以上人民政府食品药品监督管理部门责令改正，给予警告，并处1万元以上3万元以下的罚款；情节严重的，由国务院药品监督管理部门撤销该检测机构的检测资格，对主管人员和其他直接责任人员依法给予纪律处分；构成犯罪的，依法追究刑事责任。

违反《医疗器械监督管理条例》规定，医疗器械监督管理人员滥用职权、徇私舞弊、玩忽职守，构成犯罪的，依法追究刑事责任；尚不构成犯罪的，依法给予行政处分。

思考题

1. 医疗器械如何分类?
2. 医疗器械临床试验应遵循哪些原则?
3. 医疗器械生产企业和经营企业分别应符合哪些条件?
4. 什么是医疗器械的召回? 召回有哪些方式?

第七章 中医药法律制度

第一节　概　述

一、中医药的概念

中医药是指在中国古代哲学的影响和指导下，在长期的医疗实践中逐步形成的独特的医药理论体系及其以自然药物为主的诊疗实践。中医药法律制度是调整继承、发展中医药学，保障和促进中医药事业的发展，保护人体健康活动中产生的各种社会关系的法律规范的总称。

中医药除了汉族医药外，还包括藏、蒙、维、傣、苗等各兄弟民族的传统医药。中医药是一个伟大的宝库，具有灿烂而悠久的历史，它是我国各族人民几千年来同疾病作斗争的智慧结晶，为中华民族的繁衍昌盛作出了巨大贡献。

特别在当今世界，许多国家的民族医学已经消亡，取而代之的是西医学。而在世界的东方，我国的传统医药学仍发挥着它独特的、神奇的疗效，与西医学并存、并发展。同时在世界越来越流行绿色医学的大环境中，产生了广泛的国际影响，中医药已走出国门，走向世界，正在被越来越多的人所认识、所接受。

但是，由于中医药独特的理论体系和实践方法，不能简单地沿用西医药的管理制度，中医药管理的法律制度应当突出中医药的特点和活动规律，才能保障中医药事业的健康发展。

二、中医药立法

医学事业直接关系到人类的生命健康，关系到社会的安定和千家万户的悲欢离合，我国在医药管理法制方面具有悠久的历史。

新中国成立后，党和政府对中医药事业极为关怀，制定了一系列方针政策，促使中医药事业不断发展。1954 年 11 月，中央在批准中共中央文委党组《关于改进中医工作问题的报告》中指出：团结中西医，正确地发挥中医的力量为人民保健事业服务，是中央早已明确指示的一项重要的卫生工作方针；要大力号召和组织西医学习中医，鼓励那些具有现代科学知识的西医，采取适当的态度同中医合作，向中医学习，整理祖国的医学遗产。同月，卫生部正式成立中医司。

1982 年，我国宪法明确规定：发展现代医药和我国传统医药。1989 年，中医药管理局制定了《中医医疗机构管理办法》。1996 年，国家教育委员会和国家中医药管理局制定了《对外开办中医进修教育管理暂行办法》。1997 年，中共中央、国务院《关于卫生改革与发展的决定》等一系列文件的颁布都充分肯定了中医药的重要地位和作用，进一步明确了中西医并重的方针，把中医药确定为卫生事业发展的重点领域，为中医药事业的快速健康发展指明了方向。国家中医药管理局先后制定了《中医事业“八五”计划及十年规划设想》《中医药事业“九五”计划和 2010 年规划设想》。有十多个省、自治区、直辖市颁布了中医条例等地方性法规。2002 年 10 月，国务院办公厅转发了科技部、卫生部等 8 部委联合发布的《中药现代化发展纲要（2002～2010 年）》。2003 年 11 月，国家中医药管理局发布了《关于进一步加强中西医结合工作的指导意见》。2003 年 4 月 7 日，国务院颁布了《中华人民共和国中医药条例》（以下简称《中医药条例》），并于 2003 年 10 月 1 日起施行。这是新中国成立以来，第一部对中医药进行管理和规范的行政法规。凡是在中国境内从事中医医疗、预防、保健、康复服务和中医药教育、科研、对外交流，以及中医药事业管理活动的单位或者个人，都应当遵守该法。

2007 年，科技部、卫生部、国家中医药管理局等 16 个部门联合发布《中医药创新发展规划纲要（2006～2020 年）》，提出 15 年我国中医药要在继续发扬中医药优势特色的基础上，充分利用现代科学技术，加快中医药现代化和国际化进程，全面提高我国的医疗保健和重大疾病防治水平。2009 年，国务院发布了《关于扶持和促进中医药事业发展的若干意见》。此外，国务院、卫生部、国家中医药管理局、国家食品药品监督管理总局还发布了有关中医医疗机构管理、中药生产经营、传统医药队伍建设和科研管理等方面的法规、规章，主要有《中药品种保护条例》《中医医疗机构管理办法（试行）》《全国示范中医医院建设验收标准》《中医坐堂医诊所管理办法（试行）》《中药注册管理补充规定》等。

三、中医药发展的指导思想和保障措施

《中医药条例》规定，国家保护、扶持、发展中医药事业，实行中西医并重的方针，鼓励中西医相互学习、相互补充、共同提高，推动中医、西医两种医学体系的有机结合，全面发展我国中医药事业。发展中医药事业应当遵循继承与创新相结合的原则，保持和发扬中医药特色和优势，积极利用现代科学技术，促进中医药理论和实践的发展，推进中医药现代化。

同时要落实以下保障措施：①县级以上各级人民政府应当将中医药事业纳入国民经济和社会发展计划，使中医药事业与经济、社会协调发展。②县级以上地方人民政府在制定区域卫生规划时，应当根据本地区社会、经济发展状况和居民医疗需求，统筹安排中医医疗机构的设置和布局，完善城乡中医服务网络。③加强对中医药文献的收集、整理、研究和保护工作。④与中医药有关的评审或者鉴定活动，应当体现中医药特色，遵循中医药自身的发展规律。⑤奖励在继承和发展中医药事业中作出显著贡献的单位和个人。

四、中医药管理体制

国务院中医药管理部门负责全国中医药管理工作。国务院有关部门在各自的职责范围内负责与中医药有关的工作。县级以上地方人民政府负责中医药管理的部门负责本行政区域内的中医药管理工作。县级以上地方人民政府有关部门在各自的职责范围内负责与中医药有关的工作。

第二节　中医管理的法律规定

一、中医医疗机构

（一）中医医疗机构的概念

中医医疗机构是指依法取得医疗机构执业许可证的中医、中西医结合的医院、门诊部和

诊所。

开办中医医疗机构，应当符合国务院卫生行政部门制定的中医医疗机构设置标准和当地区域卫生规划，并按照《医疗机构管理条例》的规定办理审批手续，取得医疗机构执业许可证后，方可从事中医医疗活动。

（二）中医医院的管理

中医医院应坚持“以病人为中心”的办院宗旨，确立以中医为主的办院方向，把社会效益放在首位，遵循社会主义市场经济和医疗卫生事业发展的内在规律，以不断提高医疗质量、保障医疗安全、改进服务、发挥中医特色优势、尊重和保护病人的合法权益作为医院管理的核心内容，提高医院管理水平，不断满足人民群众日益增长的医疗卫生和中医医疗保健需求。

1. 依法执业 认真贯彻执行国家有关法律、法规和规章制度，健全医院各项工作制度，加强科学管理，保障医院正常执业活动，不断提高医疗质量，确保医疗安全，改善医院服务，提高运行绩效，充分发挥中医特色优势，促进医院健康、可持续发展。

具体而言，中医医院应该严格执行医疗卫生及中医药管理法律、法规和规章；建立、健全各项规章制度和岗位责任制；加强各科室服务能力建设，提供与其功能任务相适应的医疗服务；按照卫生行政部门、中医药管理部门核准的诊疗科目执业，依法聘任和使用专业技术人员，严禁使用非卫生技术人员从事诊疗活动；专业技术人员具备相应岗位的任职资格，不得超范围执业；医务人员严格遵守医疗卫生及中医药管理法律、法规、规章、诊疗护理规范和常规。

2. 医疗业务 中医医院要办成以中医中药为主，体现中医特点的医疗单位。《中医药条例》规定，中医医疗机构从事医疗服务活动，应当充分发挥中医药特色和优势，遵循中医药自身发展规律，运用传统理论和方法，结合现代科学技术手段，发挥中医药在防治疾病、保健、康复中的作用，为群众提供价格合理、质量优良的中医药服务。

3. 管理工作 2012年国家中医药管理局颁布的《中医医院评审暂行办法》中规定：中医医院评审坚持政府主导、分级负责、公平公正的原则和以评促建、以评促改、评建并举、重在内涵的方针，围绕中医特色、中医疗效、质量、安全、服务、管理，体现以病人为中心的理念。

4. 科室设置和编制 医院管理组织机构设置精简、合理，运行高效，并满足医院各项管理工作的需要。医院实行院长负责制，院长负责全院业务和行政工作。副院长协助院长分管相应的工作。各科实行科长或主任负责制。

中医药专业技术人员应达到规定的比例。中医医院人员编制按病床与工作人员1∶1.3～1∶1.7计算。病床数与门诊量之比按1∶3计算，不符合1∶3时，按每增减100门诊人次增减6～8人，增编人员要确保用于医疗、护理和药剂等工作的需要。行政管理、其他技术人员和工勤人员占总编的28%～30%，其中行政管理人员占总编的6%～8%，其他技术人员占总编的2%；卫生技术人员占总编的70%～72%。在医药人员中，中医药人员要逐步达到70%以上。

按照中医医院建设要求，合理配备中医药专业技术人员，建立专业技术人员梯队建设制度以及中医人才培养、老中医经验继承、西医人员学习中医等继续教育制度，并组织实施。

5. 药剂管理 根据《中药调剂室工作制度（试行）》和《中药库管理制度（试行）》，

药剂管理要求做到：中药加工炮制、贮藏保管及调剂煎熬配方必须遵守操作规程和规章制度，保证药品质量；在坚持使用中药为主的前提下，应以饮片为主、中成药为辅；重治轻补，严格中成药购销；创造条件，开展重要剂型改革。

根据《药品管理法》，医疗机构配置的制剂，应当是本单位临床需要而市场尚没有供应的品种，并须经所在省、自治区、直辖市人民政府食品药品监督管理部门批准后方可配制。配制的制剂必须按照规定进行质量检验，合格的凭医师处方在本医疗机构使用。特殊情况下，经国务院或者省、自治区、直辖市人民政府食品药品监督管理部门批准，医疗机构配制的制剂可以在指定的医疗机构之间调剂使用。医疗机构配制的制剂不得在市场销售。

（三）中医专科的管理

综合医院中中医专科和专科医院中的中医科是中医医疗体系中的一个重要的组成部分，也是继承与发扬中医药学不可忽视的力量。卫计委在《关于加强综合医院、专科医院中医专科工作的意见》及《关于加强中医专科建设的通知》中指出：中医科的地位和作用，在医院内与其他各科同样重要。中医科在诊断、治疗、护理、病历书写、病房管理等各个环节，要保持和发扬中医特色。中医病床一般应占医院病床总数的5%～10%。

（四）中医坐堂医诊所的管理

中医坐堂医诊所是指设置在药品零售企业的中医药服务机构。

1. 申办条件与要求 根据2010年国家中医药管理局和卫生部发布的《中医坐堂医诊所管理办法（试行）》，申请设置中医坐堂医诊所的药品零售企业，必须同时具备以下条件：①具有药品经营质量管理规范认证证书、药品经营许可证和营业执照；②有独立的中药饮片营业区，饮片区面积不得少于50m^2；③中药饮片质量可靠，品种齐全，数量不少于400种。

根据《中医坐堂医诊所管理办法（试行）》，中医坐堂医诊所的基本标准是：①中医坐堂医诊所由中药饮片品种不少于400种的药店设置，只允许提供中药饮片处方服务；②至少有1名取得医师资格后经注册连续在医疗机构从事5年以上临床工作的中医类别中医执业医师；③设置的诊室必须独立隔开，不超过2个，每个诊室面积不少于10m^2；④设有诊察桌、诊察床、诊察凳和与开展诊疗科目相应的设备设施；⑤制定各项规章制度、人员岗位责任制，有国家制定或认可的医疗技术操作规程，并成册可用。

2. 设置审批和执业登记 设置中医坐堂医诊所，须按照医疗机构设置规划，由县级卫生、中医药行政管理部门根据《医疗机构管理条例》《医疗机构管理条例实施细则》《中医坐堂医诊所管理办法（试行）》《中医坐堂医诊所基本标准》的有关规定进行设置审批和执业登记。

中医坐堂医诊所登记注册的诊疗科目为医疗机构诊疗科目名录“中医科”科目下设的二级科目。所设科目不超过2个，并且与中医坐堂医诊所提供的医疗服务范围相对应。

3. 执业规则 中医坐堂医诊所配备的医师必须取得中医执业医师资格后从事5年以上临床工作；“中医坐堂医诊所”可以作为中医执业医师的第二执业地点进行注册；但至少有1名中医类别中医执业医师的第一执业地点为该诊所。

中医执业医师未经在中医坐堂医诊所注册的，不得在该中医坐堂医诊所执业。

中医坐堂医诊所只允许提供中药饮片处方服务，不得随意改变或扩大执业范围。同一时间坐诊的中医执业医师不超过2人。

中医坐堂医诊所执业，必须严格遵守国家有关法律、法规、规章和技术规范，加强对医务人员的教育，预防医疗事故，确保服务质量和医疗安全。中医坐堂医诊所工作人员要树立良好的职业道德，恪尽职守，遵纪守法，不断提高业务技术水平，维护公民健康。

此外，中医坐堂医诊所应建立健全人员岗位责任、医疗、财会收费等各项规章制度。要使用有关部门统一印制的收费票据，严格执行中医病历书写、处方管理的有关规定。

（五）医疗气功的管理

医疗气功是指对他人传授或运用气功疗法直接治疗疾病，构成医疗行为的一种活动。医疗气功是几千年来我国人民在与大自然和疾病斗争过程中，运用意识作用，对自己身心进行锻炼及自我调节的一种经验总结，它是中医学宝库中的一颗瑰丽明珠，不但历史悠久，而且群众基础相当广泛，是一种独特、有效的祛病健身方法，也是中医学理论体系中的重要组成部分。

科学的气功锻炼有益于人的身心健康，深受广大群众喜爱。改革开放以来，我国参加气功锻炼的人员日益增多，各种气功活动空前活跃。气功已经成为一项日趋广泛的群众性社会活动，在全民健身、祛病养生、提高身体素质等方面发挥了积极的作用。但随着气功活动的迅速发展，一些不良现象也在滋生蔓延。有人借机诈骗钱财，进行封建迷信宣传，有的甚至危害社会治安。

为引导社会气功活动健康发展，促进社会主义精神文明建设，1989 年国家中医药管理局制定了《关于加强医疗气功管理的若干规定（试行)》，1996 年中共中央宣传部、国家体委、卫生部、民政部、公安部、国家中医药管理局、国家工商行政管理局联合发布了《关于加强社会气功管理的通知》；2000 年卫生部发布了《医疗气功管理暂行规定》，2003 年卫生部发布了《医疗气功知识与技能考试暂行办法》等。这些法规的颁布对于维护医疗气功活动的正常秩序，保障医疗气功行为有法可依，惩治借气功诈骗钱财、宣传封建迷信等危害社会的违法犯罪活动，纯洁医疗气功队伍，保证气功科学健康发展起到了重要作用。

1. 机构和人员 2000 年卫生部发布了《医疗气功管理暂行规定》，该规定指出，开展医疗气功活动必须在医疗机构内进行，“医疗气功”列入医疗机构诊疗科目的“中医科”下的“其他”类中。除该规定发布前，已经县级以上人民政府卫生行政部门或中医药行政管理机构批准开展医疗气功活动的医疗机构，可以按本规定重新申请审批开展医疗气功活动以外，今后新开展医疗气功活动的暂限于县级以上中医医院、中西医结合医院、民族医医院、康复医院、疗养院和综合医院的中医科。

从事医疗气功活动的人员，应当具备下列条件：①具有中医执业医师或中医执业助理医师资格；②取得医师执业证书；③经医疗气功知识与技能考试取得医疗气功技能合格证书。

2. 监督管理 医疗机构和医疗人员展开医疗气功活动，必须严格遵守《执业医师法》《医疗机构管理条例》《医疗气功管理暂行规定》的各项规定。

经批准开展医疗气功活动的医疗机构不得使用非医疗气功人员开展医疗气功活动。医疗气功人员应当按照其医师执业注册的执业地点开展医疗气功活动。

取得中医执业医师资格的医疗气功人员可独立开展医疗气功活动；取得中医执业助理医师资格的医疗气功人员必须在中医执业医师指导下开展医疗气功活动。

医疗气功人员开展医疗气功活动，应当严格执行有关操作技术规范，选择合理的医疗气功方法。

在临床进行试验性医疗气功活动的，应当经所在医疗机构批准，向患者本人或其家属说明并征得患者本人或者其家属同意。

医疗机构和医疗气功人员，不得借医疗气功之名，损害公民身心健康、宣扬迷信、骗人敛财。医疗机构和医疗气功人员，不得使用、制作、经营或者散发宣称具有医疗气功效力的物品。

二、中医从业人员

1. 中医从业人员的资格 中医从业人员应当依照有关卫生管理的法律、行政法规、部门规章的规定通过资格考试，并经注册取得执业证书后，方可从事中医服务活动。以师承方式学习中医学的人员及确有专长的人员，应当按照2006年卫生部《传统医学师承和确有专长人员医师资格考核考试办法》的规定，通过执业医师或者执业助理医师资格考核考试，并经注册取得医师执业证书后，方可从事中医医疗活动。

2. 中医从业人员的管理 《中医药条例》规定：中医从业人员应当遵守相应的中医诊断治疗原则、医疗技术标准和技术操作规范。全科医师和乡村医生应当具备中医药基本知识以及运用中医诊疗知识、技术，处理常见病和多发病的基本技能。

3. 加强中医药人才队伍建设 2009年卫生部《关于加强卫生人才队伍建设的意见》提出：充分发挥中医药在医疗卫生服务体系中的作用；完善中医药师承教育制度，开展中医药师承教育与专业学位衔接的试点；加强中医药人才培训，建立稳定的中医药人才培训机制；大力实施“三名三培”工程，加强高层次中医药人才培养；继续支持优秀中医临床人才研修和老中医药专家学术经验继承工作；统筹加强农村、社区的中医药人才培养，继续开展县乡村中医药技术骨干培训，实施中医类全科医师岗位培训和规范化培训；按照布局合理、分工明确、特色突出的原则，加强中医药继续教育。

三、中西医结合

中西医结合是指从我国卫生事业和具体情况出发，根据我国人民群众防病治病的需要，由学贯中西医的医务人员，取中西两医二法之长，以达到更好的防病治病效果的一种与中西医并立的医疗技术方法。

新中国成立以来，党和政府非常重视中西医结合工作，制定了一系列方针政策，促进我国中西医结合事业的发展。1997年，《中共中央、国务院关于卫生改革与发展的决定》明确提出：“中西医要加强团结，互相学习，取长补短，共同提高，促进中西医结合。”2003年10月1日实施的《中医药条例》进一步规定：“推动中医、西医两种医学体系的有机结合，全面发展我国中医药事业。”2003年11月，国家中医药管理局又发布了《关于进一步加强中西医结合工作的指导意见》。到目前，我国中西医结合机构建设取得长足进展，中西医结合人才培养体系正在形成，中西医结合学术研究水平不断提高，出现了一批在国内外具有广泛影响的研究成果，中西医结合学术活动日益活跃，国际交流与合作更加广泛。为进一步加强中西医结合工作，《关于进一步加强中西医结合工作的指导意见》中特提出以下意见。

1. 中西医结合工作的指导思想 认真贯彻党的中西医结合方针政策，积极利用现代科学技术，充分吸收中医、西医两种医学特长，发掘、整理、研究、阐释中医药学的经验真知和理论精华，以提高临床疗效和学术水平为核心，以基地建设为基础，以人才培养为重点，以研究中西医结合点为主线，积极探索，开拓创新，促进中西医结合不断发展，更好地为人类健康服务。

2. 中西医结合工作的主要任务　积极吸收和利用中医药及西医学的理论、技术和方法，通过多学科的交叉、渗透与融合，深入探索中西医的结合点；广泛开展中西医结合临床研究，特别是针对目前严重危害人类健康的重大疾病和疑难疾病，提出中西医结合防治的新理论、新方案和新方法；加强中西医结合基础研究，揭示中西医结合防病治病原理，促进中西医结合学术创新；培养和造就一支适应社会和学科发展需要高素质的中西医结合人才队伍；建设一批特色突出、优势显著、设施配套、功能齐全、管理科学的中西医结合医疗、科研基地；完善中西医结合技术标准规范，整体提高中西医结合学术水平和防病治病能力。

3. 中西医结合医疗机构及科研机构建设　中西医结合医疗机构、科室要以系统掌握中医、西医两种医学知识与技能的中西医结合人员为主体，中西医结合医疗机构、科室要全面开展中西医结合诊疗工作，在工作中逐步形成自身特色与优势。综合性中西医结合医院要在完善综合服务功能的同时，逐步形成若干中西医结合优势学科或技术中心；专科性中西医结合医院、科室要突出重点，逐步形成特色与优势。要强化中西医结合单病种的质量管理，巩固已取得的成果。

设置及装备条件要逐步达到国家规定的要求。有条件的中西医结合医院应设立研究机构，加强临床研究。按照“系统学习，全面掌握，整理提高”的原则，因地制宜，采取多种形式，有计划、有组织地开展西医学习中医的系统培训工作。加强中西医结合标准化、规范化、信息化建设。

4. 开展中西药结合工作　随着中西医结合工作的不断开展，临床上中西药结合防治疾病日趋普遍。大量临床实践证明，中西药合理配合使用能够提高疗效，开辟新的治疗途径，扩大治疗范围，缩短疗程。大量临床实践证明，中西药结合应用大有作为，它可促进中西医结合的发展。在许多疾病的治疗中，中西药结合运用比单用中药或单用西药治疗能明显提高疗效：以中药之长补西药之不足。中药可控制或减轻西药的毒副反应，弥补西药之不足；以西医治法补中药之不足。中药治疗到目前为止，并不是完美无缺的。中西药结合作用于人体，发挥治疗作用，实际上是中西药两者交融的结果，是中西医结合的内涵反应。所以中西药结合使用是中西医结合的主要途径，也是中西医结合的主要内容。

开展中西药结合工作，遵循和运用现代科学技术先进方法，研究推广使用中草药，筛选验证秘、单、验方，合理保护开发利用药材资源，加速进行剂型改革，创制高效、安全、可靠的新型药物，发挥中西药结合的巨大功效。

第三节　中药管理的法律规定

一、中药的概念

中药是指在中医理论指导下，运用独特的传统方法进行加工炮制并用于疾病的预防、诊断和治疗，有明确适应证和用法、用量的植物、动物和矿物质及其天然加工品等。

中药是我国的传统药材，过去由于它的药源丰富，所以长期以来对中药的培植、采集，大多由历史形成的传统习惯予以调整。随着社会经济的发展和环境污染、生态平衡的破坏日益严重，以及卫生事业发展的需要，加强中药立法、运用法制管理中药已显得十分重要。为此，国家陆续颁发了一些有关中药的生产和经营管理的法规。

二、中药的生产

中药的生产包括中药材、饮片和中成药的生产三部分。中药材生产、中药饮片加工和中成药工业的迅速发展，逐步形成了中药的三大产业。中药是中医防病治病的物质基础。扩大中药生产，提高中药质量是发展中医事业的重要条件。《中医药创新发展规划纲要（2006～2020年）》提出：发展中药产业，提升中药工业，培育中药知识产业，促进中药产业链的形成与健康发展；保障中药资源可继续发展，强化合理开发和综合利用；研制一批能够进入国际医药保健主流市场的中医药新产品；形成一批拥有自主知识产权的国际知名品牌和国际竞争力较强的优势企业；发展一批集聚效应突出的中药科技产业基地。

（一）规范中药材生产

为规范中药材生产，保证中药材质量，促进中药标准化、现代化，国家食品药品监督管理总局2002制定了《中药材生产质量管理规范（试行）》。本规范强调生产企业应运用规范化管理和质量监控手段，保护野生药材资源和生态环境，坚持“最大持续产量”的原则，实现资源的可持续利用；生产企业应按中药材产地适宜性优化原则，因地制宜，合理布局；中药材产地的环境应符合国家相应标准；加强中药材良种选育、配种工作，建立良种繁育基地，保护药用动植物种质资源；野生或半野生药用动植物的采集也应坚持“最大持续产量”的原则，有计划地进行野生抚育、轮采与封育，以利生物的繁衍与资源的更新；鲜用药材可采用冷藏、砂藏、罐贮、生物保鲜等适宜的保鲜方法，尽可能不使用保鲜剂和防腐剂，如必须使用时，应符合国家对食品添加剂的有关规定；地道药材应按传统方法进行加工，如有改动，应提供充分试验数据，不得影响药材质量等。

（二）规范饮片和中成药生产

大力发展中药饮片和中成药生产，注意提高质量，增加品种，改革剂型，改进包装，确保国内常见病、多发病、地方病、老年病和疫情急救以及妇幼保健的需要。1987年卫生部和国家中医药管理局制定的《关于加强中药剂型研制工作的意见》指出：中药剂型研制工作，必须遵循中药性味归经、君臣佐使等理论，克服脱离中医药理论体系、套用西药模式研制中药制剂的倾向，对传统剂型的继承和新剂型的研制必须同时并重；要以提高临床疗效为目标，以安全可靠为前提，以满足治疗急危重症需要为重点；逐步完善质量控制标准和检测手段，严格把关，保证质量，力求加工生产简、便、验、廉的剂型，便民利民，减轻群众经济负担。

针对当前中药饮片存在无包装或包装不符合法定规定的情况，为确保人民群众用药安全有效，2003年国家食品药品监督管理总局发布了《关于加强中药饮片包装监督管理的通知》，通知中规定：①生产中药饮片，应选用与药品性质相适应及符合药品质量要求的包装材料和容器，严禁选用与药品性质不相适应和对药品质量可能产生影响的包装材料。②中药饮片的标签必须印有或者贴有标签。中药饮片的标签注明品名、规格、产地、生产企业、产品批号、生产日期。实施批准文号管理的中药饮片还必须注明批准文号。③中药饮片在发运过程中必须要有包装。每件包装上必须注明品名、产地、日期、调出单位等，并附有质量合格的标志。④对不符合上述要求的中药饮片，一律不准销售。

（三）中药新药研制

根据《中药注册管理补充规定》，中药新药的研制应当符合中医药理论，注重临床实践基础，具有临床应用价值，保证中药的安全有效和质量稳定均一，保障中药材来源的稳定和资源的可持续利用，并应关注对环境保护等因素的影响。涉及濒危野生动植物的应当符合国家有关规定。

三、中药的经营

根据卫计委、国家中医药管理局《中药商业质量管理规范（试行)》，中药经营企业应建立质量管理检验机构或设置专职质量管理检验人员，负责中药购、销、存等各个环节的质量管理、检查和验收工作。

（一）采购

1. 中药材、中药饮片 采购、收购中药材、中药饮片首先鉴别真伪、优劣。购进的中药材必须符合购进地药材质量标准要求，购进中药饮片必须符合购进地的《中药炮制规范》的质量标准要求。

2. 中成药 采购的中成药必须遵循以下原则：

（1）须是从取得药品生产企业许可证和营业执照的药品生产企业或持有药品经营企业许可证和营业执照的药品经营企业购进。

（2）须是卫生行政部门批准发给批准文号并注册商标和生产批号的品种。

（3）包装和标志应符合有关规定和储运要求。

（4）产品质量稳定。

（二）储存

中药商品储存和养护工作的职责是：安全储存，科学养护，保证质量，降低消耗，收发迅速，避免事故。

仓库应具备适合所经营商品特性的条件、环境。库区内场地平整无积水，库房应具有防虫、防鼠、防潮、防霉、防污染的设施。

毒剧和贵细中药应分别存放并建立相应的库存养护设施，专人专库、双人双锁保管，并有明显标志，做到购、销、存的账货、账卡相符。

在特殊条件下储存的商品，应经常检查，各种测量和检测仪器应经常校验，记录结果，加以保存。

商品入库时，应按凭证核对品名、规格、数量，并鉴别、检验，确认质量优劣、品种真伪。对质量合格者由仓库质检人员开具入库单，方可入库。对质量不合格、货单不符的商品，仓库质量管理、检验人员有权拒收，或单独存放，挂以明显标志，并将情况及时向领导和有关部门反映。

（三）批发与零售

中药批发单位应配备中药师以上的技术人员，对用户和患者应正确介绍商品的性能、用途、用法、用量、禁忌和注意事项等，不得夸大宣传。发药时必须有质量核对和验发手续制度。毒剧药品应建立双人核对制度。质量不合格、已变质商品不得销售，质量可疑的商品应重新检验，合格者方可销售。

门市部零售中药，必须做到：①按剂型、用途分类陈列于货柜。②陈列是内服药与外用药分开，一般药与消毒、防腐、杀虫、灭鼠药分开，凭医生处方销售的药品与一般药分开。

③毒剧、麻醉药品应严格按国家有关规定执行，必须做到专柜存放、专人管理、专账记录。④建立清洁卫生制度，坚持定期清药斗，使药品不污染。⑤执行验收、验发、核对手续，霉变潮解、虫蛀鼠咬等不合格品，严禁进店和出售。⑥调配处方必须经过审核，对处方所列药品不得擅自更改或代用；对有配伍、妊娠禁忌或者某一味药超出一次服用剂量的处方，应拒绝调配，必要时须经处方医生更正或者重新签字，方可调配。⑦各中药门市部必须配备中药士或相当中药士水平的人员，并配备必要的设备、辅料，进行小炒、小制，以适应中医处方要求的临床需要，该炮制而未炮制的药材不得配方。⑧各中药门市部在调剂处方时，对每一味药都要用戥子称重（一方多剂的要回戥分戥），分量准确，严格配方复核制和岗位责任制。

四、中药品种保护

《药品管理法》规定，国家实行中药品种保护制度。为促进我国中医药事业的发展，鼓励研究开发中药新品种，1993 年国务院颁布的《中药品种保护条例》规定，国家鼓励研制开发临床有效的中药品种（包括中成药、天然药物的提取物及其制剂和中药人工制成品，但不包括依照专利法的规定办理申请专利的中药品种），对质量稳定、疗效确切的中药品种实行分级保护制度。

（一）中药保护品种等级的划分

受保护的中药品种分为一、二级。

符合下列条件之一的中药品种，可以申请一级保护：①对特定疾病有特殊疗效的；②相当于国家一级保护野生药材物种的人工制成品；③用于预防和治疗特殊疾病的。

符合下列条件之一的中药品种，可以申请二级保护：①符合本条例第 6 条规定的品种或者已经解除一级保护的品种；②对特定疾病有显著疗效的；③从天然药物中提取的有效物质及特殊制剂。

（二）中药保护品种的保护期

中药一级保护品种分别为 30 年、20 年、10 年。中药一级保护品种因特殊情况需要延长保护期限的，由生产企业在该品种保护期满前 6 个月，依照法定程序申报。延长的保护期限由国务院卫生行政部门根据国家中药品种保护审评委员会的审评结果确定；但是，每次延长的保护期限不得超过第一次批准的保护期限。

中药二级保护品种为 7 年。中药二级保护品种在保护期满后可以延长 7 年。申请延长保护期的中药二级保护品种，应当在保护期满前 6 个月，由生产企业依照规定的程序申报。

符合中药品种保护管理要求的中药品种，经国务院主管部门批准给予保护后，在其分级保护管理的有效期内，只能由获得中药品种保护证书的企业生产。未获得保护证书的企业，一律不得生产该中药品种。

中药一级保护品种的处方组成、工艺制法，在保护期限内由获得中药保护品种证书的生产企业和有关的药品生产经营主管部门、卫生行政部门及有关单位和个人负责保密，不得公开。负有保密责任的有关部门、企业和单位应当按照国家有关规定，建立必要的保密制度。

第四节 中医药教育和科研管理的法律规定

一、中医药教育

（一）中医学校教育

国家采取措施发展中医药教育事业，根据社会需求和中医药事业发展的需要，逐步形成规模适度、专业结构合理的中医药教育体系。我国不仅有以高、中等中医药院校教育为主的普通专业教育，还开展了师承教育、住院医师规范化培养、各种类型中医药专门人才培养等多种形式的继续教育、岗位培训、高等函授、自学考试教育，以及以技能培养为主的中医药职业教育。

各类中医药教育机构应当加强中医药基础理论教学，重视中医药基础理论与中医药临床实践相结合，推进素质教育，培养适合当今医疗形式所需要的中医药专门人才。

设立各类中医药教育机构，应当符合国家规定的设置标准，并建立符合国家规定标准的临床教学基地。

中医药教育机构的设置标准，由国务院卫生行政部门会同国务院教育行政部门制定；中医药教育机构临床教学基地标准，由国务院卫生行政部门制定。

（二）中医师承教育

考虑到中医师承教育的特点，国家鼓励开展中医药专家学术经验和技术专长继承工作，培养高层次的中医临床人才和中药技术人才。

承担中医药专家学术经验和技术专长继承工作的指导老师应当具备下列条件：①具有较高学术水平和丰富的实践经验、技术专长和良好的职业品德；②从事中医药专业工作30年以上，并担任高级专业技术职务10年以上。

中医药专家学术经验和技术专长继承工作的继承人应当具备下列条件：①具有大学本科以上学历和良好的职业品德；②受聘于医疗卫生机构或者医学教育、科研机构从事中医药工作，并担任中级以上专业技术职务。

中医药专家学术经验和技术专长继承工作的指导老师以及继承人的管理办法，由国务院中医药管理部门会同有关部门制定。

（三）继续教育制度

中医药继续教育是对已完成专业基础教育的中医药专业技术人员进行的终身教育活动。其任务是使中医药专业技术人员保持高尚的职业道德，不断增新、补充、拓展专业知识和提高业务技能，提高创新能力和专业技术水平。建立和健全中医药人员继续教育制度，是符合学习型社会的需要、人民健康的需要。国家成立中医药继续教育委员会，各省、自治区、直辖市人民政府负责中医药管理的部门应当依据国家有关规定，完善本地区中医药人员继续教育制度，制定中医药人员培训规划。

根据国家中医药管理局2002年7月11日颁布的《中医药继续教育规定》的规定，县级以上地方人民政府负责中医药管理的部门应当按照中医药人员培训规划的要求，对城乡基层卫生服务人员进行中医药基本知识和基本技能的培训。

医疗机构应当为中医药技术人员接受继续教育创造条件。中医药继续教育的内容要适应中医药专业技术人员的实际情况和发展需要，注意先进性、实用性和针对性。应注重中医药学术的继承，以学习中医药专业领域的新理论、新技术、新方法、新信息为重点。

不同层次中医药专业技术人员主要结合本职工作接受相应的继续教育。初级中医药专业技术人员主要接受专业培训，充实专业知识，培养独立从事中医药专业技术工作及继承的能力；从事临床医疗工作的初级中医专业技术人员，主要接受中医住院医师规范化培训；中级中医药专业技术人员主要增新和拓展专业知识，完善知识结构，进一步提高中医药专业技能及继承能力；高级中医药专业技术人员主要学习本学科和相关学科发展的前沿知识和技术，重点提高创新能力。

对中医药专业技术人员接受继续教育的考核实行学分制。中医药继续教育对象参加继续教育活动所获继续教育学分，中级以上专业技术人员每年不少于 25 学分，初级专业技术人员每年不少于 20 学分。学分的计算和授予，按照国家中医药管理局中医药继续教育委员会颁发的有关规定执行。

二、中医药科研

随着社会、经济的发展，中医药科研管理体制改革打破地区、行业界限，初步形成了以市场和社会需求为导向、多学科参与中医药科学研究的新局面。专门从事中医药研究的科技人员达数万人。《中医药条例》规定：国家发展中医药科学技术，将其纳入科学技术发展规划，加强重点中医药科研机构建设。县级以上地方人民政府应当充分利用中医药资源，重视中医药科学研究和技术开发，采取措施开发、推广、应用中医药技术成果，促进中医药科学技术发展。

中医药科学研究应当注重运用传统方法和现代方法开展中医药基础理论研究和临床研究，运用中医药理论和现代科学技术开展对常见病、多发病和疑难病的防治研究。中医药科研机构、高等院校、医疗机构应当加强中医药科研的协作攻关和中医药科技成果的推广应用，培养中医药学科带头人和中青年技术骨干。捐献对中医药科学技术发展有重大意义的中医诊疗方法和中医药文献、秘方、验方的，参照《国家科学技术奖励条例》的规定给予奖励。

三、中医药对外交流与合作

国家支持中医药的对外交流与合作，推进中医药的国际传播。目前，我国已与世界上大多数国家和港澳台地区的民间或官方建立了传统医药领域的合作关系。《中医药条例》规定：重大中医药科研成果的推广、转让、对外交流，中外合作研究中医药技术，应当经省级以上人民政府负责中医药管理的部门批准，防止重大中医药资源流失；并遵守有关保守国家秘密的法律、行政法规和部门规章的规定。

第五节　民族医药管理的法律规定

一、民族医药的概念

民族医药是指中国少数民族的传统医药。民族医药是我国以中医药为代表的传统医药和优秀民族文化的重要组成部分，是各族人民长期与疾病作斗争的经验总结和智慧结晶。

1. 藏族医学 藏族医学的理论体系主要是三元素学说（风、胆、痰）。8 世纪末的《四部医典》是藏医学的经典著作。目前，我国的藏医主要分布在西藏以及青海、四川、甘肃、云南等地。

2. 蒙古族医学 蒙古族医学以藏医《四部医典》为基础，结合自己的民族文化和医疗实践，产生了《蒙医正典》等古典医学巨著，形成了具有自己特点的以“三邪”学说（赫衣、希拉、巴达干）为主要理论体系的蒙医理论。目前，我国的蒙医主要分布在内蒙古、辽宁、吉林、黑龙江、青海、新疆等地。

3. 维吾尔族医学 维吾尔族医学形成了包括四元素（土、水、火、风）、四津（血津、痰津、胆津、黑胆津）以及五行（金、木、水、火、土）等内容的理论体系。目前，我国的维医主要分布在新疆等地。

4. 傣族医学 傣族医学已有一千多年的历史，在古老的贝叶经上，就有用傣文刻写的医药、方剂、制剂等内容。目前，我国的傣医主要分布在云南等地。

此外，苗族、壮族、朝鲜族、回族等少数民族也为中华民族传统医药宝库增添了绚烂色彩。

二、继承和发展民族医药学

2007 年，国家中医药管理局、国家民族事务委员会、卫生部、国家发展和改革委员会、教育部、科学技术部、国财政部、人事部、劳动和社会保障部、国家食品药品监督管理总局、国家知识产权局等 11 个部委联合发布了《关于切实加强民族医药事业发展的指导意见》。2009 年，国务院《关于扶持和促进中医药事业发展的若干意见》进一步提出：加强民族医医疗机构服务能力建设，改善就医条件，满足民族医药服务需求。

1. 发展民族医药事业基本原则和工作目标

（1）基本原则 坚持保持和发挥民族医药特色优势，遵循民族医药自身发展规律和特点；坚持政府主导，鼓励社会参与，多渠道发展民族医药；坚持以社会需求为导向，拓宽民族医药服务领域，提高服务能力和水平；坚持民族区域自治，统筹协调发展；坚持因地制宜，分类指导，稳步发展。

（2）工作目标 到 2015 年，民族医医疗、教育、科研机构和民族药企业的基础设施条件得到明显改善；民族医药应对突发公共卫生事件和防治常见病、多发病及部分重大疾病能力得到增强；民族医药人才培养体系逐步完善，队伍素质明显提高；逐步建立完善符合民族医药特点的执业准入制度；民族医药继承与创新取得新进展，学术水平进一步提高；民族医药资源和知识产权得到有效保护与合理利用；初步建立民族医药标准；民族药产业进一步扩大；民族医药国际交流与合作更加广泛。

2. 推进民族医药服务能力建设 各地要根据区域卫生规划和各民族医的特点，制定民族医医疗机构标准，针对目前普遍存在的民族医医疗机构基础条件较差的状况，切实加大投入，改善就医条件；同时，要发挥民族医药在预防保健和养生康复中的作用。鼓励社会力量举办民族医医疗机构，营造各类民族医医疗机构平等参与竞争的环境。鼓励和支持民族医医疗机构间、民族医医疗机构与其他医疗机构间的合作、联合，实现优势互补、资源共享。

3. 加强民族医药人才队伍建设 继续加强民族医药院校教育工作。教育行政部门鼓励和扶持民族地区举办高等民族医药教育，鼓励有条件的高等学校设立民族医药学院、民族医药系，或设立相应的专业、专业方向，鼓励有条件的民族医药积极开展民族医药专业研究生教育；高等医学院校开展的医学专业教育应有民族医药内容。探索建立民族医药教育质量保障机制，积极开展民族医药教学质量评估试点工作，提高民族医药院校教育教学质量。

切实加强民族医药继续教育工作。继续做好全国老民族医药专家学术经验继承和优秀民族医临床人才培养工作，造就一批民族医药学科带头人和技术骨干。

4. 加强民族医药挖掘继承和科研工作 继续做好民族医药文献发掘整理工作。国家中医药管理局将在过去的基础上，进一步组织有关民族医药单位和专家，编著文献目录，有计划、有步骤地完成一批民族医药文献的校勘、注释、出版工作，并将其中的重要著作汉译出版；对历史上无通行文字的民族医药深入发掘整理，继续将口传心授的医药资料编著成书，保存保护下来。民族地区省级中医药、民族医药管理部门要结合当地民族医药实际，制定本地区民族医药文献整理计划，并组织好民族医药文献课题的申报工作。

加强民族医学临床应用研究。科技部门要加强对民族医药发展的科学技术研究工作的支持。

加强民族药物研究与产业化。组织有条件的民族医药机构和人员积极开展民族药物理论研究；开展民族药材质量控制、种子种苗、民族药资源保护等技术标准研究；加强工艺、设备等生产共性技术和民族药成药特殊成分和特殊工艺的研究；做好民族药中的濒危动植物药的保护、应用、替代、栽培、养殖等方面的研究；积极研究开发具有自主知识产权、安全有效、附加值高的创新民族药产品，实现产业化。

加强民族医药科研管理和支撑条件建设。民族地区省级中医药、民族医药管理部门要根据民族医药科研特点，加强对各级民族医药科研机构的建设和指导，鼓励支持民族医药科研机构与高校、企业开展科研合作，按照“多学科、跨行业、医教研产结合”的思路组织开展科研工作。

5. 加强民族医药知识产权保护和药用资源保护利用 加强民族医药知识产权保护。知识产权部门要会同中医药部门研究制定民族医药传统知识保护的相关法规和政策。明晰民族医药知识产权的权利归属，规范民族医药的开发和利用行为。建立民族医药文献出版、国际学术交流与合作等方面的民族医药知识产权保护审查制度，完善相应的保密措施，避免民族医药传统知识不当泄密或流失。研究建立民族医药知识产权保护名录及其数据库，防止对民族医药传统知识的不当占有和利用。

认真做好民族药资源的保护。在开展民族药资源普查的基础上，继续做好《中国民族药志》的编著工作。要建立民族药濒危品种和道地药材养殖种植基地；要建立民族药自然保护区，加强家种、家养驯化研究；要选好品种，建立规范的民族药材生产基地，保证民族医医疗的需要；要对民族药材和民族成药实行原产地保护和标识保护。

6. 完善发展民族医药事业的政策措施 着力推进符合民族医药特点的执业医师、执业药师资格制度建设；完善民族医药人员专业技术职务聘任制度；积极发挥民族医药在医疗保障体系建设中的作用；扶持民族药医疗机构制剂开发与使用；民族医药的有关审批和鉴定活动要实行同行评议制度。

7. 加强对民族医药工作的领导 加强组织领导，加大经费投入；做好民族医药法制化和标准化建设；积极开展民族医药标准化、规范化建设；加强民族医药学术交流和对外合作；大力开展民族医药国际间的交流与合作。

第六节 法律责任

一、违反《中医药条例》的主要罚则

（一）行政责任

负责中医药管理部门的工作人员在中医药管理工作中违反《中医药条例》的规定，利用职务上的便利收受他人财物或者获取其他利益，滥用职权，玩忽职守，或者发现违法行为不予查处，造成严重后果，尚不够刑事处罚的，依法给予降级或者撤职的行政处分。

中医医疗机构违反《中医药条例》的规定，有下列情形之一者，由县级以上地方人民政府负责中医药管理的部门责令限期改正；逾期不改正的，责令停业整顿，直至由原审批机关吊销其医疗机构执业许可证，取消其城镇职工基本医疗保险定点医疗机构资格，并对负有责任的主管人员和其他直接责任人员依法给予纪律处分：①不符合中医医疗机构设置标准的；②获得城镇职工基本医疗保险定点医疗机构资格，未按照规定向参保人员提供基本医疗服务的。

未经批准擅自开办中医医疗机构或者未按照规定通过执业医师或者执业助理医师资格考试取得执业许可而从事中医医疗活动的，依照《执业医师法》和《医疗机构管理条例》的有关规定给予处罚。

中医药教育机构违反《中医药条例》的规定，有下列情形之一者，由县级以上地方人民政府负责中医药管理的部门责令限期改正；逾期不改正的，由原审批机关予以撤销：①不符合规定的设置标准的；②没有建立符合规定标准的临床教学基地的。

违反规定，造成重大中医药资源流失和国家科学技术秘密泄露，情节严重，尚不够刑事处罚的，由县级以上地方人民政府负责中医药管理的部门责令改正，对负有责任的主管人员和其他直接责任人员依法给予纪律处分。

违反规定，损毁或者破坏中医药文献的，由县级以上地方人民政府负责中医药管理的部门责令改正，对负有责任的主管人员和其他直接责任人员依法给予纪律处分。

篡改经批准的中医医疗广告内容的，由原审批部门撤销广告批准文号，1 年内不受理该中医医疗机构的广告审批申请。负责中医药管理的部门撤销中医医疗广告批准文号后，应当自作出行政处理决定之日起 5 个工作日内通知广告监督管理机关。广告监督管理机关应当自收到负责中医药管理的部门通知之日起 15 个工作日内，依照《广告法》的有关规定查处。

（二）刑事责任

负责中医药管理部门的工作人员在中医药管理工作中违反《中医药条例》的规定，利用职务上的便利收受他人财物或者获取其他利益，滥用职权，玩忽职守，或者发现违法行为不予查处，造成严重后果，构成犯罪的，依法追究刑事责任。

违反规定，造成重大中医药资源流失和国家科学技术秘密泄露，损毁或者破坏属于国家保护文物的中医药文献，情节严重，构成犯罪的，依法追究刑事责任。

二、违反《医疗气功管理暂行规定》的主要罚则

有下列情形之一的，由县级以上人民政府中医药行政管理机构责令其停止活动，给予警

告，并可以处以1万元以下罚款；情节严重的，处以1万元以上3万元以下罚款；构成犯罪的，依法追究刑事责任：①医疗气功人员在注册的执业地点以外开展医疗气功活动的；②借医疗气功之名损害公民身心健康、宣扬迷信、骗人敛财的；③非医疗气功人员开展医疗气功活动的；④制造、使用、经营、散发宣称具有医疗气功效力物品的；⑤未经批准擅自组织开展大型医疗气功讲座、大型现场性医疗气功活动，或未经批准擅自开展国家中医药管理局规定必须严格管理的其他医疗气功活动的。

以不正当手段取得医疗气功技能合格证书的，由发给证书的中医药行政管理机构予以收回；对负有直接责任的主管人员和其他直接责任人员，依法给予行政处分。

三、违反《中药品种保护条例》的主要罚则

擅自仿制中药保护品种的，由县级以上卫生行政部门以生产假药依法论处。伪造中药保护品种证书及有关证明文件进行生产、销售的，由县级以上卫生行政部门没收其全部有关药品及违法所得，并可以处以有关药品正品价格3倍以下罚款。上述行为构成犯罪的，由司法机关依法追究刑事责任。

四、违反《中医医疗机构管理办法》罚则

中医医疗机构违反本办法规定，中医药、卫生行政部门可根据其情节轻重分别给予警告、罚款、停业整顿、吊销营业执照等处罚。

未获中医药、卫生行政部门批准即擅自开业的，由当地中医药、卫生行政部门或会同有关部门予以取缔，并可视情节轻重处以罚款。

思考题

1. 中医院管理规定有哪些？
2. 中药品种保护的规定是什么？

第八章　红十字会法律制度

第一节　概　述

一、国际红十字和红新月运动

19 世纪中叶，瑞士人亨利·杜南开创了以人道、博爱、和平、进步为宗旨的国际红十字运动。1859 年 6 月，他目睹了发生在意大利北部索尔弗利诺的战争中数万无助伤兵的惨状，主动投入到战场救护，并在撰写的《索尔弗利诺回忆录》一书中提出了两项重要建议：一是在各国设立全国性的志愿伤兵救护组织；二是签订一份国际公约给予军事医务人员和医疗机构及各国志愿的伤兵救护组织以中立的地位。他的倡议得到响应，1863 年 2 月，在瑞士日内瓦宣告成立“伤兵救护国际委员会”（又称为日内瓦 5 人委员会），1875 年改名为“红十字国际委员会”。1863 年 10 月，由瑞士发起在日内瓦召开了首次外交会议，通过了“红十字决议”。1864 年 8 月，12 个国家的代表签署了第一个日内瓦公约——《关于改善战地陆军伤者境遇之日内瓦公约》。公约规定了救护车、军队医院和医务人员，包括志愿人员和随军牧师应被视为中立而受到保护和尊重；提出了“受伤或患病的战斗员，不论属何国籍，都应得到收容和保护”这一重要原则；宣布军队医院和医务人员使用白底红十字标志的旗帜和臂章。公约最后呼吁各国政府批准加入这一公约。从此，红十字运动作为一个国际性的运动开始运作起来，并得到国际法的保障。1986 年第 25 界红十字国际会议通过《国际红十字会和红新月运动章程》，将国际红十字会运动改称为国际红十字和红新月运动。

红十字与红新月运动采用白底红十字作为标志，它由三个部分组成，即红十字国际委员会、红十字会与红新月会国际联合会及各国红十字会或红新月会。蓬勃发展的国际红十字运动所从事的红十字事业赢得了社会的广泛尊重。1965 年 10 月，在维也纳召开的第 20 届红十字与红新月国际大会上通过了红十字运动的 7 项基本原则，即人道、公正、中立、独立、志愿服务、统一和普遍。

人道——国际红十字与红新月运动的本意是要不加歧视地救护战地伤员。在国际和国内两方面，努力防止并减轻人们的痛苦，不论这种痛苦发生在什么地方。本运动的宗旨是保护人的生命和健康；保障人类尊严；促进人与人之间相互了解、友谊和合作，促进持久和平。

公正——该运动不因国籍、种族、宗教信仰、阶级和政治见解而有所歧视，仅根据需要，努力减轻人们的疾苦，优先救济困难最紧迫的人。

中立——为了继续得到所有人的信任，该运动在冲突双方之间不采取立场，任何时候也不参与带有政治、种族、宗教或意识形态的争论。

独立——该运动是独立的。虽然各国红十字会是本国政府的人道工作的助手并受本国法律的制约，但必须始终保持独立，以便任何时候都能按该运动的原则行事。

志愿服务——该运动是个志愿救济运动，绝不期望以任何方式得到回报。

统一——任何一个国家只能有一个红十字会或红新月会。它必须向所有的人开放，必须在全国范围内开展人道主义工作。

普遍——国际红十字与红新月运动是世界性的。在这个运动中所有红十字会享有同等地位，负有同样责任和义务，相互支援。

二、中国红十字会

1904 年 3 月，“万国红十字会上海支会”成立，这是中国红十字会的前身。1907 年更名为“大清红十字会”，1911 年，辛亥革命爆发，“大清红十字会”更名为“中国红十字会”。1912 年 1 月，得到红十字国际委员会的承认。1919 年 7 月，正式加入国际红十字会协会（即现在的红十字会与红新月会国际联合会）。1933 年，更名为“中华民国红十字会”。

新中国成立后，1950 年对中国红十字组织进行了改组，名称改为“中国红十字会”。1952 年，第 18 届红十字与红新月国际大会承认“中国红十字会”是中国唯一合法的全国性红十字会。这是新中国在国际组织中恢复的第一个合法席位。

改革开放以来，中国红十字事业取得了长足的发展。各级红十字组织机构在不断健全、完善和发展。据中国红十字会第九次全国会员代表大会的报告，截至 2011 年底，中国红十字会有 31 个省（自治区、直辖市）红十字会、334 个地（市）级红十字会、2848 个县级红十字会和新疆生产建设兵团红十字会、铁路系统红十字会、香港特别行政区红十字会、澳门特别行政区红十字会。

中国红十字组织始终根植于广大民众之中，并不断发展、壮大。在不同的历史阶段，为了“改善最易受损害群体的境况”作出了应有的贡献，赢得了良好的声誉和社会各界的支持，产生了积极的影响。

三、中国红十字立法

红十字会法是调整在保护人的生命和健康，发扬人道主义精神，促进和平进步事业，保障红十字会依法履行职责活动中产生的各种社会关系的法律规范的总称。

1993 年 10 月 31 日，中华人民共和国第 8 届全国人民代表大会常务委员会第 4 次会议通过了《中华人民共和国红十字会法》（以下简称《红十字会法》），这是中国红十字事业发展中的一个里程碑。它使中国红十字事业有了法律保障，中国红十字会由此走上了依法建会的轨道。

1996 年 1 月，国务院、中央军事委员会发布了《中华人民共和国红十字标志使用办法》。1994 年 4 月，中国红十字会第 6 次全国会员代表大会依照《红十字会法》制定了《中国红十字会章程》，后来又进行了修改。此外，还制定了《中国红十字会灾害救济原则与条例》和《中国红十字会募捐和接受捐赠工作条例》。

第二节　中国红十字会的性质和组织

一、红十字会的性质

随着历史的发展，不同阶段对于中国红十字会的性质有着不同的认识和规定。1950 年 8

月在北京召开的中国红十字会协商改组会议（实际为新中国第1次全国代表大会）规定，中国红十字会为“中央人民政府领导下的人民卫生救护团体”。1985年5月，中国红十字会第4次全国会员代表大会提出，中国红十字会是全国性的人民卫生救护和社会福利团体。

根据《红十字会法》第2条的规定，中国红十字会是中华人民共和国统一的红十字组织，是从事人道主义工作的社会救助团体。从中可以看出，中国红十字会的工作内容不断增加，领域不断拓宽，外延不断扩大。中国红十字会在社会生活中的作用越来越重要，地位也越来越高。

中国红十字会是国际红十字运动的重要成员，以保护人的生命和健康、发扬人道主义精神、促进和平进步事业为宗旨。

中国红十字会遵守宪法和法律，遵循国际红十字和红新月运动确立的人道、公正、中立、独立、志愿服务、统一和普遍7项基本原则，依照中国参加的日内瓦公约及其附加议定书和中国红十字会章程，独立自主地开展工作。中国红十字会根据独立、平等、互相尊重的原则，发展同各国红十字会和红新月会的友好合作关系。

二、中国红十字会的组织

（一）中国红十字会的组织结构

《红十字会法》对于中国红十字会的组织有如下规定：全国建立中国红十字会总会，具有社会团体法人资格；县级以上按行政区域建立地方各级红十字会，根据实际工作需要配备专职工作人员；全国性行业根据需要可以建立行业红十字会。地方各级红十字会、行业红十字会依法取得社会团体法人资格。

根据《中国红十字会章程》规定，中国红十字会的最高权力机构是全国会员代表大会，全国会员代表大会的代表由中国红十字会总会和地方红十字会推选的会员代表以及与有关部门协商产生的代表和特邀代表组成。会员代表大会闭会期间由理事会执行其决议；理事会闭会期间由常务理事会执行其决议；驻总会机关的常务理事组成执行委员会，执行委员会对常务理事会负责。

各级红十字会理事会由会员代表大会民主选举产生，理事会民主选举产生会长和副会长，中国红十字会总会设名誉会长和名誉副会长，名誉会长和名誉副会长由中国红十字会总会理事会聘请。

各级红十字会会员代表大会闭会期间，由理事会执行会员代表大会的决议。理事会向会员代表大会负责并报告工作，接受其监督。上级红十字会指导下级红十字会的工作。

（二）中国红十字会会员

中华人民共和国公民，不分民族、种族、性别、职业、宗教信仰、教育程度，承认中国红十字会章程并缴纳会费的，可以申请加入红十字会，成为红十字会会员。

红十字会会员分为个人会员和团体会员。在校学生加入红十字会的为红十字青少年会员。机关、企业事业单位及有关团体，集体加入红十字会的为团体会员。

个人入会须提出申请，基层红十字组织批准，报县级以上（含县）红十字会备案，发给会员证，方可成为红十字会会员；机关、企业事业单位及有关团体集体入会，由县级以上（含县）红十字会发给证书和标牌，方可成为红十字会团体会员；对红十字事业有较大贡献的单位和个人，县级以上（含县）红十字会可以直接接收为会员。

第三节 中国红十字会的职责和权利

一、中国红十字会的职责

《红十字会法》第12条对中国红十字会的职责作出了规定：①开展救灾的准备工作；在自然灾害和突发事件中，对伤病人员和其他受害者进行救助。②普及卫生救护和防病知识，进行初级卫生救护培训，组织群众参加现场救护；参与输血献血工作，推动无偿献血；开展其他人道主义服务活动。③开展红十字青少年活动。④参加国际人道主义救援工作。⑤宣传国际红十字和红新月运动的基本原则和日内瓦公约及其附加议定书。⑥依照国际红十字和红新月运动的基本原则，完成人民政府委托事宜。⑦依照日内瓦公约及其附加议定书的有关规定开展工作。

《中国红十字会章程》进一步明确了红十字会在和平时期、战时和武装冲突时期应履行的职责。

1. 红十字会在和平时期履行的职责 红十字会在和平时期履行下列职责：①宣传和执行《中华人民共和国红十字会法》和《中华人民共和国红十字标志使用办法》。②开展备灾救灾工作。制订应急预案，建立应急救援队伍；储备救灾物资，建设和管理备灾救灾设施；在自然灾害和突发事件中，开展救护和救助工作；根据自然灾害和突发事件的具体情况，由总会向国内外发出呼吁，依法接受国内外组织和个人的捐赠；地方各级红十字会在辖区内发出呼吁，依法接受国内外组织和个人的捐赠；及时向灾区群众和受难者提供急需的人道援助，参与灾后重建。③开展应急救护和防病知识的宣传、普及、培训；在机关、企事业单位、社区、农村、学校和易发生意外伤害的行业和人群中开展初级卫生救护培训，组织群众参加意外伤害和自然灾害的现场救护；提高应急条件下的应急救助能力和水平。④建设和管理中国造血干细胞捐献者资料库；开展捐献造血干细胞的宣传动员、组织工作。⑤开展无偿献血的宣传推动工作，与各级人民政府共同对先进单位和个人进行表彰奖励。⑥开展社会救助及相关服务工作。对易受损人群进行救助，为困难群众提供服务；在社区、农村中建立红十字服务站，开展服务群众、宣传培训、募捐救助等活动；开展帮助寻找失散亲人、重建家庭联系等其他人道服务工作。⑦依法开展和推动遗体、器官（组织）捐献工作；开展艾滋病预防控制宣传和教育、关心爱护艾滋病病毒感染者、患者及其他人道救助工作。⑧开展有益于青少年身心健康的红十字青少年活动。⑨开展红十字志愿服务活动。⑩宣传国际人道法、红十字运动基本原则，总会承担中国国际人道法国家委员会秘书处的日常工作。⑪依法开展募捐活动；在公共场所设置红十字募捐箱并进行管理；依照法律法规自主处分募捐款物。⑫兴办符合红十字会宗旨的社会福利事业。⑬参加国际人道救援工作；开展与国际红十字组织和各国红十字会或红新月会及其他国际组织的交流与合作。⑭完成人民政府委托事宜。

2. 红十字会在战时和武装冲突时期履行的职责 依据日内瓦公约及其附加议定书，红十字会在战时和武装冲突时期履行下列职责：①组织红十字救护队，参与战场救护；②在武装部队中依法协助开展传染病的防治工作；③对战区平民进行救助；④协助战俘、被监禁者及难民与家人取得联系，转交钱物，并为此建立必要的通信渠道；⑤参与探视和见证交换战俘。

二、中国红十字会的权利

1. 物资处分权　红十字会有权处分其接受的救助物资；在处分捐赠款物时，应当尊重捐赠者的意愿。

2. 优先通行权和公共通信工具优先使用权　在自然灾害和突发事件中，执行救助任务并标有红十字标志的人员、物资和交通工具有优先通行的权利。为执行救助任务的需要，红十字会救援人员可以优先使用公共通信工具。

3. 履行职责时的法律保障权　任何组织和个人不得拒绝、阻碍红十字会工作人员依法履行职责，否则将由国家追究其相应的法律责任。

4. 享受减税、免税权　红十字会接受用于救助和公益事业的捐赠物资，按照国家有关规定享受减税、免税的优惠待遇。红十字会兴办的社会福利事业可以按照国家有关规定，享受税收优惠政策。

第四节　红十字标志的使用

一、红十字标志

中国红十字会使用白底红十字标志。红十字标志是国际人道主义保护的标志，是武装力量医疗机构的特定标志，是红十字会的专用标志。红十字标志具有保护作用和标明作用，二者不得混淆使用。

一百多年来，不论是在硝烟弥漫的战场，还是在发生自然灾害的城镇和村庄，都可以看到鲜艳的白底红十字标志在闪耀，给伤病者带来心灵的慰藉，带来救助和生还的希望。为了确保红十字标志的正确、合法使用，我国于1996年发布了《中华人民共和国红十字标志使用办法》：禁止任何组织或者个人非法使用红十字标志，地方各级人民政府应当依照该办法的规定对本行政区域内红十字标志的使用实施监督管理，地方各级红十字会应当协助本级人民政府对红十字标志的使用实施监督管理。

二、红十字标志的保护性使用

1. 红十字标志的保护性使用的含义　红十字标志的保护性使用，是指在武装冲突中，冲突各方对依法佩戴红十字标志的人员和标有红十字标志的处所及其物品、医务运输工具，必须予以保护和尊重。

2. 红十字标志保护性使用的方法　红十字作为保护性标志使用时，不得在标志上添加任何内容；用在旗帜上的，红十字不得触及旗帜的边缘；用在臂章上的，红十字应当置于臂章的中间部位；用在建筑物上的，红十字应当置于建筑物顶部的明显部位；应当在尽可能远的地方或者不同的方向得以辨认；在夜间或者能见度低时，应当以灯光照明或者用发光物装饰。

3. 有权使用保护性红十字标志的人员　在武装冲突中，下列人员可以使用保护性红十字标志：①武装力量医疗机构的医务人员和工作人员；②红十字会的工作人员和医务人员；

③经国务院或者中央军事委员会批准的国际红十字组织和外国红十字组织的工作人员和医务人员；④军用的和民用的医务运输工具上的医务人员和工作人员；⑤经国务院或者中央军事委员会批准的国内外的志愿救助团体人员和民用医疗机构的医务人员。

使用保护红十字标志的人员，必须随身携带由国务院或者中央军事委员会授权的部门签发的身份证明。

4. 有权使用保护性红十字标志的机构或组织 在武装冲突中，下列机构或者组织及其处所、物品、医务运输工具可以使用保护性红十字标志：①武装力量的医疗机构；②参加救助活动的红十字会；③经国务院或者中央军事委员会批准的国内外的志愿救助团体和医疗机构；④经国务院或者中央军事委员会批准的国际组织。

《红十字标志使用办法》第11条特别规定：武装力量医疗机构的人员、处所及其物品、医务运输工具，和平时期可以使用保护性红十字标志作为标记。

三、红十字标志的标明性使用

1. 红十字标志的标明性使用的含义 红十字标志的标明性使用，是指对与红十字活动有关的人或者物的标示。

2. 红十字标志标明性使用的方法 红十字作为标明性标志使用时，在红十字下方必须有红十字会的名称或者名称缩写，并不得将红十字置于建筑物顶部。红十字会的工作人员、会员和其他有关人员履行职责时，应当佩戴标有红十字的小尺寸臂章；不履行职责时，可以佩戴标有红十字的小尺寸胸针或者胸章。

3. 有权使用标明性红十字标志的人员 ①红十字会工作人员；②红十字会会员；③红十字青少年会员。

4. 可以使用标明性红十字标志的场所 ①红十字会使用的建筑物；②红十字会所属的医疗机构；③红十字会开展符合其宗旨的活动场所。

5. 可以使用标明性红十字标志的物品和运输工具 ①红十字会的徽章、奖章、证章；②红十字会的印刷品、宣传品；③红十字会的救灾、救护物资及运输工具。

在《红十字标志使用办法》规定的范围以外需要使用标明性红十字标志的，由红十字会总会批准。

四、红十字标志的禁止使用

为了维护红十字标志使用的严肃性，防止滥用红十字标志的行为，《红十字标志使用办法》规定，红十字标志不得用于：①商标或商业性广告；②非红十字会或者非武装力量的医疗机构；③药店、兽医站；④商品的包装；⑤公司的标志；⑥工程设计、产品设计；⑦《红十字标志使用办法》规定可以使用红十字标志以外的其他情形。

第五节 红十字会的经费和财产

一、红十字会经费和财产的来源

红十字会经费的主要来源有：①红十字会会员缴纳的会费；②接受国内外组织和个人捐

赠的款物；③动产和不动产的收入；④人民政府的拨款。

（一）会费

按期交纳会费是会员应尽的义务，会费是红十字会经费的主要来源之一。会费分为个人会员会费和团体会员会费。会费的收缴、使用与管理应坚持统筹安排、量入为出、收支平衡、略有结余的原则。

（二）募捐

募捐是指各级红十字会根据宗旨依法募集资金、物质、财产权利的过程。

1. 募捐管理 各级红十字会在募捐和接受捐赠工作中，应当遵守国家法律、法规的规定，不得违背社会公德，不得损害国家利益、公共利益和他人的合法权益，不得以募捐和捐赠为名从事营利活动。

中国红十字会总会指导地方红十字会和行业红十字会的募捐和接受捐赠工作，制定相关规范性文件。各级红十字会应当加强对募捐和接受捐赠工作的管理，规范募捐和接受捐赠行为。各级红十字会应当制定表彰奖励办法，对捐赠人给予相应的荣誉和表彰。

2. 组织募捐 各级红十字会依法在本辖区或本行业内开展募捐工作。总会根据重大自然灾害等突发公共事件的情况，决定是否发出全国募捐呼吁，或通过红十字会与红新月会国际联合会发出国际募捐呼吁。

各级红十字会应积极拓展现场、邮局、银行、互联网、手机等捐款渠道，通过网站、媒体等方式向社会公众发布捐赠信息，可在机场、车站、宾馆、商场、银行、医院、旅游景点等公共场所设置红十字募捐箱。

各级红十字会可开展义演、义卖、义赛等活动募捐，也可利用公益项目和专项基金的形式募捐。募捐行为应符合法律、法规的规定，不得违背红十字运动的基本原则，不得损害红十字会名誉。

3. 接受捐赠 各级红十字会根据救灾、救助和红十字事业发展的需要依法接受捐赠。捐赠人捐赠的财产应当是合法的、有处分权的财产，应按照法律规定或约定及时办理所有权移交手续。接受捐赠必须开设专户，建立专账。对于接受的捐赠财产，按照国家有关规定及时登记入账。

二、红十字会经费和财产的管理

红十字会应当建立经费审查监督制度。红十字会的经费使用应当与其宗旨相一致。对接受的境外捐赠款物，应当建立专项审查监督制度。红十字会经费的来源和使用情况每年向红十字会理事会报告。红十字会的经费使用情况还应当依照国家有关法律、法规的规定，接受人民政府的检查监督。任何组织和个人不得侵占和挪用红十字会的经费和财产。

（一）会费的管理和使用

会费由红十字会的组织部门统一管理：①会费必须应用于为会员提供服务以及开展与红十字会宗旨相一致的各项活动，不得挪作他用。②会费使用须经各级红十字会执行委员会或办事机构领导集体研究决定。③各级红十字会应建立会费收缴、使用与管理制度。会费的具体财务工作由各级红十字会指定专人负责，建立收支明细账目，实行会计、出纳分设。每年将会费收支情况向理事会报告。④基层红十字会应将收缴的会费上交上一级红十字会，其中的80%用于基层红十字会，使用时由基层红十字会制定使用预算，报上级红十字会批准后实施。县、地（市）、省级红十字会应将收缴会费的30%逐级上交上一级红十字会，70%留本级红十字会。全国性行业红十字会比照省级红十字会的比例和做法，向总会上交会费。⑤基层红十字会要将个人会员的会费交纳情况张榜公告，县级以上红十字会有个人会员的应将个人会员会费交纳情况张榜公告。县级以上红十字会要向会员和下级红十字会开具会费的合法收据。⑥会费收缴、使用和管理的情况要做到公开透明。基层红十字会每年要张榜公告会费收缴、使用和管理情况。⑦各级红十字会每年向上级红十字会报告会费收缴、使用和管理情况。⑧地方各级红十字会要接受上一级红十字会对会费收缴、使用与管理工作的监督和检查。

（二）募捐和接受捐赠财产的管理与使用

各级红十字会接受捐赠后，应及时向捐赠人出具合法、有效的捐赠票据，将受赠财产登记造册，依法妥善保管和使用。各级红十字会接受捐赠的财产具有社会公共财产的性质，由接受捐赠的红十字会按照《红十字会法》和《中国红十字会章程》独立自主地管理处分，并接受政府有关部门的监督检查。各级红十字会接受捐赠的固定资产，应按照有关规定及时进行财产登记，不得挪作他用，不得用于任何违背红十字宗旨的商业行为或无偿提供给商业机构使用。

各级红十字会接受捐赠的财产，以尊重捐赠人的意愿为原则，必须用于符合红十字会宗旨的救助工作。与捐赠人达成一致捐赠意愿的，应按捐赠意愿使用捐赠财产，不得擅自改变捐赠财产的用途。如果确有需要改变用途的，需要征得捐赠人的书面同意。

各级红十字会接受的捐赠财产，包括从捐款中支出的用于支持红十字事业发展的资金和项目支持费的使用、管理情况，应每年向理事会报告并定期向社会公告，接受国家审计部门、审计机构的审计。

各级红十字会应当认真对待捐赠人查询捐赠财产使用、管理情况的要求，并听取捐赠人的意见和建议。各级红十字会应当建立、健全捐赠财产使用、管理信息的反馈制度，及时向捐赠人反馈捐赠财产的去向和使用情况。

第六节　法律责任

一、阻碍红十字会工作人员履行职责的法律责任

《红十字会法》第15条规定：任何组织和个人不得拒绝、阻碍红十字会工作人员依法履行职责。在自然灾害和突发事件中，以暴力、威胁方法阻碍红十字会工作人员依法履行职责的，依照刑法有关规定追究刑事责任；阻碍红十字会工作人员依法履行职责未使用暴力、威胁方法的，依照《治安管理处罚法》的有关规定处罚。

《刑法》第277条规定：在自然灾害和突发事件中，以暴力、威胁方法阻碍红十字会工作人员依法履行职责的，构成妨碍公务罪，处3年以下有期徒刑、拘役、管制或者罚金。

二、违反《红十字标志使用办法》的法律责任

对违反《红十字标志使用办法》的规定，有下列情形之一的，红十字会有权予以劝阻，

并要求其停止使用；拒绝停止使用的，红十字会可以提请人民政府责令停止使用：①红十字会的工作人员、会员、红十字青少年会员以外的人员使用标明性红十字标志的；②非红十字会使用的建筑物及其他场所使用标明性红十字标志的；③非红十字会的医疗机构使用标明性红十字标志的；④不属于红十字会的物品、运输工具等使用标明性红十字标志的；⑤有违反《红十字标志使用办法》规定使用红十字标志的其他情形的。

违反《红十字标志使用办法》中关于红十字标志禁止使用的规定，擅自使用红十字标志的，由县级以上人民政府责令停止使用，没收非法所得，并处1万元以下的罚款。

武装力量中的组织和人员有违反本办法规定行为的，由军队有关部门处理。

思考题

1. 红十字会的性质是什么？
2. 国际红十字与红新月运动的基本原则是什么？
3. 红十字标志的保护性使用有哪些规定？
4. 中国红十字会的职责有哪些？
5. 中国红十字会经费和财产的管理制度有哪些？

第九章 国境卫生检疫法律制度

第一节 概 述

一、国境卫生检疫的概念

国境卫生检疫是指国境卫生检疫机关及其执法人员，在中华人民共和国国际通航的港口、机场及陆地边境和国界江河的口岸（以下简称国境口岸），依法对进出国境的人员和交通工具、行李、货物实施医学检查、卫生检查和必要的卫生处理。

根据入境、出境的方向，国境卫生检疫可分为入境检疫和出境检疫；根据实施检疫的国境口岸的地理位置，可分为海港检疫、航空检疫和陆地边境检疫。

二、国境卫生检疫立法

在世界日益成为地球村、国内外公民交流频繁的现代社会，我国国境卫生检疫在维护国家主权、防止检疫传染病由国外传入或者由国内传出、保障公民健康方面起到了重要作用。

我国的卫生检疫始于1873年，最早的卫生检疫机构隶属海关，设在上海和厦门，主要是海港检疫。新中国成立后，1950年和1951年先后发布了《交通检疫暂行办法》和《民用航空检疫暂行办法》。1986年12月2日，第6届全国人民代表大会常务委员会第18次会议通过了《中华人民共和国国境卫生检疫法》（以下简称为《国境卫生检疫法》），并于1987年5月1日起施行。1989年3月6日，经国务院批准，卫生部颁发《中华人民共和国国境卫生检疫法实施细则》，自发布之日起施行。2007年12月29日，第10届全国人民代表大会常务委员会第31次会议对《国境卫生检疫法》进行了修正。

为了实施《国境卫生检疫法》，卫生部（现卫计委）、国家质量监督检验检疫总局先后发布了《关于过境入境飞机人员检疫和卫生监督暂行规定的通知》《国境口岸传染病监测试行办法》《国境口岸卫生监督办法》《出入境检验检疫报检员管理规定》《进出境转基因产品检验检疫管理办法》《进口食品卫生监督检验工作规程》《出入境口岸食品卫生监督管理规定》《出入境检验检疫行政处罚程序规定》等规章和规范性文件。

三、国境卫生检疫的对象

国境卫生检疫对象也称检疫范围。根据国境卫生检疫法的规定，对于出、入境的人员、交通工具、运输设备，以及可能传播检疫传染病的行李、货物、邮包等物品，都应当接受检疫，经国境卫生检疫机关许可，方准入境或者出境。其中交通工具是指船舶、航空器、列车和其他车辆；运输设备是指货物集装箱。国境卫生检疫法还规定，必须对在国境口岸及停在该场所的入、出境交通工具上的所有非因意外伤害而死亡并死因不明的尸体和骸骨进行卫生检疫，以防止检疫传染病的传播。

第二节 国境卫生检疫机关

一、国境卫生检疫机关及职责

国境卫生检疫机关是指国家在国境口岸设立的，依法实施传染病检疫、监测和卫生监督活动的卫生执法机构。它代表国家在国境口岸行使检疫主权。

卫生检疫机关在国境口岸工作的范围，是指为国境口岸服务的涉外宾馆、饭店、俱乐部，为入境、出境交通工具提供饮食、服务的单位和对入境、出境人员、交通工具、集装箱和货物实施检疫、监测、卫生监督的场所。

卫生检疫机关的职责有：①执行《国境卫生检疫法》及其实施细则和国家有关卫生法规；②收集、整理、报告国际和国境口岸传染病的发生、流行和终息情况；③对国境口岸的卫生状况实施卫生监督，对入境、出境的交通工具、人员、集装箱、尸体、骸骨以及可能传播检疫传染病的行李、货物、邮包等实施检疫查验、传染病监测、卫生监督和卫生处理；④对入境、出境的微生物、生物制品、人体组织、血液及其制品等特殊物品以及能传播人类传染病的动物，实施卫生检疫；⑤对入境、出境人员进行预防接种、健康检查、医疗服务、国际旅行健康咨询和卫生宣传；⑥签发卫生检疫证件；⑦进行流行病学调查研究，开展科学实验；⑧执行国务院卫生行政部门指定的其他工作。

二、国境卫生检疫人员及职责

国境卫生检疫机关设立国境卫生检疫人员和国境口岸卫生监督员。国境卫生检疫机关设立国境口岸卫生监督员，执行国境卫生检疫机关交给的任务。

其中，国境卫生检疫机关设立国境口岸卫生监督员，执行国境卫生检疫机关交给的任务。其职责有：①对国境口岸和停留在国境口岸的入境、出境交通工具进行卫生监督和卫生宣传；②在消毒、除鼠、除虫等卫生处理方面进行技术指导；③对造成传染病传播、啮齿动物和病媒昆虫扩散、食物中毒、食物污染等事故进行调查，并提出控制措施。

卫生检疫机关工作人员、国境口岸卫生监督员在执行任务时，应当穿着检疫制服，佩戴检疫标志；卫生检疫机关的交通工具在执行任务期间，应当悬挂检疫旗帜。

第三节 国境卫生检疫

一、入出境检疫

（一）入出境人员检疫

1. 入境检疫 入境的人员必须在最先到达的国境口岸的指定地点接受检疫。“国境口岸”指国际通航的港口、机场、车站、陆地边境和国界江河的关口。

2. 出境检疫 出境人员必须在最后离开的国境口岸接受检疫。国境卫生检疫机关应当阻止染疫人、染疫嫌疑人出境，但是对来自国外并且在到达时就地诊验的人，本人要求出境的，可以准许出境；如果乘交通工具出境，检疫医师应当将这种情况在出境检疫证上签注，同时通知交通工具负责人采取必要的预防措施。

（二）入出境交通工具检疫

入境的交通工具必须在最先到达的国境口岸的指定地点接受检疫。除引航员外，未经国境卫生检疫机关许可，任何人不准上下交通工具，不准装卸行李、货物、邮包等物品。

出境的交通工具必须在最后离开的国境口岸接受检疫。

（三）入出境物品检疫

1. 集装箱、货物、废旧物等物品检疫 入境、出境的集装箱、货物、废旧物等物品在到达口岸的时候，承运人、代理人或者货主，必须向卫生检疫机关申报并接受卫生检疫。对来自疫区的、被传染病污染的及可能传播检疫传染病，或者发现与人类健康有关的啮齿动物和病媒昆虫的集装箱、货物、废旧物等物品，应当实施消毒、除鼠、除虫或者其他必要的卫生处理。集装箱、货物、废旧物等物品的货主要求在其他地方实施卫生检疫、卫生处理的，卫生检疫机关可以给予方便，并按规定办理。海关凭卫生检疫机关签发的卫生处理证明放行。

2. 微生物、生物制品等特殊物品检疫 入境、出境的微生物、人体组织、生物制品、血液及其制品等特殊物品的携带人、托运人或者邮递人，必须向卫生检疫机关申报并接受卫生检疫，未经卫生检疫机关许可，不准入境、出境。海关凭卫生检疫机关签发的特殊物品审批单放行。

3. 行李和物品检疫 入境、出境的旅客、员工个人携带或者托运可能传播传染病的行李和物品，应当接受卫生检查。卫生检疫机关对来自疫区或者被传染病污染的各种食品、饮料、水产品等应当实施卫生处理或者销毁，并签发卫生处理证明。海关凭卫生检疫机关签发的卫生处理证明放行。

4. 邮包检疫 卫生检疫机关对应当实施卫生检疫的邮包进行卫生检查和必要的卫生处理时，邮政部门应予配合。未经卫生检疫机关许可，邮政部门不得运递。

（四）临时检疫

在国境口岸发现检疫传染病、疑似检疫传染病，或者有人非因意外伤害而死亡并死因不明的，国境口岸有关单位和交通工具的负责人，应当立即向国境卫生检疫机关报告，并申请临时检疫。

（五）边境接壤地区的来往检疫

中华人民共和国边防机关与邻国边防机关之间在边境地区的往来，居住在两国边境接壤地区的居民在边境指定地区的临时往来，双方的交通工具和人员的入境、出境检疫，依照双方协议办理；没有协议的，依照中国政府的有关规定办理。

二、检疫传染病管理

（一）检疫传染病种类

检疫传染病是指鼠疫、霍乱、黄热病及国务院确定和公布的其他传染病。

（二）鼠疫

鼠疫的潜伏期为6日。

船舶、航空器在到达时，有下列情形之一的，为染有鼠疫：①船舶、航空器上有鼠疫病例的；②船舶、航空器上发现有感染鼠疫的啮齿动物的；③船舶上曾经有人在上船6日以后患鼠疫的。

船舶在到达时，有下列情形之一的，为染有鼠疫嫌疑：①船舶上没有鼠疫病例，但曾经有人在上船后6日以内患鼠疫的；②船上啮齿动物有反常死亡，并且死因不明的。

对染有鼠疫的船舶、航空器应当实施下列卫生处理：①对染疫人实施隔离；②对染疫嫌疑人实施除虫，并且从到达时算起，实施不超过6日的就地诊验或者留验。在此期间，船上的船员除因工作需要并且经卫生检疫机关许可外，不准上岸。③对染疫人、染疫嫌疑人的行李、使用过的其他物品和卫生检疫机关认为有污染嫌疑的物品，实施除虫，必要时实施消毒。④对染疫人占用过的部位和卫生检疫机关认为有污染嫌疑的部位，实施除虫，必要时实施消毒。⑤船舶、航空器上有感染鼠疫的啮齿动物，卫生检疫机关必须实施除鼠。如果船舶上发现只有未感染鼠疫的啮齿动物，卫生检疫机关也可以实施除鼠。实施除鼠可以在隔离的情况下进行，对船舶的除鼠应当在卸货以前进行。⑥卸货应当在卫生检疫机关的监督下进行，并且防止卸货的工作人员遭受感染。必要时，对卸货的工作人员从卸货完毕时算起，实施不超过6日的就地诊验或者留验。

对没有染疫的船舶、航空器，如果来自鼠疫疫区，卫生检疫机关认为必要时，可以实施下列卫生处理：①对离船、离航空器的染疫嫌疑人，从船舶、航空器离开疫区的时候算起，实施不超过6日的就地诊验或者留验；②在特殊情况下，对船舶、航空器实施除鼠。

（三）霍乱

霍乱潜伏期为5日。

船舶在到达的时候载有霍乱病例，或者在到达前5日以内，船上曾经有霍乱病例发生，为染有霍乱；船舶在航行中曾经有霍乱病例发生，但是在到达前5日以内，没有发生新病例，为染有霍乱嫌疑。航空器在到达的时候载有霍乱病例，为染有霍乱；航空器在航行中曾经有霍乱病例发生，但在到达以前该病员已经离去，为染有霍乱嫌疑。

对染有霍乱的船舶、航空器，应当实施下列卫生处理：①对染疫人实施隔离；②对离船、离航空器的员工、旅客，从卫生处理完毕时算起，实施不超过5日的就地诊验或者留验；从船舶到达时算起5日内，船上的船员除因工作需要，并且经卫生检疫机关许可外，不准上岸。③对染疫人、染疫嫌疑人的行李，使用过的其他物品和有污染嫌疑的物品、食品实施消毒。④对染疫人占用的部位、污染嫌疑部位，实施消毒。⑤对污染或者有污染嫌疑的饮用水，应当实施消毒后排放，并在储水容器消毒后再换清洁饮用水。⑥人的排泄物、垃圾、废水、废物和装自霍乱疫区的压舱水，未经消毒，不准排放和移下。⑦卸货必须在卫生检疫机关监督下进行，并且防止工作人员遭受感染。必要时，对卸货工作人员从卸货完毕时算起，实施不超过5日的就地诊验或者留验。

对染有霍乱嫌疑的船舶、航空器应当实施下列卫生处理：①上述第②~⑦项规定的卫生处理；②对离船、离航空器的员工、旅客从到达时算起，实施不超过5日的就地诊验或者留验。在此期间，船上的船员除因工作需要，并经卫生检疫机关许可外，不准离开口岸区域；或者对离船、离航空器的员工、旅客，从离开疫区时算起，实施不超过5日的就地诊验或者留验。

对来自霍乱疫区的或者染有霍乱嫌疑的交通工具，卫生检疫机关认为必要时，可以实施除虫、消毒；如果交通工具载有水产品、水果、蔬菜、饮料及其他食品，除装在密封容器内没有被污染外，未经卫生检疫机关许可，不准卸下，必要时可以实施卫生处理。

对来自霍乱疫区的水产品、水果、蔬菜、饮料以及装有这些制品的邮包，卫生检疫机关在查验时，为了判明是否被污染，可以抽样检验，必要时可以实施卫生处理。

（四）黄热病

黄热病的潜伏期为6日。

来自黄热病疫区的人员，在入境时，必须向卫生检疫机关出示有效的黄热病预防接种证书。对无有效的黄热病预防接种证书的人员，卫生检疫机关可以从该人员离开感染环境的时候算起，实施6日的留验，或者实施预防接种并留验到黄热病预防接种证书生效时为止。

航空器到达时载有黄热病病例，为染有黄热病。来自黄热病疫区的航空器，应当出示在疫区起飞前的灭蚊证书；如果在到达时不出示灭蚊证书，或者卫生检疫机关认为出示的灭蚊证书不符合要求，并且在航空器上发现活蚊，为染有黄热病嫌疑。船舶在到达时载有黄热病病例，或者在航行中曾经有黄热病病例发生，为染有黄热病；船舶在到达时，如果离开黄热病疫区没有满6日，或者没有满30日并且在船上发现埃及伊蚊或者其他黄热病媒介，为染有黄热病嫌疑。

对染有黄热病的船舶、航空器，应当实施下列卫生处理：①对染疫人实施隔离。②对离船、离航空器又无有效的黄热病预防接种证书的员工、旅客，实施本细则第85条规定的卫生处理。③彻底杀灭船舶、航空器上的埃及伊蚊及其虫卵、幼虫和其他黄热病媒介，并且在没有完成灭蚊以前限制该船与陆地和其他船舶的距离不少于400m。④卸货应当在灭蚊以后进行。如果在灭蚊以前卸货，应当在卫生检疫机关监督下进行，并且采取预防措施，使卸货的工作人员免受感染。必要时，对卸货的工作人员，从卸货完毕时算起，实施6日的就地诊验或者留验。

（五）就地诊验、留验和隔离

1. 就地诊验 卫生检疫机关对受就地诊验的人员，应当发给就地诊验记录簿；必要的时候，可以在该人员出具履行就地诊验的保证书以后，再发给其就地诊验记录簿。受就地诊验的人员应当携带就地诊验记录簿，按照卫生检疫机关指定的期间、地点，接受医学检查；如果就地诊验的结果没有染疫，就地诊验期满的时候，受就地诊验的人员应当将就地诊验记录簿退还卫生检疫机关。

卫生检疫机关应当将受就地诊验人员的情况，用最快的方法通知受就地诊验人员的旅行停留地的卫生检疫机关或者其他医疗卫生单位。卫生检疫机关、医疗卫生单位遇有受就地诊验的人员请求医学检查时，应当视同急诊给予医学检查，并将检查结果在就地诊验记录簿上签注；如果发现其患检疫传染病或者监测传染病、疑似检疫传染病或者疑似监测传染病时，应当立即采取必要的卫生措施，将其就地诊验记录簿收回存查，并且报告当地卫生防疫机构和签发就地诊验记录簿的卫生检疫机关。

2. 留验 受留验的人员必须在卫生检疫机关指定的场所接受留验；但是有下列情形之一的，经卫生检疫机关同意，可以在船上留验：①船长请求船员在船上留验的；②旅客请求在船上留验，经船长同意，并且船上有船医和医疗、消毒设备的。

3. 隔离　受留验的人员在留验期间如果出现检疫传染病的症状，卫生检疫机关应当立即对该人员实施隔离，对与其接触的其他受留验的人员，应当实施必要的卫生处理，并且从卫生处理完毕时算起，重新计算留验时间。

三、疫情通报

在国境口岸及停留在国境口岸的交通工具上发现检疫传染病、疑似检疫传染病，或者有人非因意外伤害而死亡并死因不明时，国境口岸有关单位及交通工具的负责人，应当立即向卫生检疫机关报告。

卫生检疫机关发现检疫传染病、监测传染病、疑似检疫传染病时，应当向当地卫生行政部门和卫生防疫机构通报；发现检疫传染病时，还应当用最快的办法向国务院卫生行政部门报告。

当地卫生防疫机构发现检疫传染病、监测传染病时，应当向卫生检疫机关通报。

在国内或者国外某一地区发生检疫传染病流行时，国务院卫生行政部门可以宣布该地区为疫区。

第四节　传染病监测

一、传染病监测对象

传染病监测指对特定环境、人群进行流行病学、血清学、病原学、临床症状及其他有关影响因素的调查研究，预测有关传染病的发生、发展和流行。

入境、出境的交通工具、人员、食品、饮用水和其他物品，以及病媒昆虫、动物，均为传染病监测的对象。

二、传染病监测内容

传染病监测的内容是：①首发病例的个案调查；②暴发流行的流行病学调查；③传染源调查；④国境口岸内监测传染病的回顾性调查；⑤病原体的分离、鉴定，人群、有关动物血清学调查及流行病学调查；⑥有关动物、病媒昆虫、食品、饮用水和环境因素的调查；⑦消毒、除鼠、除虫的效果观察与评价；⑧国境口岸及国内外监测传染病疫情的收集、整理、分析和传递；⑨对监测对象开展健康检查和对监测传染病病人、疑似病人、密切接触人员的管理。

三、传染病监测措施

（一）禁止某些疾病患者入境

卫生检疫机关应当阻止患有严重精神病、传染性肺结核病或者有可能对公共卫生造成重大危害的其他传染病的外国人入境。

（二）出示健康证明

受入境、出境检疫的人员，必须根据检疫医师的要求，如实填报健康申明卡，出示某种有效的传染病预防接种证书、健康证明或者其他有关证件。

凡申请出境居住1年以上的中国籍人员，必须持有卫生检疫机关签发的健康证明。中国公民出境、入境管理机关凭卫生检疫机关签发的健康证明办理出境手续。凡在境外居住1年以上的中国籍人员，入境时必须向卫生检疫机关申报健康情况，并在入境后1个月内到就近的卫生检疫机关或者县级以上的医院进行健康检查。公安机关凭健康证明办理有关手续。健康证明的副本应当寄送到原入境口岸的卫生检疫机关备案。

国际通行交通工具上的中国籍员工，应当持有卫生检疫机关或者县级以上医院出具的健康证明。健康证明的项目、格式由国务院卫生行政部门统一规定，有效期为12个月。

（三）健康检查

根据规定，健康检查的对象为以下人员：国境口岸和进出口交通工具上从事饮食行业的人员；经常进出国境的交通员工；在境外居住3个月以上的回国中国公民和来华留学、工作、居住1年以上的外籍入境人员。

（四）签发就诊方便卡

对来自检疫传染病和监测传染病疫区的人员，检疫医师可以根据流行病学和医学检查结果，发给就诊方便卡。卫生检疫机关、医疗卫生单位遇到持有就诊方便卡的人员请求医学检查时，应当视同急诊给予医学检查；如果发现其患检疫传染病或者监测传染病，疑似检疫传染病或者疑似监测传染病，应当立即实施必要的卫生措施，并且将情况报告当地卫生防疫机构和签发就诊方便卡的卫生检疫机关。

第五节　国境卫生监督和卫生处理

一、国境卫生监督

卫生监督指执行卫生法规和卫生标准所进行的卫生检查、卫生鉴定、卫生评价和采样检验。

（一）卫生监督内容

国境卫生检疫机关根据国家规定的卫生标准，对国境口岸的卫生状况和停留在国境口岸的入境、出境的交通工具的卫生状况实施卫生监督：①监督和指导有关人员对啮齿动物、病媒昆虫的防除；②检查和检验食品、饮用水及其储存、供应、运输设施；③监督从事食品、饮用水供应的从业人员的健康状况，检查其健康证明书；④监督和检查垃圾、废物、污水、粪便、压舱水的处理。

（二）卫生要求

1. 国境口岸的卫生要求　对国境口岸的卫生要求是：①国境口岸和国境口岸内涉外的宾馆、生活服务单位及候船、候车、候机厅（室）应当有健全的卫生制度和必要的卫生设施，并保持室内外环境整洁、通风良好。②国境口岸有关部门应当采取切实可行的措施，控制啮齿动物、病媒昆虫，使其数量降低到不足为害的程度；仓库、货场必须具有防鼠设施。③国境口岸的垃圾、废物、污水、粪便必须进行无害化处理，保持国境口岸环境整洁卫生。

2. 交通工具的卫生要求 对交通工具的卫生要求是：①交通工具上的宿舱、车厢必须保持清洁卫生，通风良好；②交通工具上必须备有足够的消毒、除鼠、除虫药物及器械，并备有防鼠装置；③交通工具上的货舱、行李舱、货车车厢在装货前或者卸货后应当进行彻底清扫，有毒物品和食品不得混装，防止污染；④对不符合卫生要求的入境、出境交通工具，必须接受卫生检疫机关的督导，立即进行改进。

3. 食品、饮用水及从业人员的卫生要求 对饮用水、食品及从业人员的卫生要求是：①国境口岸和交通工具上的食品、饮用水必须符合有关的卫生标准；②国境口岸内的涉外宾馆，以及向入境、出境的交通工具提供饮食服务的部门，营业前必须向卫生检疫机关申请卫生许可证；③国境口岸内涉外的宾馆和入境、出境交通工具上的食品、饮用水从业人员应当持有卫生检疫机关签发的健康证书，该证书自签发之日起12个月内有效。

4. 国境口岸有关单位和交通工具负责人责任 国境口岸有关单位和交通工具负责人应当遵守下列事项：①遵守《国境卫生检疫法》和本细则及有关卫生法规的规定；②接受卫生监督员的监督和检查，并为其工作提供方便；③按照卫生监督员的建议，对国境口岸和交通工具的卫生状况及时采取改进措施。

二、卫生处理

卫生处理指隔离、留验和就地诊验等医学措施，以及消毒、除鼠、除虫等卫生措施。入境、出境的集装箱、行李、货物、邮包等物品需要卫生处理的，由卫生检疫机关实施。

（一）交通工具的卫生处理

入境、出境的交通工具有下列情形之一的，应当由卫生检疫机关实施消毒、除鼠、除虫或者其他卫生处理：①来自检疫传染病疫区的；②被检疫传染病污染的；③发现有与人类健康有关的啮齿动物或者病媒昆虫，超过国家卫生标准的。

卫生检疫机关对入境、出境的废旧物品和曾行驶于境外港口的废旧交通工具，根据污染程度，分别实施消毒、除鼠、除虫，对污染严重的实施销毁。

卫生检疫机关对已在到达本口岸前的其他口岸实施卫生处理的交通工具不再重复实施卫生处理。但有下列情形之一的，仍需实施卫生处理：①在原实施卫生处理的口岸或者该交通工具上，发生流行病学上有重要意义的事件，需要进一步实施卫生处理的；②在到达本口岸前的其他口岸实施的卫生处理没有实际效果的。

（二）物品的卫生处理

卫生检疫机关对来自疫区的、被检疫传染病污染的或者可能成为检疫传染病传播媒介的行李、货物、邮包等物品，进行卫生检查或实施卫生处理。

（三）对尸体、骸骨的卫生处理

入境、出境的尸体、骸骨托运人或者代理人应当申请卫生检疫，并出示死亡证明或者其他有关证件，对不符合卫生要求的，必须接受卫生检疫机关实施的卫生处理。经卫生检疫机关签发尸体、骸骨入境、出境许可证后，方准运进或者运出。对因患检疫传染病而死亡的病人尸体，必须就近火化，不准移运。

第六节 法律责任

一、行政责任

《国境卫生检疫法》和《国境卫生检疫法实施细则》所规定的应当受行政处罚的行为有：①应当受入境检疫的船舶，不悬挂检疫信号的；②入境、出境的交通工具，在入境检疫之前或者在出境检疫之后，擅自上下人员，装卸行李、货物、邮包等物品的；③拒绝接受检疫或者抵制卫生监督，拒不接受卫生处理的；④伪造或者涂改检疫单、证，不如实申报疫情的；⑤瞒报携带禁止进口的微生物、人体组织、生物制品、血液及其制品或者其他可能引起传染病传播的动物和物品的；⑥未经检疫的入境、出境交通工具，擅自离开检疫地点，逃避查验的；⑦隐瞒疫情或者伪造情节的；⑧未经卫生检疫机关实施卫生处理，擅自排放压舱水，移下垃圾、污物等控制的物品的；⑨未经卫生检疫机关实施卫生处理，擅自移运尸体、骸骨的；⑩废旧物品、废旧交通工具，未向卫生检疫机关申报，未经卫生检疫机关实施卫生处理和签发卫生检疫证书而擅自入境、出境或者使用、拆卸的；⑪未经卫生检疫机关检查，从交通工具上移下传染病病人造成传染病传播危险的。

具有上述所列第①～⑤项行为的，处以警告或者100元以上5000元以下的罚款；具有上述第⑥～⑨项行为的，处以1000元以上1万元以下的罚款；具有上述所列第⑩、第⑪项行为的，处以5000元以上3万元以下的罚款。

二、刑事责任

根据《刑法》第332条妨害国境卫生检疫罪的规定，违反国境卫生检疫规定，引起检疫传染病传播或者有传播严重危险的，处3年以下有期徒刑或者拘役，并处或者单处罚金。单位犯本罪的，对单位判处罚金，并对其直接负责的主管人员和其他直接责任人员，依照上述的规定处罚。其中，违反国境卫生检疫规定，是指有下列行为之一的：①逃避检疫，向国境卫生检疫机关隐瞒真实情况的；②入境的人员未经国境卫生检疫机关许可擅自上下交通工具，或者装卸行李、货物、邮包等物品，不听劝阻的。

国境卫生检疫机关工作人员，违法失职，情节严重构成犯罪的，依法追究刑事责任。

思考题

1. 什么是国境卫生检疫？国境卫生检疫的对象是什么？
2. 国境卫生检疫机关的职责是什么？
3. 传染病监测应采取哪些措施？
4. 国境卫生处理的内容有哪些？

第十章 公共卫生安全法律制度

第一节 食品安全法律制度

一、食品安全概述

（一）基本概念

1. 食品 食品是指各种供人食用或者饮用的成品和原料及按照传统既是食品又是药品的物品，但是不包括以治疗为目的的物品。

食品不仅包括经过加工制作的能够直接食用的各种食物，还包括未经加工制作的原料，包括了从农田到餐桌的整个食物链的物品。

2. 食品安全 根据世界卫生组织的定义，食品安全是指“食物中有毒、有害物质对人体健康影响的公共卫生问题”。食品安全要求食品对人体健康造成急性或慢性损害的所有危险都不存在，最初是一个较为绝对的概念，后来人们意识到，食品的绝对安全是很难做到的，食品安全应是一个相对的广泛的概念。一方面，任何一种食品，食用过量或者食用条件不适，仍然可能对身体健康造成损害；另一方面，一些食品的安全性是因人而异的。目前，在对食品安全概念的理解上，国际社会目前已经基本形成共识，即食品的种植、养殖、加工、包装、贮藏、运输、销售、消费等活动符合国家强制标准和要求，不存在可能损害或威胁人体健康的有毒有害物质致消费者病亡或者危及消费者及其后代的隐患。

3. 食品安全与食品卫生 1996 年世界卫生组织发表的《加强国家级食品安全性计划指南》中把食品安全与食品卫生作为两个概念不同的用语。将食品安全解释为“对食品按其原定用途进行制作和食用时不会使消费者受害的一种担保”；将食品卫生解释为“为确保食品安全性和适用性在食物链的所有阶段必须采取的一切条件和措施”。两者相比，食品卫生侧重的是过程安全的概念，不如食品安全的概念更为全面。

（二）食品安全立法

新中国成立初期，卫生部发布了《清凉饮料食物管理办法》《食用合成染料管理办法》等单项规章和标准。1964 年国务院颁布了《食品卫生管理办法试行条例》。1979 年，国务院颁布了《食品卫生管理条例》。1982 年 11 月 19 日，第 5 届全国人民代表大会常务委员会第 25 次会议通过了《中华人民共和国食品卫生法（试行）》，这是我国第一部食品卫生法律。1995 年 10 月 30 日第 8 届全国人民代表大会常务委员会第 16 次会议通过了《中华人民共和国食品卫生法》（简称《食品卫生法》），当日由中华人民共和国主席令第 59 号公布，自公布之日起施行。

在《食品卫生法》试行的多年间，我国社会经济状况发生了深刻的变化，为了适应食品安全领域的新情况，使法律条款与法学理论和执法实践相一致，2009 年 2 月 28 日，第 11

届全国人民代表大会常务委员会第7次会议通过《中华人民共和国食品安全法》（以下简称为《食品安全法》），于2009年6月1日正式开始实施。2009年7月20日，国务院公布了《中华人民共和国食品安全法实施条例》。随后，卫生部发布了《餐饮服务许可管理办法》《餐饮服务食品安全监督管理办法》《食品添加剂新品种管理办法》《食品安全国家标准管理办法》；国家工商总局发布了《食品流通许可证管理办法》《流通环节食品安全监督管理办法》；国家质检总局发布了《食品生产许可管理办法》《食品添加剂生产监督管理规定》等规章。目前，已经基本建立了以《食品安全法》为核心，包括食品安全法规、规章和标准的食品安全法律体系，为食品安全管理监督提供了基本法律依据。

（三）食品安全法的适用范围

为保证食品安全，防止食品污染和有害因素对人体的危害，保障人民身体健康，食品安全法规定：凡在中华人民共和国境内从事食品生产经营的，都必须遵守食品安全法。具体适用范围如下：①食品生产和加工（简称食品生产），食品流通和餐饮服务（简称食品经营）；②食品添加剂的生产经营；③用于食品的包装材料、容器、洗涤剂、消毒剂和用于食品生产经营的工具、设备（简称食品相关产品）的生产经营；④食品生产经营者使用食品添加剂、食品相关产品；⑤对食品、食品添加剂和食品相关产品的安全管理。供食用的源于农业的初级产品（以下称食用农产品）的质量安全管理，遵守《中华人民共和国农产品质量安全法》的规定。但是，制定有关食用农产品的质量安全标准、公布食用农产品安全有关信息，应当遵守食品安全法的有关规定。

（四）食品安全监管体制

1. 国务院食品药品监督管理总局 根据2013年国务院机构改革方案，为加强食品药品监督管理，提高食品药品安全质量水平，将国务院食品安全委员会办公室的职责、国家食品药品监督管理局的职责、国家质量监督检验检疫总局的生产环节食品安全监督管理职责、国家工商行政管理总局的流通环节食品安全监督管理职责整合，组建国家食品药品监督管理总局。保留国务院食品安全委员会，具体工作由国家食品药品监督管理总局承担。国家食品药品监督管理总局的主要职责是：对生产、流通、消费环节的食品安全和药品的安全性、有效性实施统一监督管理。

2. 县级以上地方人民政府 县级以上地方人民政府统一负责、领导、组织、协调本行政区域的食品安全监督管理工作，建立健全食品安全全程监督管理的工作机制；统一领导、指挥食品安全突发事件应对工作；完善、落实食品安全监督管理责任制，对食品安全监督管理部门进行评议、考核。

县级以上地方人民政府依照《食品安全法》和国务院的规定确定本级卫生行政、农业行政、质量监督、工商行政管理、食品药品监督管理部门的食品安全监督管理职责。有关部门应当加强沟通、密切配合，按照各自职责分工，依法行使职权，承担责任。

二、食品安全风险监测和评估

（一）食品安全风险监测制度

1. 概念 食品安全风险监测是指通过系统和持续地收集食源性疾病、食物污染及食品中有害因素的监测数据及相关信息，并进行综合分析和及时通报的活动。

国家建立食品安全风险监测制度，对食源性疾病、食品污染及食品中的有害因素进行监测。食源性疾病指食品中致病因素进入人体引起的感染性、中毒性等疾病；食品污染是指根据国际食品安全管理的一般规则，在食品生产、加工或流通等过程中因非故意原因进入食品的外来污染物，一般包括金属污染物、农药残留、兽药残留、超范围或超剂量使用的食品添加剂、真菌毒素及致病微生物、寄生虫等；食品中有害因素是指在食品生产、流通、餐饮服务等环节，除了食品污染以外的其他可能途径进入食品的有害因素，包括自然存在的有害物、违法添加的非食用物质及被作为食品添加剂使用的对人体健康有害的物质。

2. 食品安全风险监测计划的制订 国务院卫生行政部门会同国务院有关部门制定、实施国家食品安全风险监测计划。省、自治区、直辖市人民政府卫生行政部门根据国家食品安全风险监测计划，结合本行政区域的具体情况，组织制定、实施本行政区域的食品安全风险监测方案。国务院农业行政、质量监督、工商行政管理和国家食品药品监督管理等有关部门获知有关食品安全风险信息后，应当立即向国务院卫生行政部门通报。国务院卫生行政部门会同有关部门对信息核实后，应当及时调整食品安全风险监测计划。

根据卫计委等联合发布的《食品安全风险监测管理规定（试行）》，国家食品安全风险监测应遵循优先选择原则，兼顾常规监测范围和年度重点，将以下情况作为优先监测的内容：健康危险较大、风险程度较高及污染水平呈上升趋势的；易于对婴幼儿、孕产妇、老年人、病人造成健康影响的；流通范围广、消费量大的；以往在国内导致食品安全事故或者受到消费者关注的；已在国外导致健康危害并有证据表明可能在国内存在的。

3. 食品安全风险监测技术机构 食品安全风险监测工作由省级以上人民政府卫生行政部门会同同级质量监督、工商行政管理、食品药品监督管理等部门确定的技术机构承担。

承担食品安全风险监测工作的技术机构应当根据食品安全风险监测计划和监测方案开展监测工作，保证监测数据真实、准确，并按照食品安全风险监测计划和监测方案的要求，将监测数据和分析结果报送省级以上人民政府卫生行政部门和下达监测任务的部门。

食品安全风险监测工作人员采集样品、收集相关数据，可以进入相关食用农产品种植养殖、食品生产、食品流通或者餐饮服务场所。采集样品应当按照市场价格支付费用。

4. 食源性疾病信息的报告 医疗机构发现其接收的病人属于食源性疾病病人、食物中毒病人，或者疑似食源性疾病病人、疑似食物中毒病人的，应当及时向所在地县级人民政府卫生行政部门报告有关疾病信息。

接到报告的卫生行政部门应当汇总、分析有关疾病信息，及时向本级人民政府报告，同时报告上级卫生行政部门；必要时，可以直接向国务院卫生行政部门报告，同时报告本级人民政府和上级卫生行政部门。

（二）食品安全风险评估制度

1. 概念 食品安全风险评估是指对食品、食品添加剂中生物性、化学性和物理性危害对人体健康可能造成的不良影响所进行的科学评估，包括危害识别、危害特征描述、暴露评估、风险特征描述等。

国家建立食品安全风险评估制度，对食品、食品添加剂中生物性、化学性和物理性危害进行风险评估。

2. 食品安全风险评估专家委员会 国务院卫生行政部门负责组织食品安全风险评估工作，成立由医学、农业、食品、营养等方面的专家组成的食品安全风险评估专家委员会进行食品安全风险评估。对农药、肥料、生长调节剂、兽药、饲料和饲料添加剂等的安全性评估，应当有食品安全风险评估专家委员会的专家参加。

3. 食品安全风险评估技术机构 食品安全风险评估技术机构由卫计委确定。食品安全风险评估技术机构负责承担食品安全风险评估相关科学数据、技术信息、检验结果的收集、处理、分析等任务。

4. 需要食品安全风险评估的情形 有下列情形之一的，国务院卫生行政部门应当组织食品安全风险评估工作：①为制定或者修订食品安全国家标准提供科学依据需要进行风险评估的；②为确定监督管理的重点领域、重点品种需要进行风险评估的；③发现新的可能危害食品安全的因素的；④需要判断某一因素是否构成食品安全隐患的；⑤国务院卫生行政部门认为需要进行风险评估的其他情形。

5. 食品安全风险评估结果 食品安全风险评估结果是制定、修订食品安全标准和对食品安全实施监督管理的科学依据。

食品安全风险评估结果得出食品不安全结论的，国务院质量监督、工商行政管理和国家食品药品监督管理部门应当依据各自职责立即采取相应措施，确保该食品停止生产经营，并告知消费者停止食用；需要制定、修订相关食品安全国家标准的，国务院卫生行政部门应当立即制定、修订。

6. 食品安全风险警示 国务院卫生行政部门应当会同国务院有关部门，根据食品安全风险评估结果、食品安全监督管理信息，对食品安全状况进行综合分析。对经综合分析表明可能具有较高程度安全风险的食品，国务院卫生行政部门应当及时提出食品安全风险警示，并予以公布。

三、食品安全标准

（一）食品安全标准的概念

食品安全指食品无毒、无害，符合应当有的营养要求，对人体健康不造成任何急性、亚急性或者慢性危害。

食品安全标准是指为了对食品生产、加工、流通和消费食品链全过程中影响食品安全和质量的各种要素及各关键环节进行控制和管理，经协商一致制定并由公认机构批准，共同使用和重复使用的一种规范性文件。食品安全标准具有强制性，目前我国食品安全标准分为食品安全国家标准、食品安全地方标准、食品安全企业标准三种类型。

（二）食品安全标准的内容

《食品安全法》规定，食品安全标准应当包括下列内容：①食品、食品相关产品中的致病性微生物、农药残留、兽药残留、重金属、污染物质及其他危害人体健康物质的限量规定；②食品添加剂的品种、使用范围、用量；③专供婴幼儿和其他特定人群的主辅食品的营养成分要求；④对与食品安全、营养有关的标签、标识、说明书的要求；⑤食品生产经营过程的卫生要求；⑥与食品安全有关的质量要求；⑦食品检验方法与规程；⑧其他需要制定为食品安全标准的内容。

（三）食品安全标准的性质

食品安全关系到人民群众身体健康和生命安全，食品安全标准属于保障人体健康，人身、财产安全的标准，因此，食品安全标准是强制执行的标准。除食品安全标准以外，不得制定其他的食品强制性标准。食品安全标准应当供公众免费查阅。

（四）食品安全标准的制定

1. 原则　制定食品安全标准，应当以保障公众身体健康为宗旨，做到科学合理、安全可靠。制定食品安全国家标准，应当依据食品安全风险评估结果并充分考虑食用农产品质量安全风险评估结果，参照相关的国际标准和国际食品安全风险评估结果，并广泛听取食品生产经营者和消费者的意见。

2. 制定　食品安全国家标准由国务院卫生行政部门负责制定、公布，国务院标准化行政部门提供国家标准编号。食品中农药残留、兽药残留的限量规定及其检验方法与规程由国务院卫生行政部门、国务院农业行政部门制定。屠宰畜、禽的检验规程由国务院有关主管部门会同国务院卫生行政部门制定。有关产品国家标准涉及食品安全国家标准规定内容的，应当与食品安全国家标准相一致。

国务院卫生行政部门应当对现行的食用农产品质量安全标准、食品卫生标准、食品质量标准和有关食品的行业标准中强制执行的标准予以整合，统一公布为食品安全国家标准。

食品安全国家标准应当经食品安全国家标准审评委员会审查通过。食品安全国家标准审评委员会由医学、农业、食品、营养等方面的专家及国务院有关部门的代表组成。

没有食品安全国家标准的，可以制定食品安全地方标准。省、自治区、直辖市人民政府卫生行政部门组织制定食品安全地方标准，应当参照执行《食品安全法》有关食品安全国家标准制定的规定，并报国务院卫生行政部门备案。

企业生产的食品没有食品安全国家标准或者地方标准的，应当制定企业标准，作为组织生产的依据。国家鼓励食品生产企业制定严于食品安全国家标准或者地方标准的企业标准。企业标准应当报省级卫生行政部门备案，在本企业内部适用。

四、食品生产经营

（一）食品生产经营许可

食品生产经营是指一切食品（不包括种植业和养殖业）的生产、采集、收购、加工、贮存、运输、陈列、供应、销售等活动。

国家对食品生产经营实行许可制度。从事食品生产、食品流通、餐饮服务，应当依法取得食品生产许可、食品流通许可、餐饮服务许可。食品生产许可、食品流通许可和餐饮服务许可的有效期为 3 年。

取得食品生产许可的食品生产者在其生产场所销售其生产的食品，不需要取得食品流通的许可；取得餐饮服务许可的餐饮服务提供者在其餐饮服务场所出售其制作加工的食品，不需要取得食品生产和流通的许可；农民个人销售其自产的食用农产品，不需要取得食品流通的许可。

食品生产加工小作坊和食品摊贩从事食品生产经营活动，应当符合规定的与其生产经营规模、条件相适应的食品安全要求，保证所生产经营的食品卫生、无毒、无害。

（二）食品生产经营的卫生要求

食品生产经营的卫生要求，首先要符合食品安全标准，这是最基本、最核心的要求。此外，还必须做到以下要求：

1. 具有与生产经营的食品品种、数量相适应的食品原料处理和食品加工、包装、贮存等场所，保持该场所环境整洁，并与有毒、有害场所及其他污染源保持规定的距离。

2. 具有与生产经营的食品品种、数量相适应的生产经营设备或者设施，有相应的消毒、更衣、盥洗、采光、照明、通风、防腐、防尘、防蝇、防鼠、防虫、洗涤，以及处理废水、存放垃圾和废弃物的设备或者设施。

3. 有食品安全专业技术人员、管理人员和保证食品安全的规章制度。

4. 具有合理的设备布局和工艺流程，防止待加工食品与直接入口食品、原料与成品交叉污染，避免食品接触有毒物、不洁物。

5. 餐具、饮具和盛放直接入口食品的容器，使用前应当洗净、消毒，炊具、用具用后应当洗净，保持清洁。

6. 贮存、运输和装卸食品的容器、工具和设备应当安全、无害，保持清洁，防止食品污染，并符合保证食品安全所需的温度等特殊要求，不得将食品与有毒、有害物品一同运输。

7. 直接入口的食品应当有小包装或者使用无毒、清洁的包装材料、餐具。

8. 食品生产经营人员应当保持个人卫生，生产经营食品时，应当将手洗净，穿戴清洁的工作衣、帽；销售无包装的直接入口食品时，应当使用无毒、清洁的售货工具。

9. 用水应当符合国家规定的生活饮用水卫生标准。

10. 使用的洗涤剂、消毒剂应当对人体安全、无害。

11. 法律、法规规定的其他要求。

（三）禁止生产经营的食品

1. 用非食品原料生产的食品或者添加食品添加剂以外的化学物质和其他可能危害人体健康物质的食品，或者用回收食品作为原料生产的食品。

2. 致病性微生物、农药残留、兽药残留、重金属、污染物质及其他危害人体健康的物质含量超过食品安全标准限量的食品。

3. 营养成分不符合食品安全标准的专供婴幼儿和其他特定人群的主辅食品。

4. 腐败变质、油脂酸败、霉变生虫、污秽不洁、混有异物、掺假掺杂或者感官性状异常的食品。

5. 病死、毒死或者死因不明的禽、畜、兽、水产动物肉类及其制品。

6. 未经动物卫生监督机构检疫或者检疫不合格的肉类，或者未经检验或者检验不合格的肉类制品。

7. 被包装材料、容器、运输工具等污染的食品。

8. 超过保质期的食品。

9. 无标签的预包装食品。

10. 国家为防病等特殊需要明令禁止生产经营的食品。

11. 其他不符合食品安全标准或者要求的食品。

（四）食品安全管理

食品生产经营企业应当建立健全本单位的食品安全管理制度，加强对职工食品安全知识的培训，配备专职或者兼职食品安全管理人员，做好对所生产经营食品的检验工作，依法从事食品生产经营活动。

1. 从业人员健康管理 食品生产经营者应当建立并执行从业人员健康管理制度。患有痢疾、伤寒、病毒性肝炎等消化道传染病的人员，以及患有活动性肺结核、化脓性或者渗出性皮肤病等有碍食品安全的疾病的人员，不得从事接触直接入口食品的工作。食品生产经营人员每年应当进行健康检查，取得健康证明后方可参加工作。

2. 进货查验和食品出厂检验记录 食品生产者采购食品原料、食品添加剂、食品相关产品，应当查验供货者的许可证和产品合格证明文件；对无法提供合格证明文件的食品原料，应当依照食品安全标准进行检验；不得采购或者使用不符合食品安全标准的食品原料、食品添加剂、食品相关产品。

食品生产企业应当建立食品原料、食品添加剂、食品相关产品进货查验记录制度，如实记录食品原料、食品添加剂、食品相关产品的名称、规格、数量、供货者名称及联系方式、进货日期等内容。食品原料、食品添加剂、食品相关产品进货查验记录应当真实，保存期限不得少于2年。

食品生产企业应当建立食品出厂检验记录制度，查验出厂食品的检验合格证和安全状况，并如实记录食品的名称、规格、数量、生产日期、生产批号、检验合格证号、购货者名称及联系方式、销售日期等内容。食品出厂检验记录应当真实，保存期限不得少于2年。

3. 几种食品的管理

（1）散装食品　散装食品是指无预包装的食品、食品原料及加工半成品，但不包括新鲜果蔬，以及需清洗后加工的原料、鲜冻畜禽产品和水产品等。

食品经营者贮存散装食品，应当在贮存位置标明食品的名称、生产日期、保质期、生产者名称及联系方式等内容；销售散装食品，应当在散装食品的容器、外包装上标明食品的名称、生产日期、保质期、生产者名称及联系方式等内容。

（2）预包装食品　预包装食品是指预先定量包装或者制作在包装材料和容器中的食品。

预包装食品的包装上应当有标签。标签应当标明下列事项：①名称、规格、净含量、生产日期；②成分或者配料表；③生产者的名称、地址、联系方式；④保质期；⑤产品标准代号；⑥贮存条件；⑦所使用的食品添加剂在国家标准中的通用名称；⑧生产许可证编号；⑨法律、法规或者食品安全标准规定必须标明的其他事项。

（3）保健食品　保健食品是指适宜于特定人群食用，可以调节机体功能，提高人体抵御疾病的能力，改善亚健康状态，降低疾病发生的概率，不以预防、治疗疾病为目的，正常食用不会对人体产生毒副作用，不产生急性、亚急性或者慢性危害的食品。

声称具有特定保健功能的食品不得对人体产生急性、亚急性或者慢性危害，其标签、说明书不得涉及疾病预防、治疗功能，内容必须真实，应当载明适宜人群、不适宜人群、功效成分或者标志性成分及其含量等；产品的功能和成分必须与标签、说明书相一致。

（4）进口食品　进口的食品、食品添加剂及食品相关产品应当符合我国食品安全国家标准。进口的食品应当经出入境检验检疫机构检验合格后，海关凭出入境检验检疫机构签发的通关证明放行。

进口尚无食品安全国家标准的食品，或者首次进口食品添加剂新品种、食品相关产品新品种，进口商应当向国务院卫生行政部门提出申请并提交相关的安全性评估材料。国务院卫生行政部门依法作出是否准予许可的决定，并及时制定相应的食品安全国家标准。

进口的食品添加剂应当有中文标签、中文说明书。标签、说明书应当符合食品安全法和我国其他有关法律、行政法规的规定及食品安全国家标准的要求，载明食品添加剂的原产地和境内代理商的名称、地址、联系方式。食品添加剂没有中文标签、中文说明书或者标签、说明书不符合本条规定的，不得进口。

4. 食品添加剂的使用 食品生产者应当依照食品安全标准关于食品添加剂的品种、使用范围、用量的规定使用食品添加剂；不得在食品生产中使用食品添加剂以外的化学物质和其他可能危害人体健康的物质。

5. 食品中不得添加药品 生产经营的食品中不得添加药品，但是可以添加按照传统既是食品又是中药材的物质。按照传统既是食品又是中药材的物质的目录由国务院卫生行政部门制定、公布。

（五）食品添加剂

食品添加剂是指为改善食品品质和色、香、味，以及为防腐和加工工艺的需要而加入食品中的化学合成物或者天然物质。根据食品安全法的规定，生产经营和使用食品添加剂，必须符合食品添加剂使用安全标准和安全管理办法的规定；不符合安全标准和安全管理办法的食品添加剂，不得经营、使用。

1. 食品添加剂生产许可制度 《食品安全法》规定，国家对食品添加剂的生产实行许可制度。申请食品添加剂生产许可的条件、程序，按照国家有关工业产品生产许可证管理的规定执行。食品添加剂生产许可证有效期为5年。

2. 使用食品添加剂的条件 食品添加剂应当在技术上确有必要且经过风险评估证明安全可靠，方可列入允许使用的范围。国务院卫生行政部门应当根据技术必要性和食品安全风险评估结果，及时对食品添加剂的品种、使用范围、用量的标准进行修订。

3. 食品添加剂新品种 申请食品添加剂新品种生产、经营、使用或者进口的单位或个人，应当提出食品添加剂新品种许可申请，向国务院卫生行政部门提交相关产品的安全性评估材料。国务院卫生行政部门应当自收到申请之日起60日内组织对相关产品的安全性评估材料进行审查；对符合食品安全要求的，依法决定准予许可并予以公布；对不符合食品安全要求的，决定不予许可并书面说明理由。

4. 食品添加剂的标签、说明书和包装 食品添加剂应当有标签、说明书和包装。食品和食品添加剂的标签、说明书，不得含有虚假、夸大的内容，不得涉及疾病预防、治疗功能。生产者对标签、说明书上所载明的内容负责。食品和食品添加剂的标签、说明书应当清楚、明显，容易辨识。

（六）食品召回

食品召回是指食品生产者按照规定程序，对由其生产原因造成的某一批次或类别的不安全食品，通过换货、退货、补充或修正消费说明等方式，及时消除或减少食品安全危害的活动。

1. 主动召回 食品生产者发现其生产的食品不符合食品安全标准，应当立即停止生产，召回已经上市销售的食品，通知相关生产经营者和消费者，并记录召回和通知情况。食品生产者应当对召回的食品采取补救、无害化处理、销毁等措施，并将食品召回和处理情况向县级以上质量监督部门报告。

食品经营者发现其经营的食品不符合食品安全标准，应当立即停止经营，通知相关生产经营者和消费者，并记录停止经营和通知情况。食品生产者认为应当召回的，应当立即召回。

2. 责令召回 食品生产经营者未依照规定召回或者停止经营不符合食品安全标准的食品的，县级以上质量监督、工商行政管理、食品药品监督管理部门可以责令其召回或者停止经营。

五、食品检验

（一）概念

食品检验是指食品检验机构根据有关国家标准，对食品原料、辅助材料、成本的质量和安全性进行的检验，包括对食品理化指标、卫生指标、外观特性及外包装、内包装、标志等进行的检验。

（二）食品检验机构的资质

食品检验机构按照国家有关认证认可的规定取得资质认定后，方可从事食品检验活动。但是，法律另有规定的除外。

根据卫计委《食品检验机构资质认定条件》，食品检验机构应当是依法设立（注册）或相对独立的检验机构，能够承担法律责任。非独立法人食品检验机构应当由其法人机构的法定代表人或其授权人员负责并承担责任。

食品检验机构应当使用正式聘用的检验人员，检验人员只能在一个食品检验机构中执业。

（三）抽样检验

食品安全监督管理部门对食品不得实施免检。县级以上质量监督、工商行政管理、食品药品监督管理部门应当对食品进行定期或者不定期的抽样检验。进行抽样检验，应当购买抽取的样品，不收取检验费和其他任何费用。

县级以上质量监督、工商行政管理、食品药品监督管理部门在执法工作中需要对食品进行检验的，应当委托符合规定的食品检验机构进行，并支付相关费用。对检验结论有异议的，可以依法进行复检。

六、食品安全事故处置

（一）概念

食品安全事故指食物中毒、食源性疾病、食品污染等源于食品，对人体健康有危害或者可能有危害的事故。

《国家重大食品安全事故应急预案》按食品安全事故的性质、危害程度和涉及范围，将重大食品安全事故分为特别重大食品安全事故（Ⅰ）、重大食品安全事故（Ⅱ）、较大食品安全事故（Ⅲ）和一般食品安全事故（Ⅳ）。

（二）应急预案

国务院组织制定国家食品安全事故应急预案。

县级以上地方人民政府应当根据有关法律、法规的规定和上级人民政府的食品安全事故应急预案及本地区的实际情况，制定本行政区域的食品安全事故应急预案，并报上一级人民政府备案。

食品生产经营企业应当制定食品安全事故处置方案，定期检查本企业各项食品安全防范措施的落实情况，及时消除食品安全事故隐患。

（三）应急处置、报告和通报

发生食品安全事故的单位应当立即予以处置，防止事故扩大。事故发生单位和接收病人进行治疗的单位应当及时向事故发生地县级卫生行政部门报告。发生食品安全事故的单位对导致或者可能导致食品安全事故的食品及原料、工具、设备等，应当立即采取封存等控制措施，并自事故发生之时起2小时内向所在地县级人民政府卫生行政部门报告。

农业行政、质量监督、工商行政管理、食品药品监督管理部门在日常监督管理中发现食品安全事故，或者接到有关食品安全事故的举报，应当立即向卫生行政部门通报。

发生重大食品安全事故的，接到报告的县级卫生行政部门应当按照规定向本级人民政府和上级人民政府卫生行政部门报告。县级人民政府和上级人民政府卫生行政部门应当按照规定上报。

任何单位或者个人不得对食品安全事故隐瞒、谎报、缓报，不得毁灭有关证据。

（四）应急措施

县级以上卫生行政部门接到食品安全事故的报告后，应当立即会同有关农业行政、质量监督、工商行政管理、食品药品监督管理部门进行调查处理，并采取下列措施，防止或者减轻社会危害：①开展应急救援工作，对因食品安全事故导致人身伤害的人员，卫生行政部门应当立即组织救治。②封存可能导致食品安全事故的食品及其原料，并立即进行检验；对确认属于被污染的食品及其原料，责令食品生产经营者依照《食品安全法》第53条的规定予以召回、停止经营并销毁。③封存被污染的食品用工具及用具，并责令进行清洗消毒。④做好信息发布工作，依法对食品安全事故及其处理情况进行发布，并对可能产生的危害加以解释、说明。

（五）调查

1. 调查的原则 调查食品安全事故，应当坚持实事求是、尊重科学的原则，及时、准确查清事故性质和原因，认定事故责任，提出整改措施。

参与食品安全事故调查的部门应当在卫生行政部门的统一组织协调下分工协作、相互配合，提高事故调查处理的工作效率。参与食品安全事故调查的部门有权向有关单位和个人了解与事故有关的情况，并要求提供相关资料和样品。有关单位和个人应当配合食品安全事故调查处理工作，按照要求提供相关资料和样品，不得拒绝。任何单位或者个人不得阻挠、干涉食品安全事故的调查处理。

2. 责任调查 发生重大食品安全事故，设区的市级以上人民政府卫生行政部门应当立即会同有关部门进行事故责任调查，督促有关部门履行职责，向本级人民政府提出事故责任调查处理报告。

重大食品安全事故涉及两个以上省、自治区、直辖市的，由国务院卫生行政部门依照规定组织事故责任调查。

调查食品安全事故，除了查明事故单位的责任，还应当查明负有监督管理和认证职责的监督管理部门、认证机构的工作人员失职、渎职情况。

3. 流行病学调查 发生食品安全事故，县级以上疾病预防控制机构应当协助卫生行政部门和有关部门对事故现场进行卫生处理，并对与食品安全事故有关的因素开展流行病学调查。

七、食品安全监督管理

（一）制定食品安全年度监督管理计划

县级以上地方人民政府组织本级卫生行政、农业行政、质量监督、工商行政管理、食品药品监督管理部门制定本行政区域的食品安全年度监督管理计划，并按照年度计划组织开展工作。

制定的食品安全年度监督管理计划，应当包含食品抽样检验的内容。对专供婴幼儿、老年人、病人等特定人群的主辅食品，应当重点加强抽样检验。

（二）食品安全监督管理措施

县级以上质量监督、工商行政管理、食品药品监督管理部门履行各自食品安全监督管理职责，有权采取下列措施：①进入生产经营场所实施现场检查；②对生产经营的食品进行抽样检验；③查阅、复制有关合同、票据、账簿及其他有关资料；④查封、扣押有证据证明不符合食品安全标准的食品，违法使用的食品原料、食品添加剂、食品相关产品，以及用于违法生产经营或者被污染的工具、设备；⑤查封违法从事食品生产经营活动的场所。

县级以上质量监督、工商行政管理、食品药品监督管理部门对食品生产经营者进行监督检查，应当记录监督检查的情况和处理结果。监督检查记录经监督检查人员和食品生产经营者签字后归档。

（三）建立食品安全信用档案

县级以上质量监督、工商行政管理、食品药品监督管理部门应当建立食品生产经营者食品安全信用档案，记录许可颁发、日常监督检查结果、违法行为查处等情况；根据食品安全信用档案的记录，对有不良信用记录的食品生产经营者增加监督检查频次。

（四）食品安全信息公布

国家建立食品安全信息统一公布制度。

下列信息由国务院卫生行政部门统一公布：①国家食品安全总体情况；②食品安全风险评估信息和食品安全风险警示信息；③重大食品安全事故及其处理信息；④其他重要的食品安全信息和国务院确定的需要统一公布的信息。

前述第②、第③规定的信息，其影响限于特定区域的，也可以由有关省、自治区、直辖市人民政府卫生行政部门公布。

县级以上农业行政、质量监督、工商行政管理、食品药品监督管理部门依据各自职责公布食品安全日常监督管理信息。食品安全日常监督管理信息包括：①依照食品安全法实施行政许可的情况；②责令停止生产经营的食品、食品添加剂、食品相关产品的名录；③查处食品生产经营违法行为的情况；④专项检查整治工作情况；⑤法律、行政法规规定的其他食品安全日常监督管理信息。

八、法律责任

（一）行政责任

1. 行政处罚　《食品安全法》规定的行政处罚除治安管理处罚外，主要有 7 种：①警告并限期改进；②责令停止生产经营或者使用；③责令追回并销毁违法食品；④责令停业改进；⑤没收违法所得；⑥罚款；⑦吊销安全许可证。各项行政处罚可以单独或者合并适用。

违反《食品安全法》规定，未经许可从事食品生产经营活动，或者未经许可生产食品添加剂的，由有关主管部门按照各自职责分工，没收违法所得、违法生产经营的食品、食品添加剂和用于违法生产经营的工具、设备、原料等物品；违法生产经营的食品、食品添加剂货值金额不足1万元的，并处2千元以上5万元以下罚款；货值金额1万元以上的，并处货值金额5倍以上10倍以下罚款。

违反《食品安全法》规定，有下列情形之一的，由有关主管部门按照各自职责分工，没收违法所得、违法生产经营的食品和用于违法生产经营的工具、设备、原料等物品；违法生产经营的食品货值金额不足1万元的，并处2千元以上5万元以下罚款；货值金额1万元以上的，并处货值金额5倍以上10倍以下罚款；情节严重的，吊销许可证：①用非食品原料生产食品或者在食品中添加食品添加剂以外的化学物质和其他可能危害人体健康的物质，或者用回收食品作为原料生产食品；②生产经营致病性微生物、农药残留、兽药残留、重金属、污染物质及其他危害人体健康的物质含量超过食品安全标准限量的食品；③生产经营营养成分不符合食品安全标准的专供婴幼儿和其他特定人群的主辅食品；④经营腐败变质、油脂酸败、霉变生虫、污秽不洁、混有异物、掺假掺杂或者感官性状异常的食品；⑤经营病死、毒死或者死因不明的禽、畜、兽、水产动物肉类，或者生产经营病死、毒死或者死因不明的禽、畜、兽、水产动物肉类的制品；⑥经营未经动物卫生监督机构检疫或者检疫不合格的肉类，或者生产经营未经检验或者检验不合格的肉类制品；⑦经营超过保质期的食品；⑧生产经营国家为防病等特殊需要明令禁止生产经营的食品；⑨利用新的食品原料从事食品生产或者从事食品添加剂新品种、食品相关产品新品种生产，未经过安全性评估；⑩食品生产经营者在有关主管部门责令其召回或者停止经营不符合食品安全标准的食品后，仍拒不召回或者停止经营的。

违反《食品安全法》规定，有下列情形之一的，由有关主管部门按照各自职责分工，没收违法所得、违法生产经营的食品和用于违法生产经营的工具、设备、原料等物品；违法生产经营的食品货值金额不足1万元的，并处2千元以上5万元以下罚款；货值金额1万元以上的，并处货值金额2倍以上10倍以下罚款；情节严重的，责令停产停业，直至吊销许可证：①经营被包装材料、容器、运输工具等污染的食品；②生产经营无标签的预包装食品、食品添加剂或者标签、说明书不符合本法规定的食品、食品添加剂；③食品生产者采购、使用不符合食品安全标准的食品原料、食品添加剂、食品相关产品；④食品生产经营者在食品中添加药品。

违反《食品安全法》规定，有下列情形之一的，由有关主管部门按照各自职责分工，责令改正，给予警告；拒不改正的，处2千元以上2万元以下罚款；情节严重的，责令停产停业，直至吊销许可证：①未对采购的食品原料和生产的食品、食品添加剂、食品相关产品进行检验；②未建立并遵守查验记录制度、出厂检验记录制度；③制定食品安全企业标准未依照本法规定备案；④未按规定要求贮存、销售食品或者清理库存食品；⑤进货时未查验许可证和相关证明文件；⑥生产的食品、食品添加剂的标签、说明书涉及疾病预防、治疗功能；⑦安排患有本法第34条所列疾病的人员从事接触直接入口食品的工作。

违反《食品安全法》规定，事故单位在发生食品安全事故后未进行处置、报告的，由有关主管部门按照各自职责分工，责令改正，给予警告；毁灭有关证据的，责令停产停业，并处2千元以上10万元以下罚款；造成严重后果的，由原发证部门吊销许可证。

违反《食品安全法》规定，有下列情形之一的，由有关主管部门按照各自职责分工，没收违法所得、违法生产经营的食品和用于违法生产经营的工具、设备、原料等物品；违法生产经营的食品货值金额不足1万元的，并处2千元以上5万元以下罚款；货值金额1万元以上的，并处货值金额5倍以上10倍以下罚款；情节严重的，吊销许可证：①进口不符合我国食品安全国家标准的食品；②进口尚无食品安全国家标准的食品，或者首次进口食品添加剂新品种、食品相关产品新品种，未经过安全性评估；③出口商未遵守本法的规定出口食品。

违反《食品安全法》规定，集中交易市场的开办者、柜台出租者、展销会的举办者允许未取得许可的食品经营者进入市场销售食品，或者未履行检查、报告等义务的，由有关主管部门按照各自职责分工，处2千元以上5万元以下罚款；造成严重后果的，责令停业，由原发证部门吊销许可证。

违反《食品安全法》规定，未按照要求进行食品运输的，由有关主管部门按照各自职责分工，责令改正，给予警告；拒不改正的，责令停产停业，并处2千元以上5万元以下罚款；情节严重的，由原发证部门吊销许可证。

被吊销食品生产、流通或者餐饮服务许可证的单位，其直接负责的主管人员自处罚决定作出之日起5年内不得从事食品生产经营管理工作。食品生产经营者聘用不得从事食品生产经营管理工作的人员从事管理工作的，由原发证部门吊销许可证。

2. 行政处分 违反《食品安全法》规定，食品检验机构、食品检验人员出具虚假检验报告的，由授予其资质的主管部门或者机构撤销该检验机构的检验资格；依法对检验机构直接负责的主管人员和食品检验人员给予撤职或者开除的处分。

违反《食品安全法》规定，受到刑事处罚或者开除处分的食品检验机构人员，自刑罚执行完毕或者处分决定作出之日起10年内不得从事食品检验工作。食品检验机构聘用不得从事食品检验工作的人员的，由授予其资质的主管部门或者机构撤销该检验机构的检验资格。

违反《食品安全法》规定，食品安全监督管理部门或者承担食品检验职责的机构、食品行业协会、消费者协会以广告或者其他形式向消费者推荐食品的，由有关主管部门没收违法所得，依法对直接负责的主管人员和其他直接责任人员给予记大过、降级或者撤职的处分。

违反《食品安全法》规定，县级以上地方人民政府在食品安全监督管理中未履行职责，本行政区域出现重大食品安全事故、造成严重社会影响的，依法对直接负责的主管人员和其他直接责任人员给予记大过、降级、撤职或者开除的处分。

违反《食品安全法》规定，县级以上卫生行政、农业行政、质量监督、工商行政管理、食品药品监督管理部门或者其他有关行政部门不履行本法规定的职责或者滥用职权、玩忽职守、徇私舞弊的，依法对直接负责的主管人员和其他直接责任人员给予记大过或者降级的处分；造成严重后果的，给予撤职或者开除的处分；其主要负责人应当引咎辞职。

（二）民事责任

违反《食品安全法》规定，造成人身、财产或者其他损害的，依法承担赔偿责任。

生产不符合食品安全标准的食品或者销售明知是不符合食品安全标准的食品，消费者除要求赔偿损失外，还可以向生产者或者销售者要求支付价款10倍的赔偿金。违反本法规定，应当承担民事赔偿责任和缴纳罚款、罚金，其财产不足以同时支付时，先承担民事赔偿责任。

违反食品安全法规定，造成食物中毒事故或者其他食源性疾患的，或者因其他违反食品安全法行为给他人造成损害的，应当依法承担民事赔偿责任。损害赔偿要求，可以由行使食品安全监督权的安全行政部门处理，也可以由受害人或其代理人向人民法院起诉。损害赔偿要求，应当从受害人或代理人知道或者应当知道被损害情况之日起 1 年内提出，超过期限的，法院不予受理。

（三）刑事责任

生产经营不符合安全标准的食品，造成严重食物中毒事故或者其他严重食源性疾患，对人体健康造成严重危害的，或者在生产经营的食品中掺入有毒、有害的非食品原料的，依法追究刑事责任；安全行政部门违反食品安全法规定，给不符合条件的生产经营者发放安全许可证、收受贿赂、构成犯罪的直接责任人员，依法追究刑事责任；食品安全监督管理人员滥用职权、玩忽职守、营私舞弊，造成重大事故，构成犯罪的，依法追究刑事责任；以暴力、威胁方法阻碍食品安全监督管理人员依法执行职务的，依法追究刑事责任。具体而言，涉及的主要罪名有：

1. 生产销售不符合卫生标准的食品罪 《刑法》第 143 条规定：生产、销售不符合卫生标准的食品，足以造成严重食物中毒事故或者其他严重食源性疾患的，处 3 年以下有期徒刑或者拘役，并处或者单处销售金额 50% 以上 2 倍以下罚金；对人体健康造成严重危害的，处 3 年以上 7 年以下有期徒刑，并处销售金额 50% 以上 2 倍以下罚金；后果特别严重的，处 7 年以上有期徒刑或者无期徒刑，并处销售金额 50% 以上 2 倍以下罚金或者没收财产。单位犯本罪的，对单位判处罚金，对其直接负责的主管人员和其他直接责任人员，依照上述规定处罚。

2. 生产销售有毒有害食品罪 《刑法》第 144 条规定：在生产、销售的食品中掺入有毒、有害的非食品原料的，或者销售明知掺有有毒、有害的非食品原料的食品的，处 5 年以下有期徒刑或者拘役，并处或者单处销售金额 50% 以上 2 倍以下罚金；造成严重食物中毒事故或者其他严重食源性疾患，对人体健康造成严重危害的，处 5 年以上 10 年以下有期徒刑，并处销售金额 50% 以上 2 倍以下罚金；致人死亡或者对人体健康造成特别严重危害的，处 10 年以上有期徒刑、无期徒刑或者死刑，并处销售金额 50% 以上 2 倍以下罚金或者没收财产。单位犯本罪的，对单位判处罚金，对其直接负责的主管人员和其他直接责任人员，依照上述规定处罚。

第二节 职业病防治法律制度

一、职业病防治概述

（一）职业病的概念

职业病是指企业、事业单位和个体经济组织等用人单位的劳动者在职业活动中，因接触粉尘、放射性物质和其他有毒、有害因素而引起的疾病。

职业病的分类和目录由国务院卫生行政部门会同国务院安全生产监督管理部门、劳动保障行政部门制定、调整并公布。2002 年，卫生部、劳动和社会保障部印发了《职业病目录》，将职业病分为 10 大类 115 种。这十大类职业病分别为尘肺病 13 种、职业性放射性疾病 11 种、职业中毒 56 种、物理因素所致职业病 5 种、生物因素所致职业病 3 种、职业性皮肤病 8 种、职业性眼病 3 种、职业性耳鼻喉口腔疾病 3 种、职业性肿瘤 8 种、其他职业病 5 种。以上这些列入目录的职业病是依法确定的职业病，又称法定职业病。

（二）职业病防治立法

职业病防治法是指调整在预防、控制和消除职业病危害，保护劳动者健康及其相关权益的活动中所发生的各种社会关系的法律规范的总称。

新中国成立后，国家非常重视职业病的防治工作，先后制定了一系列法律法规。1957 年，卫生部就颁发了《职业病范围和职业病患者处理办法》。1987 年，国务院颁布了《尘肺病防治条例》。1989 年，国务院颁布了《放射性同位素与射线装置放射防护条例》。2001 年 10 月 27 日，第 9 届全国人民代表大会常务委员会第 24 次会议通过了《中华人民共和国职业病防治法》（以下简称《职业病防治法》），自 2002 年 5 月 1 日起施行。国务院 2002 年颁布了《使用有毒物品作业场所劳动保护条例》、2005 年颁布了《放射性同位素与射线装置放射防护条例》、2012 年颁布了《女职工劳动保护特别规定》。卫生部也相继发布了《国家职业卫生标准管理办法》《职业病危害项目申报管理办法》《职业健康监护管理办法》《职业病诊断与鉴定管理办法》《职业病危害事故调查处理办法》《职业卫生技术服务机构管理办法》等规章。2006 年，卫生部发布了《建设项目职业病危害分类管理办法》。此外，有关部门还印发了《建设项目职业病危害评价规范》《职业病目录》《职业病危害因素分类目录》。

（三）职业病防治工作方针和管理原则

职业病防治工作坚持预防为主、防治结合的方针，实行分类管理、综合治理。职业病防治工作必须以预防为主，从致病源头抓起，防患于未然，而不能等到形成职业病后再去被动地处理。一定要把职业病的预防作为根本的和首要的措施，以最大限度地避免职业病的发生。同时，当职业病危害产生后，要通过切实有效的措施，尽可能降低职业病危害的后果。

职业病防治工作的基本原则是“分类管理、综合治理”。可能导致职业病危害的因素很多，职业病的危害程度不同，所以，在职业病防治工作中应当根据不同的危害类别和危害程度进行分类管理。同时，职业病防治需要管理部门、用人单位、劳动者的积极配合，采取一切有效的管理和技术措施，实行全方位的综合治理，这样才有可能实现最佳的职业病防治效果。

国家鼓励和支持研制、开发、推广、应用有利于职业病防治和保护劳动者健康的新技术、新工艺、新设备、新材料，加强对职业病的机理和发生规律的基础研究，提高职业病防治科学技术水平；积极采用有效的职业病防治技术、工艺、设备、材料；限制使用或者淘汰职业病危害严重的技术、工艺、设备、材料。国家鼓励和支持职业病医疗康复机构的建设。

（四）职业卫生监管体制

国务院安全生产监督管理部门、卫生行政部门、劳动保障行政部门依照《职业病防治法》和国务院确定的职责，负责全国职业病防治的监督管理工作。国务院有关部门在各自的职责范围内负责职业病防治的有关监督管理工作。

县级以上地方人民政府安全生产监督管理部门、卫生行政部门、劳动保障行政部门依据各自职责，负责本行政区域内职业病防治的监督管理工作。县级以上地方人民政府有关部门在各自的职责范围内负责职业病防治的有关监督管理工作。县级以上人民政府安全生产监督管理部门、卫生行政部门、劳动保障行政部门应当加强沟通，密切配合，按照各自职责分工，依法行使职权，承担责任。

县级以上地方人民政府统一负责、领导、组织、协调本行政区域的职业病防治工作，建立健全职业病防治工作体制、机制，统一领导、指挥职业卫生突发事件应对工作；加强职业病防治能力建设和服务体系建设，完善、落实职业病防治工作责任制。

二、前期预防

（一）用人单位职业病防治责任

用人单位应当依照法律、法规要求，严格遵守国家职业卫生标准，落实职业病预防措施，从源头上控制和消除职业病危害。

用人单位职业病防治责任主要包括：为劳动者创造符合国家职业卫生标准和卫生要求的工作环境和条件，并采取措施保障劳动者获得职业卫生保护；建立健全职业病防治责任制，加强对职业病防治的管理，提高职业病防治水平，对本单位产生的职业病危害承担责任；依法参加工伤保险；依照法律、法规要求，严格遵守国家职业卫生标准，落实职业病预防措施，从源头上控制和消除职业病危害等。

（二）工作场所的职业卫生要求

产生职业病危害的用人单位的设立除应当符合法律、行政法规规定的设立条件外，其工作场所还应当符合下列职业卫生要求：①职业病危害因素的强度或者浓度符合国家职业卫生标准；②有与职业病危害防护相适应的设施；③生产布局合理，符合有害与无害作业分开的原则；④有配套的更衣间、洗浴间、孕妇休息间等卫生设施；⑤设备、工具、用具等设施符合保护劳动者生理、心理健康的要求；⑥法律、行政法规和国务院卫生行政部门关于保护劳动者健康的其他要求。

（三）职业病危害项目申报

职业病危害项目申报制度目的是使卫生行政部门全面掌握职业病危害项目的分布及具体危害情况，加强对职业危害项目的管理。用人单位设有依法公布的职业病目录所列职业病的危害项目的，应当及时、如实地向卫生行政部门申报，接受监督。

《职业病危害项目申报管理办法》规定，职业病危害项目申报的主要内容是：用人单位的基本情况；工作场所职业病危害因素种类、浓度或强度；产生职业病危害因素的生产技术、工艺和材料；职业病危害防护设施，应急救援设施。

（四）职业病危害预评价制度

新建、扩建、改建建设项目和技术改造、技术引进项目，可能产生职业病危害的，建设单位在可行性论证阶段应当向卫生行政部门提交职业病危害预评价报告。卫生行政部门应当自收到职业病危害预评价报告之日起 30 日内，作出审核决定并书面通知建设单位。未提交预评价报告或者预评价报告未经卫生行政部门审核同意的，有关部门不得批准该建设项目。职业病危害预评价报告应当对建设项目可能产生的职业病危害因素及其对工作场所和劳动者健康的影响作出评价，确定危害类别和职业病防护措施。

职业病危害预评价由依法设立的取得省级以上人民政府卫生行政部门资质认证的职业卫生技术服务机构进行。

（五）职业病危害控制效果评价

职业病危害严重的建设项目的防护设施设计，应当经安全生产监督管理部门审查，符合国家职业卫生标准和卫生要求的，方可施工。

建设项目在竣工验收前，建设单位应当进行职业病危害控制效果评价。建设项目竣工验收时，其职业病防护设施经安全生产监督管理部门验收合格后，方可投入正式生产和使用。

职业病危害控制效果评价由依法设立的取得国务院安全生产监督管理部门或者设区的市级以上地方人民政府安全生产监督管理部门按照职责分工给予资质认可的职业卫生技术服务机构进行。职业卫生技术服务机构所作评价应当客观、真实。

三、劳动过程中的防护与管理

用人单位切实履行法律义务，建立健全劳动过程中的有关防护与管理制度，是预防和消除职业病危害的重要环节。

（一）职业病防治管理措施

用人单位应当采取下列职业病防治管理措施：①设置或者指定职业卫生管理机构或者组织，配备专职或者兼职的职业卫生专业人员，负责本单位的职业病防治工作；②制定职业病防治计划和实施方案；③建立健全职业卫生管理制度和操作规程；④建立健全职业卫生档案和劳动者健康监护档案；⑤建立健全工作场所职业病危害因素监测及评价制度；⑥建立健全职业病危害事故应急救援预案。

（二）工作场所职业危害的防护

用人单位必须采用有效的职业病防护设施，并为劳动者提供个人使用的职业病防护用品。用人单位为劳动者个人提供的职业病防护用品必须符合防治职业病的要求；不符合要求的，不得使用。

用人单位应当优先采用有利于防治职业病和保护劳动者健康的新技术、新工艺、新设备、新材料，逐步替代职业病危害严重的技术、工艺、设备、材料。

（三）职业病危害告知

1. 设置警示标志 产生职业病危害的用人单位，应当在醒目位置设置公告栏，公布有关职业病防治的规章制度、操作规程、职业病危害事故应急救援措施和工作场所职业病危害因素检测结果。

对产生严重职业病危害的作业岗位，应当在其醒目位置，设置警示标识和中文警示说明。警示说明应当载明产生职业病危害的种类、后果、预防及应急救治措施等内容。

2. 设置报警装置 对可能发生急性职业损伤的有毒、有害工作场所，用人单位应当设置报警装置，配置现场急救用品、冲洗设备、应急撤离通道和必要的泄险区。对放射工作场所和放射性同位素的运输、贮存，用人单位必须配置防护设备和报警装置，保证接触放射线的工作人员佩戴个人剂量计。

3. 劳动合同内容要求 用人单位与劳动者订立劳动合同时，应当将工作过程中可能产生的职业病危害及其后果、职业病防护措施和待遇等如实告知劳动者，并在劳动合同中写明，不得隐瞒或者欺骗。

劳动者在已订立劳动合同期间因工作岗位或者工作内容变更，从事与所订立劳动合同中未告知的存在职业病危害的作业时，用人单位应当依照前款规定，向劳动者履行如实告知的义务，并协商变更原劳动合同相关条款。

用人单位违反前两项规定的，劳动者有权拒绝从事存在职业病危害的作业，用人单位不得因此解除与劳动者所订立的劳动合同。

4. 设备材料中文说明书 向用人单位提供可能产生职业病危害的设备的，应当提供中文说明书，并在设备的醒目位置设置警示标识和中文警示说明。警示说明应当载明设备性能、可能产生的职业病危害、安全操作和维护注意事项、职业病防护及应急救治措施等内容。

向用人单位提供可能产生职业病危害的化学品、放射性同位素和含有放射性物质的材料的，应当提供中文说明书。说明书应当载明产品特性、主要成分、存在的有害因素、可能产生的危害后果、安全使用注意事项、职业病防护及应急救治措施等内容。产品包装应当有醒目的警示标识和中文警示说明。贮存上述材料的场所应当在规定的部位设置危险物品标识或者放射性警示标识。

（四）职业病危害因素日常监测、检测与评价

用人单位应当实施由专人负责的职业病危害因素日常监测，并确保监测系统处于正常运行状态。

用人单位应当按照国务院安全生产监督管理部门的规定，定期对工作场所进行职业病危害因素检测、评价。检测、评价结果存入用人单位职业卫生档案，定期向所在地安全生产监督管理部门报告并向劳动者公布。

职业病危害因素检测、评价由依法设立的取得国务院安全生产监督管理部门或者设区的市级以上地方人民政府安全生产监督管理部门按照职责分工给予资质认可的职业卫生技术服务机构进行。职业卫生技术服务机构所做检测、评价应当客观、真实。

发现工作场所职业病危害因素不符合国家职业卫生标准和卫生要求时，用人单位应当立即采取相应治理措施，仍然达不到国家职业卫生标准和卫生要求的，必须停止存在职业病危害因素的作业；职业病危害因素经治理后，符合国家职业卫生标准和卫生要求的，方可重新作业。

（五）劳动者健康管理

1. 职业卫生培训 一方面，用人单位的负责人应当接受职业卫生培训，遵守职业病防治法律、法规，依法组织本单位的职业病防治工作；另一方面，用人单位应当对劳动者进行上岗前的职业卫生培训和在岗期间的定期职业卫生培训，普及职业卫生知识，督促劳动者遵守职业病防治法律、法规、规章和操作规程，指导劳动者正确使用职业病防护设备和个人使用的职业病防护用品。

劳动者应当学习和掌握相关的职业卫生知识，遵守职业病防治法律、法规、规章和操作规程，正确使用、维护职业病防护设备和个人使用的职业病防护用品，发现职业病危害事故隐患应当及时报告。

2. 职业健康监护 职业健康监护主要包括职业健康检查、职业健康监护档案管理等内容。用人单位应当建立健全职业健康监护制度。

用人单位应当建立职业健康监护档案。职业健康监护档案应包括以下内容：劳动者职业史、既往史和职业病危害接触史；相应作业场所职业病危害因素监测结果；职业健康检查结果及处理情况；职业病诊疗等劳动者健康资料。

对从事接触职业病危害的作业的劳动者，用人单位应当按照国务院卫生行政部门的规定组织上岗前、在岗期间和离岗时的职业健康检查，并将检查结果如实告知劳动者。职业健康检查费用由用人单位承担。职业健康检查应当由省级以上人民政府卫生行政部门批准的医疗卫生机构承担。

用人单位不得安排未经上岗前职业健康检查的劳动者从事接触职业病危害的作业；不得安排有职业禁忌的劳动者从事其所禁忌的作业；对在职业健康检查中发现有与所从事的职业相关的健康损害的劳动者，应当调离原工作岗位，并妥善安置；对未进行离岗前职业健康检查的劳动者不得解除或者终止与其订立的劳动合同。

3. 职业卫生保护权利　《职业病防治法》专门对劳动者应当享有的职业卫生保护权利进行了规定：①获得职业卫生教育、培训；②获得职业健康检查、职业病诊疗、康复等职业病防治服务；③了解工作场所产生或者可能产生的职业病危害因素、危害后果和应当采取的职业病防护措施；④要求用人单位提供符合防治职业病要求的职业病防护设施和个人使用的职业病防护用品，改善工作条件；⑤对违反职业病防治法律、法规及危及生命健康的行为提出批评、检举和控告；⑥拒绝违章指挥和强令进行没有职业病防护措施的作业；⑦参与用人单位职业卫生工作的民主管理，对职业病防治工作提出意见和建议。

此外，用人单位不得安排未成年人从事接触职业病危害的作业；不得安排孕期、哺乳期的女职工从事对本人和胎儿、婴儿有危害的作业。

四、职业病诊断与职业病病人保障

（一）职业病诊断机构

职业病诊断是一项技术性很强的工作，应当由省级以上人民政府卫生行政部门批准的医疗卫生机构承担。

承担职业病诊断的医疗卫生机构应当具备下列条件：①持有医疗机构执业许可证；②具有与开展职业病诊断相适应的医疗卫生技术人员；③具有与开展职业病诊断相适应的仪器、设备；④具有健全的职业病诊断质量管理制度。

为了方便劳动者进行职业病诊断，法律规定劳动者可以在用人单位所在地或者本人居住地依法承担职业病诊断的医疗卫生机构进行职业病诊断。

（二）职业病诊断

职业病诊断标准和职业病诊断、鉴定办法由国务院卫生行政部门制定。

职业病诊断，应当综合分析下列因素：①病人的职业史；②职业病危害接触史和现场危害调查与评价；③临床表现及辅助检查结果等。

没有证据否定职业病危害因素与病人临床表现之间的必然联系的，在排除其他致病因素后，应当诊断为职业病。

承担职业病诊断的医疗卫生机构在进行职业病诊断时，应当组织3名以上取得职业病诊断资格的执业医师集体诊断。职业病诊断证明书应当由参与诊断的医师共同签署，并经承担职业病诊断的医疗卫生机构审核盖章。

（三）职业病诊断鉴定

1. 申请 职业病诊断结论事关当事人权益，为有效保护当事人合法权益，法律规定当事人对职业病诊断有异议的，可以向作出诊断的医疗卫生机构所在地地方人民政府卫生行政部门申请鉴定。

职业病诊断争议由设区的市级以上地方人民政府卫生行政部门根据当事人的申请，组织职业病诊断鉴定委员会进行鉴定。当事人对设区的市级职业病诊断鉴定委员会的鉴定结论不服的，可以向省、自治区、直辖市人民政府卫生行政部门申请再鉴定。

2. 鉴定委员会 职业病诊断鉴定委员会由相关专业的专家组成。省、自治区、直辖市人民政府卫生行政部门应当设立相关的专家库，需要对职业病争议作出诊断鉴定时，由当事人或者当事人委托有关卫生行政部门从专家库中以随机抽取的方式确定参加诊断鉴定委员会的专家。职业病诊断鉴定委员会应当按照国务院卫生行政部门颁布的职业病诊断标准和职业病诊断、鉴定办法进行职业病诊断鉴定，向当事人出具职业病诊断鉴定书。职业病诊断鉴定费用由用人单位承担。

职业病诊断鉴定委员会组成人员应当遵守职业道德，客观、公正地进行诊断鉴定，并承担相应的责任。职业病诊断鉴定委员会组成人员不得私下接触当事人，不得收受当事人的财物或者其他好处，与当事人有利害关系的，应当回避。

3. 鉴定结论 根据《职业病诊断与鉴定管理办法》规定，专家组应当认真审阅鉴定材料，依照有关规定和职业病诊断标准，经充分合议后，根据专业知识独立进行鉴定。在事实清楚的基础上，进行综合分析，作出鉴定结论，并制作鉴定书。

鉴定结论应当经专家组 2/3 以上成员通过。职业病鉴定书应当包括以下内容：①劳动者、用人单位的基本信息及鉴定事由；②鉴定结论及其依据，如果为职业病，应当注明职业病名称、程度；③鉴定时间。鉴定书加盖职业病诊断鉴定委员会印章。

（四）职业病病人、疑似职业病病人的待遇

用人单位应当对其职业病病人待遇承担保障责任，这是对造成职业病强制性的法定义务。主要包括：用人单位按国家规定的费率交纳工伤保险费；劳动者被诊断患有职业病，但用人单位没有依法参加工伤社会保险的，其医疗和生活保障由最后的用人单位承担；最后的用人单位有证据证明该职业病是先前用人单位的职业病危害造成的，由先前的用人单位承担。用人单位应当按照国家有关规定，安排职业病病人进行治疗、康复和定期检查。

用人单位对不适宜继续从事原工作的职业病病人，应当调离原岗位，并妥善安置。职业病病人变动工作单位，其依法享有的待遇不变。用人单位发生分立、合并、解散、破产等情形的，应当对从事接触职业病危害作业的劳动者进行健康检查，并按照国家有关规定妥善安置职业病病人。

医疗卫生机构发现疑似职业病病人时，应当告知劳动者本人并及时通知用人单位。用人单位应当及时安排对疑似职业病病人进行诊断；在疑似职业病病人诊断或者医学观察期间，不得解除或者终止与其订立的劳动合同。疑似职业病病人在诊断、医学观察期间的费用，由用人单位承担。

（五）职业病病人的社会保障

1. 工伤保险 职业病病人的诊疗、康复费用，伤残及丧失劳动能力的职业病病人的社会保障，按照国家有关工伤社会保险的规定执行。用人单位没有依法参加工伤保险的，其医疗和生活保障由该用人单位承担。

2. 民事赔偿　职业病病人除依法享有工伤社会保险外，依照有关民事法律，尚有获得赔偿的权利的，有权向用人单位提出赔偿要求。

3. 职业病病人工作单位变动的待遇保障　职业病病人变动工作单位，其依法享有的待遇不变。用人单位在发生分立、合并、解散、破产等情形时，应当对从事接触职业病危害作业的劳动者进行健康检查，并按照国家有关规定妥善安置职业病病人。

用人单位已经不存在或者无法确认劳动关系的职业病病人，可以向地方人民政府民政部门申请医疗救助和生活等方面的救助。

五、女职工劳动保护

（一）用人单位的责任

用人单位应当加强女职工劳动保护，采取措施改善女职工劳动安全卫生条件，对女职工进行劳动安全卫生知识培训。

用人单位应当遵守女职工禁忌从事的劳动范围的规定。用人单位应当将本单位属于女职工禁忌从事的劳动范围的岗位书面告知女职工。

用人单位不得因女职工怀孕、生育、哺乳降低其工资、予以辞退、与其解除劳动或者聘用合同。

女职工在孕期不能适应原劳动的，用人单位应当根据医疗机构的证明，予以减轻劳动量或者安排其他能够适应的劳动。

对怀孕7个月以上的女职工，用人单位不得延长劳动时间或者安排夜班劳动，并应当在劳动时间内安排一定的休息时间。怀孕女职工在劳动时间内进行产前检查，所需时间计入劳动时间。

对哺乳未满1周岁婴儿的女职工，用人单位不得延长劳动时间或者安排夜班劳动。用人单位应当在每天的劳动时间内为哺乳期女职工安排1小时哺乳时间；女职工生育多胞胎的，每多哺乳1个婴儿每天增加1小时哺乳时间。女职工比较多的用人单位应当根据女职工的需要，建立女职工卫生室、孕妇休息室、哺乳室等设施，妥善解决女职工在生理卫生、哺乳方面的困难。

在劳动场所，用人单位应当预防和制止对女职工的性骚扰。

（二）女职工产假和生育保险

女职工生育享受98天产假，其中产前可以休假15天；难产的，增加产假15天；生育多胞胎的，每多生育1个婴儿，增加产假15天。女职工怀孕未满4个月流产的，享受15天产假；怀孕满4个月流产的，享受42天产假。

女职工产假期间的生育津贴，对已经参加生育保险的，按照用人单位上年度职工月平均工资的标准由生育保险基金支付；对未参加生育保险的，按照女职工产假前工资的标准由用人单位支付。

女职工生育或者流产的医疗费用，按照生育保险规定的项目和标准，对已经参加生育保险的，由生育保险基金支付；对未参加生育保险的，由用人单位支付。

（三）女职工禁忌从事的劳动范围

1. 女职工禁忌从事的劳动范围　①矿山井下作业；②体力劳动强度分级标准中规定的

第四级体力劳动强度的作业；③每小时负重6次以上、每次负重超过20kg的作业，或者间断负重、每次负重超过25kg的作业。

2. 女职工在经期禁忌从事的劳动范围 ①冷水作业分级标准中规定的第2级、第3级、第4级冷水作业；②低温作业分级标准中规定的第2级、第3级、第4级低温作业；③体力劳动强度分级标准中规定的第3级、第4级体力劳动强度的作业；④高处作业分级标准中规定的第3级、第4级高处作业。

3. 女职工在孕期禁忌从事的劳动范围 ①作业场所空气中铅及其化合物、汞及其化合物、苯、镉、铍、砷、氰化物、氮氧化物、一氧化碳、二硫化碳、氯、己内酰胺、氯丁二烯、氯乙烯、环氧乙烷、苯胺、甲醛等有毒物质浓度超过国家职业卫生标准的作业；②从事抗癌药物、己烯雌酚生产，接触麻醉剂气体等的作业；③非密封源放射性物质的操作，核事故与放射事故的应急处置；④高处作业分级标准中规定的高处作业；⑤冷水作业分级标准中规定的冷水作业；⑥低温作业分级标准中规定的低温作业；⑦高温作业分级标准中规定的第3级、第4级的作业；⑧噪声作业分级标准中规定的第3级、第4级的作业；⑨体力劳动强度分级标准中规定的第3级、第4级体力劳动强度的作业；⑩在密闭空间、高压室作业或者潜水作业，伴有强烈振动的作业，或者需要频繁弯腰、攀高、下蹲的作业。

4. 女职工在哺乳期禁忌从事的劳动范围 ①孕期禁忌从事的劳动范围的第①项、第③项、第⑨项；②作业场所空气中锰、氟、溴、甲醇、有机磷化合物、有机氯化合物等有毒物质浓度超过国家职业卫生标准的作业。

六、尘肺病防治

尘肺病指在生产活动中吸入粉尘而发生的肺组织纤维化为主的疾病。

（一）防尘

凡有粉尘作业的企业、事业单位应采取综合防尘措施和无尘或低尘的新技术、新工艺、新设备，使作业场所的粉尘浓度不超过国家卫生标准。

新建、改建、扩建、续建有粉尘作业的工程项目，防尘设施必须与主体工程同时设计、同时施工、同时投产。设计任务书，必须经当地卫生行政部门、劳动部门和工会组织审查同意后，方可施工。竣工验收，应由当地卫生行政部门、劳动部门和工会组织参加，凡不符合要求的，不得投产。

严禁任何企业、事业单位将粉尘作业转嫁、外包或以联营的形式给没有防尘设施的乡镇、街道企业或个体工商户。中、小学校各类校办的实习工厂或车间，禁止从事有粉尘的作业。

职工使用的防止粉尘危害的防护用品，必须符合国家的有关标准。企业、事业单位应当建立严格的管理制度，并教育职工按规定和要求使用。对初次从事粉尘作业的职工，由其所在单位进行防尘知识教育和考核，考试合格后方可从事粉尘作业。作业场所的粉尘浓度超过国家卫生标准，又未积极治理，严重影响职工安全健康时，职工有权拒绝操作。

（二）健康管理

各企业、事业单位对新从事粉尘作业的职工，必须进行健康检查。对在职和离职的从事粉尘作业的职工，必须定期进行健康检查。检查的内容、期限和尘肺病诊断标准，按卫生行政部门有关职业病管理的规定执行。

各企业、事业单位必须贯彻执行职业病报告制度，按期向当地卫生行政部门、劳动部门、工会组织和本单位的主管部门报告职工尘肺病发生和死亡情况。

各企业、事业单位对已确诊为尘肺病的职工，必须调离粉尘作业岗位，并给予治疗或疗养。尘肺病患者的社会保险待遇，按国家有关规定办理。卫生行政部门、劳动部门和工会组织分工协作，互相配合，对企业、事业单位的尘肺病防治工作进行监督。

（三）监督和监测

卫生行政部门负责卫生标准的监测；劳动部门负责劳动卫生工程技术标准的监测。工会组织负责组织职工群众对本单位的尘肺病防治工作进行监督，并教育职工遵守操作规程与防尘制度。

凡有粉尘作业的企业、事业单位，必须定期测定作业场所的粉尘浓度。测尘结果必须向主管部门和当地卫生行政部门、劳动部门和工会组织报告，并定期向职工公布。从事粉尘作业的单位必须建立测尘资料档案。

七、法律责任

（一）建设单位的法律责任

建设单位违反《职业病防治法》的规定，有下列行为之一的，由卫生行政部门给予警告，责令限期改正；逾期不改正的，处10万元以上50万元以下的罚款；情节严重的，责令停止产生职业病危害的作业，或者提请有关人民政府按照国务院规定的权限责令停建、关闭：①未按照规定进行职业病危害预评价或者未提交职业病危害预评价报告，或者职业病危害预评价报告未经卫生行政部门审核同意，擅自开工的；②建设项目的职业病防护设施未按照规定与主体工程同时投入生产和使用的；③职业病危害严重的建设项目，其职业病防护设施设计不符合国家职业卫生标准和卫生要求施工的；④未按照规定对职业病防护设施进行职业病危害控制效果评价、未经卫生行政部门验收或者验收不合格，擅自投入使用的。

（二）用人单位的法律责任

违反《职业病防治法》规定，有下列行为之一的，由卫生行政部门给予警告，责令限期改正；逾期不改正的，处2万元以下的罚款：①工作场所职业病危害因素检测、评价结果没有存档、上报、公布的；②未采取本法第19条规定的职业病防治管理措施的；③未按照规定公布有关职业病防治的规章制度、操作规程、职业病危害事故应急救援措施的；④未按照规定组织劳动者进行职业卫生培训，或者未对劳动者个人职业病防护采取指导、督促措施的；⑤国内首次使用或者首次进口与职业病危害有关的化学材料，未按照规定报送毒性鉴定资料以及经有关部门登记注册或者批准进口的文件的。

用人单位违反《职业病防治法》规定，有下列行为之一的，由卫生行政部门责令限期改正，给予警告，可以并处2万元以上5万元以下的罚款：①未按照规定及时、如实向卫生行政部门申报产生职业病危害的项目的；②未实施由专人负责的职业病危害因素日常监测，或者监测系统不能正常监测的；③订立或者变更劳动合同时，未告知劳动者职业病危害真实情况的；④未按照规定组织职业健康检查、建立职业健康监护档案或者未将检查结果如实告知劳动者的。

用人单位违反《职业病防治法》规定，有下列行为之一的，由卫生行政部门给予警告，责令限期改正；逾期不改正的，处5万元以上20万元以下的罚款；情节严重的，责令停止产生职业病危害的作业，或者提请有关人民政府按照国务院规定的权限责令关闭：①工作场所职业病危害因素的强度或者浓度超过国家职业卫生标准的；②未提供职业病防护设施和个人使用的职业病防护用品，或者提供的职业病防护设施和个人使用的职业病防护用品不符合国家职业卫生标准和卫生要求的；③对职业病防护设备、应急救援设施和个人使用的职业病防护用品未按照规定进行维护、检修、检测，或者不能保持正常运行、使用状态的；④未按照规定对工作场所职业病危害因素进行检测、评价的；⑤工作场所职业病危害因素经治理仍然达不到国家职业卫生标准和卫生要求时，未停止存在职业病危害因素的作业的；⑥未按照规定安排职业病病人、疑似职业病病人进行诊治的；⑦发生或者可能发生急性职业病危害事故时，未立即采取应急救援和控制措施或者未按照规定及时报告的；⑧未按照规定在产生严重职业病危害的作业岗位醒目位置设置警示标识和中文警示说明的；⑨拒绝卫生行政部门监督检查的。

向用人单位提供可能产生职业病危害的设备、材料，未按照规定提供中文说明书或者设置警示标识和中文警示说明的，由卫生行政部门责令限期改正，给予警告，并处5万元以上20万元以下的罚款。

用人单位和医疗卫生机构未按照规定报告职业病、疑似职业病的，由卫生行政部门责令限期改正，给予警告，可以并处1万元以下的罚款；弄虚作假的，并处2万元以上5万元以下的罚款；对直接负责的主管人员和其他直接责任人员，可以依法给予降级或者撤职的处分。

违反《职业病防治法》规定，有下列情形之一的，由卫生行政部门责令限期治理，并处5万元以上30万元以下的罚款；情节严重的，责令停止产生职业病危害的作业，或者提请有关人民政府按照国务院规定的权限责令关闭：①隐瞒技术、工艺、材料所产生的职业病危害而采用的；②隐瞒本单位职业卫生真实情况的；③可能发生急性职业损伤的有毒、有害工作场所、放射工作场所或者放射性同位素的运输、贮存不符合《职业病防治法》第23条规定的；④使用国家明令禁止使用的可能产生职业病危害的设备或者材料的；⑤将产生职业病危害的作业转移给没有职业病防护条件的单位和个人，或者没有职业病防护条件的单位和个人接受产生职业病危害的作业的；⑥擅自拆除、停止使用职业病防护设备或者应急救援设施的；⑦安排未经职业健康检查的劳动者、有职业禁忌的劳动者、未成年工或者孕期、哺乳期女职工从事接触职业病危害的作业或者禁忌作业的；⑧违章指挥和强令劳动者进行没有职业病防护措施的作业的。

用人单位违反《职业病防治法》规定，已经对劳动者生命健康造成严重损害的，由卫生行政部门责令停止产生职业病危害的作业，或者提请有关人民政府按照国务院规定的权限责令关闭，并处10万元以上30万元以下的罚款。

用人单位违反《职业病防治法》规定，造成重大职业病危害事故或者其他严重后果，构成犯罪的，对直接负责的主管人员和其他直接责任人员，依法追究刑事责任。

（三）擅自从事职业卫生技术服务的法律责任

未取得职业卫生技术服务资质认证擅自从事职业卫生技术服务的，或者医疗卫生机构未经批准擅自从事职业健康检查、职业病诊断的，由卫生行政部门责令立即停止违法行为，没收违法所得；违法所得5000元以上的，并处违法所得2倍以上10倍以下的罚款；没有违法所得或者违法所得不足5000元的，并处5000元以上5万元以下的罚款；情节严重的，对直接负责的主管人员和其他直接责任人员，依法给予降级、撤职或者开除的处分。

（四）超范围从事职业卫生技术服务的法律责任

从事职业卫生技术服务的机构和承担职业健康检查、职业病诊断的医疗卫生机构违反规定，有下列行为之一的，由卫生行政部门责令立即停止违法行为，给予警告，没收违法所得；违法所得5000元以上的，并处违法所得2倍以上5倍以下的罚款；没有违法所得或者违法所得不足5000元的，并处5000元以上2万元以下的罚款；情节严重的，由原认证或者批准机关取消其相应的资格；对直接负责的主管人员和其他直接责任人员，依法给予降级、撤职或者开除的处分；构成犯罪的，依法追究刑事责任：超出资质认证或者批准范围从事职业卫生技术服务或者职业健康检查、职业病诊断的；不按照规定履行法定职责的；出具虚假证明文件的。

（五）职业病诊断鉴定委员会成员的法律责任

职业病诊断鉴定委员会组成人员收受职业病诊断争议当事人的财物或者其他好处的，给予警告，没收收受的财物，可以并处3000元以上5万元以下的罚款，取消其担任职业病诊断鉴定委员会组成人员的资格，并从省、自治区、直辖市人民政府卫生行政部门设立的专家库中予以除名。

（六）卫生行政部门的法律责任

卫生行政部门不按照规定报告职业病和职业病危害事故的，由上一级卫生行政部门责令改正，通报批评，给予警告；虚报、瞒报的，对单位负责人、直接负责的主管人员和其他直接责任人员依法给予降级、撤职或者开除的行政处分。

卫生行政部门及其职业卫生监督执法人员有下列行为之一，导致职业病危害事故发生，构成犯罪的，依法追究刑事责任；尚不构成犯罪的，对单位负责人、直接负责的主管人员和其他直接责任人员依法给予降级、撤职或者开除的行政处分：①对不符合法定条件的，发给建设项目有关证明文件、资质证明文件或者予以批准；②对已经取得有关证明文件的，不履行监督检查职责；③发现用人单位存在职业病危害的，可能造成职业病危害事故，不及时依法采取控制措施；④其他违法行为。

第三节 传染病防治法律制度

一、传染病防治概述

（一）传染病概念

传染病是指由病源性细菌、病毒、立克次体和原虫等引起的，能在人与人、动物与动物或人与动物之间互相传播的一类疾病。由于这类疾病具有传染性、流行性和反复性等特点，因而发病率高，对人体健康和生命危害极大，对国家经济建设的影响也最大。

传染病的传播和流行需要具备三个环节，即传染源、传播途径和易感者。切断其中任何一个环节，就可以防止传染病的传播和流行。

（二）传染病防治立法

新中国成立后，党和政府非常重视对传染病的防治和管理工作，1950年国务院颁布了

《关于发动秋季种痘的指示》。1955 年卫生部制定了《传染病管理办法》。1978 年经国务院批准颁布了《中华人民共和国急性传染病管理条例》。1989 年 2 月 21 日第 7 届全国大会常委会第 6 次会议通过并颁布了《中华人民共和国传染病防治法》（以下简称传染病防治法），同年 9 月 1 日起施行。1991 年 12 月 6 日经国务院批准，卫生部发布了《中华人民共和国传染病防治法实施办法》。传染病防治法及其实施办法的颁布实施，系统地确立了我国对传染病的预防、疫情报告与公布、控制和监督的法律制度，标志着我国传染病防治工作开始全面走上法制化轨道。

2004 年 8 月 28 日中华人民共和国第 10 届全国人民代表大会常务委员会第 11 次会议修订通过的《中华人民共和国传染病防治法》（以下简称《传染病防治法》）公布，自 2004 年 12 月 1 日起施行。国务院则颁布了《突发公共卫生事件应急条例》《医疗废物管理条例》《艾滋病防治条例》《血吸虫病防治条例》等行政法规，卫生部发布了《性病防治管理办法》《结核病防治管理办法》《传染性非典型肺炎防治管理办法》《突发公共卫生事件与传染病疫情监测信息报告管理办法》《医疗机构传染病预检分诊管理办法》等部门规章。

（三）传染病分类

根据传染病病种的传播方式、传播速度、流行强度，以及对人体健康、对社会危害程度的不同，参照国际统一分类标准，我国将列为法定管理的 37 种传染病分为甲类、乙类和丙类。

甲类传染病是指：鼠疫、霍乱。

乙类传染病是指：传染性非典型肺炎、艾滋病、病毒性肝炎、脊髓灰质炎、人感染高致病性禽流感、麻疹、流行性出血热、狂犬病、流行性乙型脑炎、登革热、炭疽、细菌性和阿米巴性痢疾、肺结核、伤寒和副伤寒、流行性脑脊髓膜炎、百日咳、白喉、新生儿破伤风、猩红热、布氏菌病、淋病、梅毒、钩端螺旋体病、血吸虫病、疟疾。

丙类传染病是指：流行性感冒、流行性腮腺炎、风疹、急性出血性结膜炎、麻风病、流行性和地方性斑疹伤寒、黑热病、包虫病、丝虫病，除霍乱、细菌性和阿米巴性痢疾、伤寒和副伤寒以外的感染性腹泻病。

国务院卫生行政部门根据传染病暴发、流行情况和危害程度，可以决定增加、减少或者调整乙类、丙类传染病病种并予以公布。2008 年 5 月 2 日，卫生部决定将手足口病列入丙类传染病进行管理。

对乙类传染病中传染性非典型肺炎、炭疽中的肺炭疽和人感染高致病性禽流感，采取《传染病防治法》所称甲类传染病的预防、控制措施。其他乙类传染病和突发原因不明的传染病需要采取《传染病防治法》所称甲类传染病的预防、控制措施的，由国务院卫生行政部门及时报经国务院批准后予以公布、实施。2009 年 4 月 30 日，卫生部经国务院批准，将甲型 H1N1 流感纳入乙类传染病，并采取甲类传染病的预防、控制措施。

省、自治区、直辖市人民政府对本行政区域内常见、多发的其他地方性传染病，可以根据情况决定按照乙类或者丙类传染病管理并予以公布，报国务院卫生行政部门备案。

二、传染病预防

（一）传染病预防控制预案的制定

县级以上地方人民政府应当制定传染病预防、控制预案，报上一级人民政府备案。

传染病预防、控制预案应当包括以下主要内容：①传染病预防控制指挥部的组成和相关部门的职责；②传染病的监测、信息收集、分析、报告、通报制度；③疾病预防控制机构、医疗机构在发生传染病疫情时的任务与职责；④传染病暴发、流行情况的分级以及相应的应急工作方案；⑤传染病预防、疫点疫区现场控制，应急设施、设备、救治药品和医疗器械以及其他物资和技术的储备与调用。

（二）传染病监测

国家建立传染病监测制度。国务院卫生行政部门制定国家传染病监测规划和方案。省、自治区、直辖市人民政府卫生行政部门根据国家传染病监测规划和方案，制定本行政区域的传染病监测计划和工作方案。

各级疾病预防控制机构对传染病的发生、流行及影响其发生、流行的因素，进行监测；对国外发生、国内尚未发生的传染病或者国内新发生的传染病，进行监测。

（三）传染病预警

国家建立传染病预警制度。国务院卫生行政部门和省、自治区、直辖市人民政府根据传染病发生、流行趋势的预测，及时发出传染病预警，根据情况予以公布。

（四）预防接种

国家实行有计划的预防接种制度。国务院卫生行政部门和省、自治区、直辖市人民政府卫生行政部门，根据传染病预防、控制的需要，制定传染病预防接种规划并组织实施。用于预防接种的疫苗必须符合国家质量标准。

国家对儿童实行预防接种证制度。国家免疫规划项目的预防接种实行免费。医疗机构、疾病预防控制机构与儿童的监护人应当相互配合，保证儿童及时接受预防接种。在儿童出生后1个月内，其监护人应当到儿童居住地承担预防接种工作的接种单位为其办理预防接种证。接种单位对儿童实施接种时，应当查验预防接种证，并做好记录。儿童离开原居住地期间，由现居住地承担预防接种工作的接种单位负责对其实施接种。儿童入托、入学时，托幼机构、学校应当查验预防接种证，发现未依照国家免疫规划受种的儿童，应当向所在地的县级疾病预防控制机构或者儿童居住地承担预防接种工作的接种单位报告，并配合疾病预防控制机构或者接种单位督促其监护人在儿童入托、入学后及时到接种单位补种。

（五）消毒与灭菌

对被传染病病原体污染的污水、污物、场所和物品，有关单位和个人必须在疾病预防控制机构的指导下或按其提出的卫生要求，进行严格消毒处理；拒绝消毒处理的，由当地卫生行政部门或者疾病预防控制机构进行强制消毒处理。

用于传染病防治的消毒产品、饮用水供水单位供应的饮用水和涉及饮用水卫生安全的产品，应符合国家卫生标准和卫生规范。饮用水供水单位从事生产或供应活动，应当依法取得卫生许可证。生产用于传染病防治的消毒产品的单位和生产用于传染病防治的消毒产品，应当经省级以上人民政府卫生行政部门审批。

（六）传染病病人、病原携带者和疑似传染病病人合法权益保护

国家和社会应当关心、帮助传染病病人、病原携带者和疑似传染病病人，使其得到及时救治。任何单位和个人不得歧视传染病病人、病原携带者和疑似传染病病人。

传染病病人、病原携带者和疑似传染病病人，在治愈前或者在排除传染病嫌疑前，不得

从事法律、行政法规和国务院卫生行政部门规定禁止从事的易使该传染病扩散的工作。如：饮用水的生产、管理、供应；饮食服务行业的经营、服务；托幼机构的保育、教育；食品行业的生产、加工、运输、销售及保管等。

三、传染病疫情报告、通报和公布

（一）疫情报告

1. 报告人 疾病预防控制机构、医疗机构和采供血机构及其执行职务的人员发现规定的传染病疫情或者发现其他传染病暴发、流行及突发原因不明的传染病时，应当遵循疫情报告属地管理原则，按照国务院规定的或者国务院卫生行政部门规定的内容、程序、方式和时限报告。

军队医疗机构向社会公众提供医疗服务，发现规定的传染病疫情时，应当按照国务院卫生行政部门的规定报告。

任何单位和个人发现传染病病人或者疑似传染病病人时，应当及时向附近的疾病预防控制机构或者医疗机构报告。

港口、机场、铁路疾病预防控制机构及国境卫生检疫机关发现甲类传染病病人、病原携带者、疑似传染病病人时，应当按照国家有关规定立即向国境口岸所在地的疾病预防控制机构或者所在地县级以上地方人民政府卫生行政部门报告并互相通报。

疾病预防控制机构应当主动收集、分析、调查、核实传染病疫情信息。接到甲类、乙类传染病疫情报告或者发现传染病暴发、流行时，应当立即报告当地卫生行政部门，由当地卫生行政部门立即报告当地人民政府，同时报告上级卫生行政部门和国务院卫生行政部门。疾病预防控制机构应当设立或者指定专门的部门、人员负责传染病疫情信息管理工作，及时对疫情报告进行核实、分析。

2. 报告时限 2006 年 8 月，卫生部发布了关于修改《突发公共卫生事件与传染病疫情监测信息报告管理办法》的通知。对于报告时限和方式进行了修改。具体要求如下：

责任报告单位和责任疫情报告人发现甲类传染病和乙类传染病中的肺炭疽、传染性非典型肺炎、脊髓灰质炎、人感染高致病性禽流感病人或疑似病人时，或发现其他传染病和不明原因疾病暴发时，应于 2 小时内将传染病报告卡通过网络报告；未实行网络直报的责任报告单位应于 2 小时内以最快的通讯方式（电话、传真）向当地县级疾病预防控制机构报告，并于 2 小时内寄送出传染病报告卡。

对其他乙、丙类传染病病人，疑似病人和规定报告的传染病病原携带者在诊断后，实行网络直报的责任报告单位应于 24 小时内进行网络报告；未实行网络直报的责任报告单位应于 24 小时内寄送出传染病报告卡。

县级疾病预防控制机构收到无网络直报条件责任报告单位报送的传染病报告卡后，应于 2 小时内通过网络进行直报。

3. 报告程序 获得突发公共卫生事件相关信息的责任报告单位和责任报告人，应当在 2 小时内以电话或传真等方式向属地卫生行政部门指定的专业机构报告，具备网络直报条件的要同时进行网络直报，直报的信息由指定的专业机构审核后进入国家数据库。不具备网络直报条件的责任报告单位和责任报告人，应采用最快的通讯方式将《突发公共卫生事件相关信息报告卡》报送属地卫生行政部门指定的专业机构，接到《突发公共卫生事件相关信息报告卡》的专业机构，应对信息进行审核，确定真实性，2 小时内进行网络直报，同时以电话或传真等方式报告同级卫生行政部门。

接到突发公共卫生事件相关信息报告的卫生行政部门应当尽快组织有关专家进行现场调查，如确认为实际发生突发公共卫生事件，应根据不同的级别，及时组织采取相应的措施，并在 2 小时内向本级人民政府报告，同时向上一级人民政府卫生行政部门报告。如尚未达到突发公共卫生事件标准的，由专业防治机构密切跟踪事态发展，随时报告事态变化情况。

依照传染病法的规定负有传染病疫情报告职责的人民政府有关部门、疾病预防控制机构、医疗机构、采供血机构及其工作人员，不得隐瞒、谎报、缓报传染病疫情。

（二）疫情的通报

县级以上地方人民政府卫生行政部门应当及时向本行政区域内的疾病预防控制机构和医疗机构通报传染病疫情及监测、预警的相关信息。接到通报的疾病预防控制机构和医疗机构应当及时告知本单位的有关人员。

国务院卫生行政部门应当及时向国务院其他有关部门和各省、自治区、直辖市人民政府卫生行政部门通报全国传染病疫情及监测、预警的相关信息。毗邻及相关的地方人民政府卫生行政部门，应当及时互相通报本行政区域的传染病疫情及监测、预警的相关信息。县级以上人民政府有关部门发现传染病疫情时，应当及时向同级人民政府卫生行政部门通报。中国人民解放军卫生主管部门发现传染病疫情时，应当向国务院卫生行政部门通报。

动物防疫机构和疾病预防控制机构，应当及时互相通报动物间和人间发生的人畜共患传染病疫情及相关信息。

（三）疫情的公布

国家建立传染病疫情信息公布制度。公布传染病疫情信息应当及时、准确。

国务院卫生行政部门定期公布全国传染病疫情信息。省、自治区、直辖市人民政府卫生行政部门定期公布本行政区域的传染病疫情信息。

传染病暴发、流行时，国务院卫生行政部门负责向社会公布传染病疫情信息，并可以授权省、自治区、直辖市人民政府卫生行政部门向社会公布本行政区域的传染病疫情信息。

四、传染病疫情控制

（一）控制措施

1. 医疗机构的控制措施 发现甲类传染病时，应当及时采取下列措施：①病原携带者，予以隔离治疗，隔离期限根据医学检查结果确定；②疑似病人，确诊前在指定场所单独隔离治疗；③对医疗机构内的病人、病原携带者、疑似病人的密切接触者，在指定场所进行医学观察和采取其他必要的预防措施。拒绝隔离治疗或者隔离期未满擅自脱离隔离治疗的，可以由公安机关协助医疗机构采取强制隔离治疗措施。

医疗机构发现乙类或者丙类传染病病人，应当根据病情采取必要的治疗和控制传播措施。

医疗机构对本单位内被传染病病原体污染的场所、物品及医疗废物，必须依照法律、法规的规定实施消毒和无害化处置。

2. 疾病预防控制机构的控制措施 疾病预防控制机构发现传染病疫情或者接到传染病疫情报告时，应当及时采取下列措施：①对传染病疫情进行流行病学调查，根据调查情况提出划定疫点、疫区的建议，对被污染的场所进行卫生处理，对密切接触者，在指定场所进行医学观察和采取其他必要的预防措施，并向卫生行政部门提出疫情控制方案；②传染病暴发、流行时，对疫点、疫区进行卫生处理，向卫生行政部门提出疫情控制方案，并按照卫生行政部门的要求采取措施；③指导下级疾病预防控制机构实施传染病预防、控制措施，组织、指导有关单位对传染病疫情的处理。

（二）隔离措施

对已经发生甲类传染病病例的场所或者该场所内的特定区域的人员，所在地的县级以上地方人民政府可以实施隔离措施，并同时向上一级人民政府报告；接到报告的上级人民政府应当即时作出是否批准的决定。上级人民政府作出不予批准决定的，实施隔离措施的人民政府应当立即解除隔离措施。

在隔离期间，实施隔离措施的人民政府应当对被隔离人员提供生活保障；被隔离人员有工作单位的，所在单位不得停止支付其隔离期间的工作报酬。

隔离措施的解除，由原决定机关决定并宣布。

（三）紧急措施

传染病暴发、流行时，县级以上地方人民政府应当立即组织力量，按照预防、控制预案进行防治，切断传染病的传播途径，必要时，报经上一级人民政府决定，可以采取下列紧急措施并予以公告：①限制或者停止集市、影剧院演出或者其他人群聚集的活动；②停工、停业、停课；③封闭或者封存被传染病病原体污染的公共饮用水源、食品以及相关物品；④控制或者扑杀染疫野生动物、家畜家禽；⑤封闭可能造成传染病扩散的场所。

上级人民政府接到下级人民政府关于采取前款所列紧急措施的报告时，应当即时作出决定。

紧急措施的解除，由原决定机关决定并宣布。

（四）宣布疫区与疫区封锁

甲类、乙类传染病暴发、流行时，县级以上地方人民政府报经上一级人民政府决定，可以宣布本行政区域部分或者全部为疫区；国务院可以决定并宣布跨省、自治区、直辖市的疫区。县级以上地方人民政府可以在疫区内采取切断传播途径的紧急措施，并可以对出入疫区的人员、物资和交通工具实施卫生检疫。

省、自治区、直辖市人民政府可以决定对本行政区域内的甲类传染病疫区实施封锁；但是，封锁大、中城市的疫区或者封锁跨省、自治区、直辖市的疫区，以及封锁疫区导致中断干线交通或者封锁国境的，由国务院决定。

疫区封锁的解除，由原决定机关决定并宣布。

（五）紧急调集人员与临时征用

传染病暴发、流行时，根据传染病疫情控制的需要，国务院有权在全国范围或者跨省、自治区、直辖市范围内，县级以上地方人民政府有权在本行政区域内紧急调集人员或者调用储备物资，临时征用房屋、交通工具以及相关设施、设备。

紧急调集人员的，应当按照规定给予合理报酬。临时征用房屋、交通工具及相关设施、设备的，应当依法给予补偿；能返还的，应当及时返还。

（六）尸体处理

患甲类传染病、炭疽死亡的，由治疗单位负责消毒处理后将尸体立即进行就近火化。患其他传染病死亡的，必要时，应当将尸体进行卫生处理后火化或者按照规定深埋。

不具备火化条件的农村、边远地区，由治疗病人的医疗单位或者当地卫生防疫部门负责消毒后，可选远离居民点500m以外、远离饮用水源的地方，将尸体在距地面2m以下深埋。

为了查找传染病病因，医疗机构在必要时可以按照国务院卫生行政部门的规定，对传染病病人尸体或者疑似传染病病人尸体进行解剖查验，并应当告知死者家属。

（七）防治药品、物品的供应

传染病暴发、流行时，药品和医疗器械生产、供应单位应当及时生产、供应防治传染病的药品和医疗器械。铁路、交通、民用航空经营单位必须优先运送处理传染病疫情的人员及防治传染病的药品和医疗器械。县级以上人民政府有关部门应当做好组织协调工作。

五、传染病医疗救治

（一）医疗救治服务网络

县级以上人民政府应当加强和完善传染病医疗救治服务网络的建设，提高传染病医疗救治能力；指定具备传染病救治条件和能力的医疗机构承担传染病救治任务，或者根据传染病救治需要设置传染病医院。

（二）预防和控制医院感染

医疗机构的基本标准、建筑设计和服务流程，应当符合预防传染病医院感染的要求。医疗机构应当按照规定对使用的医疗器械进行消毒；对按照规定一次使用的医疗器具，应当在使用后予以销毁。医疗机构应当按照国务院卫生行政部门规定的传染病诊断标准和治疗要求，采取相应措施，提高传染病医疗救治能力。

（三）医疗救治的实施

医疗机构应当对传染病病人或者疑似传染病病人提供医疗救护、现场救援和接诊治疗，书写病历记录及其他有关资料，并妥善保管。

医疗机构应当实行传染病预检、分诊制度；对传染病病人、疑似传染病病人，应当引导至相对隔离的分诊点进行初诊。医疗机构不具备相应救治能力的，应当将患者及其病历记录复印件一并转至具备相应救治能力的医疗机构。具备相应传染病救治条件和能力的医疗机构应当接诊治疗，不得拒绝救治。

六、几种传染病的防治

（一）艾滋病防治

艾滋病是指人类免疫缺陷病毒（艾滋病病毒）引起的获得性免疫缺陷综合征。

1981年自美国发现第一例艾滋病病人至今，艾滋病已成为全球性的疾病。为了防止艾滋病在中国的传播，1998年卫生部等部委联合发布了《艾滋病监测管理的若干规定》；1995年经国务院批准下发了《关于加强预防和控制艾滋病工作的意见》；1999年卫生部颁布了《关于对艾滋病病毒感染者和艾滋病病人的管理意见》。2006年1月29日，国务院颁布了《艾滋病防治条例》。

1. 艾滋病防治方针 艾滋病防治工作坚持预防为主、防治结合的方针，建立政府组织领导、部门各负其责、全社会共同参与的机制，加强宣传教育，采取行为干预和关怀救助等措施，实行综合防治。

2. 预防与控制 国家建立健全艾滋病监测网络。实行艾滋病自愿咨询和自愿检测制度。

县级以上地方人民政府和政府有关部门应当依照规定，根据本行政区域艾滋病的流行情况，制定措施，鼓励和支持居民委员会、村民委员会及其他有关组织和个人推广预防艾滋病的行为干预措施，帮助有易感染艾滋病病毒危险行为的人群改变行为。

县级以上人民政府卫生、人口和计划生育、工商、药品监督管理、质量监督检验检疫、广播电影电视等部门应当组织推广使用安全套，建立和完善安全套供应网络。省、自治区、直辖市人民政府确定的公共场所的经营者应当在公共场所内放置安全套或者设置安全套发售设施。

血站、单采血浆站应当对采集的人体血液、血浆进行艾滋病检测；不得向医疗机构和血液制品生产单位供应未经艾滋病检测或者艾滋病检测阳性的人体血液、血浆。血液制品生产单位应当在原料血浆投料生产前对每一份血浆进行艾滋病检测；未经艾滋病检测或者艾滋病检测阳性的血浆，不得作为原料血浆投料生产。医疗机构应当对因应急用血而临时采集的血液进行艾滋病检测，对临床用血艾滋病检测结果进行核查；对未经艾滋病检测、核查或者艾滋病检测阳性的血液，不得采集或者使用。

3. 治疗与救助 医疗机构应当为艾滋病病毒感染者和艾滋病病人提供艾滋病防治咨询、诊断和治疗服务。医疗机构不得因就诊的病人是艾滋病病毒感染者或者艾滋病病人，推诿或者拒绝对其其他疾病进行治疗。

对确诊的艾滋病病毒感染者和艾滋病病人，医疗卫生机构的工作人员应当将其感染或者发病的事实告知本人；本人为无行为能力人或者限制行为能力人的，应当告知其监护人。

医疗卫生机构应当按照国务院卫生主管部门制定的预防艾滋病母婴传播技术指导方案的规定，对孕产妇提供艾滋病防治咨询和检测，对感染艾滋病病毒的孕产妇及其婴儿，提供预防艾滋病母婴传播的咨询、产前指导、阻断、治疗、产后访视、婴儿随访和检测等服务。

县级以上人民政府应当采取下列艾滋病防治关怀、救助措施：①向农村艾滋病病人和城镇经济困难的艾滋病病人免费提供抗艾滋病病毒治疗药品；②对农村和城镇经济困难的艾滋病病毒感染者、艾滋病病人适当减免抗机会性感染治疗药品的费用；③向接受艾滋病咨询、检测的人员免费提供咨询和初筛检测；④向感染艾滋病病毒的孕产妇免费提供预防艾滋病母婴传播的治疗和咨询。

生活困难的艾滋病病人遗留的孤儿和感染艾滋病病毒的未成年人接受义务教育的，应当免收杂费、书本费；接受学前教育和高中阶段教育的，应当减免学费等相关费用。县级以上地方人民政府应当对生活困难并符合社会救助条件的艾滋病病毒感染者、艾滋病病人及其家属给予生活救助。县级以上地方人民政府有关部门应当创造条件，扶持有劳动能力的艾滋病病毒感染者和艾滋病病人，从事力所能及的生产和工作。

4. 艾滋病病人和艾滋病病毒感染者的权利和义务

（1）权利 任何单位和个人不得歧视艾滋病病毒感染者、艾滋病病人及其家属。艾滋病病毒感染者、艾滋病病人及其家属享有的婚姻、就业、就医、入学等合法权益受法律保护。

未经本人或者其监护人同意，任何单位或者个人不得公开艾滋病病毒感染者、艾滋病病人及其家属的姓名、住址、工作单位、肖像、病史资料及其他可能推断出其具体身份的信息。

（2）义务 艾滋病病毒感染者和艾滋病病人应当履行下列义务：①接受疾病预防控制机构或者出入境检验检疫机构的流行病学调查和指导；②将感染或者发病的事实及时告知与其有性关系者；③就医时，将感染或者发病的事实如实告知接诊医生；④采取必要的防护措施，防止感染他人。此外，艾滋病病毒感染者和艾滋病病人不得以任何方式故意传播艾滋病。

（二）性病防治

性病是以性接触为主要传播途径的疾病。为预防、控制性病的传播流行，保护人体健康，2012 年 11 月 23 日，卫生部发布了经过修订的《性病防治管理办法》。

1. 范围 性病包括以下几类：①《传染病防治法》规定的乙类传染病中的梅毒和淋病；②生殖道沙眼衣原体感染、尖锐湿疣、生殖器疱疹；③卫计委根据疾病危害程度、流行情况等因素，确定需要管理的其他性病。

2. 防治原则 性病防治坚持预防为主、防治结合的方针，遵循依法防治、科学管理、分级负责、专业指导、部门合作、社会参与的原则。性病防治工作与艾滋病防治工作相结合，将性病防治工作纳入各级艾滋病防治工作协调机制，整合防治资源，实行性病艾滋病综合防治。

3. 防治机构 卫计委负责全国性病防治工作。卫生行政部门应当根据当地性病防治工作需求，指定承担性病防治任务的疾病预防控制机构，合理规划开展性病诊疗业务的医疗机构。医疗机构应当积极提供性病诊疗服务，方便患者就医。

中国疾病预防控制中心在性病防治中的职责是：①协助卫计委制定全国性病防治规划；②指导全国性病防治工作，开展性病监测、疫情分析及管理、培训督导、防治效果评估等工作；③组织制定和完善性病实验室检测等技术规范，开展性病实验室质量管理，定期开展性病诊断试剂临床应用质量评价。

医疗机构开展性病诊疗业务应当取得与性传播疾病诊疗相关的诊疗科目，确定相应科室，并应当具备以下条件：①具有相应的诊疗场所，包括诊室、治疗室和检验科等；②具备性病诊断治疗、消毒灭菌所必需的设备、设施及药品等；③具有依法取得执业资格，并经性病诊疗培训考核合格的人员。

开展性病诊疗业务的医疗机构职责是：①根据性病诊断标准和技术规范对性病患者或者疑似病人进行诊断治疗，并按照规定报告疫情；②开展性病防治知识宣传、健康教育、咨询和必要的干预；③协助卫生行政部门开展性病诊疗业务培训；④开展实验室检测质量控制；⑤协助疾病预防控制机构开展性病疫情漏报调查和流行病学调查等工作。

4. 预防与控制 疾病预防控制机构和开展性病诊疗业务的医疗机构应当根据当地性病流行特点，确定性病宣传和健康教育内容，对大众开展性病防治知识的宣传。各级疾病预防控制机构应当通过多种形式在有易感染性病危险行为的人群集中的场所宣传性病防治知识，倡导安全性行为，鼓励有易感染性病危险行为的人群定期到具备性病诊疗资质的医疗机构进行性病检查。

性病患者应当采取必要的防护措施，防止感染他人，不得以任何方式故意传播性病。

开展性病诊疗业务的医疗机构应当为性病就诊者提供性病和生殖健康教育、咨询检测及其他疾病的转诊服务。艾滋病自愿咨询检测机构和社区药物维持治疗门诊应当将梅毒免费咨询检测纳入日常服务内容；对咨询检测中发现的梅毒阳性患者，应当告知其到开展性病诊疗业务的医疗机构就诊。开展妇幼保健和助产服务的医疗机构应当对孕产妇进行梅毒筛查检测、咨询、必要的诊疗或者转诊服务，预防先天梅毒的发生。

5. 诊断与治疗 开展性病诊疗业务的医疗机构，应当实行首诊医师负责制，建立门诊日志，对就诊者逐例登记，对有可能感染性病或者具有性病可疑症状、体征的就诊者应当及时进行相关性病检查，不得以任何理由推诿。当性病患者存在严重危及健康和生命的伴随疾病，可以转诊至伴随疾病的专科诊治，并给予性病诊治支持。

不具备开展性病诊疗条件的医疗机构或者科室，在诊治、体检、筛查活动中发现疑似或者确诊的性病患者时，应当及时转诊至具备性病诊疗条件的医疗机构或者科室处置。当患者存在严重危及健康和生命的伴随疾病，可以安排在伴随疾病的专科继续诊治，开展性病诊疗业务的医疗机构或者科室应当给予性病诊治支持。

医疗机构及其医务人员对就诊者进行性病相关检查时，应当遵循知情同意的原则。开展性病诊疗业务的医疗机构，应当按照安全、有效、经济、方便的原则提供性病治疗服务，优先使用基本药物；开展性病诊疗业务的医疗机构，应当公示诊疗、检验及药品、医疗器械等服务价格，按照有关规定收费；开展性病诊疗业务的医务人员，应当严格按照卫计委发布的性病诊断标准及相关规范的要求，采集完整病史，进行体格检查、临床检验和诊断治疗；开展性病诊疗业务的医务人员，应当规范书写病历，准确填报传染病报告卡报告疫情，对性病患者进行复查，提供健康教育与咨询等预防服务，并予以记录；开展性病诊疗业务的医务人员，应当告知性病患者及早通知与其有性关系者及时就医。

开展性病诊疗业务并提供孕产期保健和助产服务的医疗机构，应当按照国家推荐方案及时为感染梅毒的孕产妇提供治疗，并为其婴幼儿提供必要的预防性治疗、随访、梅毒相关检测服务等。对确诊的先天梅毒的患儿根据国家推荐治疗方案给予治疗或者转诊。

6. 监测与报告 开展性病诊疗业务的医疗机构是性病疫情责任报告单位，开展性病诊疗的医务人员是性病疫情责任报告人。

性病疫情责任报告单位应当建立健全性病疫情登记和报告制度；性病疫情责任报告人发现应当报告的性病病例时，应当按照要求及时报告疫情。

开展性病诊疗业务的医疗机构应当结合流行病学史、临床表现和实验室检验结果等做出诊断，按照规定进行疫情报告，不得隐瞒、谎报、缓报疫情。艾滋病自愿咨询检测机构和社区药物维持治疗门诊应当按照要求收集和上报相关信息。

医疗卫生机构不得泄露性病患者涉及个人隐私的有关信息、资料。

（三）传染性非典型肺炎防治

传染性非典型肺炎是指严重急性呼吸综合征。为了有效预防和控制传染性非典型肺炎的发生与流行，保障公众的身体健康和生命安全，根据《中华人民共和国传染病防治法》和《突发公共卫生事件应急条例》，2003 年 5 月 12 日，卫生部发布了《传染性非典型肺炎防治管理办法》。

1. 防治原则 传染性非典型肺炎防治工作坚持预防为主，防治结合，分级负责，依靠科学，依法管理的原则。

2. 疫情报告、通报和公布 任何单位和个人发现传染性非典型肺炎病人或者疑似传染性非典型肺炎病人时，都应当及时向当地疾病预防控制机构报告。医疗机构及其医务人员、疾病预防控制机构的工作人员发现病人或者疑似病人，必须立即向当地疾病预防控制机构报告。疾病预防控制机构发现疫情或者接到疫情报告，应当立即报告上级疾病预防控制机构和当地卫生行政部门。卫生行政部门接到报告后应当立即报告本级人民政府，同时报告上级卫生行政部门和国务院卫生行政部门。任何单位和个人对传染性非典型肺炎疫情，不得隐瞒、缓报、谎报或者授意他人隐瞒、缓报、谎报。

卫计委根据传染性非典型肺炎疫情情况，及时向国务院有关部门和各省、自治区、直辖市卫生行政部门及军队卫生主管部门通报。传染性非典型肺炎疫情发生地的省、自治区、直辖市卫生行政部门，应当及时向毗邻省、自治区、直辖市卫生行政部门通报。接到通报的省、自治区、直辖市卫生行政部门，必要时，应当及时通知本行政区域内的医疗卫生机构，做好预防控制工作。

卫计委及时、如实向社会公布疫情；省、自治区、直辖市卫生行政部门及时、如实公布本行政区域的疫情。

3. 预防与控制　疾病预防控制机构、医疗机构、从事传染性非典型肺炎科学研究机构，必须严格执行有关管理制度、操作规程，防止医源性感染、医院内感染、实验室感染和致病性微生物的扩散。对从事传染性非典型肺炎预防控制、医疗救治、科学研究的人员，所在单位应当根据有关规定，采取有效的防护措施和医疗保健措施。有关单位和个人必须按照疾病预防控制机构的要求，对被传染性非典型肺炎病原体污染的污水、污物、粪便进行严密消毒后处理。

医疗机构、疾病预防控制机构发现传染性非典型肺炎病人或者疑似病人时，应当及时采取控制措施。

疾病预防控制机构发现传染性非典型肺炎疫情或者接到疫情报告时，应当立即采取以下控制措施：①及时到达现场，调查登记病人或者疑似病人的密切接触者；②对密切接触者按照有关规定进行流行病学调查，并根据情况采取集中隔离或者分散隔离的方法进行医学观察；③对医疗机构外被病人或者疑似病人污染的场所、物品进行卫生处理。

病人或者疑似病人和密切接触者及其他有关单位和人员，应当配合疾病预防控制机构和医疗机构采取预防控制措施。拒绝配合的，请公安机关依法予以协助。

4. 医疗救治　县级以上地方卫生行政部门应当指定专门的医疗机构负责收治病人或者疑似病人；指定专门机构和车辆负责转运工作，并建立安全的转诊制度。收治病人或者疑似病人的医疗机构应当符合卫生行政部门规定的隔离、消毒条件，配备必要的救治设备；对病人和疑似病人应当分开隔离治疗；采取有效措施，避免交叉感染。

医疗机构履行下列职责：①及时、如实报告疫情；②承担责任范围内的传染性非典型肺炎的预防、诊断、治疗任务，改善服务质量，提高治疗水平；③对医疗机构内病人或者疑似病人污染的场所、物品、排泄物进行严格的卫生处理；④负责对医疗机构内死亡的病人或者疑似病人的尸体进行消毒处理；⑤对医护人员进行专门的业务培训；⑥宣传疾病防治科学知识；⑦依据有关规定开展其他防治工作。

对流动人口中的病人、疑似病人应当按照就地隔离、就地观察、就地治疗的原则，及时送当地指定的专门收治病人和疑似病人的医疗机构治疗。

医疗机构收治病人或者疑似病人，实行先收治、后结算的办法，任何医疗机构不得以费用为由拒收病人。对农民（含进城务工农民）和城镇困难群众中的传染性非典型肺炎病人实行免费医疗，所发生救治费用由政府负担，具体办法按国家有关部门规定执行。

七、传染病防治监督管理

（一）传染病防治监督管理机构及其职责

县级以上人民政府卫生行政部门对传染病防治工作履行下列监督检查职责：①对下级人民政府卫生行政部门履行《传染病防治法》规定的传染病防治职责进行监督检查；②对疾病预防控制机构、医疗机构的传染病防治工作进行监督检查；③对采供血机构的采供血活动进行监督检查；④对用于传染病防治的消毒产品及其生产单位进行监督检查，并对饮用水供水单位从事生产或者供应活动，以及涉及饮用水卫生安全的产品进行监督检查；⑤对传染病菌种、毒种和传染病检测样本的采集、保藏、携带、运输、使用进行监督检查；⑥对公共场所和有关单位的卫生条件和传染病预防、控制措施进行监督检查。

县级以上人民政府卫生行政部门在履行监督检查职责时，有权进入被检查单位和传染病疫情发生现场调查取证，查阅或者复制有关的资料和采集样本。被检查单位应当予以配合，不得拒绝、阻挠。

县级以上地方人民政府卫生行政部门在履行监督检查职责时，发现被传染病病原体污染的公共饮用水源、食品以及相关物品，如不及时采取控制措施可能导致传染病传播、流行的，可以采取封闭公共饮用水源、封存食品及相关物品或者暂停销售的临时控制措施，并予以检验或者进行消毒。经检验，属于被污染的食品，应当予以销毁；对未被污染的食品或者经消毒后可以使用的物品，应当解除控制措施。

省级以上人民政府卫生行政部门负责组织对传染病防治重大事项的处理。

（二）传染病管理监督员及其职责

各级政府卫生行政部门和受国务院卫生行政部门委托的其他有关部门卫生主管机构及各级各类卫生防疫机构内设立传染病管理监督员，执行卫生行政部门或其他有关部门卫生主管机构交付的传染病监督管理任务。传染病管理监督员由合格的卫生专业人员担任，由省级以上政府卫生行政部门聘任并发给证件。卫生行政部门工作人员依法执行职务时，应当不少于两人，并出示执法证件，填写卫生执法文书。

卫生执法文书经核对无误后，应当由卫生执法人员和当事人签名。当事人拒绝签名的，卫生执法人员应当注明情况。

传染病管理监督员的职责是：①检查、监督、指导传染病防治措施的落实；②进行现场调查，包括采集必需的检验标本及查阅、索取、翻印复制必要的文字、图片、声像资料等，并根据调查情况写出书面报告；③宣传传染病防治法，检查执行情况，对违法单位或者个人提出处罚建议；④执行卫生行政部门或者其他有关部门卫生主管机构交付的任务；⑤及时提出预防和控制传染病措施的建议。

（三）传染病管理检查员及其职责

各级各类医疗保健机构设立传染病管理检查员，由本单位推荐，经分管该医疗保健机构的县级以上地方政府卫生行政部门批准并发给证件。

传染病管理检查员的职责是：①结合本单位及责任地段具体情况，宣传传染病防治法；②检查本单位及责任地段的传染病防治措施的实施和疫情报告执行情况；③对本单位及责任地段的传染病防治工作进行检查、指导；④执行卫生行政部门和卫生防疫机构对本单位及责任地段提出的改进传染病防治管理工作的意见；⑤定期向卫生行政部门指定的卫生防疫机构汇报工作情况，遇到紧急情况及时报告。

八、法律责任

（一）行政责任

1. 行政处分 县级以上人民政府卫生行政部门违反《传染病防治法》规定，有下列情形之一的，由本级人民政府、上级人民政府卫生行政部门责令改正，通报批评；造成传染病传播、流行或者其他严重后果的，对负有责任的主管人员和其他直接责任人员，依法给予行政处分：①未依法履行传染病疫情通报、报告或者公布职责，或者隐瞒、谎报、缓报传染病疫情的；②发生或者可能发生传染病传播时未及时采取预防、控制措施的；③未依法履行监督检查职责，或者发现违法行为不及时查处的；④未及时调查、处理单位和个人对下级卫生行政部门不履行传染病防治职责的举报的；⑤违反本法的其他失职、渎职行为。

疾病预防控制机构违反《传染病防治法》规定，有下列情形之一的，由县级以上人民政府卫生行政部门责令限期改正，通报批评，给予警告；对负有责任的主管人员和其他直接责任人员，依法给予降级、撤职、开除的处分，并可以依法吊销有关责任人员的执业证书：①未依法履行传染病监测职责的；②未依法履行传染病疫情报告、通报职责，或者隐瞒、谎报、缓报传染病疫情的；③未主动收集传染病疫情信息，或者对传染病疫情信息和疫情报告未及时进行分析、调查、核实的；④出现传染病疫情时，未依据职责及时采取本法规定的措施的；⑤故意泄露传染病病人、病原携带者、疑似传染病病人、密切接触者涉及个人隐私的有关信息、资料的。

医疗机构违反《传染病防治法》规定，有下列情形之一的，由县级以上人民政府卫生行政部门责令改正，通报批评，给予警告；造成传染病传播、流行或者其他严重后果的，对负有责任的主管人员和其他直接责任人员，依法给予降级、撤职、开除的处分，并可以依法吊销有关责任人员的执业证书：①未按照规定承担本单位的传染病预防、控制工作、医院感染控制任务和责任区域内的传染病预防工作的；②未按照规定报告传染病疫情，或者隐瞒、谎报、缓报传染病疫情的；③发现传染病疫情时，未按照规定对传染病病人、疑似传染病病人提供医疗救护、现场救援、接诊、转诊的，或者拒绝接受转诊的；④未按照规定对本单位内被传染病病原体污染的场所、物品及医疗废物实施消毒或者无害化处置的；⑤未按照规定对医疗器械进行消毒，或者对按照规定一次使用的医疗器具未予销毁，再次使用的；⑥在医疗救治过程中未按照规定保管医学记录资料的；⑦故意泄露传染病病人、病原携带者、疑似传染病病人、密切接触者涉及个人隐私的有关信息、资料的。

采供血机构未按照规定报告传染病疫情，或者隐瞒、谎报、缓报传染病疫情，或者未执行国家有关规定，导致因输入血液引起经血液传播疾病发生的，由县级以上人民政府卫生行政部门责令改正，通报批评，给予警告；造成传染病传播、流行或者其他严重后果的，对负有责任的主管人员和其他直接责任人员，依法给予降级、撤职、开除的处分，并可以依法吊销采供血机构的执业许可证。

国境卫生检疫机关、动物防疫机构未依法履行传染病疫情通报职责的，由有关部门在各自职责范围内责令改正，通报批评；造成传染病传播、流行或者其他严重后果的，对负有责任的主管人员和其他直接责任人员，依法给予降级、撤职、开除的处分。

铁路、交通、民用航空经营单位未依照《传染病防治法》的规定优先运送处理传染病疫情的人员及防治传染病的药品和医疗器械的，由有关部门责令限期改正，给予警告；造成严重后果的，对负有责任的主管人员和其他直接责任人员，依法给予降级、撤职、开除的处分。

2. 行政处罚 导致或者可能导致传染病传播、流行的单位或个人有以下违法行为之一的，由县级以上人民政府卫生行政部门视违法情节给予警告、限期改正、没收违法所得、责令赔偿损失或处以罚款、依法暂扣或吊销许可证；有造成传染病流行危险的，由卫生行政部门报请同级政府采取强制措施：①饮用水供水单位供应的饮用水不符合国家卫生标准和卫生规范的；②涉及饮用水卫生安全的产品不符合国家卫生标准和卫生规范的；③用于传染病防治的消毒产品不符合国家卫生标准和卫生规范的；④出售、运输疫区中被传染病病原体污染或者可能被传染病病原体污染的物品，未进行消毒处理的；⑤生物制品生产单位生产的血液制品不符合国家质量标准的。

未经检疫出售、运输与人畜共患传染病有关的野生动物、家畜家禽的，由县级以上地方人民政府畜牧兽医行政部门责令停止违法行为，并依法给予行政处罚。

在国家确认的自然疫源地兴建水利、交通、旅游、能源等大型建设项目，未经卫生调查进行施工的，或者未按照疾病预防控制机构的意见采取必要的传染病预防、控制措施的，由县级以上人民政府卫生行政部门责令限期改正，给予警告，处5000元以上3万元以下的罚款；逾期不改正的，处3万元以上10万元以下的罚款，并可以提请有关人民政府依据职责权限，责令停建、关闭。

（二）民事责任

单位和个人违反《传染病防治法》规定，导致传染病传播、流行，给他人人身、财产造成损害的，应当依法承担民事责任。

（三）刑事责任

《刑法》第330条规定，违反传染病防治法的规定，有下列情形之一，引起甲类传染病传播或者有传播严重危险的，处3年以下有期徒刑或者拘役；后果特别严重的，处3年以上7年以下有期徒刑：①供水单位供应的饮用水不符合国家规定的卫生标准的；②拒绝按照卫生行政机构提出的卫生要求，对传染病病原体污染的污水、污物、粪便进行消毒处理的；③准许或者纵容传染病病人、病原携带者和疑似传染病病人从事国务院卫生行政部门规定禁止从事的易使该传染病扩散的工作的；④拒绝执行卫生监督机构依照传染病防治法提出的预防、控制措施的。单位犯前款罪的，对单位判处罚金，并对其直接负责的主管人员和其他直接负责人员依照上述规定处罚。

《刑法》第331条规定：从事实验、保藏、携带、运输传染病菌种、毒种的人员，违反国务院卫生行政部门的有关规定，造成传染病菌种、毒种扩散，后果严重的，处3年以下有期徒刑或者拘役；后果特别严重的，处3年以上7年以下有期徒刑。《刑法》第360条规定：明知自己患有梅毒、淋病等严重性病卖淫、嫖娼的，处5年以下有期徒刑、拘役或者管制，并处罚金。

最高人民法院、最高人民检察院《关于办理妨害预防、控制突发传染病疫情等灾害的刑事案件具体应用法律若干问题的解释》第1条规定，故意传播突发传染病病原体，危害公共安全的，依照《刑法》第114条、第115条第1款的规定，按照以危险方法危害公共安全罪定罪处罚。患有突发传染病或者疑似突发传染病而拒绝接受检疫、强制隔离或者治疗，过失造成传染病传播，情节严重，危害公共安全的，依照《刑法》第115条第2款的规定，按照过失以危险方法危害公共安全罪定罪处罚。

《刑法》第114条规定：放火、决水、爆炸及投放毒害性、放射性、传染病病原体等物质或者以其他危险方法危害公共安全，尚未造成严重后果的，处3年以上10年以下有期徒刑。

《刑法》第115条规定：放火、决水、爆炸及投放毒害性、放射性、传染病病原体等物质或者以其他危险方法致人重伤、死亡或者使公私财产遭受重大损失的，处10年以上有期徒刑、无期徒刑或者死刑。过失犯前款罪的，处3年以上7年以下有期徒刑；情节较轻的，处3年以下有期徒刑或者拘役。

第四节 突发公共卫生事件应急法律制度

一、突发公共卫生事件概述

（一）突发公共卫生事件概念

突发公共卫生事件是指突然发生，造成或者可能造成社会公众健康严重损害的重大传染病疫情、群体性不明原因疾病、重大食物和职业中毒及其他严重影响公众健康的事件。

（二）突发公共卫生事件立法

为了有效预防、及时控制和消除突发公共卫生事件的危害，保障公众身体健康与生命安全，维护正常的社会秩序，国务院依照《中华人民共和国传染病防治法》《中华人民共和国食品卫生法》《中华人民共和国职业病防治法》《中华人民共和国国境卫生检疫法》和其他有关法律的相关规定，在总结2003年防治传染性非典型肺炎工作实践经验的基础上，2003年5月9日，国务院颁布了《突发公共卫生事件应急条例》。这一条例是我国社会危机管理制度史上具有标志性的重要法规。2003年5月14日，最高人民法院、最高人民检察院公布了《关于办理妨害预防、控制突发传染病疫情等灾害的刑事案件具体应用法律若干问题的解释》。

2007年8月30日，第10届全国人民代表大会常务委员会第29次会议通过了《中华人民共和国突发事件应对法》（以下简称《突发事件应对法》），自2007年11月1日起施行。

卫计委根据以上立法制定了《传染性非典型肺炎防治管理办法》《突发公共卫生事件与传染病疫情监测信息报告管理办法》《国家救灾防病与突发公共卫生事件信息报告管理规范》等一系列规章及规范性文件。

（三）分级

根据突发公共卫生事件性质、危害程度、涉及范围，突发公共卫生事件划分为特别重大（Ⅰ级）、重大（Ⅱ级）、较大（Ⅲ级）和一般（Ⅳ级）四级。

其中，特别重大突发公共卫生事件主要包括：①肺鼠疫、肺炭疽在大、中城市发生并有扩散趋势，或肺鼠疫、肺炭疽疫情波及2个以上的省份，并有进一步扩散趋势。②发生传染性非典型肺炎、人感染高致病性禽流感病例，并有扩散趋势。③涉及多个省份的群体性不明原因疾病，并有扩散趋势。④发生新传染病或我国尚未发现的传染病发生或传入，并有扩散趋势，或发现我国已消灭的传染病重新流行。⑤发生烈性病菌株、毒株、致病因子等丢失事件。⑥周边及与我国通航的国家和地区发生特大传染病疫情，并出现输入性病例，严重危及我国公共卫生安全的事件。⑦国务院卫生行政部门认定的其他特别重大突发公共卫生事件。

（四）应对原则

突发事件应对工作实行预防为主、预防与应急相结合的原则。其具体原则如下：

1. 预防为主，常备不懈 提高全社会对突发公共卫生事件的防范意识，落实各项防范措施，做好人员、技术、物资和设备的应急储备工作。对各类可能引发突发公共卫生事件的情况要及时进行分析、预警，做到早发现、早报告、早处理。

2. 统一领导，分级负责 根据突发公共卫生事件的范围、性质和危害程度，对突发公共卫生事件实行分级管理。各级人民政府负责突发公共卫生事件应急处理的统一领导和指挥，各有关部门按照预案规定，在各自的职责范围内做好突发公共卫生事件应急处理的有关工作。

3. 依法规范，措施果断 地方各级人民政府和卫生行政部门要按照相关法律、法规和规章的规定，完善突发公共卫生事件应急体系，建立健全系统、规范的突发公共卫生事件应急处理工作制度，对突发公共卫生事件和可能发生的公共卫生事件做出快速反应，及时、有效地开展监测、报告和处理工作。

4. 依靠科学，加强合作 突发公共卫生事件应急工作要充分尊重和依靠科学，要重视开展防范和处理突发公共卫生事件的科研和培训，为突发公共卫生事件应急处理提供科技保障。各有关部门和单位要通力合作、资源共享，有效应对突发公共卫生事件。要广泛组织、动员公众参与突发公共卫生事件的应急处理。

二、突发公共卫生事件应急组织体系

（一）突发事件应急指挥部

突发公共卫生事件应急处理指挥机构分为国家、省级、地级市和县级应急指挥部。

突发公共卫生事件发生后，国务院设立全国突发公共卫生事件应急处理指挥部，由国务院有关部门和军队有关部门组成，国务院主管领导人担任总指挥，负责对全国突发公共卫生事件应急处理的统一领导、统一指挥。

突发事件发生后，省、自治区、直辖市人民政府成立地方突发事件应急处理指挥部，省、自治区、直辖市人民政府主要领导人担任总指挥，负责领导、指挥本行政区域内突发事件应急处理工作。县级以上地方人民政府卫生行政主管部门，具体负责组织突发事件的调查、控制和医疗救治工作。领导人担任总指挥，负责领导、指挥本行政区域突发事件应急处理工作。

全国突发事件应急处理指挥部对地方突发事件应急处理工作进行督察和指导，地方各级人民政府及其有关部门应当予以配合。省、自治区、直辖市突发事件应急处理指挥部对本行政区域内突发事件应急处理工作进行督察和指导。

（二）日常管理机构

国务院卫生行政部门设立卫生应急办公室（突发公共卫生事件应急指挥中心），负责全国突发公共卫生事件应急处理的日常管理工作。

各省、自治区、直辖市人民政府卫生行政部门及军队、武警系统要参照国务院卫生行政部门突发公共卫生事件日常管理机构的设置及职责，结合各自实际情况，指定突发公共卫生事件的日常管理机构，负责本行政区域或本系统内突发公共卫生事件应急的协调、管理工作。

各市（地）级、县级卫生行政部门要指定机构负责本行政区域内突发公共卫生事件应急的日常管理工作。

（三）专家咨询委员会

国务院卫生行政部门和省级卫生行政部门负责组建突发公共卫生事件专家咨询委员会。

市（地）级和县级卫生行政部门可根据本行政区域内突发公共卫生事件应急工作需要，组建突发公共卫生事件应急处理专家咨询委员会。

（四）应急处理专业技术机构

医疗机构、疾病预防控制机构、卫生监督机构、出入境检验检疫机构是突发公共卫生事件应急处理的专业技术机构。应急处理专业技术机构要结合本单位职责开展专业技术人员处理突发公共卫生事件能力培训，提高快速应对能力和技术水平。在发生突发公共卫生事件时，要服从卫生行政部门的统一指挥和安排，开展应急处理工作。

三、突发公共卫生事件预防与应急准备

（一）突发公共卫生事件应急预案

1. 应急预案的制定 国家建立健全突发事件应急预案体系。国务院制定国家突发事件总体应急预案，组织制定国家突发事件专项应急预案；国务院有关部门根据各自的职责和国务院相关应急预案，制定国家突发事件部门应急预案。地方各级人民政府和县级以上地方各级人民政府有关部门根据有关法律、法规、规章、上级人民政府及其有关部门的应急预案以及本地区的实际情况，制定相应的突发事件应急预案。

2. 应急预案的内容 突发事件应急预案应当包括以下主要内容：①突发事件应急处理指挥部的组成和相关部门的职责；②突发事件的监测与预警；③突发事件信息的收集、分析、报告、通报制度；④突发事件应急处理技术和监测机构及其任务；⑤突发事件的分级和应急处理工作方案；⑥突发事件预防、现场控制，应急设施、设备、救治药品和医疗器械及其他物资和技术的储备与调度；⑦突发事件应急处理专业队伍的建设和培训。

（二）突发公共卫生事件预防控制体系

1. 应急知识教育 县级人民政府及其有关部门、乡级人民政府、街道办事处应当组织开展应急知识的宣传普及活动和必要的应急演练。居民委员会、村民委员会、企业事业单位应当根据所在地人民政府的要求，结合各自的实际情况，开展有关突发事件应急知识的宣传普及活动和必要的应急演练。新闻媒体应当无偿开展突发事件预防与应急、自救与互救知识的公益宣传。

各级各类学校应当把应急知识教育纳入教学内容，对学生进行应急知识教育，培养学生的安全意识和自救与互救能力。

2. 监测和预警 国家建立健全突发事件监测制度。县级以上人民政府及其有关部门应当根据自然灾害、事故灾难和公共卫生事件的种类和特点，建立健全基础信息数据库，完善监测网络，划分监测区域，确定监测点，明确监测项目，提供必要的设备、设施，配备专职

或者兼职人员，对可能发生的突发事件进行监测。

国家建立健全突发事件预警制度。可以预警的自然灾害、事故灾难和公共卫生事件的预警级别，按照突发事件发生的紧急程度、发展势态和可能造成的危害程度分为一级、二级、三级和四级，分别用红色、橙色、黄色和蓝色标示，一级为最高级别。

3. 经费保障 国务院和县级以上地方各级人民政府应当采取财政措施，保障突发事件应对工作所需经费。

4. 物资储备 国家建立健全应急物资储备保障制度，完善重要应急物资的监管、生产、储备、调拨和紧急配送体系。设区的市级以上人民政府和突发事件易发、多发地区的县级人民政府应当建立应急救援物资、生活必需品和应急处置装备的储备制度。县级以上地方各级人民政府应当根据本地区的实际情况，与有关企业签订协议，保障应急救援物资、生活必需品和应急处置装备的生产、供给。

5. 应急队伍建设 国家卫生应急队伍是指由国务院卫生行政部门建设与管理，参与特别重大及其他需要响应的突发事件现场卫生应急处置的专业医疗卫生救援队伍。国家卫生应急队伍成员来自医疗卫生等机构的工作人员，平时承担所在单位日常工作，应急时承担卫生应急处置任务。

四、突发公共卫生事件的报告与信息发布

（一）突发公共卫生事件应急报告

国家建立突发事件应急报告制度，国务院卫生行政主管部门制定突发事件应急报告规范，建立重大、紧急疫情信息报告系统。

有下列情形之一的，省、自治区、直辖市人民政府应当在接到报告1小时内，向国务院卫生行政主管部门报告：①发生或者可能发生传染病暴发、流行的；②发生或者发现不明原因的群体性疾病的；③发生传染病菌种、毒种丢失的；④发生或者可能发生重大食物和职业中毒事件的。

突发事件监测机构，医疗卫生机构和有关单位发现上述报告情形之一的，应当在2小时内向所在地县级人民政府卫生行政主管部门报告；接到报告的卫生行政主管部门应当在2小时内向本级人民政府报告，并同时向上级人民政府卫生行政主管部门和国务院卫生行政主管部门报告，县级人民政府应当在接到报告后2小时内向设区的市级人民政府或者上一级人民政府报告；设区的市级人民政府应当在接到报告后2个小时内向省、自治区、直辖市人民政府报告。省、自治区、直辖市人民政府在接到报告1小时内，向国务院卫生行政主管部门报告。国务院卫生行政主管部门发现可能造成重大社会影响的突发事件，应当立即向国务院报告。

（二）突发公共卫生事件通报

国务院卫生行政主管部门应当根据发生突发事件的情况，及时向国务院有关部门和各省、自治区、直辖市人民政府卫生行政主管部门及军队有关部门通报。突发事件发生地的省、自治区、直辖市人民政府卫生行政主管部门，应当及时向毗邻省、自治区、直辖市人民政府卫生行政主管部门通报。

接到通报的省、自治区、直辖市人民政府卫生行政主管部门，必要时应当及时通知本行政区域内的医疗卫生机构。县级以上地方人民政府有关部门，已经发生或者发现可能引起突

发事件的情形时，应当及时向同级人民政府卫生行政主管部门通报。

对涉及跨境的疫情线索，由国务院卫生行政主管部门向有关国家和地区通报情况。

（三）突发公共卫生事件信息发布

国务院卫生行政主管部门负责向社会发布突发事件的信息。必要时，可以授权省、自治区、直辖市人民政府卫生行政主管部门向社会发布本行政区域内突发事件的信息。信息发布应当及时、准确、全面。

五、突发公共卫生事件应急处置

（一）应急处置措施

突发事件发生后，履行统一领导职责或者组织处置突发事件的人民政府应当针对其性质、特点和危害程度，立即组织有关部门，调动应急救援队伍和社会力量，依照有关法律、法规、规章的规定采取应急处置措施。

自然灾害、事故灾难或者公共卫生事件发生后，履行统一领导职责的人民政府可以采取下列一项或者多项应急处置措施：①组织营救和救治受害人员，疏散、撤离并妥善安置受到威胁的人员及采取其他救助措施；②迅速控制危险源，标明危险区域，封锁危险场所，划定警戒区，实行交通管制及其他控制措施；③立即抢修被损坏的交通、通信、供水、排水、供电、供气、供热等公共设施，向受到危害的人员提供避难场所和生活必需品，实施医疗救护和卫生防疫及其他保障措施；④禁止或者限制使用有关设备、设施，关闭或者限制使用有关场所，中止人员密集的活动或者可能导致危害扩大的生产经营活动，以及采取其他保护措施；⑤启用本级人民政府设置的财政预备费和储备的应急救援物资，必要时调用其他急需物资、设备、设施、工具；⑥组织公民参加应急救援和处置工作，要求具有特定专长的人员提供服务；⑦保障食品、饮用水、燃料等基本生活必需品的供应；⑧依法从严惩处囤积居奇、哄抬物价、制假售假等扰乱市场秩序的行为，稳定市场价格，维护市场秩序；⑨依法从严惩处哄抢财物、干扰破坏应急处置工作等扰乱社会秩序的行为，维护社会治安；⑩采取防止发生次生、衍生事件的必要措施。

社会安全事件发生后，组织处置工作的人民政府应当立即组织有关部门并由公安机关针对事件的性质和特点，依照有关法律、行政法规和国家其他有关规定，采取下列一项或者多项应急处置措施：①强制隔离使用器械相互对抗或者以暴力行为参与冲突的当事人，妥善解决现场纠纷和争端，控制事态发展；②对特定区域内的建筑物、交通工具、设备、设施及燃料、燃气、电力、水的供应进行控制；③封锁有关场所、道路，查验现场人员的身份证件，限制有关公共场所内的活动；④加强对易受冲击的核心机关和单位的警卫，在国家机关、军事机关、国家通讯社、广播电台、电视台、外国驻华使领馆等单位附近设置临时警戒线；⑤法律、行政法规和国务院规定的其他必要措施。

（二）物资支援

履行统一领导职责或者组织处置突发事件的人民政府，必要时可以向单位和个人征用应急救援所需设备、设施、场地、交通工具和其他物资，请求其他地方人民政府提供人力、物力、财力或者技术支援，要求生产、供应生活必需品和应急救援物资的企业组织生产、保证供给，要求提供医疗、交通等公共服务的组织提供相应的服务。

履行统一领导职责或者组织处置突发事件的人民政府，应当组织协调运输经营单位，优先运送处置突发事件所需物资、设备、工具、应急救援人员和受到突发事件危害的人员。

（三）自助救济

突发事件发生地的居民委员会、村民委员会和其他组织应当按照当地人民政府的决定、命令，进行宣传动员，组织群众开展自救和互救，协助维护社会秩序。

受到自然灾害危害或者发生事故灾难、公共卫生事件的单位，应当立即组织本单位应急救援队伍和工作人员营救受害人员，疏散、撤离、安置受到威胁的人员，控制危险源，标明危险区域，封锁危险场所，并采取其他防止危害扩大的必要措施，同时向所在地县级人民政府报告；对因本单位的问题引发的或者主体是本单位人员的社会安全事件，有关单位应当按照规定上报情况，并迅速派出负责人赶赴现场开展劝解、疏导工作。

六、应急状态的终止和善后处理

（一）应急状态的终止

突发公共卫生事件应急反应的终止需要两个条件：①突发公共卫生事件隐患或相关危险因素消除，或末例传染病病例发生后经过最长潜伏期无新的病例出现。②经过批准程序。特别重大突发公共卫生事件由国务院卫生行政部门组织有关专家进行分析论证，提出终止应急反应的建议，报国务院或全国突发公共卫生事件应急指挥部批准后实施。特别重大以下突发公共卫生事件由地方各级人民政府卫生行政部门组织专家进行分析论证，提出终止应急反应的建议，报本级人民政府批准后实施，并向上一级人民政府卫生行政部门报告。

（二）应急状态的善后处理

1. 后期评估 突发公共卫生事件结束后，各级卫生行政部门应在本级人民政府的领导下，组织有关人员对突发公共卫生事件的处理情况进行评估。评估内容主要包括事件概况、现场调查处理概况、病人救治情况、所采取措施的效果评价、应急处理过程中存在的问题和取得的经验及改进建议。评估报告上报本级人民政府和上一级人民政府卫生行政部门。

2. 奖励 县级以上人民政府人事部门和卫生行政部门对参加突发公共卫生事件应急处理作出贡献的先进集体和个人进行联合表彰；民政部门对在突发公共卫生事件应急处理工作中英勇献身的人员，按有关规定追认为烈士。

3. 责任追究 对在突发公共卫生事件的预防、报告、调查、控制和处理过程中，有玩忽职守、失职、渎职等行为的，依据《突发公共卫生事件应急条例》及有关法律法规追究当事人的责任。

4. 抚恤和补助 地方各级人民政府要组织有关部门对因参与应急处理工作致病、致残、死亡的人员，按照国家有关规定，给予相应的补助和抚恤；对参加应急处理一线工作的专业技术人员应根据工作需要制订合理的补助标准，给予补助。

5. 征用物资、劳务的补偿 突发公共卫生事件应急工作结束后，地方各级人民政府应组织有关部门对应急处理期间紧急调集、征用有关单位、企业、个人的物资和劳务进行合理评估，给予补偿。

七、法律责任

（一）县级以上地方政府及其有关部门的法律责任

地方各级人民政府和县级以上各级人民政府有关部门违反规定，不履行法定职责的，由其上级行政机关或者监察机关责令改正；有下列情形之一的，根据情节对直接负责的主管人员和其他直接责任人员依法给予处分：①未按规定采取预防措施，导致发生突发事件；或者未采取必要的防范措施，导致发生次生、衍生事件的。②迟报、谎报、瞒报、漏报有关突发事件的信息，或者通报、报送、公布虚假信息，造成后果的。③未按规定及时发布突发事件警报、采取预警期的措施，导致损害发生的。④未按规定及时采取措施处置突发事件或者处置不当，造成后果的。⑤不服从上级人民政府对突发事件应急处置工作的统一领导、指挥和协调的。⑥未及时组织开展生产自救、恢复重建等善后工作的。⑦截留、挪用、私分或者变相私分应急救援资金、物资的。⑧不及时归还征用的单位和个人的财产，或者对被征用财产的单位和个人不按规定给予补偿的。

县级以上各级人民政府卫生行政卫生主管部门和其他有关部门在突发事件调查、控制、医疗救治工作中玩忽职守，失职、渎职，造成传染病传播、流行或者对社会公众健康造成其他严重危害后果的，依法给予开除的行政处分；构成犯罪的，依法追究刑事责任。

（二）医疗卫生机构的法律责任

医疗卫生机构有下列行为之一的，由卫生行政主管部门责令改正、通报批评、给予警告；情节严重的，吊销医疗机构执业许可证；对主要负责人、负有责任的主管人员和其他直接责任人员依法给予降级、撤职的纪律处分；造成传染病传播、流行或者对社会公众健康造成其他严重危害后果的，构成犯罪的，依法追究刑事责任：①未依照本条例的规定履行报告指责，隐瞒、缓报或者谎报的；②未依照本条例的规定及时采取控制措施的；③未依照本条例的规定履行突发事件监测职责的；④拒绝接诊病人的；⑤拒不服从突发事件应急处理指挥部调度的。

（三）有关单位的法律责任

有关单位有下列情形之一的，由所在地履行统一领导职责的人民政府责令停产停业，暂扣或者吊销许可证或者营业执照，并处 5 万元以上 20 万元以下的罚款；构成违反治安管理行为的，由公安机关依法给予处罚：①未按规定采取预防措施，导致发生严重突发事件的；②未及时消除已发现的可能引发突发事件的隐患，导致发生严重突发事件的；③未做好应急设备、设施的日常维护、检测工作，导致发生严重突发事件或者突发事件危害扩大的；④突发事件发生后，不及时组织开展应急救援工作，造成严重后果的。

（四）其他

违反规定，编造并传播有关突发事件事态发展或者应急处置工作的虚假信息，或者明知是有关突发事件事态发展或者应急处置工作的虚假信息而进行传播的，责令改正，给予警告；造成严重后果的，依法暂停其业务活动或者吊销其执业许可证；负有直接责任的人员是国家工作人员的，还应当对其依法给予处分。

在突发事件发生期间，散布谣言、哄抬物价、欺骗消费者，以及扰乱社会秩序、市场秩序的，由公安机关或者工商行政管理部门依法给予行政处罚；构成犯罪的，依法追究刑事责任。

思考题

1. 什么是食品安全？什么是食品卫生？
2. 什么是食品安全风险评估？需要评估的情形有哪些？

3. 什么是食品安全标准？它应该包含哪些内容？
4. 什么是食品召回？它有哪些种类？
5. 什么是职业病？职业病防治的工作方针和管理原则是什么？
6. 用人单位职业病防治责任是什么？
7. 女职工劳动保护的内容是什么？
8. 法定管理传染病分为几类？
9. 艾滋病防治有哪些规定？
10. 什么是突发公共卫生事件？它的应急处理原则有哪些？
11. 突发公共卫生事件应急预案应包含哪些内容？
12. 医疗机构在突发公共卫生事件应急中有哪些责任？
13. 突发公共卫生事件应急处理措施有哪些？

案例分析

2005 年 6 月 24 日 ~7 月 12 日，四川省资阳市第三人民医院陆续收治了 5 例相同症状且原因不明的病人，4 例死亡。资阳市疾控中心对此进行了流行病学调查，认为是一起不明原因的疾病。资阳市卫生局将此情况向市委市政府作了汇报，并上报省卫生厅。省卫生厅将此事上报卫生部。7 月 25 日，卫生部、农业部联合通报，疫情系由猪 II 型链球菌感染引起的“人感染猪链球菌病”。截止至 7 月 27 日 12 时，资阳市共出现“人感染猪链球菌病”病例 100 例，疑似病例 33 例，死亡 20 例，病危 28 例，治愈出院 11 例。

讨论：
1. 本案属于突发公共卫生事件吗？为什么？
2. 对于此类疫情，应急工作应遵循什么原则？
3. 应对类似事件，报告的时限和流程是怎样的？

第十一章　精神卫生法律制度

第一节　概　述

一、精神卫生的概念

精神卫生是指开展精神障碍的预防、治疗和康复，促进公民心理健康的各项活动。

精神卫生有广义和狭义之分。狭义的精神卫生是指精神障碍的预防、医疗和康复工作，即对精神障碍患者早期发现、及时治疗，有效康复，最终使其回归社会。广义的精神卫生，除了包含狭义精神卫生的内容以外，还包括促进全体公民心理健康的内容，通过政府及相关部门、用人单位、新闻媒体的工作，促进公民了解精神卫生知识，提高社会公众的心理健康水平。

精神障碍是指由各种原因引起的感知、情感和思维等精神活动的紊乱或者异常，导致患者明显的心理痛苦或者社会适应等功能损害。精神障碍根据病情的严重程度，分为一般精神障碍和严重精神障碍。其中，严重精神障碍是指疾病症状严重，导致患者社会适应等功能严重损害，对自身健康状况或者客观现实不能完整认识，或者不能处理自身事务的精神障碍，主要包括精神分裂症、偏执性精神病、分裂情感障碍、双向情感障碍、癫痫所致精神障碍、精神发育迟滞等6种精神疾病。

现行的国际疾病诊断分类（ICD－10）将精神疾病分为10大类72小类近400种。10大类分别为：①器质性精神障碍；②使用精神活性物质所致的精神和行为障碍；③精神分裂症、分裂型障碍和妄想性障碍；④心境（情感）障碍；⑤神经症性、应激相关的及躯体形式障碍；⑥伴有生理紊乱及躯体因素的行为综合征；⑦成人人格与行为障碍；⑧精神发育迟滞；⑨心理发育迟滞；⑩通常起病于童年与少年期的行为和精神障碍。

二、精神卫生立法

精神卫生问题既是公共卫生问题，也是重大的社会问题。长期以来，我国对精神卫生工作一直比较重视。

2002年卫生部、民政部、公安部和中国残疾人联合会（简称残联）联合发布《中国精神卫生工作规划（2002～2010年）》；2004年国务院办公厅转发《关于进一步加强精神卫生工作的指导意见》；2006年国务院批准建立“精神卫生工作部际联席会议制度”，成员包括卫生部等18个部门和单位，每年召开一次例会；2008年1月卫生部等17个部门联合印发了《全国精神卫生工作体系发展指导纲要（2008～2015年）》。

我国精神卫生立法工作自1985年卫生部委托四川省卫生厅和湖南省卫生厅起草精神卫生法开始。2001年12月28日，上海市人民代表大会常务委员会通过并颁布了我国第一部精神卫生的地方性法规《上海市精神卫生条例》。随后，北京、杭州等地也制订了精神卫生地方性法规。2007年底，卫生部向国务院报送了《精神卫生法》（草案）；2011年9月，国务院第172次常务会议讨论通过了《精神卫生法》（草案），并提请全国人民代表大会常务委员会审议。

为了发展精神卫生事业，规范精神卫生服务，维护精神障碍患者的合法权益，2012年10月26日，第11届全国人民代表大会常务委员会第29次会议通过了《中华人民共和国精神卫生法》（以下简称《精神卫生法》），自2013年5月1日起施行。

三、精神卫生工作的方针和原则

精神卫生工作实行预防为主的方针，坚持预防、治疗和康复相结合的原则。

预防是精神卫生工作中非常重要的一环，经过积极有效的预防，可以减少精神障碍的发生，促进全民的心理健康。精神卫生预防分为三级预防：一级预防指病因预防，通过消除或者减少致病因素来防止或减少精神障碍发生；二级预防指早期发现、早期诊断、早期治疗，并争取疾病缓解后有良好的预后，防止复发；三级预防指做好精神障碍患者的康复训练，最大限度地促进患者社会功能的恢复，减少功能残疾，延缓疾病衰退的进程，提高患者的生活质量。

精神障碍康复应当坚持功能训练、全面康复、回归社会三项基本原则，运用一切可采取的手段，尽量纠正精神障碍的病态表现，最大限度地恢复适应社会生活的精神功能。

四、精神卫生工作管理机制

精神卫生工作实行政府组织领导、部门各负其责、家庭和单位尽力尽责、全社会共同参与的综合管理机制。

（一）政府组织领导

县级以上人民政府领导精神卫生工作，将其纳入国民经济和社会发展规划，建设和完善精神障碍的预防、治疗和康复服务体系，建立健全精神卫生工作协调机制和工作责任制，对有关部门承担的精神卫生工作进行考核、监督。乡镇人民政府和街道办事处根据本地区的实际情况，组织开展预防精神障碍发生、促进精神障碍患者康复等工作。

各级人民政府和县级以上人民政府有关部门应当采取措施，鼓励和支持组织、个人提供精神卫生志愿服务，捐助精神卫生事业，兴建精神卫生公益设施。对在精神卫生工作中作出突出贡献的组织、个人，按照国家有关规定给予表彰、奖励。

（二）卫生行政部门及有关部门职责

国务院卫生行政部门主管全国的精神卫生工作。县级以上地方人民政府卫生行政部门主管本行政区域的精神卫生工作。

县级以上人民政府司法行政、民政、公安、教育、人力资源社会保障等部门在各自职责范围内负责有关的精神卫生工作。

1. 卫生行政部门 卫生行政部门负责制定精神卫生工作的规划、规范、技术标准；依照有关法律、法规规定实施精神卫生专业机构、精神卫生专业人员的准入和管理；组织精神疾病预防、治疗和康复工作的监督、检查、评估和技术指导；开展精神疾病调查和信息收集；指导医疗卫生机构按照国家有关政策规定开展精神卫生工作。

2. 教育部门 教育部门负责与精神卫生人才培养有关的工作；结合实施素质教育，将学生心理健康教育、预防学生心理和行为问题工作纳入学校日常工作计划。

3. 公安部门　公安部门会同有关部门制定严重危害公共安全或他人人身安全的精神疾病患者的监控管理政策，依法做好对严重危害公共安全或者他人人身安全的精神疾病患者的强制收治工作。

4. 民政部门　民政部门负责与城市、农村贫困精神疾病患者医疗救助和生活救助有关的工作；依照有关规定做好城市“三无人员”中精神疾病患者的救治工作；依法做好城市生活无着的流浪乞讨人员中的精神疾病患者的救助工作，对救助期间突发精神疾病的受助对象，及时联系医疗卫生机构，按照相关规定做好救治工作；负责服役期间患精神疾病的复员退伍军人的安置和救治工作；开展精神残疾者生活、职业技能康复工作。

5. 司法行政部门　司法行政部门与卫生行政部门共同制定和完善精神疾病司法鉴定规范性文件；结合监狱的精神医疗卫生工作的特殊性要求，加强在押服刑人员、劳教人员的精神卫生工作，与卫生部门共同研究制定监狱精神卫生工作政策，将在押服刑人员的精神卫生工作纳入监狱所在地精神卫生工作规划，在当地卫生部门的指导下做好服刑人员精神疾病的预防、治疗与康复工作。

6. 财政部门　财政部门按照公共财政的要求，研究制定相关财政补助政策并安排有关经费，加强资金管理和监督；研究促进精神残疾康复机构健康发展的相关税收政策。

7. 人力资源与社会保障部门　人事部门会同卫生部门及有关部门，制定从事精神卫生工作的专业技术人才队伍建设的有关政策措施。

劳动保障部门促进职工中精神疾病患者平等就业，防止针对精神疾病患者的就业歧视，维护其合法的劳动权益，保证就业的精神疾病患者平等参加各项社会保险并享受相应的待遇；进一步完善城镇职工基本医疗保险和城镇居民基本医疗保险参保人员中精神疾病患者的就医管理，切实保障参保人员的合理医疗需求。

（三）全社会共同参与

中国残疾人联合会及其地方组织依照法律、法规或者接受政府委托，动员社会力量，开展精神卫生工作。村民委员会、居民委员会依照规定开展精神卫生工作，并对所在地人民政府开展的精神卫生工作予以协助。国家鼓励和支持工会、共产主义青年团（简称共青团）、妇女联合会（简称妇联）、红十字会、科学技术协会等团体依法开展精神卫生工作。

1. 工会组织　各级工会组织针对不同类别职工、农民工的具体情况制订计划，开展职工心理健康教育、心理问题预防和疏导，缓解职工因工作、竞争、失业、家庭生活等带来的压力，切实维护患有精神疾病职工的合法权益。

2. 各级共青团组织　各级共青团组织配合政府有关部门开展青少年精神卫生状况调查，开展多种形式的宣传教育活动，为青少年心理健康提供有效服务，帮助青少年养成健康的生活品质，培养高尚的道德情操。

3. 各级妇联组织　各级妇联组织代表妇女参与国家精神卫生公共政策的制定和推动实施，开展面向妇女的心理健康宣传教育，提供相关的咨询和维权服务。

4. 各级残联组织　各级残联组织贯彻落实国家残疾人事业发展纲要，协调推动“社会化、综合性、开放式”精神疾病康复工作；开展精神残疾康复工作，推动精神疾病康复机构和社区康复设施建设，促进精神残疾者平等参与社会生活；依法维护精神残疾者权益，协助相关部门做好贫困精神疾病患者的救助工作；宣传普及精神卫生知识，提高公众精神健康意识。

五、精神障碍患者权益保护

《精神卫生法》规定，精神障碍患者的人格尊严、人身和财产安全不受侵犯。精神障碍患者的教育、劳动、医疗及从国家和社会获得物质帮助等方面的合法权益受法律保护。

全社会应当尊重、理解、关爱精神障碍患者。任何组织或者个人不得歧视、侮辱、虐待精神障碍患者，不得非法限制精神障碍患者的人身自由。新闻报道和文学艺术作品等不得含有歧视、侮辱精神障碍患者的内容。

有关单位和个人应当对精神障碍患者的姓名、肖像、住址、工作单位、病历资料及其他可能推断出其身份的信息予以保密；但是，依法履行职责需要公开的除外。

精神障碍患者的监护人应当履行监护职责，维护精神障碍患者的合法权益。禁止对精神障碍患者实施家庭暴力，禁止遗弃精神障碍患者。

县级以上地方人民政府及有关部门应当采取有效措施，保障患有精神障碍的适龄儿童、少年接受义务教育，扶持有劳动能力的精神障碍患者从事力所能及的劳动，并为已经康复的人员提供就业机会。国家对安排精神障碍患者就业的用人单位依法给予税收优惠，并在生产、经营、技术、资金、物质、场地等方面给予扶持。

第二节　心理健康促进和精神障碍预防

一、各级政府及有关部门的责任

各级人民政府和县级以上人民政府有关部门应当采取措施，加强心理健康促进和精神障碍预防工作，提高公众心理健康水平。各级人民政府和县级以上人民政府有关部门制定的突发事件应急预案，应当包括心理援助的内容。发生突发事件，履行统一领导职责或者组织处置突发事件的人民政府应当根据突发事件的具体情况，按照应急预案的规定，组织开展心理援助工作。

二、相关单位及人员的义务

1. 用人单位　用人单位应当创造有益于职工身心健康的工作环境，关注职工的心理健康；对处于职业发展特定时期或者在特殊岗位工作的职工，应当有针对性地开展心理健康教育。

2. 学校及教师　各级各类学校应当对学生进行精神卫生知识教育；配备或者聘请心理健康教育教师、辅导人员，并可以设立心理健康辅导室，对学生进行心理健康教育。学前教育机构应当对幼儿开展符合其特点的心理健康教育。

发生自然灾害、意外伤害、公共安全事件等可能影响学生心理健康的事件，学校应当及时组织专业人员对学生进行心理援助。

教师应当学习和了解相关的精神卫生知识，关注学生心理健康状况，正确引导、激励学生。学校和教师应当与学生父母或者其他监护人、近亲属沟通学生心理健康情况。

3. 医务人员　医务人员开展疾病诊疗服务，应当按照诊断标准和治疗规范的要求，对就诊者进行心理健康指导；发现就诊者可能患有精神障碍的，应当建议其到符合规定的医疗机构就诊。

4. 监狱等场所 监狱、看守所、拘留所、强制隔离戒毒所等场所，应当对服刑人员，被依法拘留、逮捕、强制隔离戒毒的人员等，开展精神卫生知识宣传，关注其心理健康状况，必要时提供心理咨询和心理辅导。

5. 村民委员会、居民委员会 村民委员会、居民委员会应当协助所在地人民政府及其有关部门开展社区心理健康指导、精神卫生知识宣传教育活动，创建有益于居民身心健康的社区环境。

6. 乡镇、社区卫生服务机构 乡镇卫生院或者社区卫生服务机构应当为村民委员会、居民委员会开展社区心理健康指导、精神卫生知识宣传教育活动提供技术指导。

7. 家庭成员 家庭成员之间应当相互关爱，创造良好、和睦的家庭环境，提高精神障碍预防意识；发现家庭成员可能患有精神障碍的，应当帮助其及时就诊，照顾其生活，做好看护管理。

8. 新闻媒体、社会组织 国家鼓励和支持新闻媒体、社会组织开展精神卫生的公益性宣传，普及精神卫生知识，引导公众关注心理健康，预防精神障碍的发生。

9. 心理咨询人员 心理咨询人员应当提高业务素质，遵守执业规范，为社会公众提供专业化的心理咨询服务。

心理咨询人员不得从事心理治疗或者精神障碍的诊断、治疗。心理咨询人员发现接受咨询的人员可能患有精神障碍的，应当建议其到符合规定的医疗机构就诊。心理咨询人员应当尊重接受咨询人员的隐私，并为其保守秘密。

三、精神卫生监测网络

国务院卫生行政部门建立精神卫生监测网络，实行严重精神障碍发病报告制度，组织开展精神障碍发生状况、发展趋势等的监测和专题调查工作。国务院卫生行政部门应当会同有关部门、组织，建立精神卫生工作信息共享机制，实现信息互联互通、交流共享。

精神卫生监测和严重精神障碍发病报告管理办法，由国务院卫生行政部门制定。2012年，卫生部印发《重性精神疾病信息管理办法》，该管理办法的主要内容有：

1. 管理范围和原则 重性精神疾病信息管理范围包括国家重性精神疾病信息管理系统中的患者基本信息、治疗与随访信息及精神卫生工作报表，以及与之相关的各类纸质材料。

重性精神疾病信息管理工作，坚持分级负责、属地管理，服务患者、安全有效的原则。

2. 管理部门 卫计委对全国重性精神疾病信息实行统一管理。地方各级卫生行政部门负责本地区重性精神疾病信息管理工作。

各级精神卫生防治技术管理机构受本级卫生行政部门委托，承担本辖区重性精神疾病信息的日常管理工作。

3. 疾病信息管理制度

（1）*疾病信息收集* 精神卫生医疗机构和基层医疗卫生机构承担重性精神疾病信息收集与报送任务，并对本部门信息安全负责。

（2）*疾病信息管理* 各级精神卫生防治技术管理和指导机构（简称精防机构）、精神卫生医疗机构和基层医疗卫生机构建立本部门重性精神疾病信息管理制度，根据工作需要配备专、兼职信息管理人员。信息管理人员的主要职责包括：负责本单位与重性精神疾病管理治疗工作有关的文件、资料、信息的收发、存档及管理；负责重性精神疾病患者基本信息、治疗与随访信息及精神卫生工作报表的审核、录入系统及质量控制等。信息管理人员应当具备相应的信息管理知识和精神疾病相关专业知识，具备基本的网络安全知识和保密意识，定期参加重性精神疾病信息管理培训及考核。信息管理人员应定期备份系统中本辖区患者信息及统计报表，并妥善保管。未经同级卫生行政部门许可，不得向其他机构和个人透露。

（3）*疾病信息简报*　各级卫生行政部门建立重性精神疾病信息简报制度。各级精防机构按照同级卫生行政部门要求，对本地区重性精神疾病信息进行汇总、统计分析，定期编制本辖区重性精神疾病信息简报，经同级卫生行政部门批准后印发。发放范围由同级卫生行政部门确定。

（4）*疾病信息发布*　卫计委和省级卫生行政部门依法发布全国或本地区重性精神疾病信息。其他部门、机构和人员无权向社会发布相关信息。

（5）*疾病信息使用*　卫生系统内的相关机构或个人因工作需要使用重性精神疾病相关信息，需出示相关证明并经同级卫生行政部门批准备案。

卫生系统外的其他部门和机构因工作需要查阅或使用重性精神疾病相关信息，需携带本系统业务主管部门证明，征得信息管理机构同级卫生行政部门的同意并备案后方可进行。

（6）*疾病信息共享*　省、市两级建立卫生部门与公安机关之间的重性精神疾病信息定期交换与共享机制。交换范围仅限于危险性评估3级及以上患者相关信息。为确保信息安全，应制定信息交换流程，有专人负责交换，并对交换过程进行记录、备案。

第三节　精神障碍的诊断和治疗

一、精神卫生医疗机构

精神卫生医疗机构开展精神障碍诊断、治疗活动，应当具备下列条件，并依照医疗机构的管理规定办理有关手续：①有与从事的精神障碍诊断、治疗相适应的精神科执业医师、护士；②有满足开展精神障碍诊断、治疗需要的设施和设备；③有完善的精神障碍诊断、治疗管理制度和质量监控制度。从事精神障碍诊断、治疗的专科医疗机构还应当配备从事心理治疗的人员。

县级以上地方人民政府卫生行政部门应当定期就下列事项对本行政区域内从事精神障碍诊断、治疗的医疗机构进行检查：①相关人员、设施、设备是否符合《精神卫生法》要求；②诊疗行为是否符合本法及诊断标准、治疗规范的规定；③对精神障碍患者实施住院治疗的程序是否符合本法规定；④是否依法维护精神障碍患者的合法权益。县级以上地方人民政府卫生行政部门进行上述规定的检查，应当听取精神障碍患者及其监护人的意见；发现存在违法行为的，应当立即制止或者责令改正，并依法作出处理。

二、精神障碍的诊断

精神障碍的诊断，应当遵循维护患者合法权益、尊重患者人格尊严的原则，保障患者在现有条件下获得良好的精神卫生服务。

1. 精神障碍诊断的依据　精神障碍的诊断应当以精神健康状况为依据。除法律另有规

定外，不得违背本人意志进行确定其是否患有精神障碍的医学检查。

2. 精神障碍患者的送诊　除个人自行到医疗机构进行精神障碍诊断外，疑似精神障碍患者的近亲属可以将其送往医疗机构进行精神障碍诊断。对查找不到近亲属的流浪乞讨疑似精神障碍患者，由当地民政等有关部门按照职责分工，帮助送往医疗机构进行精神障碍诊断。

疑似精神障碍患者发生伤害自身、危害他人安全的行为，或者有伤害自身、危害他人安全的危险的，其近亲属、所在单位、当地公安机关应当立即采取措施予以制止，并将其送往医疗机构进行精神障碍诊断。

医疗机构接到送诊的疑似精神障碍患者，不得拒绝为其作出诊断。

3. 精神障碍的诊断　精神障碍的诊断应当由精神科执业医师作出。

三、精神障碍的住院治疗

精神障碍的住院治疗实行自愿原则。

诊断结论、病情评估表明，就诊者为严重精神障碍患者并有下列情形之一的，应当对其实施住院治疗：①已经发生伤害自身的行为，或者有伤害自身危险的；②已经发生危害他人安全的行为，或者有危害他人安全危险的。

精神障碍患者已经发生伤害自身的行为，或者有伤害自身危险的，经其监护人同意，医疗机构应当对患者实施住院治疗；监护人不同意的，医疗机构不得对患者实施住院治疗。监护人应当对在家居住的患者做好看护管理。

四、精神障碍患者的再次诊断和鉴定

1. 精神障碍患者的再次诊断　精神障碍患者已经发生危害他人安全的行为，或者有危害他人安全危险的，患者或者其监护人对需要住院治疗的诊断结论有异议，不同意对患者实施住院治疗的，可以要求再次诊断和鉴定。

依照规定要求再次诊断的，应当自收到诊断结论之日起 3 日内向原医疗机构或者其他具有合法资质的医疗机构提出。承担再次诊断的医疗机构应当在接到再次诊断要求后指派 2 名初次诊断医师以外的精神科执业医师进行再次诊断，并及时出具再次诊断结论。承担再次诊断的执业医师应当到收治患者的医疗机构面见、询问患者，该医疗机构应当予以配合。

2. 精神障碍医学鉴定　精神障碍医学鉴定指经司法行政部门审核、登记，取得精神障碍鉴定执业资质的司法鉴定机构，运用科学技术或者专门知识对精神障碍进行鉴别和判断并提供鉴定意见的活动。

患者或者其监护人对再次诊断结论有异议的，可以自主委托依法取得执业资质的鉴定机构进行精神障碍医学鉴定；医疗机构应当公示经公告的鉴定机构名单和联系方式。接受委托的鉴定机构应当指定本机构具有该鉴定事项执业资格的 2 名以上鉴定人共同进行鉴定，并及时出具鉴定报告。

鉴定人应当到收治精神障碍患者的医疗机构面见、询问患者，该医疗机构应当予以配合。鉴定人本人或者其近亲属与鉴定事项有利害关系，可能影响其独立、客观、公正进行鉴定的，应当回避。

鉴定机构、鉴定人应当遵守有关法律、法规、规章的规定，尊重科学，恪守职业道德，按照精神障碍鉴定的实施程序、技术方法和操作规范，依法独立进行鉴定，出具客观、公正的鉴定报告。鉴定人应当对鉴定过程进行实时记录并签名。记录的内容应当真实、客观、准确、完整，记录的文本或者声像载体应当妥善保存。

3. 再次诊断结论和鉴定报告 再次诊断结论或者鉴定报告表明，不能确定就诊者为严重精神障碍患者，或者患者不需要住院治疗的，医疗机构不得对其实施住院治疗。

再次诊断结论或者鉴定报告表明，精神障碍患者有《精神卫生法》第30条第2款第2项情形的，其监护人应当同意对患者实施住院治疗。监护人阻碍实施住院治疗或者患者擅自脱离住院治疗的，可以由公安机关协助医疗机构采取措施对患者实施住院治疗。

在相关机构出具再次诊断结论、鉴定报告前，收治精神障碍患者的医疗机构应当按照诊疗规范的要求对患者实施住院治疗。

4. 精神障碍患者住院手续 诊断结论表明需要住院治疗的精神障碍患者，本人没有能力办理住院手续的，由其监护人办理住院手续；患者属于查找不到监护人的流浪乞讨人员的，由送诊的有关部门办理住院手续。

精神障碍患者已经发生危害他人安全的行为，或者有危害他人安全危险的，其监护人不办理住院手续的，由患者所在单位、村民委员会或者居民委员会办理住院手续，并由医疗机构在患者病历中予以记录。

五、医疗机构管理

1. 告知义务 医疗机构及其医务人员应当将精神障碍患者在诊断、治疗过程中享有的权利，告知患者或者其监护人。

医疗机构及其医务人员应当遵循精神障碍诊断标准和治疗规范，制订治疗方案，并向精神障碍患者或者其监护人告知治疗方案和治疗方法、目的及可能产生的后果。

医疗机构对精神障碍患者实施下列治疗措施，应当向患者或者其监护人告知医疗风险、替代医疗方案等情况，并取得患者的书面同意；无法取得患者意见的，应当取得其监护人的书面同意，并经本医疗机构伦理委员会批准：①导致人体器官丧失功能的外科手术；②与精神障碍治疗有关的试验性临床医疗。实施导致人体器官丧失功能的外科手术，因情况紧急查找不到监护人的，应当取得本医疗机构负责人和伦理委员会的批准。

2. 环境设施 医疗机构应当配备适宜的设施、设备，保护就诊和住院治疗的精神障碍患者的人身安全，防止其受到伤害，并为住院患者创造尽可能接近正常生活的环境和条件。

3. 保护性医疗措施 精神障碍患者在医疗机构内发生或者将要发生伤害自身、危害他人安全、扰乱医疗秩序的行为，医疗机构及其医务人员在没有其他可替代措施的情况下，可以实施约束、隔离等保护性医疗措施。实施保护性医疗措施应当遵循诊断标准和治疗规范，并在实施后告知患者的监护人。

禁止利用约束、隔离等保护性医疗措施惩罚精神障碍患者。

4. 药物使用 对精神障碍患者使用药物，应当以诊断和治疗为目的，使用安全、有效的药物，不得为诊断或者治疗以外的目的使用药物。

5. 精神外科手术 禁止对符合下述条件的精神障碍患者实施以治疗精神障碍为目的的外科手术：①已经发生伤害自身的行为，或者有伤害自身危险的；②已经发生危害他人安全的行为，或者有危害他人安全危险的。

6. 尊重患者权利 医疗机构及其医务人员应当尊重住院精神障碍患者的通讯和会见探访者等权利。除在急性发病期或者为了避免妨碍治疗可以暂时性限制外，不得限制患者的通讯和会见探访者等权利。

医疗机构不得强迫精神障碍患者从事生产劳动。

医疗机构不得因就诊者是精神障碍患者，推诿或者拒绝为其治疗属于本医疗机构诊疗范围的其他疾病。

7. 患者病历记录　医疗机构及其医务人员应当在病历资料中如实记录精神障碍患者的病情、治疗措施、用药情况及实施约束、隔离措施等内容，并如实告知患者或者其监护人。患者及其监护人可以查阅、复制病历资料，但是，患者查阅、复制病历资料可能对其治疗产生不利影响的除外。病历资料保存期限不得少于30年。

六、精神障碍患者出院

自愿住院治疗的精神障碍患者可以随时要求出院，医疗机构应当同意。

对已经发生伤害自身的行为或者有伤害自身危险的精神障碍患者实施住院治疗的，监护人可以随时要求患者出院，医疗机构应当同意。

医疗机构认为上述精神障碍患者不宜出院的，应当告知不宜出院的理由；患者或者其监护人仍要求出院的，执业医师应当在病历资料中详细记录告知的过程，同时提出出院后的医学建议，患者或者其监护人应当签字确认。

对已经发生危害他人安全的行为或者有危害他人安全危险的精神障碍患者实施住院治疗，医疗机构认为患者可以出院的，应当立即告知患者及其监护人。

医疗机构应当根据精神障碍患者病情，及时组织精神科执业医师对已经发生危害他人安全的行为或者有危害他人安全危险的住院治疗患者进行检查评估。评估结果表明患者不需要继续住院治疗的，医疗机构应当立即通知患者及其监护人。

精神障碍患者出院，本人没有能力办理出院手续的，监护人应当为其办理出院手续。

七、未住院治疗精神障碍患者的看护

精神障碍患者的监护人应当妥善看护未住院治疗的患者，按照医嘱督促其按时服药、接受随访或者治疗。村民委员会、居民委员会、患者所在单位等应当依患者或者其监护人的请求，对监护人看护患者提供必要的帮助。

八、心理治疗

心理治疗活动应当在医疗机构内开展。

专门从事心理治疗的人员不得从事精神障碍的诊断，不得为精神障碍患者开具处方或者提供外科治疗。

第四节　精神障碍的康复

一、概念

精神障碍康复是指对患有身心疾病的患者，尽可能利用药物、社会、职业、经济和教育的方法使残疾的风险减小到最低限度。

精神障碍的康复工作应当以社区康复为基础，以康复机构为骨干，以家庭为依托。

二、相关机构和单位的义务

1. 社区康复机构的义务 社区康复机构应当为需要康复的精神障碍患者提供场所和条件，对患者进行生活自理能力和社会适应能力等方面的康复训练。

2. 医疗机构的义务 医疗机构应当为在家居住的严重精神障碍患者提供精神科基本药物维持治疗，并为社区康复机构提供有关精神障碍康复的技术指导和支持。

社区卫生服务机构、乡镇卫生院、村卫生室应当建立严重精神障碍患者的健康档案，对在家居住的严重精神障碍患者进行定期随访，指导患者服药和开展康复训练，并对患者的监护人进行精神卫生知识和看护知识的培训。县级人民政府卫生行政部门应当为社区卫生服务机构、乡镇卫生院、村卫生室开展上述工作给予指导和培训。

3. 村民委员会、居民委员会的义务 村民委员会、居民委员会应当为生活困难的精神障碍患者家庭提供帮助，并向所在地乡镇人民政府或者街道办事处及县级人民政府有关部门反映患者及其家庭的情况和要求，帮助其解决实际困难，为患者融入社会创造条件。

4. 残疾人组织或残疾人康复机构的义务 残疾人组织或者残疾人康复机构应当根据精神障碍患者康复的需要，组织患者参加康复活动。

5. 用人单位的义务 用人单位应当根据精神障碍患者的实际情况，安排患者从事力所能及的工作，保障患者享有同等待遇，安排患者参加必要的职业技能培训，提高患者的就业能力，为患者创造适宜的工作环境，对患者在工作中取得的成绩予以鼓励。

三、精神障碍患者监护人的责任

精神障碍患者的监护人应当协助患者进行生活自理能力和社会适应能力等方面的康复训练。

精神障碍患者的监护人在看护患者过程中需要技术指导的，社区卫生服务机构或者乡镇卫生院、村卫生室、社区康复机构应当提供。

第五节 保障措施

一、制定精神卫生工作规划

县级以上人民政府卫生行政部门会同有关部门依据国民经济和社会发展规划的要求，制定精神卫生工作规划并组织实施。

精神卫生监测和专题调查结果应当作为制定精神卫生工作规划的依据。

二、建设和完善精神卫生服务体系

省、自治区、直辖市人民政府根据本行政区域的实际情况，统筹规划，整合资源，建设和完善精神卫生服务体系，加强精神障碍预防、治疗和康复服务能力建设。

县级人民政府根据本行政区域的实际情况，统筹规划，建立精神障碍患者社区康复机构。县级以上地方人民政府应当采取措施，鼓励和支持社会力量举办从事精神障碍诊断、治疗的医疗机构和精神障碍患者康复机构。

国家加强基层精神卫生服务体系建设，扶持贫困地区、边远地区的精神卫生工作，保障城市社区、农村基层精神卫生工作所需经费。

三、精神卫生工作财政保障

各级人民政府应当根据精神卫生工作需要，加大财政投入力度，保障精神卫生工作所需经费，将精神卫生工作经费列入本级政府财政预算。

四、开展科学研究与人才培养

国家鼓励和支持开展精神卫生科学技术研究，发展西医学、中医学、心理学，提高精神障碍预防、诊断、治疗、康复的科学技术水平。

国家鼓励和支持开展精神卫生专门人才的培养，维护精神卫生工作人员的合法权益，加强精神卫生专业队伍建设。医学院校应当加强精神医学的教学和研究，按照精神卫生工作的实际需要培养精神医学专门人才，为精神卫生工作提供人才保障。

五、提高精神障碍预防、诊断、治疗能力

综合性医疗机构应当按照国务院卫生行政部门的规定开设精神科门诊或者心理治疗门诊，提高精神障碍预防、诊断、治疗能力。

医疗机构应当组织医务人员学习精神卫生知识和相关法律、法规、政策。从事精神障碍诊断、治疗、康复的机构应当定期组织医务人员、工作人员进行在岗培训，更新精神卫生知识。

县级以上人民政府卫生行政部门应当组织医务人员进行精神卫生知识培训，提高其识别精神障碍的能力。

六、提供基本公共卫生服务

县级以上人民政府卫生行政部门应当组织医疗机构为严重精神障碍患者免费提供基本公共卫生服务。

1. 基本医疗 精神障碍患者的医疗费用按照国家有关社会保险的规定由基本医疗保险基金支付。医疗保险经办机构应当按照国家有关规定将精神障碍患者纳入城镇职工基本医疗保险、城镇居民基本医疗保险或者新型农村合作医疗的保障范围。县级人民政府应当按照国家有关规定对家庭经济困难的严重精神障碍患者参加基本医疗保险给予资助。人力资源社会保障、卫生、民政、财政等部门应当加强协调，简化程序，实现属于基本医疗保险基金支付的医疗费用由医疗机构与医疗保险经办机构直接结算。

2. 医疗救助 精神障碍患者通过基本医疗保险支付医疗费用后仍有困难，或者不能通过基本医疗保险支付医疗费用的，民政部门应当优先给予医疗救助。

3. 严重精神障碍患者生活保障 对符合城乡最低生活保障条件的严重精神障碍患者，民政部门应当会同有关部门及时将其纳入最低生活保障。

对属于农村五保供养对象的严重精神障碍患者，以及城市中无劳动能力、无生活来源且无法定赡养、抚养、扶养义务人，或者其法定赡养、抚养、扶养义务人是无赡养、抚养、扶养能力的严重精神障碍患者，民政部门应当按照国家有关规定予以供养、救助。

上述规定以外的严重精神障碍患者确有困难的，民政部门可以采取临时救助等措施，帮助其解决生活困难。

第六节 法律责任

一、卫生行政部门和其他有关部门的法律责任

县级以上人民政府卫生行政部门和其他有关部门未依法履行精神卫生工作职责，或者滥用职权、玩忽职守、徇私舞弊的，由本级人民政府或者上一级人民政府有关部门责令改正，通报批评，对直接负责的主管人员和其他直接责任人员依法给予警告、记过或者记大过的处分；造成严重后果的，给予降级、撤职或者开除的处分。

二、医疗机构及其工作人员的法律责任

不符合《精神卫生法》规定条件的医疗机构擅自从事精神障碍诊断、治疗的，由县级以上人民政府卫生行政部门责令停止相关诊疗活动，给予警告，并处5000元以上1万元以下罚款，有违法所得的，没收违法所得；对直接负责的主管人员和其他直接责任人员依法给予或者责令给予降低岗位等级或者撤职、开除的处分；对有关医务人员，吊销其执业证书。

医疗机构及其工作人员有下列行为之一的，由县级以上人民政府卫生行政部门责令改正，给予警告；情节严重的，对直接负责的主管人员和其他直接责任人员依法给予或者责令给予降低岗位等级或者撤职、开除的处分，并可以责令有关医务人员暂停1个月以上6个月以下执业活动：①拒绝对送诊的疑似精神障碍患者作出诊断的；②对依照规定实施住院治疗的患者未及时进行检查评估或者未根据评估结果作出处理的。

医疗机构及其工作人员有下列行为之一的，由县级以上人民政府卫生行政部门责令改正，对直接负责的主管人员和其他直接责任人员依法给予或者责令给予降低岗位等级或者撤职的处分；对有关医务人员，暂停6个月以上1年以下执业活动；情节严重的，给予或者责令给予开除的处分，并吊销有关医务人员的执业证书：①违反规定实施约束、隔离等保护性医疗措施的；②违反规定，强迫精神障碍患者劳动的；③违反规定对精神障碍患者实施外科手术或者试验性临床医疗的；④违反规定，侵害精神障碍患者的通讯和会见探访者等权利的；⑤违反精神障碍诊断标准，将非精神障碍患者诊断为精神障碍患者的。

三、心理咨询、心理治疗人员的法律责任

有下列情形之一的，由县级以上人民政府卫生行政部门、工商行政管理部门依据各自职责责令改正，给予警告，并处5000元以上1万元以下罚款，有违法所得的，没收违法所得；造成严重后果的，责令暂停6个月以上1年以下执业活动，直至吊销执业证书或者营业执照：①心理咨询人员从事心理治疗或者精神障碍的诊断、治疗的；②从事心理治疗的人员在医疗机构以外开展心理治疗活动的；③专门从事心理治疗的人员从事精神障碍的诊断的；④专门从事心理治疗的人员为精神障碍患者开具处方或者提供外科治疗的。

心理咨询人员、专门从事心理治疗的人员在心理咨询、心理治疗活动中造成他人人身、财产或者其他损害的，依法承担民事责任。

四、其他

违反《精神卫生法》规定，有下列情形之一，给精神障碍患者或者其他公民造成人身、财产或者其他损害的，依法承担赔偿责任：①将非精神障碍患者故意作为精神障碍患者送入医疗机构治疗的；②精神障碍患者的监护人遗弃患者，或者有不履行监护职责的其他情形的；③歧视、侮辱、虐待精神障碍患者，侵害患者的人格尊严、人身安全的；④非法限制精神障碍患者人身自由的；⑤其他侵害精神障碍患者合法权益的情形。

医疗机构出具的诊断结论表明精神障碍患者应当住院治疗而其监护人拒绝，致使患者造成他人人身、财产损害的，或者患者有其他造成他人人身、财产损害情形的，其监护人依法承担民事责任。

有关单位和个人违反规定，给精神障碍患者造成损害的，依法承担赔偿责任。

在精神障碍的诊断、治疗、鉴定过程中，寻衅滋事，阻挠有关工作人员依照规定履行职责，扰乱医疗机构、鉴定机构工作秩序的，依法给予治安管理处罚。

违反《精神卫生法》规定，有其他构成违反治安管理行为的，依法给予治安管理处罚。

违反《精神卫生法》规定，构成犯罪的，依法追究刑事责任。

思考题

1. 什么是精神卫生？什么是精神障碍？
2. 精神卫生工作的方针和原则是什么？
3. 精神障碍患者权益保护的内容有哪些？
4. 精神障碍诊断有哪些规定？
5. 精神障碍患者住院治疗有哪些规定？

第十二章 母婴保健法律制度

第一节 概 述

一、母婴保健的概念

母婴保健是为母亲和婴儿提供医疗保健服务，以保障母亲和婴儿健康、提高出生人口素质的一种活动。

母婴保健法是指在调整保障母亲和婴儿健康，提高出生人口素质活动中产生的各种社会关系的法律规范总称，泛指《中华人民共和国母婴保健法》及与其相配套实施的法规、规章和规范性文件。

控制人口数量、提高人口素质，是我国的一项基本国策。保证母亲和儿童的健康权利，是世界各国共同关心的社会问题。“儿童优先”“母亲安全”已成为国际社会的共识。妇女、儿童的健康状况直接影响到国家和民族的兴旺发达及子孙后代的幸福，并为国际社会所重视。新中国成立后，国家在母婴保健方面做了大量的科研、服务和宣传教育工作，并倡导性地推行了一些保健措施，人口质量不断提高。但是由于我国人口基数大，增长速度快，加之经济还不发达和某些旧的传统观念的影响，劣生的现象仍很严重。因此，控制人口数量和优生，控制、减少劣生，提高出生人口质量仍然是一项十分必要而艰巨的工作。

二、母婴保健立法

1991 年 3 月中国政府签署了《儿童生存、保护和发展世界宣言》及《全球实施宣言计划》两个文件，并向国际社会做出承诺。同时，我国还颁布了有关法规并采取相应措施，从而加强母婴保健事业的发展，确保政府承诺的实现。

为了保障母亲和婴儿健康，提高出生人口素质，1994 年 10 月 27 日第 8 届全国人民代表大会常务委员会第 10 次会议通过了《中华人民共和国母婴保健法》（以下简称为《母婴保健法》），自 1995 年 6 月 1 日起施行。《母婴保健法》规定了政府对母婴提供保健服务的法律责任，界定了母婴保健服务的法定内容、对象和管理方式。它的颁布实施将彻底改变妇幼卫生工作长期以来无法可依的状况，有利于促进妇幼卫生事业的发展和妇女儿童健康水平的提高，为广大妇女、儿童的身体健康提供了法律保障。由于《母婴保健法》的部分条款规定得较原则，在实践基础上经过广泛征求各部门、各地区意见，2001 年 6 月 20 日，国务院发布并实施了《中华人民共和国母婴保健法实施办法》。

此外，卫计委先后颁布了《产前诊断技术管理办法》《新生儿疾病筛查管理办法》等规章和《婚前保健工作规范》《孕前保健服务工作规范（试行）》《孕产期保健工作管理办法》《母婴保健医学技术鉴定管理办法》《关于禁止非医学需要的胎儿性别鉴定和选择性别的人工终止妊娠的规定》等规范性文件。

三、母婴保健机构和母婴保健工作人员

1. 母婴保健机构　母婴保健机构是指依据《母婴保健法》开展母婴保健业务的各级妇幼保健机构及其他开展母婴保健技术服务的机构。

母婴保健机构依法开展婚前医学检查、遗传病诊断、产前诊断及施行结扎手术和终止妊娠手术的，必须符合国务院卫生行政部门规定的条件和技术标准，并经县级以上地方人民政府卫生行政部门许可。

母婴保健机构开展婚前医学检查，应当具备以下条件：①分别设置专用的男、女婚前医学检查室，配备常规检查和专科检查设备；②设置婚前生殖健康宣传教育室；③具有符合条件的进行男、女婚前医学检查的执业医师。该机构须经设区的市级以上卫生行政部门审批，取得母婴保健技术服务执业许可证。

从事婚前医学检查、施行结扎手术和终止妊娠手术的人员及从事家庭接生的人员，必须经过县级以上地方人民政府卫生行政部门的考核，并取得相应的合格证书。

母婴保健机构开展遗传病诊断和产前诊断，必须经省级卫生行政部门审批，取得母婴保健技术服务执业许可证。母婴保健技术服务执业许可证的有效期为 3 年，期满后继续开展母婴保健技术服务的，由原发证机关重新审核认可。

省级人民政府卫生行政部门指定的母婴保健机构，即各省、自治区、直辖市妇幼保健院，负责本行政区域内的母婴保健监测和技术指导。医疗保健机构要按照卫计委制定的《妇幼卫生机构分级分类标准》和《妇幼卫生服务规范》，负责其职责范围内的母婴保健工作。建立母婴保健工作规范、提高医学技术水平，采取各种措施方便人民群众。

2. 母婴保健工作人员　在母婴保健机构从事母婴保健技术服务的人员和从事家庭接生的人员，其执业应当参加卫生行政部门组织的《母婴保健法》知识培训和业务培训，凡符合卫生行政部门规定的技术人员标准，经考核并取得卫生行政部门颁布的母婴保健技术考核合格证和家庭接生技术合格证书后方可从事母婴保健技术工作。

遗传病诊断和产前诊断人员的考核发证，由省、自治区、直辖市卫生行政部门负责；婚前医学检查人员的考核发证由设区的市级以上地方卫生行政部门负责；结扎手术和终止妊娠手术人员的考核发证，由县级以上的地方卫生行政部门负责；从事家庭接生的人员的考核发证，由县级卫生行政部门负责。以上各类许可证的有效期为 3 年，期满后继续开展母婴保健技术服务的，由原发证机关重新审核认可。

第二节　母婴保健技术服务

一、范围

母婴保健技术服务主要包括下列事项：有关母婴保健的科普宣传、教育和咨询；婚前医学检查；产前诊断和遗传病诊断；助产技术；实施医学上需要的节育手术；新生儿疾病筛查；有关生育、节育、不育的其他生殖保健服务。

列保健服务。

提倡住院分娩，做好消毒接生和新生儿复苏工作，采用适宜技术对孕产妇及胎儿进行监护，预防产伤及产后出血，降低孕产妇及围生儿的发病率、死亡率。

4. 产褥期保健 医疗机构应当为产妇及新生儿提供产褥期保健服务。为产妇及新生儿进行健康评估，开展母乳喂养、产后营养、心理、卫生及避孕指导，为新生儿进行预防接种和新生儿疾病筛查等。

5. 婴儿保健 医疗、保健机构应当按照国家有关规定开展新生儿先天性、遗传性代谢病筛查、诊断、治疗和监测。

医疗、保健机构应当按照规定进行新生儿访视，建立儿童保健手册（卡），定期对其进行健康检查，提供有关预防疾病、合理膳食、促进智力发育等科学知识，做好婴儿多发病、常见病的防治等医疗保健服务。

医疗、保健机构应当按照规定的程序和项目对婴儿进行预防接种。婴儿的监护人应当保证婴儿及时接受预防接种。

国家推行母乳喂养。医疗、保健机构应当为实施母乳喂养提供技术指导，为住院分娩的产妇提供必要的母乳喂养条件。医疗、保健机构不得向孕产妇和婴儿家庭宣传、推荐母乳代用品。母乳代用品产品包装标签应当在显著位置标明母乳喂养的优越性。母乳代用品生产者、销售者不得向医疗、保健机构赠送产品样品或者以推销为目的有条件地提供设备、资金和资料。

妇女享有国家规定的产假。有不满1周岁婴儿的妇女，所在单位应当在劳动时间内为其安排一定的哺乳时间。

（二）医学指导和医学意见

医疗、保健机构发现孕妇患有下列严重疾病或者接触物理、化学、生物等有毒、有害因素，可能危及孕妇生命安全或者可能严重影响孕妇健康和胎儿正常发育的，应当对孕妇进行医学指导和下列必要的医学检查：严重的妊娠合并症或者并发症；严重的精神性疾病；国务院卫生行政部门规定的严重影响生育的其他疾病。

医师发现或者怀疑患严重遗传性疾病的育龄夫妻，应当提出医学意见。育龄夫妻应当根据医师的医学意见采取相应的措施。

四、产前诊断

1. 概念 产前诊断是指对胎儿进行先天性缺陷和遗传性疾病的诊断，包括相应筛查。根据《母婴保健法》的规定，经产前检查，医师发现或者怀疑胎儿异常的，应当对孕妇进行产前诊断，包括相应筛查。产前诊断技术项目包括遗传咨询、医学影像、生化免疫、细胞遗传和分子遗传等。

卫生部于2002年制定了《产前诊断技术管理办法》，并于2003年5月1日起正式施行。

产前诊断技术的应用应当以医疗为目的，符合国家有关法律规定和伦理原则，由经资格认定的医务人员在经许可的医疗保健机构中进行。医疗保健机构和医务人员不得实施任何非医疗目的的产前诊断技术。

2. 产前诊断机构和人员

（1）申请开展产前诊断技术的医疗保健机构应符合下列所有条件：①设有妇产科诊疗

科目；②具有与所开展技术相适应的卫生专业技术人员；③具有与所开展技术相适应的技术条件和设备；④设有医学伦理委员会；⑤符合《开展产前诊断技术医疗保健机构的基本条件》及相关技术规范。

（2）从事产前诊断的卫生专业技术人员应符合以下所有条件：①从事临床工作的，应取得执业医师资格；②从事医技和辅助工作的，应取得相应卫生专业技术职称；③符合《从事产前诊断卫生专业技术人员的基本条件》；④经省级卫生行政部门批准，取得从事产前诊断的母婴保健技术考核合格证书。

3. 产前诊断的实施

（1）前提条件　发现孕妇有下列情况之一的，应当进行产前诊断：①羊水过多或者过少的；②胎儿发育异常或者胎儿有可疑畸形的；③孕早期接触过可能导致胎儿先天缺陷的物质（如苯、有机汞、农药、病毒、弓形虫、放射线、放射性核素等）的。④有遗传病家族史，或者曾经分娩过先天性严重缺陷婴儿的；⑤初产妇年龄超过35周岁的。

（2）诊断建议　经产前诊断，有下列情形之一的，医师应当向夫妻双方提出终止妊娠的医学意见：①胎儿患严重遗传性疾病的；②胎儿有严重缺陷的；③因患严重疾病，继续妊娠可能危及孕妇生命安全或者严重危害孕妇健康的。

经产前诊断，医师发现胎儿患严重遗传性疾病和有严重缺陷或继续妊娠可能危及孕妇生命安全和严重危害孕妇健康时，应当向夫妻双方说明情况，并提出终止妊娠的医学意见。按照《母婴保健法》规定确实需要施行终止妊娠手术的，应经本人同意并签署意见；本人无行为能力的，应当经其监护人同意并签署意见。

4. 严禁非医学需要的性别鉴定　严禁采用技术手段对胎儿进行性别鉴定，但医学上确有需要的除外。《产前诊断技术管理办法》规定，开展产前诊断技术的医疗保健机构不得擅自进行胎儿的性别鉴定。

第三节　母婴保健医学技术鉴定

一、概念

母婴保健医学技术鉴定是指接受母婴保健服务的公民或提供母婴保健服务的医疗保健机构，对婚前医学检查、遗传病诊断和产前诊断结果或医学技术鉴定结论持有异议所进行的医学技术鉴定。

《母婴保健法》第11条规定：接受婚前医学检查的人员对检查结果持有异议的，可以申请医学技术鉴定，取得医学鉴定证明。第25条规定：县级以上地方人民政府可以设立医学技术鉴定组织，负责对婚前医学检查、遗传病诊断和产前诊断结果有异议的进行医学技术鉴定。

二、医学技术鉴定组织

县级以上地方人民政府可以设立医学技术鉴定组织，负责对婚前医学检查、遗传病诊断和产前诊断结果有异议的进行医学技术鉴定，即母婴保健医学技术鉴定委员会。母婴保健医学技术鉴定委员会分为省、市、县三级。

医学技术鉴定委员会应由妇产科、儿科、妇女保健、儿童保健、生殖保健、医学遗传学、神经病学、传染病学等医学专家组成。

三、医学技术鉴定程序

公民对医疗保健机构出具的婚前医学检查、遗传病诊断、产前诊断结果持有异议的，可在接到诊断结果之日起15日内，向当地医学技术鉴定委员会办事机构提出书面申请。医学技术鉴定委员会应在接到《母婴保健医学技术鉴定申请表》之日起30日内做出医学技术鉴定结论。如鉴定有困难，可向上一级医学技术鉴定委员会提出鉴定申请，上一级鉴定委员会在接到鉴定申请后30日内作出鉴定结论。省级医学技术鉴定组织的鉴定为终级技术鉴定。

母婴保健医学技术鉴定委员会进行医学鉴定时须有5名以上相关专业医学技术鉴定委员会成员参加。鉴定委员会成员应当在鉴定结论上署名；不同意见应当如实记录。鉴定委员会根据鉴定结论向当事人出具鉴定意见书。

第四节　法律责任

一、行政责任

未取得国家颁发的有关合格证书，包括未按照《母婴保健法》取得县级以上卫生行政部门许可的医疗保健机构和非医疗保健机构，未按照《母婴保健法》规定经考核取得合格证书的医疗保健人员和非医疗保健人员，有下列行为之一的，县级以上地方人民政府卫生行政部门首先应当予以制止，其次可以根据情节给予警告或者罚款的行政处罚，出具的有关婚前医学检查证明、医学技术鉴定证明、遗传病诊断、产前诊断以及医师的医学意见等证明应视为无效：①从事婚前医学检查、遗传病诊断或者医学技术鉴定的；②实施终止妊娠手术的；③出具法律规定的有关医学证明的。

经考核取得相应合格证书的从事母婴保健的工作人员违反规定，出具有关虚假医学证明或者进行胎儿性别鉴定的，按干部人事管理权限由所在的医疗保健机构或所属的卫生行政部门根据情节给予行政处分；情节严重的，依法取消执业资格。

对违反法律规定进行胎儿性别鉴定的医疗机构，卫生行政部门给予警告，对主管人员和有关责任人员，依法给予行政处分。进行胎儿性别鉴定两次以上的，或者以赢利为目的进行胎儿鉴定的单位和医生，卫生行政部门将撤销其相应的母婴保健技术执业资格或者医师执业证书。

二、民事责任

母婴保健工作人员在医疗活动过程中，因诊疗护理过失，造成患者死亡、残疾、组织器官损伤导致功能障碍的，或造成患者明显人身损害的其他后果的医疗事故，应根据医疗事故处理条例的有关规定，承担相应的民事责任。

三、刑事责任

取得相应合格证书的从事母婴保健的工作人员由于严重不负责任，造成就诊人死亡或者严重损害就诊人身体健康的，依照《刑法》第 335 条医疗事故罪追究刑事责任。

未取得国家颁发的有关合格证书，包括取得合法行医资格而未取得《母婴保健法》规定的合格证书者和非法行医者，施行终止妊娠手术或者采取其他方法终止妊娠，致人死亡、残疾、丧失或者基本丧失劳动能力的，依照《刑法》非法行医罪等罪名追究刑事责任。

思考题

1. 什么是母婴保健？母婴保健技术服务的内容是什么？
2. 婚前保健服务内容是什么？
3. 孕产期保健服务内容是什么？
4. 什么是产前诊断？
5. 产前诊断的条件是什么？

案例分析

自 2011 年以来，天津市 85 家医疗卫生机构的 116 人受某奶粉公司委托，以向新生儿和婴幼儿家长授课、发放宣传材料、推介免费使用某品牌奶粉、提供相关信息等方式，接受该公司数额不等的费用。

讨论：

试分析医疗卫生机构的该行为。

第十三章 医疗技术临床应用法律制度

第一节 概 述

一、医疗技术的概念

医疗技术是指医疗机构及其医务人员以诊断和治疗疾病为目的，对疾病作出判断和消除疾病、缓解病情、减轻痛苦、改善功能、延长生命、帮助患者恢复健康而采取的诊断、治疗措施。

二、医疗技术临床应用立法

由于人类认知能力的局限性，使得医疗技术所带来的损害和利益目前还不能完全确知。因此，风险问题就成为国家规范医疗技术时所必须特别注意的问题，也是国家运用法律调控所要解决的问题。

为加强医疗技术临床应用管理，建立医疗技术准入和管理制度，促进医学科学发展和医疗技术进步，提高医疗质量，保障医疗安全，国务院发布了《人体器官移植条例》；卫计委发布了《人类辅助生殖技术管理办法》《人类精子库管理办法》《放射诊疗管理规定》《变形手术技术管理规范（试行）》《医疗技术临床应用管理办法》等规章。

三、医疗技术的分类分级管理

（一）医疗技术的分类

医疗技术分为三类：第一类医疗技术是指安全性、有效性确切，医疗机构通过常规管理在临床应用中能确保其安全性、有效性的技术。第二类医疗技术是指安全性、有效性确切，涉及一定伦理问题或者风险较高，卫生行政部门应当加以控制管理的医疗技术。第三类医疗技术是指具有下列情形之一，需要卫生行政部门加以严格控制管理的医疗技术：①涉及重大伦理问题；②高风险；③安全性、有效性尚需经规范的临床试验研究进一步验证；④需要使用稀缺资源；⑤卫计委规定的其他需要特殊管理的医疗技术。

目前，卫计委公布的第三类医疗技术目录主要有：①涉及重大伦理问题，安全性、有效性尚需经规范的临床试验研究进一步验证的医疗技术：克隆治疗技术、自体干细胞和免疫细胞治疗技术、基因治疗技术、中枢神经系统手术戒毒、立体定向手术治疗精神病技术、异基因干细胞移植技术、瘤苗治疗技术等；②涉及重大伦理问题，安全性、有效性确切的医疗技术：同种器官移植技术、变性手术等；③风险性高，安全性、有效性尚需验证或者安全性、有效性确切的医疗技术：利用粒子发生装置等大型仪器设备实施毁损式治疗技术，放射性粒子植入治疗技术，肿瘤热疗治疗技术，肿瘤冷冻治疗技术，组织、细胞移植技术，人工心脏植入技术，人工智能辅助诊断治疗技术等；④其他需要特殊管理的医疗技术：基因芯片诊断和治疗技术、断骨增高手术治疗技术、异种器官移植技术等。

根据《医疗技术临床应用管理办法》规定，异种干细胞治疗技术、异种基因治疗技术、人类体细胞克隆技术等医疗技术暂不得应用于临床。

（二）医疗技术的分级管理

卫计委负责第三类医疗技术的临床应用管理工作。第三类医疗技术目录由卫计委制定公布，并根据临床应用实际情况，予以调整。

省级卫生行政部门负责第二类医疗技术临床应用管理工作。第二类医疗技术目录由省级卫生行政部门根据本辖区情况制定并公布，报卫计委备案。省级卫生行政部门不得将卫计委废除或者禁止使用的医疗技术列入本行政区医疗技术目录。

第一类医疗技术临床应用由医疗机构根据功能、任务、技术能力实施严格管理。

医疗机构应当依法准予医务人员实施与其专业能力相适应的医疗技术。医疗机构开展的临床检验项目必须是卫计委公布的准予开展的临床检验项目。医疗机构不得在临床应用卫计委废除或者禁止使用的医疗技术。

四、医疗技术临床应用能力审核

（一）医疗技术临床应用能力审核机构

1. 机构　卫计委指定或者组建的机构、组织负责第三类医疗技术临床应用能力技术审核工作。省级卫生行政部门指定或者组建的技术审核机构负责第二类医疗技术临床应用能力技术审核工作。卫计委可以委托省级卫生行政部门组织对指定的第三类医疗技术进行临床应用能力技术审核工作。

2. 条件　技术审核机构应当符合下列条件：有健全的组织机构和完善的管理体系；在医学专业领域具有权威性；学术作风科学、严谨、规范；省级以上卫生行政部门规定的其他条件。

3. 专家库　技术审核机构专家库成员应当由医学、法学、伦理学、管理学等方面的人员组成，并符合下列条件：①熟悉、掌握有关法律、法规和规章；②具有良好的职业品德、专业知识和业务能力；③受聘于医疗卫生机构、高等院校、科研机构或者法律服务机构，并担任相应高级专业技术职务3年以上；④健康状况能够胜任评价工作；⑤省级以上卫生行政部门规定的其他条件。

技术审核机构聘请上述人员进入专家库可以不受行政区域限制。专家库成员参加技术审核工作实行回避制度和责任追究制度。

（二）医疗技术临床应用能力技术审核申请

医疗机构开展第二类医疗技术或者第三类医疗技术前，应当向相应的技术审核机构申请医疗技术临床应用能力技术审核。符合下列条件的医疗机构可以向技术审核机构提出医疗技术临床应用能力技术审核申请：①该项医疗技术符合相应卫生行政部门的规划；②有卫生行政部门批准的相应诊疗科目；③有在本机构注册的、能够胜任该项医疗技术临床应用的主要专业技术人员；④有与开展该项医疗技术相适应的设备、设施和其他辅助条件；⑤该项医疗技术通过本机构医学伦理审查；⑥完成相应的临床试验研究，有安全、有效的结果；⑦近3年相关业务无不良记录；⑧有与该项医疗技术相关的管理制度和质量保障措施；⑨省级以上卫生行政部门规定的其他条件。

有下列情形之一的，医疗机构不得向技术审核机构提出医疗技术临床应用能力技术审核申请：①申请的医疗技术是卫计委废除或者禁止使用的；②申请的医疗技术未列入相应目录的；③申请的医疗技术距上次同一医疗技术未通过临床应用能力技术审核时间未满 12 个月的；④省级以上卫生行政部门规定的其他情形。

（三）医疗技术临床应用能力技术审核结论

医疗技术临床应用能力技术审核结论实行合议制。参加医疗技术临床应用能力技术审核的人员数量应当为 3 人以上单数，每位审核人员独立出具书面审核意见并署名。

技术审核机构根据半数以上审核人员的意见形成技术审核结论。技术审核机构对审核过程应当做出完整记录并留存备查，审核人员的审核意见与审核结论不同的应当予以注明。

技术审核机构应当确保技术审核工作的科学、客观、公正，并对审核结论负责。

五、医疗技术临床应用的管理

1. 医疗技术临床应用登记 省级卫生行政部门负责审定第二类医疗技术的临床应用。卫计委负责审定第三类医疗技术的临床应用。医疗机构开展通过临床应用能力技术审核的医疗技术，经相应的卫生行政部门审定后 30 日内到核发其医疗机构执业许可证的卫生行政部门办理诊疗科目项下的医疗技术登记。经登记后医疗机构方可在临床应用相应的医疗技术。

2. 医疗机构医疗技术临床应用管理制度 医疗机构应当有专门的部门负责医疗技术临床应用管理和第一类医疗技术临床应用能力技术审核工作。

医疗机构应当建立医疗技术分级管理制度和保障医疗技术临床应用质量、安全的规章制度，建立医疗技术档案，对医疗技术定期进行安全性、有效性和合理应用情况的评估。

医疗机构应当自准予开展第二类医疗技术和第三类医疗技术之日起 2 年内，每年向批准该项医疗技术临床应用的卫生行政部门报告临床应用情况，包括诊疗病例数、适应证掌握情况、临床应用效果、并发症、合并症、不良反应、随访情况等。必要时，相应的卫生行政部门可以组织专家进行现场核实。

3. 医疗机构手术分级管理 医疗机构应当建立手术分级管理制度。根据风险性和难易程度不同，手术分为四级：一级手术是指风险较低、过程简单、技术难度低的普通手术；二级手术是指有一定风险、过程复杂程度一般、有一定技术难度的手术；三级手术是指风险较高、过程较复杂、难度较大的手术；四级手术是指风险高、过程复杂、难度大的重大手术。

医疗机构应当对具有不同专业技术职务任职资格的医师开展不同级别的手术进行限定，并对其专业能力进行审核后授予相应的手术权限。

4. 医疗技术临床应用的停止 医疗机构在医疗技术临床应用过程中出现下列情形之一的，应当立即停止该项医疗技术的临床应用，并向核发其医疗机构执业许可证的卫生行政部门报告：①该项医疗技术被卫计委废除或者禁止使用；②从事该项医疗技术主要专业技术人员或者关键设备、设施及其他辅助条件发生变化，不能正常临床应用；③发生与该项医疗技术直接相关的严重不良后果；④该项医疗技术存在医疗质量和医疗安全隐患；⑤该项医疗技术存在伦理缺陷；⑥该项医疗技术临床应用效果不确切；⑦省级以上卫生行政部门规定的其他情形。

5. 医疗技术临床应用的注销登记 医疗机构出现以下情形之一的，负责医疗机构诊疗科目登记的卫生行政部门应当及时注销医疗机构诊疗科目项下的相应医疗技术登记，并向社会公告：①该项医疗技术被卫计委废除或者禁止使用；②从事该项医疗技术主要专业技术人员或者关键设备、设施及其他辅助条件发生变化，不能正常临床应用。

6. 医疗技术临床应用的复核　医疗机构出现以下情形之一的，批准该项医疗技术临床应用的卫生行政部门应当立即组织专家对医疗机构医疗技术临床应用情况进行复核：①发生与该项医疗技术直接相关的严重不良后果；②该项医疗技术存在医疗质量和医疗安全隐患；③该项医疗技术存在伦理缺陷；④该项医疗技术临床应用效果不确切。

必要时，可以组织对医疗技术安全性、有效性进行论证。根据复核结果和论证结论，批准该项医疗技术临床应用的卫生行政部门及时做出继续或者停止临床应用该项医疗技术的决定，并对相应的医疗技术目录进行调整。

7. 医疗技术临床应用的重新审核　医疗机构出现下列情形之一的，应当报请批准其临床应用该项医疗技术的卫生行政部门决定是否需要重新进行医疗技术临床应用能力技术审核：①与该项医疗技术有关的专业技术人员或者设备、设施、辅助条件发生变化，可能会对医疗技术临床应用带来不确定后果的；②该项医疗技术非关键环节发生改变的；③准予该项医疗技术诊疗科目登记后 1 年内未在临床应用的；④该项医疗技术中止 1 年以上拟重新开展的。

六、监督管理

县级以上地方卫生行政部门应当加强对医疗机构医疗技术临床应用情况的监督管理。县级以上卫生行政部门进行监督检查时，有权采取下列措施：①进入工作现场了解情况，调查取证；②查阅、复制有关资料；③责令医疗机构立即改正违法违规行为。

医疗机构出现下列情形之一的，卫生行政部门不予医疗机构诊疗科目项下医疗技术登记；已经准予登记的，应当及时撤销医疗技术登记：①在医疗技术临床应用能力技术审核过程中弄虚作假的；②不符合相应卫生行政部门规划的；③未通过医疗技术临床应用能力技术审核的；④超出登记的诊疗科目范围的；⑤医疗技术与其功能、任务不相适应的；⑥虽通过医疗技术临床应用能力技术审核，但不再具备医疗技术临床应用条件的；⑦省级以上卫生行政部门规定的其他情形。

医疗机构出现下列情形之一的，卫生行政部门应当立即责令其改正；造成严重后果的，依法追究医疗机构主要负责人和直接责任人员责任：①临床应用卫计委废除或者禁止使用的医疗技术的；②违反规定擅自临床应用新的第 3 类医疗技术的；③临床应用未经医疗技术临床应用能力技术审核的医疗技术的；④未按照规定向卫生行政部门报告医疗技术临床应用情况的；⑤未按照规定立即停止医疗技术临床应用的；⑥未按照规定重新申请医疗技术临床应用能力技术审核，或者擅自临床应用需要重新进行医疗技术临床应用能力技术审核的医疗技术的。

第二节　人体器官移植

一、人体器官移植的概念

人体器官移植是指摘取人体器官捐献人具有特定功能的心脏、肺脏、肝脏、肾脏或者胰腺等器官的全部或者部分，将其植入接受人身体以代替其病损器官的过程。

为了规范人体器官移植、保证医疗质量、保障人体健康、维护公民的合法权益，《人体器官移植条例》已经于2007年3月21日国务院第171次常务会议通过，并自2007年5月1日起施行。

在中华人民共和国境内从事人体器官移植，适用《人体器官移植条例》；从事人体细胞和角膜、骨髓等人体组织移植，不适用《人体器官移植条例》。

二、人体器官捐献

1. 人体器官捐献的基本原则 人体器官捐献应当遵循自愿、无偿的原则。

公民享有捐献或者不捐献其人体器官的权利；任何组织或者个人不得强迫、欺骗或者利诱他人捐献人体器官。

国家通过建立人体器官移植工作体系，开展人体器官捐献的宣传、推动工作，确定人体器官移植预约者名单，组织协调人体器官的使用。

申请人体器官移植手术患者的排序，应当符合医疗需要，遵循公平、公正和公开的原则。

2. 人体器官捐献的合法主体 捐献人体器官的公民应当具有完全民事行为能力。公民捐献其人体器官应当有书面形式的捐献意愿，对已经表示捐献其人体器官的意愿，有权予以撤销。

公民生前表示不同意捐献其人体器官的，任何组织或者个人不得捐献、摘取该公民的人体器官；公民生前未表示不同意捐献其人体器官的，该公民死亡后，其配偶、成年子女、父母可以以书面形式共同表示同意捐献该公民人体器官的意愿。

3. 活体器官捐献 任何组织或者个人不得摘取未满18周岁公民的活体器官用于移植。

活体器官的接受人限于活体器官捐献人的配偶、直系血亲或者三代以内旁系血亲，或者有证据证明与活体器官捐献人存在因帮扶等形成亲情关系的人员。根据2009年卫生部发布的《关于规范活体器官移植的若干规定》，“配偶”仅限于结婚3年以上或者婚后已育有子女的；“因帮扶等形成亲情关系”仅限于养父母和养子女之间的关系、继父母与继子女之间的关系。

三、人体器官移植的机构

1. 医疗机构从事人体器官移植的条件 医疗机构从事人体器官移植，应当依照《医疗机构管理条例》的规定，向所在地省、自治区、直辖市人民政府卫生主管部门申请办理人体器官移植诊疗科目登记。

医疗机构从事人体器官移植，应当具备下列条件：①有与从事人体器官移植相适应的执业医师和其他医务人员；②有满足人体器官移植所需要的设备、设施；③有由医学、法学、伦理学等方面专家组成的人体器官移植技术临床应用与伦理委员会，该委员会中从事人体器官移植的医学专家不超过委员人数的1/4；④有完善的人体器官移植质量监控等管理制度。

2. 人体器官移植诊疗科目的登记 省、自治区、直辖市人民政府卫生主管部门进行人体器官移植诊疗科目登记，除依据医疗机构从事人体器官移植外，还应当考虑本行政区域人体器官移植的医疗需求和合法的人体器官来源情况。

省、自治区、直辖市人民政府卫生主管部门应当及时公布已经办理人体器官移植诊疗科目登记的医疗机构名单。

已经办理人体器官移植诊疗科目登记的医疗机构不再具备从事人体器官移植规定条件的，应当停止从事人体器官移植，并向原登记部门报告。原登记部门应当自收到报告之日起2日内注销该医疗机构的人体器官移植诊疗科目登记，并予以公布。

3. 人体器官移植的定期报告与评估 从事人体器官移植的医疗机构应当定期将实施人体器官移植的情况向所在地省、自治区、直辖市人民政府卫生行政主管部门报告。

省级以上人民政府卫生主管部门应当定期组织专家根据人体器官移植手术成功率、植入的人体器官和术后患者的长期存活率，对医疗机构的人体器官移植临床应用能力进行评估，并及时公布评估结果；对评估不合格的，由原登记部门撤销人体器官移植诊疗科目登记。

四、人体器官移植

（一）医学检查、告知与风险评估

1. 医学检查 医疗机构及其医务人员从事人体器官移植，应当遵守伦理原则和人体器官移植技术管理规范。实施人体器官移植手术的医疗机构及其医务人员应当对人体器官捐献人进行医学检查，对接受人因人体器官移植感染疾病的风险进行评估，并采取措施，降低风险。

2. 告知说明 从事人体器官移植的医疗机构及其医务人员摘取活体器官前，应当向活体器官捐献人说明器官摘取手术的风险、术后注意事项、可能发生的并发症及其预防措施等，并与活体器官捐献人签署知情同意书。

3. 查验材料 从事人体器官移植的医疗机构及其医务人员摘取活体器官前，应当查验活体器官捐献人同意捐献其器官的书面意愿、活体器官捐献人与接受人存在规定关系的证明材料。

根据《关于规范活体器官移植的若干规定》，申请活体器官移植的捐献人与接收人应当提交以下相关材料：①由活体器官捐献人及其具有完全民事行为能力的父母、成年子女（已结婚的捐献人还应当包括其配偶）共同签署的捐献人自愿、无偿捐献器官的书面意愿和活体器官接受人同意接受捐献人捐献器官的书面意愿；②由户籍所在地公安机关出具的活体器官捐献人与接受人的身份证明及双方第2代居民身份证、户口本原件；③由户籍所在地公安机关出具的能反映活体器官捐献人与接受人亲属关系的户籍证明；④活体器官捐献人与接受人属于配偶关系的，应当提交结婚证原件或者已有生育子女的证明；⑤省级卫生行政部门要求的其他证明材料。

4. 风险评估 确认除摘取器官产生的直接后果外不会损害活体器官捐献人其他正常的生理功能。从事人体器官移植的医疗机构应当保存活体器官捐献人的医学资料，并进行随访。

评估内容包括：①评估接受人是否有接受活体器官移植手术的必要性、适应证；②评估活体器官捐献人的健康状况是否适合捐献器官；③评估摘取器官可能对活体器官捐献人健康所产生的影响，确认不会因捐献活体器官而损害捐献者正常的生理功能；④评估接受人因活体器官移植传播疾病的风险；⑤根据医学及伦理学原则需要进行的其他评估。

（二）人体器官移植的伦理审查

1. 摘取人体器官审查申请 在摘取活体器官前或者尸体器官捐献人死亡前，负责人体器官移植的执业医师应当向所在医疗机构的人体器官移植技术临床应用与伦理委员会提出摘取人体器官审查申请。

人体器官移植技术临床应用与伦理委员会不同意摘取人体器官的，医疗机构不得做出摘取人体器官的决定，医务人员不得摘取人体器官。

2. 摘取人体器官审查事项 人体器官移植技术临床应用与伦理委员会收到摘取人体器官审查申请后，应当对下列事项进行审查，并出具同意或者不同意的书面意见：①人体器官捐献人的捐献意愿是否真实；②有无买卖或者变相买卖人体器官的情形；③人体器官的配型和接受人的适应证是否符合伦理原则和人体器官移植技术管理规范。

经2/3以上委员同意，人体器官移植技术临床应用与伦理委员会方可出具同意摘取人体器官的书面意见。

3. 活体器官移植 在实施活体器官摘取手术前，应当由主管医师协助手术室工作人员再次确认活体器官捐献人身份。完成活体器官摘取和器官移植手术后，负责活体器官移植的医务人员应当在72小时内完成以下工作：①向伦理委员会提交手术报告，包括活体器官摘取和移植简要过程、术中和术后是否发生不良事件或者并发症及处理措施等；②按照要求向相应的移植数据中心上报人体器官移植数据。

（三）尸体器官的摘取

摘取尸体器官，应当在依法判定尸体器官捐献人死亡后进行。从事人体器官移植的医务人员不得参与捐献人的死亡判定。

从事人体器官移植的医疗机构及其医务人员应当尊重死者的尊严；对摘取器官完毕的尸体，应当进行符合伦理原则的医学处理，除用于移植的器官以外，应当恢复尸体原貌。

（四）人体器官移植的费用

从事人体器官移植的医疗机构实施人体器官移植手术，除向接受人收取下列费用外，不得收取或者变相收取所移植人体器官的费用：摘取和植入人体器官的手术费；保存和运送人体器官的费用；摘取、植入人体器官所发生的药费、检验费、医用耗材费。

（五）隐私权的保护

从事人体器官移植的医务人员应当对人体器官捐献人、接受人和申请人体器官移植手术的患者的个人资料保密。

五、法律责任

1. 违法摘取器官的法律责任 违反规定，有下列情形之一，构成犯罪的，依法追究刑事责任：①未经公民本人同意摘取其活体器官的；②公民生前表示不同意捐献其人体器官而摘取其尸体器官的；③摘取未满18周岁公民的活体器官的。

2. 买卖人体器官或者从事与买卖人体器官有关活动的法律责任 违反规定，买卖人体器官或者从事与买卖人体器官有关活动的，由设区的市级以上地方人民政府卫生主管部门依照职责分工没收违法所得，并处交易额8倍以上10倍以下的罚款；医疗机构参与上述活动的，还应当对负有责任的主管人员和其他直接责任人员依法给予处分，并由原登记部门撤销该医疗机构人体器官移植诊疗科目登记，该医疗机构3年内不得再申请人体器官移植诊疗科目登记；医务人员参与上述活动的，由原发证部门吊销其执业证书。

国家工作人员参与买卖人体器官或者从事与买卖人体器官有关活动的，由有关国家机关依据职权依法给予撤职、开除的处分。

2011 年，全国人民代表大会常务委员会《刑法修正案（八）》新设了“组织贩卖人体器官罪”，组织他人出卖人体器官的，处 5 年以下有期徒刑，并处罚金；情节严重的，处 5 年以上有期徒刑，并处罚金或者没收财产。

3. 医疗机构擅自从事人体器官移植的法律责任 医疗机构未办理人体器官移植诊疗科目登记，擅自从事人体器官移植的，依照《医疗机构管理条例》的规定予以处罚。实施人体器官移植手术的医疗机构及其医务人员违反规定，未对人体器官捐献人进行医学检查或者未采取措施，导致接受人因人体器官移植手术感染疾病的，依照《医疗事故处理条例》的规定予以处罚。

4. 医疗机构未按规定摘取器官的法律责任 医疗机构有下列情形之一的，对负有责任的主管人员和其他直接责任人员依法给予处分；情节严重的，由原登记部门撤销该医疗机构人体器官移植诊疗科目登记，该医疗机构 3 年内不得再申请人体器官移植诊疗科目登记：①不再具备规定条件，仍从事人体器官移植的；②未经人体器官移植技术临床应用与伦理委员会审查同意，做出摘取人体器官的决定，或者胁迫医务人员违反规定摘取人体器官的；③摘取活体器官前未依照规定履行说明、查验、确认义务的；④对摘取器官完毕的尸体未进行符合伦理原则的医学处理，恢复尸体原貌的。

5. 医疗机构未定期报告人体器官移植实施情况的法律责任 医疗机构未定期将实施人体器官移植的情况向所在地省、自治区、直辖市人民政府卫生主管部门报告的，由所在地省、自治区、直辖市人民政府卫生主管部门责令限期改正；逾期不改正的，对负有责任的主管人员和其他直接责任人员依法给予处分。

6. 医务人员未按规定摘取器官的法律责任 医务人员有下列情形之一的，依法给予处分；情节严重的，由县级以上地方人民政府卫生主管部门依照职责分工暂停其 6 个月以上 1 年以下执业活动；情节特别严重的，由原发证部门吊销其执业证书：①未经人体器官移植技术临床应用与伦理委员会审查同意摘取人体器官的；②摘取活体器官前未依照规定履行说明、查验、确认义务的；③对摘取器官完毕的尸体未进行符合伦理原则的医学处理，恢复尸体原貌的。

7. 医务人员泄露人体器官移植当事人资料的法律责任 从事人体器官移植的医务人员违反规定，泄露人体器官捐献人、接受人或者申请人体器官移植手术患者个人资料的，依照《执业医师法》或者国家有关护士管理的规定予以处罚。

8. 医务人员参与尸体器官捐献人死亡判断的法律责任 从事人体器官移植的医务人员参与尸体器官捐献人的死亡判定的，由县级以上地方人民政府卫生行政主管部门依照职责分工暂停其 6 个月以上 1 年以下执业活动；情节严重的，由原发证部门吊销其执业证书。

第三节 人类辅助生殖技术

一、人类辅助生殖技术的概念

人类辅助生殖技术是指运用医学技术和方法对配子、合子、胚胎进行人工操作，以达到受孕目的的技术，分为人工授精和体外受精－胚胎移植技术及其各种衍生技术。

人工授精是指用人工方式将精液注入女性体内以取代性交途径使其妊娠的一种方法。根据精液来源不同，分为丈夫精液人工授精和供精人工授精。

体外受精－胚胎移植技术及其各种衍生技术是指从女性体内取出卵子，在器皿内培养后，加入经技术处理的精子，待卵子受精后，继续培养，到形成早期胚胎时，再转移到子宫内着床，发育成胎儿直至分娩的技术。

为保证人类辅助生殖技术安全、有效和健康发展，规范人类辅助生殖技术的应用和管理，保障人民健康，2001 年 2 月 20 日卫生部颁布了《人类辅助生殖技术管理办法》和《人类精子库管理办法》两部规章。同年 5 月 14 日卫生部发布了《人类辅助生殖技术规范》《人类精子库基本标准和技术规范》和《人类辅助生殖技术和人类精子库伦理原则》，并于 2003 年 6 月修订后重新公布。

二、人类辅助生殖技术的审批

卫计委根据区域卫生规划、医疗需求和技术条件等实际情况，制订人类辅助生殖技术应用规划；对人类辅助生殖技术和精子库技术实行严格准入制度。

1. 开展人类辅助生殖技术医疗机构的条件 申请开展人类辅助生殖技术的医疗机构应当符合下列条件：①具有与开展技术相适应的卫生专业技术人员和其他专业技术人员；②具有与开展技术相适应的技术和设备；③设有医学伦理委员会；④符合卫生部制定的《人类辅助生殖技术规范》的要求。

2. 开展人类辅助生殖技术的申请 申请开展人类辅助生殖技术的医疗机构应当向所在地省、自治区、直辖市人民政府卫生行政部门提交下列文件：①可行性报告；②医疗机构基本情况（包括床位数、科室设置情况、人员情况、设备和技术条件情况等）；③拟开展的人类辅助生殖技术的业务项目和技术条件、设备条件、技术人员配备情况；④开展人类辅助生殖技术的规章制度；⑤省级以上卫生行政部门规定提交的其他材料。

3. 申请人类辅助生殖技术医疗机构的审批 申请开展丈夫精液人工授精技术的医疗机构，由省、自治区、直辖市人民政府卫生行政部门审查批准。省、自治区、直辖市人民政府卫生行政部门收到前条规定的材料后，可以组织有关专家进行论证，并在收到专家论证报告后 30 个工作日内进行审核，审核同意的，发给批准证书；审核不同意的，书面通知申请单位。

对申请开展供精人工授精和体外受精－胚胎移植技术及其衍生技术的医疗机构，由省、自治区、直辖市人民政府卫生行政部门提出初审意见，卫计委审批。卫计委收到省、自治区、直辖市人民政府卫生行政部门的初审意见和材料后，聘请有关专家进行论证，并在收到专家论证报告后 45 个工作日内进行审核，审核同意的，发给批准证书；审核不同意的，书面通知申请单位。

4. 医疗机构执业变更登记 批准开展人类辅助生殖技术的医疗机构应当按照《医疗机构管理条例》的有关规定，持省、自治区、直辖市人民政府卫生行政部门或者卫计委的批准证书到核发其医疗机构执业许可证的卫生行政部门办理变更登记手续。

人类辅助生殖技术批准证书每 2 年校验一次，校验由原审批机关办理。校验合格的，可以继续开展人类辅助生殖技术；校验不合格的，收回其批准证书。

三、人类辅助生殖技术的实施

（一）人类辅助生殖技术实施规则

人类辅助生殖技术必须在经过批准并进行登记的医疗机构中实施。未经卫生行政部门批准，任何单位和个人不得实施人类辅助生殖技术。

实施人类辅助生殖技术应当符合卫生部制定的《人类辅助生殖技术规范》的规定；实施人类辅助生殖技术应当遵循知情同意原则，并签署知情同意书，涉及伦理问题的，应当提交医学伦理委员会讨论。实施供精人工授精和体外受精－胚胎移植技术及其各种衍生技术的医疗机构应当与卫计委批准的人类精子库签订供精协议，严禁私自采精。医疗机构在实施人类辅助生殖技术时应当索取精子检验合格证明；实施人类辅助生殖技术的医疗机构应当为当事人保密，不得泄漏有关信息；实施人类辅助生殖技术的医疗机构不得进行性别选择，法律法规另有规定的除外；实施人类辅助生殖技术的医疗机构应当建立健全技术档案管理制度，供精人工授精医疗行为方面的医疗技术档案和法律文书应当永久保存；实施人类辅助生殖技术的医疗机构应当对实施人类辅助生殖技术的人员进行医学业务和伦理学知识的培训。

（二）人类辅助生殖技术的管理

1. 体外受精－胚胎移植技术及其各种衍生技术的管理 实施体外受精与胚胎移植及其衍生技术的机构，必须遵守国家人口和计划生育法规和条例的规定，并同不育夫妇签署相关技术的《知情同意书》和《多胎妊娠减胎术同意书》；必须预先认真查验不育夫妇的身份证、结婚证和符合国家人口和计划生育法规和条例规定的生育证明原件，并保留其复印件备案；涉外婚姻夫妇及外籍人员应出示护照及婚姻证明并保留其复印件备案；必须按期对工作情况进行自查，按要求向卫计委提供必需的各种资料及年度报告；各种病历及其相关记录，须按卫生部和国家中医药管理局卫医发［2002］193号“关于印发《医疗机构病历管理规定》的通知”要求，予以严格管理；必须向供精的人类精子库及时准确地反馈受者的妊娠和子代等相关信息；必须建立生殖医学伦理委员会工作制度、病案管理等制度；技术安全符合规定要求。

2. 人工授精技术的管理 实施授精前，不育夫妇必须签订知情同意书及多胎妊娠减胎术同意书；供精人工授精只能从持有卫计委批准证书的人类精子库获得精源；必须及时做好不育夫妇的病历书写并按《医疗机构病历管理规定》严格管理，对每一位受者都应进行随访；实施供精人工授精的机构，必须向人类精子库反馈妊娠、子代及受者使用冷冻精液后是否出现性传播疾病的临床信息等情况，记录档案应永久保存；严格控制每一位供精者的冷冻精液最多只能使5名妇女受孕；除司法机关出具公函或相关当事人具有充分理由同意查阅外，其他任何单位和个人一律谢绝查阅供受精者双方的档案；确因工作需要及其他特殊原因非得查阅档案时，则必须经授精机构负责人批准，并隐去供受者双方的社会身份资料；人工授精必须具备完善、健全的规章制度和技术操作手册并切实付诸实施；实施供精人工授精的机构必须按期对人工授精的情况进行自查，按要求向卫生行政审批部门提供必要的资料及年度报告。

（三）实施技术人员的行为准则

1. 必须严格遵守国家人口和计划生育法律法规。
2. 必须严格遵守知情同意、知情选择的自愿原则。

3. 必须尊重患者隐私权。

4. 禁止无医学指征的性别选择。

5. 禁止实施代孕技术。

6. 禁止实施胚胎赠送。

7. 禁止实施以治疗不育为目的的人卵胞浆移植及核移植技术。

8. 禁止人类与异种配子的杂交；禁止人类体内移植异种配子、合子和胚胎；禁止异种体内移植人类配子、合子和胚胎。

9. 禁止以生殖为目的对人类配子、合子和胚胎进行基因操作。

10. 禁止实施近亲间的精子和卵子结合。

11. 在同一治疗周期中，配子和合子必须来自同一男性和同一女性。

12. 禁止在患者不知情和不自愿的情况下，将配子、合子和胚胎转送他人或进行科学研究。

13. 禁止给不符合国家人口和计划生育法规和条例规定的夫妇和单身妇女实施人类辅助生殖技术。

14. 禁止开展人类嵌合体胚胎试验研究。

15. 禁止克隆人。

四、人类精子库

（一）概念

人类精子库是指以治疗不育症及预防遗传病等为目的，利用超低温冷冻技术，采集、检测、保存和提供精子的机构。

（二）设置

人类精子库必须设置在医疗机构内。设置人类精子库应当经卫计委批准。

1. 设置人类精子库的条件 申请设置人类精子库的医疗机构应当符合下列条件：①具有医疗机构执业许可证；②设有医学伦理委员会；③具有与采集、检测、保存和提供精子相适应的卫生专业技术人员；④具有与采集、检测、保存和提供精子相适应的技术和仪器设备；⑤具有对供精者进行筛查的技术能力；⑥应当符合卫计委制定的《人类精子库基本标准》。

2. 设置人类精子库的申请 申请设置人类精子库的医疗机构应当向所在地省、自治区、直辖市人民政府卫生行政部门提交下列资料：①设置人类精子库可行性报告；②医疗机构基本情况；③拟设置人类精子库的建筑设计平面图；④拟设置人类精子库将开展的技术业务范围、技术设备条件、技术人员配备情况和组织结构；⑤人类精子库的规章制度、技术操作手册等；⑥省级以上卫生行政部门规定的其他材料。

3. 设置人类精子库的审批 省、自治区、直辖市人民政府卫生行政部门收到前条规定的材料后，提出初步意见，报卫计委审批。卫计委收到省、自治区、直辖市人民政府卫生行政部门的初步意见和材料后，聘请有关专家进行论证，并在收到专家论证报告后45个工作日内进行审核，审核同意的，发给人类精子库批准证书；审核不同意的，书面通知申请单位。

批准设置人类精子库的医疗机构应当按照《医疗机构管理条例》的有关规定，持卫计委的批准证书到核发其医疗机构执业许可证的卫生行政部门办理变更登记手续。

人类精子库批准证书每2年校验一次。校验合格的，可以继续开展人类精子库工作；校验不合格的，收回人类精子库批准证书。

（三）精子采集与提供

精子的采集与提供应当在经过批准的人类精子库中进行。未经批准，任何单位和个人不得从事精子的采集与提供活动。精子的采集与提供应当严格遵守卫计委制定的《人类精子库技术规范》和各项技术操作规程。

1. 精子的采集 供精者应当是年龄在22～45周岁之间的健康男性。

人类精子库应当对供精者进行健康检查和严格筛选，不得采集有下列情况之一的人员的精液：①有遗传病家族史或者患遗传性疾病；②精神病患者；③传染病患者或者病源携带者；④长期接触放射线和有害物质者；⑤精液检查不合格者；⑥其他严重器质性疾病患者。

人类精子库工作人员应当向供精者说明精子的用途、保存方式及可能带来的社会伦理等问题。人类精子库应当和供精者签署知情同意书。供精者只能在一个人类精子库中供精。

2. 精子的提供 精子库采集精子后，应当进行检验和筛查。精子冷冻6个月后，经过复检合格，方可向经卫生行政部门批准开展人类辅助生殖技术的医疗机构提供，并向医疗机构提交检验结果。未经检验或检验不合格的，不得向医疗机构提供。严禁精子库向医疗机构提供新鲜精子。严禁精子库向未经批准开展人类辅助生殖技术的医疗机构提供精子。一个供精者的精子最多只能提供给5名妇女受孕。

人类精子库应当建立供精者档案，对供精者的详细资料和精子使用情况进行计算机管理并永久保存。人类精子库应当为供精者和受精者保密，未经供精者和受精者同意不得泄漏有关信息。

五、法律责任

1. 未经批准擅自开展人类辅助生殖技术和设置人类精子库的法律责任 违反规定，未经批准擅自设置人类精子库，采集、提供精子的非医疗机构，按照《医疗机构管理条例》第44条规定处罚；对有上述违法行为的医疗机构，按照《医疗机构管理条例》第47条和《医疗机构管理条例实施细则》第80条的规定处罚。

2. 开展人类辅助生殖技术的医疗机构的法律责任 开展人类辅助生殖技术的医疗机构违反规定，有下列行为之一的，由省、自治区、直辖市人民政府卫生行政部门给予警告并处3万元以下罚款，并给予有关责任人行政处分；构成犯罪的，依法追究刑事责任：①买卖配子、合子、胚胎的；②实施代孕技术的；③使用不具有人类精子库批准证书机构提供的精子的；④擅自进行性别选择的；⑤实施人类辅助生殖技术档案不健全的；⑥经指定技术评估机构检查技术质量不合格的；⑦其他违反《人类辅助生殖技术管理办法》规定的行为。

3. 设置人类精子库的医疗机构的法律责任 违反规定，有下列行为之一的，省、自治区、直辖市人民政府卫生行政部门给予警告、1万元以下罚款，并给予有关责任人员行政处分；构成犯罪的，依法追究刑事责任：①采集精液前，未按规定对供精者进行健康检查的；②向医疗机构提供未经检验的精子的；③向不具有人类辅助生殖技术批准证书的机构提供精子的；④擅自进行性别选择的；⑤经评估机构检查质量不合格的；⑥其他违反《人类精子库管理办法》规定的行为。

第四节 变性手术

一、变性手术的概念

变性手术是指通过整形外科手段（组织移植和器官再造）使易性癖病患者的生理性别与其心理性别相符，即切除其原有的性器官并重建新性别的体表性器官和第2性征。

为规范变性手术技术审核和临床应用，保证医疗质量和医疗安全，2009年，卫生部印发了《变性手术技术管理规范（试行）》。该规范为技术审核机构对医疗机构申请临床应用变性手术技术进行技术审核的依据，是医疗机构及其医师开展变性手术的最低要求。

二、开展变性手术的医疗机构和人员要求

（一）医疗机构的条件

开展变性手术的医疗机构需要符合以下基本要求：

1. 医疗机构开展变性手术技术应当与其功能、任务相适应。

2. 三级甲等综合医院或整形外科医院，有卫生行政部门核准登记的整形外科诊疗科目。

3. 医院设有管理规范、运作正常的由医学、法学、伦理学等方面专家组成的变性手术技术临床应用伦理委员会。

4. 整形外科

（1）设置整形外科10年以上，床位20张以上，有较强的整形外科工作基础。

（2）能独立完成整形外科各种手术，包括器官再造和组织移植。

（3）病房设施便于保护变性手术患者隐私和进行心理治疗等。

5. 有至少2名具备变性手术技术临床应用能力的本院在职医师，有经过变性手术相关知识和技能培训并考核合格的、与开展的变性手术相适应的其他专业技术人员。

（二）人员的要求

开展变性手术的人员需要符合以下基本要求：

1. 手术组由整形外科医师为主组成，必要时可有其他相关科室医师参与。

2. 手术者是取得医师执业证书的本院在职医师，执业范围为整形外科，具有副主任医师及以上专业技术职务任职资格；从事整形外科临床工作10年以上，其中有5年以上参与变性手术临床工作的经验，曾独立完成10例以上的生殖器再造术。

3. 第1助手为从事整形外科临床工作5年以上的整形外科医师，或者其他相关科室具有主治医师以上专业技术职务任职资格的医师。

三、技术管理基本要求

1. 遵循规范和常规 遵循整形外科以及相关学科诊疗规范和技术操作常规。

2. 变性手术的实施顺序 生殖器的切除、成形是变性手术的主体手术，任何改变第2性征的手术必须在性腺切除之后或与性腺切除术同期进行。

3. 患者条件

(1) 手术前患者必须提交的材料

①当地公安部门出具的患者无在案犯罪记录证明。

②有精神科医师开具的易性癖病诊断证明，同时证明未见其他精神状态异常；经心理学专家测试，证明其心理上性取向的指向为异性，无其他心理变态。

③患者本人要求手术的书面报告并进行公证。

④患者提供已告知直系亲属拟行变性手术的相关证明。

上述材料须纳入病历资料。

(2) 手术前患者必须满足的条件

①对变性的要求至少持续5年以上，且无反复过程。

②术前接受心理、精神治疗1年以上且无效。

③未在婚姻状态。

④年龄大于20岁，是完全民事行为能力人。

⑤无手术禁忌证。

4. 告知说明 实施变性手术前，应当由手术者向患者充分告知手术目的、手术风险、手术后的后续治疗、注意事项、可能发生的并发症及预防措施、变性手术的后果，并签署知情同意书。

5. 医院管理

(1) 实施变性手术前须经过医院和伦理委员会同意，获准后方可施行。

(2) 完成每例次变性手术的一期手术后，将有关信息按规定报送至相应卫生行政部门。

(3) 性腺切除后，送病理检查，其他组织视情况送病理检查。

(4) 变性手术后，医院为患者出具有关诊疗证明，以便患者办理相关法律手续。

(5) 医务人员应尊重患者隐私权。

(6) 应建立健全变性手术后随访制度，按规定进行随访、记录。

(7) 医疗机构和医师按照规定定期接受变性手术技术临床应用能力审核，包括病例选择、手术成功率、严重并发症、死亡病例、医疗事故发生情况、术后病人管理、病人生存质量、随访情况和病历质量等。

思考题

1. 什么是医疗技术？它如何进行分类分级管理？
2. 人体器官捐献的原则是什么？
3. 活体器官移植有哪些具体规定？
4. 什么是人类辅助生殖技术？它有哪些形式？
5. 实施人类辅助生殖技术的人员应遵循哪些行为准则？

主要参考书目

[1] 赵同刚．卫生法．北京：人民卫生出版社，2013.
[2] 卫生部政策法规司．常用卫生法规汇编．北京：法律出版社，2011.
[3] 李艳，张会萍．卫生法学．郑州：河南人民出版社，2011.
[4] 曾铁功．临床法律基础教程．北京：高等教育出版社，2011.
[5] 吴崇其，张静．卫生法学．北京：法律出版社，2010.
[6] 田侃，陈瑶．医药卫生法．北京：科学出版社，2005.
[7] 樊立华．卫生法学．北京：人民卫生出版社，2004.
[8] 郑平安．卫生法学．北京：科学出版社，2003.
[9] 医疗事故处理条例起草小组．医疗事故处理条例释义．北京：中国法制出版社，2002.
[10] 顾鸣敏．医学导论．上海：上海科学技术文献出版社，2001.
[11] 吴崇其．中国卫生法学．北京：中国协和医科大学出版社，2001.
[12] 徐玉磷．中华人民共和国药品管理法学习辅导．北京：中国法制出版社，2001.
[13] 陈明光．中国卫生法规史料选编．上海：上海医科大学出版社，2000.
[14] 朱新力，王国平．卫生法学．北京：人民出版社，2000.
[15] 王陇德，张春生．中华人民共和国献血法释义．北京：法律出版社，1998.
[16] 刘革新．医与法．北京：中国人民公安大学出版社，1997.
[17] 李彩霞．初级卫生保健．南京：江苏科学技术出版社，1997.
[18] 陈明光．中国卫生法规史料选编．上海：上海医科大学出版社，1996.
[19] 吴宏道．现代环境卫生学．北京：人民卫生出版社，1995.
[20] 冯建妹．现代医学与法律研究．南京：南京大学出版社，1994.
[21] 洪浩，姜柏生，田侃，等．医学法学教程．南京：河海大学出版社，1994.
[22] 李本富，丁惠孙，李传俊．护理伦理学．北京：科学出版社，1993.
[23] 罗玉申．科技法基本原理．合肥：中国科学技术大学出版社，1993.
[24] 颜崇立．实用卫生法律学．南京：江苏人民出版社，1991.